acabus

Michelle Haintz

Selbstwertgefühl heilen für alleingeborene Zwillinge und Hochsensible

Wohlstand und Wohlbefinden mit der Kraft der Quantenwelle

acabus

Haintz, Michelle: Selbstwertgefühl heilen für alleingeborene Zwillinge und Hochsensible. Wohlstand und Wohlbefinden mit der Kraft der Quantenwelle, Hamburg, acabus Verlag 2019

4. Auflage
ISBN: 978-3-86282-467-0

Dieses Buch ist auch als eBook erhältlich und kann über den Handel oder den Verlag bezogen werden.
PDF-eBook : ISBN 978-3-86282-468-7
ePub-eBook : ISBN 978-3-86282-469-4

Lektorat : Anna Coordes, acabus Verlag
Umschlaggestaltung: © Annelie Lamers, acabus Verlag
Umschlagmotiv: Michelle Haintz

Bibliografische Information der Deutschen Nationalbibliothek:
Die Deutsche Nationalbibliothek verzeichnet diese Publikation in der Deutschen Nationalbibliografie ; detaillierte bibliografische Daten sind im Internet über http://dnb.d-nb.de abrufbar.

Der acabus Verlag ist ein Imprint der Bedey Media GmbH, Hermannstal 119k, 22119 Hamburg.

---

1. Auflage 2016, acabus Verlag Hamburg

http://www.acabus-verlag.de
Printed in Europe

Inhalt

Vorwort von Dr. Heribert Waitzer

Haben Sie schon einmal das Gefühl gehabt, es fehlt Ihnen etwas, damit Sie stabil und überzeugend - aber auch zugleich gelassen in dieser Welt stehen? Gleichsam als ob in Ihrer Entwicklung von der ganzen Form etwas verloren gegangen sei. Und könnte es nicht so sein, dass man versucht diesen Mangel zu verbergen und dafür ständig relativ viel Energie aufwendet und bindet, die man anderswo gut brauchen könnte?

Die über 40 Jahre des beruflichen Werdeganges von Michelle Haintz, die ich verfolgen konnte, von der Medizinstudentin zur Künstlerin und Beraterin, haben eine Ähnlichkeit mit dem vorgestellten Denkmodell der alleingeborenen Zwillinge. Auch dort geht der Weg vom naturwissenschaftlichen Ansatz in eine konstruktivistische Denkweise.

Die Forschungsergebnisse über nicht ausgetragene Mehrlingsschwangerschaften leiten über zu dem Experiment: welche Bedeutungsgebung würde man dem zuteilen, wenn man selbst ein derartiges Trauma ganz früh als Ungeborenes erlebt hätte.
Oder sollte man besser sagen, wie würde die Wirklichkeit aussehen, wenn man tatsächlich ein solches Trauma erlebt hat?

Bereits in der antiken Philosophie findet man das Begriffspaar von Form und Materie. Bedeutet die Haintz´sche Kurzformel Selbstwert = Geldwert, dass zunächst die Form geheilt werden muss, damit dann der materielle Segen folgt? Bedeutsam erscheint mir dabei, dass es dabei nicht um den finanziellen Reichtum im engeren Sinne sondern um Wohlstand im weiteren Sinne geht.

Nicht unterschätzen sollte man den Aufwand, den man damit hat, dieses Buch zu verarbeiten. Der Text dient natürlich auch zur Wissensvermittlung – überwiegend sind es aber Angebote, eigene kreative Leistungen zu erbringen - liebevoll als Spiele bezeichnet. Damit

Neues auf die Welt kommt, kann es hilfreich sein von der „Gedankenautomatik“ zur Leere zu kommen. Dafür mag die Quantenwelle ein probates Mittel sein.

Ich wünsche den Lesern und Leserinnen und dem Buch viel Erfolg!

Dr. Heribert Waitzer
Facharzt für Innere Medizin und internistische Sportheilkunde
Arbeitspsychologe, Supervisor und Coach
September 2016

Vorwort von Michelle Haintz

Wertgeschätzte Leserin, *wertgeschätzter* Leser,

ja, die Anrede *„geschätzt"* hat sich für mich immer schon gut angefühlt, *„wertgeschätzt"* finde ich jedoch noch eine Spur stärker, bedeutsamer und vielleicht auch wohltuender für Sie – zumindest dann, wenn Sie mir zugestehen, dass diese Anrede aus meinem Herzen kommt, ich sie also tatsächlich ehrlich meine!

Eigentlich merkwürdig, dass wir fast den Eindruck haben, wir müssten uns rechtfertigen, wenn wir anderen mit *Wertschätzung* entgegenkommen, nicht wahr? Haben wir nicht alle ein gewisses Misstrauen im Hinterkopf, wenn jemand – und gar noch eine fremde Person – „uns so lieb kommt"?

Nun, nicht zuletzt mit dieser Tatsache werden wir uns in diesem Buch befassen …

Ich spreche Sie jedenfalls ganz ehrlich mit dieser Anrede an, weil ich die Tatsache, dass Sie dieses Buch in Händen halten – und vielleicht sogar selbst gekauft, oder aber von einer Sie *wertschätzenden* Person geschenkt bekommen haben –, wirklich als *wertvoll schätze* und sehr zu *schätzen* weiß!

Klar, welche Autorin freut sich nicht über die Tatsache, dass eines ihrer „Wortkinder" angenommen wird?

Aber da ist noch mehr …

Einer meiner ganz großen Wünsche an mein Leben ist, dass ich diese Welt in einem besseren Zustand verlasse, als ich sie einst betreten habe – ein ziemlich hochtrabendes Ziel, nicht wahr? Dennoch glaube ich fest daran, dass ich mit all dem, was ich in der Verwirklichung meines Potenzials der Welt schenke, einen winzigen Beitrag dazu leisten kann, unser aller Leben liebevoller, bewusster, wohltuender, harmonischer, freudvoller, entspannter, genüsslicher, erhebender, lustvoller, angenehmer, heilsamer und damit tatsächlich *wertvoller* zu machen!

Und ich glaube, dass auch Ihr diesbezüglicher Beitrag *wertvoller* ist, als Sie möglicherweise glauben, als Sie sich selbst bewusst sind! Also wünsche ich mir, Ihre Bewusstheit für Ihren *Wert* zu erwecken.

Es wird Ihnen wohl aufgefallen sein, dass ich Begriffe, die in engem Zusammenhang mit dem Thema dieses Buches stehen, *kursiv* schreibe - das mache ich, weil ich uns immer wieder daran erinnern möchte, wie sehr dieses Thema alle Bereiche unseres Lebens betrifft! Und ich wende mich nicht nur an Sie, sondern ich schreibe hier sehr bewusst „uns", weil auch ich zuweilen die Tendenz habe, aus meiner Bewusstheit zu fallen …

Wieder ein Stichwort für ein Thema, mit dem ich mich auch in diesem Buch befassen werde! Ja, ich glaube, diese Welt würde sich für uns alle viel besser anfühlen, würden wir nicht immer wieder unsere Bewusstheit verlieren - was ich genau damit meine, werde ich in einem eigenen Kapitel mit Ihnen teilen!

Wertschätzung - auch und gerade in Form von *Selbstwertschätzung*! - ist aus meiner Sicht einer der wichtigsten Faktoren im Zusammenhang mit unserem Thema:

* *Wertschätzung* uns selbst gegenüber,

* *Wertschätzung* für all das, was wir bereits in unserem Besitz haben (und je hatten) und für all das, was unser Eigentum ist (und je war),

* *Wertschätzung* für all unsere Leistungen, die dazu beigetragen haben - auch wenn es „nur" um die Tatsache ging, die zu sein, die wir sind und eigentlich auch damit schon *Wertschätzung* zu verdienen,

* *Wertschätzung* anderen Menschen gegenüber - sowohl für ihre Leistungen als auch für ihr So-Sein,

* *Wertschätzung* unseres Beitrages für eine „bessere Welt" - und glauben Sie mir, dieser ist bei uns allen viel größer und *wertvoller*, als wir uns dessen meist bewusst sind!

* *Wertschätzung* für die Tatsache, dass wir bewusst über uns und unser Leben reflektieren können, dass wir uns aus der Beobachterposition selbst über die Schulter schauen und uns dabei da und dort in eher destruktivem Verhalten ertappen können. Denn das ist ja die Voraussetzung dafür, uns daraus befreien zu können! Und wenn Sie dieses Buch lesen, kann ich annehmen, dass Ihnen dies genau wie mir sehr am Herzen liegt!

* *Wertschätzung* aber auch für all die Schritte in Richtung Selbstbefreiung, die uns bereits gelungen sind. Denn aus meiner Erfahrung braucht dieser Prozess der Befreiung aus der Selbstsabotage in den allermeisten Fällen mehrere Schritte; ist ähnlich mehrschichtig wie das Schälen einer Zwiebel.

Die Tatsache dieser Mehrschichtigkeit unserer meisten Blockaden können Sie als lästig empfinden und sich darüber ärgern; oder aber Sie können sich über die Tatsache freuen, dass jede Schicht, die zu entfernen Ihnen gelungen ist, tatsächlich nicht mehr da ist!

Also erlauben Sie sich bewusst auch *Wertschätzung* der Tatsache, dass all die Ihre *Fülle* und Ihren *Wohlstand* sabotierenden Blockaden, die Sie in Begleitung dieses Buches gelöst haben werden, tatsächlich ein für alle Male gelöst sind und bleiben!

Man kann nicht zweimal in denselben Fluss steigen, meinte Heraklith - und analog dazu meine ich, dass wir niemals dieselbe Blockade wiederaufbauen können. Wir können kreativ genug sein, uns neue Blockaden in den Weg zu stellen ☺; aber wenn wir einmal erfahren haben, dass und wie es uns gelingen kann, solche Blockaden zu lösen, können alle weiteren doch bestenfalls unseren Ehrgeiz anstacheln. Oder wenn Sie diesen Begriff nicht mögen: uns dazu motivieren, unsere neu erworbenen Fähigkeiten zur Selbstbefreiung zu nützen!

Zumindest würde ich Sie gerne dazu inspirieren; denn die Resignation angesichts neuer Blockaden - die sich nicht selten vor uns auftun, kaum haben wir eine gelöst - bringt uns nicht weiter! Genauso wie ich es nicht sehr sinnvoll finde, wenn wir uns böse sind, weil wir uns bei destruktivem Verhalten ertappt haben - viel gescheiter ist es doch, uns darüber zu freuen, dass wir dies erkannt haben!

Ist nicht alles eine Frage der Einstellung?

Und meiner Ansicht nach basiert die Fähigkeit zu echter *Wertschätzung* auf einem gesunden *Selbstwertgefühl*. Und da Sie dieses Buch in Händen halten, nehme ich an, dass Ihr *Selbstwertgefühl* durchaus eine Auffrischung vertragen könnte – und nicht zuletzt zu diesem Zweck habe ich dieses Buch geschrieben!

Geht es Ihnen eigentlich auch so, dass Sie unseren Planeten als besseren Ort verlassen wollen, als Sie ihn betreten haben?

Und haben Sie sich je überlegt, wie Ihr Beitrag aussehen könnte?

Und sind Sie sich eigentlich bewusst, was Sie schon alles beigetragen haben?

Meiner Ansicht nach ist dies eine Frage, die immer wieder zu stellen sich durchaus lohnt, weil die Antwort darauf uns vermutlich Endorphine schenken wird! Und Glückshormone sind nicht nur für uns selbst heilsam, Produktivität fördernd und wohltuend; sondern auch sie machen unsere Welt zu einem besseren Ort, weil sie unsere Ausstrahlung harmonischer und damit für andere wohltuender machen!

Denn wie wir später noch sehen werden, bringt unsere *Wertschätzung* (auch die für uns selbst!) uns in eine sehr hohe Schwingung, die sich nicht nur auf unser eigenes Leben auswirkt, sondern auch wohltuend auf unsere Umgebung ausstrahlt. Ja, auch darauf werde ich in einem eigenen Kapitel eingehen – haben Sie bitte Geduld, wenn Ihre erste Reaktion auf diese Aussage eine zumindest zweifelnde ist …

Tatsache ist: was auch immer Sie tun, denken oder fühlen, macht etwas aus – ja, in all dem kann tatsächlich ein *wertvoller* Beitrag zu einer „besseren, glücklicheren, gedeihlicheren und zufriedeneren" Welt liegen!

Aber das gilt natürlich auch im negativen Sinn, wiewohl ich solche Wertungen an sich nicht so gerne mag. Sprechen wir daher lieber von einem konstruktiven oder destruktiven Einfluss.

Und all das, was Sie in einem konstruktiven Sinn tun, denken oder fühlen, sollten Sie sehr bewusst *wertschätzen;* weil Ihr Beitrag erst dann so richtig zum Tragen kommt – in beiden Richtungen! Energie folgt der Aufmerksamkeit, und je bewusster und damit höher schwingend diese Aufmerksamkeit ist, umso wirksamer wird sie. Auch darauf gehe ich in diesem Buch näher ein.

Aber lernen Sie auch, es *wertzuschätzen*, wenn Sie sich bei einem destruktiven Verhalten ertappt haben! Denn erst dann können Sie sich umpolen und für neue Reaktionen öffnen. Eine Besorgnis erregende ärztliche Diagnose mag nicht angenehm sein, aber sie ist die Voraussetzung für medizinische Hilfe! Wenn Ihr Schuhband aufgegangen ist, können Sie froh sein, dass Ihnen dies rechtzeitig aufgefallen ist, weil Sie sich im Zubinden dessen möglicherweise einen Sturz ersparen. Ebenso ist es notwendig, einen Tippfehler zu entdecken, um ihn korrigieren zu können …

Um unseren Beitrag zu einer liebevolleren und glücklicheren Welt wirklich *wertschätzen* zu können, ist es aus meiner Sicht *wertvoll*, in die Tiefe zu gehen und uns zu fragen:

Warum ist mein Beitrag so wertvoll?

Was bewegt er alles – in meinem Leben und in der Welt?

Und wie genau tut er das?

Auch dazu darf ich Ihnen in diesem Buch einige Anregungen geben. Denn erst dann, wenn wir genau hinschauen, sehen wir – auch das nicht gleich Offensichtliche! Und bei entsprechender selektiver Wahrnehmung sogar das, was wir bisher unter der einschränkenden Kontrolle unseres Überlebenszentrums ausgeblendet haben – auch darauf werde ich näher eingehen!

Generell geht es mir in diesem Geldbuch nicht darum, mich in politische Debatten einzulassen oder die wirtschaftliche Lage unserer Welt zu kommentieren; wiewohl ich natürlich eine sehr persönliche Meinung dazu habe. Aber diese tut hier nichts zur Sache!

Was ich Ihnen hier anbieten möchte, können Sie wie eine Art großes Buffet aus unzähligen Anregungen und Empfehlungen sehen, von dem Sie sich je nach Lust und Vorlieben bedienen können. Ich hoffe jedenfalls, es ist mir gelungen, das Gedankenmosaik, das ich mir in vielen Jahren des bewussten Umganges mit dem Thema *Geldwert = Selbstwert* erarbeitet habe, möglichst ansprechend für Sie anzurichten!

Da ich in diversen Seminaren und Beratungen immer wieder wahrnehmen konnte, dass meine Impulse auch für andere Menschen *wertvoll* und hilfreich sein können - sofern diese in Resonanz mit mir schwingen -, kam vor einigen Jahren die Idee auf, meine bisher fünf Bücher unter dem Titel „Quantenbewusstheit" nun auch mit einem Band zum Thema *Selbstwertgefühl* und *finanzielle Fülle* zu erweitern.

Aber dann kam mir eine ungemein erleuchtende Offenbarung zu, die mir gerade für dieses Thema so eminent *wesentlich* erscheint, dass ich das Manuskript, das an sich schon fertig schien, noch einmal von Grund auf umgeschrieben habe - ich werde in der Einführung näher darauf eingehen!

Ich wünsche Ihnen, *wertgeschätzte* Leserin, *wertgeschätzter* Leser, viel Freude im Spiel mit all diesen Anregungen. Wenn Sie dieses Buch gefunden haben (oder hat es Sie gefunden?), dann habe ich den Eindruck, dass die Offenbarung meiner Alleingeburt, die mein Leben von Grund auf verändert hat, auch mehr Licht in Ihr Leben bringen wird! Und ich hoffe sehr, dass Sie bereit sind, sich tatsächlich dafür zu öffnen, wenn Sie tief in sich Resonanz spüren!

Darüber hinaus wünsche ich Ihnen natürlich auch Erfolg in Ihrer Bereitschaft für jene *Fülle*, die Sie sich für Ihr Leben wünschen; und die Ihnen fraglos zusteht! Dies möglichst spielerisch und mit jener Leichtigkeit, die bei diesem Selbstheilungsprozess auch Ihr inneres Kind mit ins Boot holen wird!

Denn ich bin fest davon überzeugt, dass Sie erst dann Ihre Wünsche erfüllen, Ihre Ziele erreichen und Ihre Visionen verwirklichen werden, wenn dieser aus meiner Sicht sehr *kostbare* Persönlichkeitsanteil mit Ihnen an einem Strang zieht. Ein inneres Kind, das nicht miteinbezogen wird, kann ganz schön Gegenwind erzeugen! Vor allem dann, wenn es sich mit unserem inneren Saboteur (oder Schweinehund) gegen uns verbündet – dann sind wir meiner Erfahrung nach ziemlich machtlos!

Im Bündnis mit Ihrem inneren Kind werden Sie jedoch nicht nur in freudiger Begeisterung schwingen, sondern darüber hinaus mächtig und in Ihrem Einsatz effektiv und effizient sein! Fast hätte ich hier „Bemühungen" geschrieben, aber wollen wir uns wirklich beMÜHEn? Geht es nicht viel mehr darum, uns das Leben zu erLEICHTern?

Also werde ich Ihnen hier vor allem Techniken – oder Spiele – präsentieren, die üblicherweise innere Kinder ergötzen, beglücken, begeistern und so zum mit Spielen motivieren.

Eines dieser Spiele, die unsere inneren Kinder besonders begeistern, ist das Spiel mit der Quantenwelle – vor allem dann, wenn diese uns umwirft oder sich anders spektakulär auswirkt. Innere Kinder lieben Dramatik und Spektakel! Daher werde ich Ihnen dieses Spiel präsentieren und Sie im Laufe des Buches immer wieder dazu anregen, all die Aha-Erlebnisse ebenso wie die Ahja-Erlebnisse, die Sie im Spiel mit den Impulsen dieses Buches gewinnen, jeweils mit einer Quantenwelle in Ihrem energetischen System zu integrieren; und all die Einsichten, Erkenntnisse, Wahrnehmungen und Klärungen, die sie sich selbst schenken, mithilfe der 2-Punkte-Methode (dem Two-Pointing, wie Richard Bartlett sie nennt) in Ihrer Matrix zu verankern.

So haben weder Ihr Alltagstrott noch Ihr innerer Saboteur die Chance, all die *wertvollen* Nuggets wieder verloren gehen zu lassen, weil Sie all das mit der Quantenwelle fest in sich integriert haben!

Wenn Sie bereits eines meiner anderen Bücher gelesen haben, werden Sie hier neben der Quantenwelle einige weitere Werkzeuge wieder finden, die ich immer gern damit kombiniere, weil es dadurch zu einer enormen gegenseitigen Verstärkung kommt. Aus meiner Sicht sind solche Wiederholungen *wertvolle* Erinnerungen; denn wer weiß, ob Sie meine für sich und Ihr Leben als *wertvoll* erkannten Empfehlungen tatsächlich in Ihrem Alltag aufgenommen haben und regelmäßig nützen ☺? Abgesehen davon biete ich Ihnen hier natürlich auf das Thema *Geldwert = Selbstwert* zugeschnittene Anwendungen.

Wenn ich ehrlich bin, gelingt mir die regelmäßige Umsetzung all dessen, was ich weiß, zwar immer öfter, aber leider auch nicht immer.

Daher bin ich persönlich immer recht dankbar für solche Wiederholungen – und darum schreibe ich wohl auch meine Bücher! Denn während ich Sie an all das erinnere, motiviere ich mich auch selbst wieder zur konsequenteren Anwendung! So mag auch manchen unter Ihnen dieses „Ah ja genau, ich erinnere mich …“ ganz gut tun!

Einführung

Wir alle sind in ein sehr komplexes Netzwerk aus *Geldbewegungen* eingewoben: ob wir nun angestellt sind oder selbständig; ob wir uns noch in der Ausbildung befinden oder bereits unsere wohlverdiente Pension beziehen; ob wir eine Sechzig-, Siebzig- oder Achtzigstundenwoche absolvieren oder eher ein gemütliches Leben in Muße führen; ob wir uns als Künstler verwirklichen oder als Manager tätig sind; ob wir ein aktives Sozialleben führen oder uns lieber aus dem regen Treiben um uns herum zurückziehen; ob wir sportlich rege und viel in der Natur unterwegs sind oder lieber im Kaffeehaus sitzen und nächtelang über den Sinn des Lebens philosophieren; ob wir beruflich viel mit anderen Menschen zu tun haben oder ein einsames Autorenleben zelebrieren; ob wir viel *Geld* zur Verfügung haben oder gerade in finanzieller Enge leben; ob wir gerade *Geld* geerbt haben oder diese Option für uns nie in Frage kommt; ob wir gerade gewonnen haben und nicht wissen, was wir mit der ungewohnt großen *Geldsumme* anfangen sollen oder aber nicht wissen, wie wir unser Kind zu Schulbeginn mit dem Notwendigsten ausstatten sollen … wir alle müssen uns mehr oder weniger ständig mit *Geld* auseinandersetzen!

Und selbst wenn wir uns einem Tauschkreis angeschlossen haben und auf Naturalienaustausch umgestiegen sind – ganz ohne *Geld* wird es in unserem Kulturkreis schwierig, eine feste Bleibe zu haben, mit der unweigerlich *Geldaustausch* verbunden ist.

Ja, es gibt einige wenige, die *Geld* aus ihrem Leben verbannt haben und nur mehr auf *geldlosen* Energieaustausch bauen. Aber wenn ich solche Menschen beispielsweise in einem Fernsehinterview sehe, dann frage ich mich – und als ehemalige Medizinerin sei mir dies gestattet –, wie solche Menschen eine eventuell notwendige Operation finanzieren?

Ein akut entzündeter Blinddarm fragt nicht, ob wir uns von der Medizin verabschiedet haben; ein Kaiserschnitt kann manchmal wirklich notwendig sein; verschlossene Herzkranzgefäße verlangen nach einem chirurgischen Eingriff; ein gebrochener Knochen verlangt meiner Ansicht nach auch nach ärztlicher Hilfe; Gallensteine sind rasch „zusammen geärgert" ☺ und fühlen sich ebenso wenig angenehm an wie Nierensteine …

Es mag Menschen auf diesem Planeten geben, die sich selbst ohne medizinische Hilfe heilen können – und ich bewundere sie ehrlich! Aber das scheint mir derzeit noch eine verschwindende Minderheit zu sein. Und ich persönlich bin sehr froh, mich in der beruhigenden Gewissheit eines Krankenscheines geborgen zu fühlen – wiewohl ich natürlich froh bin, dieses „Netz" nicht zu brauchen!

Vielleicht gibt es Zahnärzte, die Zahnbehandlung rein über den Austausch von Naturalien anbieten; aber bei Zahnersatz in etwas höherem Alter scheint mir dies schon etwas schwieriger zu werden – es sei denn, auch der Zahntechniker wäre bereit zu *geldlosem* Energieausgleich …

Ohne die Philosophie dieser Menschen hier in irgendeiner Form zu werten, frage ich mich einfach, wie sinnvoll es ist, *Geld* so zu verteufeln; nur weil es zugegebenermaßen Menschen gibt, die Schindluder damit treiben? Anstatt mich der Konfrontation mit *Geld* zu verweigern, möchte ich hier lieber meine *wertschätzende,* liebevolle Einstellung einbringen.

Geld ist für mich eine Form von Energie, die ich a priori als neutral ansehe, die wir aber mit Information aufladen können – ich werde in einem eigenen Kapitel auch auf diese Sichtweise näher eingehen.

Für mich scheint *Geld* ein unvermeidlicher Begleiter in meinem Leben zu sein. Und ich trachte generell danach, das, was ich nicht ändern kann, nicht nur resignierend anzunehmen, sondern möglichst das Beste daraus zu machen! Also war mir auch wesentlich daran gelegen, mir eine gesunde Einstellung zum *Geld* anzueignen (trotz langjähriger Blockaden, die ich bis zu meiner großen Offenbarung nicht verstehen konnte!) und einen freundschaftlichen, ja sogar *wertschätzenden* Zugang zu und Umgang mit meinen *Finanzen* zu gewinnen. Und einige der Gedanken, Anregungen und Spiele, die mir auf diesem Weg geholfen haben, möchte ich in diesem Buch mit Ihnen teilen!

Lassen Sie uns gemeinsam eine Weile innehalten und uns der Allgegenwart des *Geldes* in unserem Leben und der ununterbrochenen *Geldflüsse,* in die wir praktisch ununterbrochen eingespannt sind, bewusst werden. Und überlegen wir, mit welcher Gestimmtheit wir uns am besten für jenen *Wohlstand* öffnen können, den wir uns im Grunde unseres Herzens doch alle wünschen.

Wie kann es uns gelingen, mehr Leichtigkeit, mehr Freude, mehr *Wertschätzung,* mehr Produktivität, mehr Entspanntheit, mehr Bewegung, mehr Entfaltung, mehr *Fülle,* mehr Wachstum, mehr Freiheit in unser *Geldleben* einfließen zu lassen?

Vorausschicken möchte ich an dieser Stelle, dass ich zwar prinzipiell nichts gegen den Begriff „Arbeit“ einzuwenden habe - ich habe das Glück, dass meine verschiedenen Berufe (als typische Alleingeborene gebe ich mich natürlich nicht mit einem Beruf zufrieden!) mich erfüllen, mir allesamt viel Freude bereiten und ich darin wirklich meiner Berufung folge! Dennoch vermeide ich diesen Begriff im Bereich der Persönlichkeitsentwicklung möglichst weitgehend, weil darin immer eine Note von „im Schweiße deines Angesichtes“ mitschwingt! Daher spreche ich stattdessen lieber vom „Spielen“.

Mein großes Vorbild Pablo Picasso hat einmal gemeint:

„Menschen hören nicht auf zu spielen, weil sie alt werden. Sie werden alt, weil sie aufhören zu spielen!“

Lassen Sie uns also mit *Geld* spielen und jung bleiben ☺!

Haben wir nicht alle schon viel zu lange „hart an uns gearbeitet“? In Zukunft darf es leicht, rasch und freudig gehen! Nicht zuletzt, weil wir in dieser Gestimmtheit auch unser inneres Kind leichter mit ins Boot bekommen.

Aber ich habe die Erfahrung gemacht, dass all das, was ich Ihnen hier an Spielen anbiete, erst dann nachhaltig wirkt, wenn wir zu den Wurzeln unserer Blockaden vordringen. Wenn wir also die Ursache unserer Selbstverhinderung, auf die unser mangelndes *Selbstwertgefühl* ja zurückzuführen ist, erkennen und beseitigen!

Und bei weit mehr Menschen, als ich es erwartet hätte, konnte ich die Ursache in dem latenten Schuldgefühl aufgrund des frühen Verlustes eines Zwillings orten. Daher war es mir ein großes Anliegen, der „Lost Twin“ Thematik auch in diesem Buch einen wesentlichen *Stellenwert* einzuräumen!

Das Trauma des verlorenen Zwillings ist noch relativ unbekannt, beeinflusst meiner Erfahrung nach aber das ganze Leben Alleingeborener! Und ganz besonders prägt es das *Geldverhalten* - und dies meist höchst destruktiv! Das mangelnde *Selbstwertgefühl* ist eines der am stärksten ausgeprägten Indizien für einen solchen Verlust und hält Betroffene immer wieder (oft sogar ein Leben lang) in der *finanziellen* Enge. Daher liegt es mir so am Herzen, dieses Thema auch hier zu behandeln, wiewohl ich unter dem Titel „Alleingeborener Zwilling“ bereits einen allgemeinen Ratgeber dazu geschrieben habe. In diesem Buch geht es mir vor allem um die Gleichung: *Geldwert* = *Selbstwert*!

Unter den hilfreichen Spielen zur Selbstbefreiung nimmt das bereits erwähnte Spiel mit der Quantenwelle, wie ich es gern nenne - einen besonderen Platz ein!

Einerseits werden wir es einsetzen, um Blockaden zu lösen: dazu bringen wir überschießende Wünsche auf ein gesundes Maß und löschen all die alten, destruktiven, lebensfeindlichen und lieblosen Glaubenssätze, die uns in geradezu masochistischer Weise in existenzieller Not halten; oder uns immer wieder in die *Geldenge* zurückfallen lassen, kaum haben wir uns *finanziell* erholt. Danach ersetzen wir sie durch neue, liebevollere, konstruktivere, lebensbejahendere und *wertschätzendere* Überzeugungen, um in allen Bereichen unseres Lebens jenen *Wohlstand* anzuziehen, den wir uns nicht nur wünschen, sondern tatsächlich auch verdient haben!

Andererseits werden wir mithilfe der Quantenwelle *wertvolle* Ressourcen mobilisieren, die meist brach liegen. Dazu gilt es, sowohl in unserer Vergangenheit, als auch in unserer Gegenwart nach *Wertvollem* Ausschau zu halten; und diese Bewusstheit dann auch in unsere Zukunft zu projizieren! Wir werden die Vision unseres idealen *Wohlstandes* auf allen Ebenen kreieren und diese wie einen Nordstern vor uns stellen, der uns leitet und hilft, unser Ziel in angemessener Zeit zu erreichen - und diese Vision mit der Quantenwelle in unserem System verankern!

Wohlstand bedeutet aus meiner Sicht nicht nur, dass wir immer genug *Geld* zur Verfügung haben, um sowohl das, was wir brauchen als auch das, was wir uns wünschen, finanzieren zu können. *Wohlstand* heißt auch, dass alles in unserem Leben „wohl steht": das bedeutet, dass wir an dem für uns richtigen Ort im für uns idealen Ambiente wohnen; dass wir den richtigen Partner und die richtigen Freunde haben; dass unser Beruf uns erfüllt und Freude bereitet und wir darin unserer Berufung folgen können; dass wir uns über das von uns Erreichte freuen können und bemüht sind, dem Leben unsere Dankbarkeit zu zeigen, indem wir auch anderen nach Maßgabe unserer Möglichkeiten helfen und der Gemeinschaft dienen.

Diese *Fülle* des Lebens empfinde ich als wahren *Wohlstand*; und das Spiel mit der Quantenwelle in Kombination mit all den anderen hier geschilderten Spielen wird uns dafür öffnen – mit jener Leichtigkeit, die wir uns alle im Grunde wünschen!

Übrigens liebt nicht nur mein inneres Kind die Welle (wie ich die Quantenwelle der Einfachheit halber auch nennen werde) – viele Menschen in meinen Seminaren und Beratungen haben mir genau das bestätigt! Kinder lieben üblicherweise das Spektakuläre. Und die 2-Punkte-Methode bringt spektakuläre Effekte nicht nur im Augenblick des Empfangens selbst, sondern dann auch in weiterer Folge!

Auch unserem inneren Kind werden wir uns übrigens etwas intensiver widmen, denn dessen Beziehung zu *Geld* ist aus meiner Sicht ein wesentlicher Grundpfeiler in unserem *Geldverhalten*. Vor allem unser *Selbstwertgefühl* ist ja ein wichtiger, wenn nicht der ausschlaggebende Faktor dafür, ob wir in finanzieller Enge oder Weite leben. Und wenn wir an diesem ansetzen wollen, gilt es unbedingt, zu allererst unser inneres Kind zu heilen! Daher werde ich dieser Heilung ein eigenes Kapitel widmen!

Und wir werden zu den Wurzeln eines beschädigten *Selbstwertgefühls* vordringen und diese in der neuen Bewusstheit des Verlustes unserer zweiten Hälfte heilen!

In den mehr als dreißig Jahren, in denen ich nun schriftlich und mündlich beratend und begleitend Hilfe zur Selbsthilfe biete, habe ich viele Techniken, Strategien und Wege gefunden und weitergegeben, die uns aus der Selbstsabotage befreien und uns erlauben, mehr und mehr unser Potenzial zu entfalten – also tatsächlich die zu werden, die wir in Wahrheit sind. Einiges hat sich im Laufe der Zeit überholt, anderes hat seinen *Wert* behalten - genau das werde ich Ihnen in diesem Buch vorstellen!

Eines meiner Lieblingsspiele ist „The Work“ von Byron Katie! Lernen Sie es hier kennen oder erinnern Sie sich daran, wenn Sie diese großartige Technik zur Deutung von Spiegelungen bereits kennen. All das, was uns an anderen stört, ärgert, kränkt, hält uns einen *wertvollen* Spiegel vor Augen, der uns eine Menge über unseren eigenen Umgang mit uns selbst erzählt. Und erst wenn wir erkannt haben, wie lieblos wir uns selbst behandeln, können wir es ändern!

Auch das hawaiianische Vergebungsritual „Ho´oponopono“ darf in diesem Buch nicht fehlen, weil es in der Vergebung Frieden und Harmonie in unser Leben bringt - Vergebung auch und vor allem uns selbst gegenüber. Aber in der Form, die ich Ihnen hier präsentieren möchte, schenkt es uns zudem auch noch Verständnis!

Das Spiel „Abheben und darüber Stehen“ wird uns helfen, uns aus der Froschperspektive unseres Überlebenszentrums zu erheben und eine neue, konstruktivere und vor allem stressfreiere Sicht auf unser Leben zu gewinnen!

Auch der „Dialog der Hände“ wird uns bei diesem Thema *wertvolle* Dienste erweisen - gerade im Spiel mit *Geld* schenkt er uns so manche erhellende, zugleich aber auch höchst amüsante Einsicht! Aber er wird uns auch helfen, Kontakt zu unserem verlorenen Zwilling aufzunehmen und in der heilsamen Kommunikation mit unserer zweiten Hälfte unsere Schuldgefühle zu heilen und damit ein gesundes *Selbstwertgefühl* aufzubauen!

Weiters möchte ich Ihnen hier auch meine „Affragen“ vorstellen - ein aus meiner Sicht hirngerechterer und daher wirksamerer Umgang mit Affirmationen, der vor allem auch dem für mich so wichtigen Humor Rechnung trägt!

Darüber hinaus zeige ich Ihnen verschiedene Spiele und Rituale, die auch wieder vor allem Ihrem inneren Kind Freude bereiten werden; und in der damit verbundenen Leichtigkeit oft erstaunliche Effekte erzielen.

ALLGEMEINE GRUNDLAGEN

Ehe wir uns der Praxis zuwenden, möchte ich in diesem Kapitel einiges an Theorie voraus schicken – für jene unter Ihnen, die ähnlich wie ich gerne reflektieren und alles verstehen wollen:

- Was bedeutet es, als alleingeborener Zwilling (oder Mehrling) auf die Welt zu kommen in Bezug auf *Geldwert = Selbstwert*, das Thema dieses Buches?

- Was meine ich mit dem Begriff Quantenbewusstheit?

- Worin liegt der Unterschied zwischen Bewusstheit und Bewusstsein?

- Welche hirnphysiologischen Erkenntnisse helfen uns bei der Heilung unseres *Selbstwertgefühls*?

- Welche Einblicke in die Herzintelligenz-Forschung sind uns nützlich, um unseren *Selbstwert* wieder aufzubauen?

- Was meine ich mit dem Begriff Quantenfülle?

- Gedanken zur Geschichte des Geldes …

Alleingeborene Halbzwillinge

Als ich vor einigen Jahren die Diagnose HSP (hoch sensible Persönlichkeit) bekam und mich in dem Buch „Zart besaitet" von Georg Parlow fast eins zu eins wiedergefunden habe, war ich so davon berührt, dass ich unbedingt all jene Menschen, bei denen ich diese Anlage auch orten konnte, davon informieren wollte. Und fast alle, denen ich empfohlen habe, den entsprechenden Test zu machen, waren ebenso froh wie ich, diese Anlage bei sich zu erkennen! Dankbar haben sie mir bestätigt, wie *wertvoll* diese Einsicht für sie war - nicht nur im Umgang mit anderen, sondern vor allem auch in ihrem Umgang mit sich selbst!

Und eine für mich persönlich noch tiefer berührende und bewegende Offenbarung war es, zu erfahren, welche Konsequenzen es für das ganzes Leben hat, wenn man als alleingeborener Zwilling seine zweite Hälfte (oder auch mehrere Mehrlinge) während der Schwangerschaft verloren hat. So war klar, dass ich auch andere „Womb Twin Survivors" (der englische Ausdruck für Alleingeborene) identifizieren und mein Wissen mit ihnen teilen wollte - auch das übrigens ein typischer Zug bei Halbzwillingen!

Die Korrelation dieses Phänomens mit Hochsensibilität (und oft auch Hochbegabung) ist übrigens signifikant: Wenn Ihnen also bereits klar ist, dass Sie hochsensibel sind, dann ist meiner Erfahrung nach die Wahrscheinlichkeit, dass auch Sie Ihre zweite Hälfte verloren haben, extrem hoch! Umgekehrt empfehle ich allen, die vom Verlust ihres Zwillings wissen, auch den HSP-Text zu machen, den Sie unter „Zart besaitet" im Internet finden!

Ich selbst wusste schon seit einigen Jahren, dass ich von einem solchen Verlust betroffen bin, lebte aber eine ganze Weile in dem Eindruck, dieses Ur-Trauma sei nicht so wichtig und würde keinen besonderen Effekt auf mein Leben haben. Erst die massive Krise, die dieses Ur-Trauma durch mehrere aufeinander folgende schwere Verluste aktiviert hat, spielte mir diverse Bücher und Vorträge zu diesem Thema in die Hände. Und dann begann der ungemein aufschlussreiche „Dialog der Hände“ mit meinem verlorenen Zwilling, der dann letztlich die Basis für ein Buch bilden sollte. Im Zuge des Schreibens wurde mir nach und nach klar, was diese Tatsache alles für mich und mein Leben bedeutet; welche - nicht nur bildlich gesprochen - einschneidenden Folgen sie auf praktisch alle Bereiche meines Lebens hatte und hat; wie stark und nachhaltig sie meinen Charakter, meine Lebenseinstellung und vor allem mein *Selbstwertgefühl* geprägt hat!

Mein Herz sagt mir, dass zumindest der Großteil jener, die sich vom Titel dieses Buches angesprochen fühlen, weil sie sich schwer tun, ein gesundes *Selbstwertgefühl* aufzubauen, auch hochsensible (und viele sogar hochsensitive) Alleingeborene sind. Daher wünsche ich mir, all jenen, die in Resonanz mit diesem Phänomen schwingen, die entsprechenden Informationen und Anregungen zur Heilung dieses frühen Verlusttraumas an die Hand zu geben. Und bitte Sie, sich für ein neues Verständnis all dessen zu öffnen, was in Ihrem Leben passiert oder nicht passiert ist; und was Sie sich bisher nicht erklären konnten!

Zu diesem Zweck tauchen Sie, *geschätzte* Leserin, *geschätzter* Leser, in der Lektüre des folgenden Kapitels über die Indizien, die für eine solche Anlage sprechen, bitte tief in sich selbst hinein und fragen Sie sich:

Was von all dem bringt etwas in mir zum Klingen?

Womit kann ich mich identifizieren, auch wenn ich vielleicht noch nie etwas von verlorenen Zwillingen gehört habe?

Was von dem hier Beschriebenen kenne ich allzu gut aus meinem eigenen Leben?

Erlauben Sie sich, all das zu entdecken, was dafür spricht, dass auch Sie ein alleingeborener Halbzwilling sind. Dass Sie zwar nicht allein in diese Welt, dennoch aber allein auf die Welt gekommen sind. Dass Sie also eine gemeinsame Befruchtung erlebt haben, dann aber allein geboren wurden, weil Ihre andere Hälfte während der Schwangerschaft gestorben ist - meist in einem frühen Stadium und unbemerkt! Für mich beginnt Leben nicht erst mit der Geburt; und ein solcher Verlust bewirkt eine schwere Traumatisierung, die leider noch viel zu wenig bekannt ist!

Da ich um die großteils sehr fatalen Folgen meines speziellen Starts ins Leben auf mein *Geldleben* weiß, werde ich dieses Thema hier überall dort, wo es vermutlich mitspielt, miteinbeziehen - in der Hoffnung möglichst vielen betroffenen Menschen die Augen zu öffnen. Entscheiden Sie bitte für sich, was Sie mit dieser Information anfangen, wenn Sie Resonanz in sich wahrnehmen! Und informieren Sie gegebenenfalls andere Betroffene, die Sie anhand dieser Beschreibung identifizieren können - Sie tun Ihnen damit etwas Gutes!

Wie froh wäre ich gewesen, hätte ich viel früher schon davon erfahren!

Dennoch trachte ich danach, das, was ich nicht ändern kann, mit einer konstruktiven Sichtweise zu betrachten. Also sehe ich es lieber so, dass ich diese Klarheit „jetzt schon" und nicht „erst jetzt" gewinnen durfte - und bin dankbar dafür! Mein Vater hat diese Einsicht ebenso nicht mehr erlebt wie unzählige andere Menschen, die ein Leben lang auf der Suche waren, ohne zu wissen, wonach; die gewartet haben, ohne zu wissen, worauf! Und glauben Sie mir, dieses Phänomen ist weit häufiger als die meisten annehmen.

Bereits als ich Medizin studierte (das war Ende der siebziger Jahre) hieß es, nur vierzig Prozent der befruchteten Eizellen würden sich einnisten; während die restlichen sechzig Prozent verloren gingen. Ein Grund für einen solchen Verlust kann ein Trauma der Mutter (Unfall, schwere Krise) sein, ein Abtreibungsversuch oder die Einnistung an nichtadäquater Stelle in der Gebärmutter - was besonders bei Mehrlingen häufiger der Fall sein dürfte.

Und die Häufigkeit von Mehrlingsschwangerschaften nimmt einerseits zu, weil mehr und mehr Frauen Hormone zu sich nehmen (Antibabypille und Vorbereitung auf eine künstliche Befruchtung), weil Erstgebärende heute statistisch älter sind und weil auch die zunehmende Umweltbelastung Schwangerschaften mit Mehrlingen fördern dürfte!

Aber das Schöne ist: es gibt Heilung für dieses frühe Verlust-Trauma!

Allerdings muss ich immer wieder erfahren, dass für manche Betroffene die Zeit für diese Offenbarung scheinbar noch nicht reif ist! Das schmerzt mich, weil ich vom *Wert* der Heilung weiß; aber ich muss das akzeptieren. Und vielleicht werden Sie mich eines Tages besser verstehen können, wenn Sie dieses Wissen einem offenbar betroffenen Menschen anbieten wollen, dieser aber nicht daran interessiert ist - und weiter in seiner Selbstsabotage verharrt.

Daher möchte ich Ihnen dieses Wissen anbieten, ohne missionieren zu wollen - als eine meiner Ansicht nach *wertvolle* Zutat auf meinem *reich* gedeckten Buffet! Und empfehle auch Ihnen: geben Sie dieses Wissen jenen, die dafür bereit sind, weiter; und akzeptieren Sie es, wenn jemand offenbar noch nicht hinsehen möchte!

Bei vielen braucht es für die nötige Offenheit einen schweren Verlust als Trigger, der sie so schwer erschüttert, dass die bisher wirksamen Verdrängungsmechanismen, die diese Tatsache im Verborgenen halten sollen, ausgehebelt werden. Aber da viele Menschen in den ziemlich anspruchsvollen letzten Jahren einen solchen Verlust (oder auch mehrere) erlebt haben, glaube ich, dass die Zeit nun für viele Alleingeborene reif ist und mehr und mehr Betroffene bereit sind, sich dieser Einsicht zu öffnen.

Und wenn ich einen kleinen Beitrag dazu leisten kann, bin ich dankbar. Ebenso wie ich all jenen zutiefst dankbar bin, die mir zu dieser Klärung verholfen haben. Vor allem meinem früh heimgekehrten Zwillingsbruder, der mir, wie bereits erwähnt, vieles von dem Wissen, das hier einfließen darf, über den „Dialog der Hände" vermittelt hat.

Wenn dieses Thema Sie (derzeit?) ganz und gar nicht anspricht, dann überspringen Sie einfach die entsprechenden Kapitel und lesen Sie im nächsten Kapitel weiter. Vielleicht kommt später der stimmige Zeitpunkt, an dem Sie das Gefühl haben, jetzt genauer hinsehen zu wollen.

Es kann aber auch sein, dass Sie in Ihrem Umfeld eine Person haben, auf die die folgenden Beschreibungen passen - und für die diese

Einsicht *wertvoll* wäre. Dann bitte ich Sie, dieses Wissen weiterzugeben; vielleicht ist es ja Ihre Rolle, dieser Person ihre Offenbarung zugänglich zu machen.

Indizien, die auf einen alleingeborenen Zwilling deuten

All das, was Sie hier lesen werden, könnte ich nie so authentisch schreiben, wäre ich nicht selbst von diesem Phänomen betroffen! Und ich glaube, dass es gerade für ein so sensibles Thema *wertvoll* ist, all das nicht nur aus einem theoretischen Wissen heraus zu schildern, sondern aus einer direkten persönlichen Betroffenheit!

Die intensive Auseinandersetzung mit all diesen Hinweisen und die zahlreichen Bestätigungen haben mich so berührt und tief bewegt, dass ich das Gefühl hatte, für eine Weile aus meinem Alltag heraus katapultiert zu werden. So konnte ich erst nach und nach die unzähligen Aha- und Ah ja-Erlebnisse integrieren und langsam wieder in meine Mitte finden. Eine Mitte, die nun weit stabiler ist, weil sie auf einer viel höheren Ebene der Authentizität schwingt!

Ich kann so vieles an mir, meinen Reaktionen und der Gestaltung meines Lebens nun besser verstehen; und daher auch all das liebevoll annehmen, was mir bisher in meinem Nicht-verstehen-können Schmerzen bereitet und mich immer wieder ins Chaos gestürzt hat. All das wird nun klar und immer klarer. Und diese Klarheit möchte ich gerne auch Ihnen zugänglich machen, wenn Sie bereit sind, sich dafür zu öffnen!

Vielleicht können Sie das Bild eines Meteoriteneinschlages nachvollziehen, nach dem nichts mehr so ist wie zuvor; und es braucht eine ganze Weile, bis der aufgewirbelte Staub sich wieder gesetzt hat.

Noch besser passt vielleicht das Bild eines Vulkanausbruchs, nach dem auch nichts mehr so ist wie zuvor; aber das zurück bleibende Land ist extrem fruchtbar! So ähnlich ging es mir: es hat eine ganze Weile gedauert, bis ich all das verdaut hatte; aber danach fand ich mich in einer völlig neuen Wahrhaftigkeit wieder!

Ich schreibe das hier so ehrlich nieder, weil ich auch Sie motivieren möchte, sich selbst gegenüber ehrlich zu sein; auch (und gerade dann) wenn es in manchen Augenblicken fast zu sehr weh tut. Nehmen Sie sich bitte all die Zeit, die Sie brauchen werden, um diese Eröffnung - wenn es denn eine ist, die auch Sie betrifft - zu verdauen und so in ihrem Leben zu integrieren, dass Sie nach der vermutlich tief greifenden Erschütterung wieder Ruhe finden können. Eine neue, wohltuende und rundum befreiende Ruhe! Das kann ich Ihnen jetzt schon versprechen. Aber bis dahin mag es noch die eine oder andere emotionale und faktische Turbulenz in Ihrem Leben geben ...

Stellen Sie sich vor, Sie wären zu zweit in diese Welt gekommen - in einer gemeinsamen Eizelle oder in zwei parallel nebeneinander in der Gebärmutter Ihrer Mutter heranreifenden Früchten. Sie sind getragen in der weichen, warmen Geborgenheit, in diesem ozeanischen Gefühl, in dem alles gut ist. Ihnen ganz nahe ist da diese zweite Seele, die Ihnen sehr vertraut ist, und zu der Sie tiefe Liebe empfinden. Fühlen Sie einmal hin:

Gibt es eine innigere Nähe?

Gibt es mehr Intimität?

Kann es eine tiefere Liebe geben?

Ein Einling ist ganz und gar mit sich zufrieden in seinem anfänglichen Einzeldasein - wohl geborgen im Leib der Mutter, die „irgendwo da draußen" ist, deren Herzschlag und andere Körpergeräusche er ebenso hören kann wie ihre Stimme und vielleicht die seines Vaters. Aber er ist in seiner Eihülle völlig mit sich allein - und er ist sich selbst genug!

Ein Halbzwilling ist vom Beginn seiner Einnistung zu zweit - da gibt es eigentlich kein Ich, sondern nur ein **Wir**, ein **Miteinander** aus zwei Hälften!

„Das Ich löst sich auf im Wir, das auch kein Du mehr kennt" - dieser Gedanke kam mir vor vielen Jahren in den Sinn - lange noch bevor ich wusste, dass ich eine Alleingeborene bin! Ein Gedanke, der einem Einling vermutlich die Haare zu Berge stehen lässt ...

Jedenfalls wirkt sich diese extrem prägende Zeit der Entwicklung - auch wenn sie nicht lange währt und durch einen Verlust unterbrochen wird - auf praktisch jeden Lebensbereich des Überlebenden in irgendeiner Form aus! Von Beginn an **sehnt** sich der Halbzwilling nach **Nähe**, **Innigkeit**, **Intimität** und vor allem **Liebe**. Einer Liebe, die in ihrer **Intensität** und **Tiefe** jede andere Liebe in den Schatten stellt. Und diese Grundprägung bleibt ein Leben lang bestehen, auch wenn einer der beiden Hälften während der Schwangerschaft oder der Geburt oder auch danach verloren geht.

Ja, Zwillinge empfinden sich tatsächlich als zwei Hälften eines Ganzen - das gilt übrigens auch für zweieiige. Erst gemeinsam fühlen sie sich ganz, vollständig, genug, gut! Und sie sind und bleiben auch dann verbunden, wenn Sie voneinander entfernt leben - das wissen wir auch aus weltweiten Zwillingsforschungen.

Ähnliches gilt übrigens für andere Mehrlinge, worüber auch die bekannte Sterbeforscherin Elisabeth Kübler-Ross, die als Drilling zur Welt kam, in ihren Büchern berichtet hat!

Wenn nun eine der beiden Hälften stirbt, bleibt beim überlebenden Zwilling das, was energiesichtige Menschen als „**Loch in der Aura**" bezeichnen. Auratherapeuten trachten danach, dieses Loch zu schließen, weil ein solches angreifbar macht für alles mögliche Belastende, krank Machende und Verletzende. So sind Alleingeborene wie **Magneten für traumatische Familienthemen** und prädestiniert für die Rolle des „schwarzen Schafes" in der Familie. Sie fühlen sich stets als **Außenseiter**, die nicht selten auch **ausgestoßen** werden. Aber auch wenn dies gar nicht tatsächlich geschieht, fühlen sie sich **fremd, nicht dazugehörig, alleine** - auch inmitten von nahe stehenden Menschen, ja sogar ihrer Familie. Alleingeborene Zwillinge fühlen sich praktisch immer mehr oder weniger **einsam**! Eine kurzfristige Ausnahme bildet die eine oder andere Phase frischer Verliebtheit, in der die alte Ur-Einheit wieder anklingt …

Es **fehlt** etwas - natürlich: die zweite Hälfte! Der, „der so ist wie ich", wie André Heller in einem Lied es bezeichnet hat; der meinem Gefühl nach ebenso wie viele andere **Künstler** von diesem Phänomen betroffen ist – einfach weil die **Kreativität** Alleingeborener besonders ausgeprägt ist!

Und tatsächlich scheint ein gesundes *Selbstwertgefühl* bei Künstlern nicht allzu verbreitet zu sein. Vincent Van Gogh beispielsweise litt sein Leben lang unter **Selbstzweifeln** und sagte:

„Ich mache mir immer wieder Vorwürfe, dass meine Malerei nicht wert ist, was sie kostet."

Und tatsächlich musste er erst das Zeitliche segnen, ehe seine Bilder bei Versteigerungen exorbitante Preise erzielten. Vielleicht hat er das trotz aller Selbstzweifel vorhergesehen, als er sagte:

„Ich kann nichts dafür, dass meine Bilder sich nicht verkaufen lassen. Aber es wird die Zeit kommen, da die Menschen erkennen, dass sie mehr wert sind als das Geld für die Farbe."

Wie sieht er das wohl aus der Perspektive des Jenseits?

Wäre es nicht *wertvoll,* wenn gerade solche Jahrhundertkünstler *Ihr Selbstwertgefühl* in die Heilung bringen könnten?

Neben der Kreativität ist die **Intuition** bei Halbzwillingen stark ausgeprägt, aber auch darauf vertrauen sie zu wenig.

Und weil die zweite Hälfte fehlt, und der Alleingeborene sich immer nur als „**halbe Portion**" fühlt, entsteht dieser quälende Mangel an *Selbstwertgefühl,* der ja eines der Hauptindizien ist. Stets fühlt er sich **nicht genug**, **nicht gut genug**, **fehlerhaft** und oft gar *wertlos*!

Dies führt zu einem lebenslangen **Wettlauf mit sich selbst**: Halbzwillinge wollen besser sein und immer **besser** werden; sie legen sich die Latte immer höher und streben in allem nach **Perfektion**. Und erreichen diese doch nie, weil dieses Fass keinen Boden hat. Ein Halbzwilling kann **tun**, was er will, **leisten**, was er kann, **schaffen** was er sich vorgenommen hat – und trotz **konsequenter Selbstsabotage** schaffen die meisten Erstaunliches! –; er wird **nie** wirklich **zufrieden** sein mit sich selbst, weil immer noch mehr möglich scheint, er immer noch besser werden kann. Und will – und wird …

Dennoch wird er es sich kaum je erlauben, über längere Strecken glücklich zu sein, weil er (und hier haben wir ein weiteres Hauptindiz) unter tief verwurzelten **Schuldgefühlen** leidet! Alleingeborene fühlen sich praktisch ständig schuldig – schuldig vor allem für den Verlust ihrer zweiten Hälfte! Ähnlich wie Kinder sich oft schuldig fühlen, wenn ihre Eltern sich scheiden lassen; so haben auch Halbzwillinge unbewusst das Gefühl, sie hätte den anderen hinausgedrängt, ihm die Nahrung versagt, hätten zu viel Raum für sich beansprucht oder wären auf andere Art schuld am Tod des Geliebtesten!

Und das Fatale daran ist, dass diese lebenslangen, bewusst nicht wirklich zu erklärenden und daher kaum zu bewältigenden Schuldgefühle resonant machen für weitere Schuldgefühle. Ich drücke es so aus: unsere Schuldgefühle sitzen allzu locker. So haben wir nicht nur die Tendenz, uns für alles, was nicht gut gelaufen ist, schuldig zu fühlen; sondern wir haben auch das Gefühl, Schuld an den Schuldgefühlen anderer zu haben. Woraus dann der dringende Wunsch resultiert, all unseren Lieben deren **Schuldgefühle abzunehmen**!

Daher bin ich überzeugt, dass nicht nur ich meinem Vater die Schuldgefühle abnehmen wollte, unter denen er litt, weil er im Krieg Menschen getötet hatte! Viele alleingeborene Töchter, Söhne und Enkel von Kriegsheimkehrern teilen dieses Schicksal – diese Erfahrung habe ich mehrfach gemacht!

So haben wir ein Leben lang den Wunsch, uns von unserer Schuld, überlebt zu haben, zu befreien und daher ständig den Drang, unseren *Wert* und unsere **Lebensberechtigung** erst **beweisen** zu müssen, uns unseren **Platz in der Welt** erst **verdienen** zu müssen.

Was dennoch nie zu unserer Zufriedenheit gelingt …

Darüber hinaus haben wir die Tendenz, das **Leben** unseres **verlorenen Zwillings** für ihn **mitzuleben**! So üben wir meist **mehrere Berufe** aus und spüren in allem **enormen Leistungsdruck**. Unbewusst stellen wir den **Anspruch** an uns, immer zumindest das **Doppelte** von anderen **leisten** zu müssen – und dies dann auch noch möglichst **perfekt**!

Daher stehen wir unser Leben lang unter massivem **Druck** – was letztlich in einem oft schwer einzustellenden **Bluthochdruck** mündet. Der übrigens auch auf die ständig im Geist ablaufenden **Worst-Case-Szenarien** zurückzuführen ist. Denn die **Angst**, wieder einen geliebten Menschen zu **verlieren**, lässt uns beim kleinsten Symptom das Schlimmste annehmen. So stehen wir unter **Dauerstress** und leiden (dauernd oder phasenweise) unter chronischer **Müdigkeit** und **Energielosigkeit**. Diese erhöht noch die **Hochspannung**, unter der wir schwingen, weil auch unsere Kraftlosigkeit wieder Schuldgefühle erweckt.

Halbzwillinge haben meist **viele Begabungen**, oft sehr viele - aber die meisten **setzen sie nicht um**, weil sie sich selbst aufgrund ihres mangelnden *Selbstwertgefühls* im Weg stehen - zumindest bis zu ihrer Heilung! Die wenigsten von ihnen leben ihr Wunschleben, weil sie es gar **nicht wagen**, **glücklich** zu sein. Einerseits weil sie es sich nicht zugestehen, weil sie sich dessen als **nicht** *wert* erachten! Andererseits weil sie **Angst** haben, dass wieder etwas Entsetzliches passiert, wenn sie allzu glücklich sind. Glücklichsein hat sich offenbar schon einmal nicht bewährt, denn da ist ihnen mitten in dem ozeanischen Gefühl das Liebste abhandengekommen. Und das hat sie aus der Glückseligkeit der ersten gemeinsamen Urgeborgenheit herausgerissen.

Ab und zu „stolpert" der Alleingeborene in eine *erfolgreiche* Lebensphase, in der jedoch sehr rasch wieder die **Selbstsabotage** einsetzt - damit „die Bäume nicht in den Himmel wachsen", weil „allzu viel Erfolg ungesund ist", weil ohnehin „nichts Besseres nachkommt" und „den Vogel, der morgens sein Lied singt, abends ohnehin die Katze frisst" ... solche Selbstsabotagesätze scheinen mir vorwiegend von Halbzwillingen zu stammen!

Also wenn auch Sie sich neben Ihrer quälenden Einsamkeit, Ihren Schuldgefühlen und dem mangelnden *Selbstwertgefühl* mit phasenweiser oder andauernder Selbstsabotage „verwöhnen", dann spricht dies meiner Ansicht nach stark dafür, dass auch Sie von diesem Phänomen betroffen sind!

Dieses Muster der Selbstbehinderung beruht - neben dem mangelnden *Selbstwertgefühl* - auch auf der ständigen **Angst, anderen etwas wegzunehmen**; so wie damals, als wir unserem Geliebtesten egoistischer Weise den Lebensraum oder die Nahrung weggenommen haben - glauben wir! Und da nützt es wenig, uns der Absurdität dieser Annahme bewusst zu werden, weil diese **Selbstsabotage** ja großteils **unbewusst** funktioniert! Wir erleben nur die Effekte - und fragen uns zuweilen, warum fast unmittelbar nach einem Aufstieg, einem Erfolg, einem Gelingen der Absturz, der Rückfall, das Scheitern folgt. Ich habe solche Rückschläge immer als „Rohrkrepierer" empfunden.

Halbzwillinge eignen sich ganz und gar nicht für Konkurrenz – sie streben immer nach **Harmonie**, und diese durchaus auch auf ihre eigenen Kosten! Daher haben sie auch stets die Tendenz, **Konflikte** zu ihren **Ungunsten** zu **schlichten** – koste es, was es wolle; und sind jederzeit bereit, **zurückzustehen**. Immer ist da dieses: „Ich lass dich vor!"

Ein weiteres sehr typisches Merkmal ist das **lebenslange Warten**, ohne genau zu wissen, worauf, und die nicht enden wollende **Suche**, ohne zu wissen, wonach – zumindest bis zu dem Augenblick, da ihnen klar wird, was in einem sehr frühen Stadium ihres Lebens passiert ist. Dann erkennen sie, was es ist, worauf sie warten und was sie suchen: die Wiederkehr ihres verlorenen Zwillings!

Fällt Ihnen in diesem Zusammenhang auch das Stück: „Warten auf Godot" von Samuel Beckett ein? Auch dieser Autor scheint mir seinen Zwilling verloren zu haben!

Aber im Grunde suchen wir nicht nur etwas Äußeres, sondern uns selbst! Eine Betroffene meinte einmal, als ich sie in einer geleiteten Meditation zu ihrem verlorenen Zwilling führte: *„Ja, du bist meine fehlende Hälfte. Aber jetzt, da ich dich wieder gefunden habe, habe ich auch mich wieder gefunden!"*. In Wahrheit **suchen** wir also uns selbst, **unser wahres Selbst**! Und finden uns erst dann als die, die wir wirklich sind, nachdem wir erkannt haben, dass wir nicht das **Surrogat** unseres verlorenen Zwillings sind. Wiewohl wir uns so sehr damit identifizieren und versuchen, sein Leben für ihn zu leben; es also quasi als **Repräsentant** mitzuleben!

Und weil ich überzeugt bin, dass wir erst dann in unsere Authentizität heim finden, wenn wir um unsere Anlage wissen, liegt es mir so sehr am Herzen, diese Informationen möglichst vielen Menschen zugänglich zu machen!

Diese bewusst nicht zu erklärende **innere Getriebenheit** ist für viele Halbzwillinge der Grund, Hilfe in einer **Therapie** suchen. Und meist nicht nur in einer, weil diese Suche nicht erfolgreich sein kann, so lange nicht klar ist, was genau gesucht wird, und wo die Wurzeln liegen. Und nach mehreren Therapien wird dann oft ein **Beruf** daraus. Dann wird aus dem oder der Therapierten der Therapeut oder die Therapeutin, wozu Alleingeborene in ihrer stark **ausgeprägten Empathie** durchaus geeignet sind! So widmen sich viele therapeutisch Tätige in der Spiegelung durch ihre Klienten immer wieder auch ihrem eigenen Thema – allerdings zu einem großen Teil noch unbewusst!

Meiner Erfahrung nach wissen derzeit noch viel zu wenig Menschen in therapeutischen Berufen von diesem Phänomen! Daher können sie – zumindest bis zu dem Zeitpunkt, wo sie Klarheit über ihre eigene Betroffenheit gefunden haben –, anderen oft besser helfen als sich selbst! Dennoch wird auch ihre Hilfe für andere substanzieller sein, wenn Sie die Wurzeln Ihres eigenen Strebens erkannt haben!

Glücklicherweise ist dies nun bei mehr und mehr Helfenden der Fall, weil sich dieses Phänomen langsam herumspricht. Allerdings kann es meiner Ansicht nach gar nicht genug von diesen bewussten **Heilungsbegleitern** geben – eben weil dieses Phänomen so weit verbreitet ist! Die Angaben variieren da sehr: von zehn Prozent über vierzig bis zu achtzig Prozent; wobei ich persönlich eher zu den höheren Zahlen tendiere. Aber im Grunde ist die Prozentzahl doch egal. Wenn ich persönlich betroffen bin, dann möchte ich Zugang haben zu jenen Informationen, die ich für die Heilung meines Traumas brauche; selbst wenn ich nur zu einer Minderheit gehöre. Was ich definitiv nicht glaube, wenn ich aufmerksam um mich sehe und überall die Indizien wieder erkennen kann! Erinnern Sie sich an die Erklärungen für die zunehmende Häufigkeit von Mehrlingen, die ich Ihnen vorhin angeboten habe.

Aber nicht alle Alleingeborenen suchen Hilfe in Therapien. Viele **resignieren** in ihrem Gefühl, nicht dazu zu gehören und nicht hierher zu gehören – „auf diesem Planeten falsch gelandet zu sein“. Tief in ihrem Herzen leidet ein Großteil der Halbzwillinge unter einer lebenslangen **Grundtraurigkeit** und oft sogar unter schweren **Depressionen** mit nicht selten einer Tendenz zum **Suizid**.

Wobei diese **Todessehnsucht** in Wahrheit die **Sehnsucht** nach der **zweiten Hälfte** ist. Aber das wird dem Alleingeborenen erst dann klar, wenn er erkennt, dass das, was er die längste Zeit als „Ruf hinüber" und als „Komm zu mir!" missverstanden hat, eigentlich als: „Höre mich und nimm Verbindung mit mir auf!" gemeint war. Das ist aus meiner Sicht einer der wichtigsten Schritte in Richtung Heilung! Und erst dann, wenn dieser geschafft ist, lassen die Suizidtendenzen nach.

Die - und das verschlimmert die ganze Sache noch! - meist von schweren Schuldgefühlen begleitet sind! Alleingeborene möchten in manchen Phasen ihres Lebens nur sterben, einschlafen und nicht mehr aufwachen, heimkehren zu ihrer anderen Hälfte (deren Existenz ihnen die längste Zeit nicht bewusst ist); und leiden zur gleichen Zeit unter quälenden Gewissensbissen, weil sie überzeugt sind, sie dürften anderen das nicht antun!

Abgesehen davon haben sie **Angst vor dem Tod**. Einerseits weil er ihnen das **Liebste weggenommen** hat; andererseits weil sie in ihrer extremen Empathie das **Sterben ihres Geschwisters** - und vielleicht dessen Todesangst - ja hautnah **miterlebt** haben! Weil diese Kombination aus Todessehnsucht und Angst vor dem Tod für viele Alleingeborene symptomatisch ist, arbeiten sie gerne auch ehrenamtlich in der **Sterbebegleitung** oder auch hauptamtlich in einem **Hospiz**; ohne sich jedoch bewusst zu sein, woher diese innere Ambivalenz stammt.

Wie anfangs erwähnt, ist ein Großteil der alleingeborenen Zwillinge **hochsensibel** und **hochbegabt**! So haben sie den Eindruck, „ihre Nerven lägen außen auf der Haut", wie ich das früher ausgedrückt habe; und fühlen sich als „**emotionales Schmetterlingskind**" - ein Ausdruck, der mir einmal in den Sinn gekommen ist, und der unsere Gefühlslage ganz gut beschreibt. Die **Gefühle** sind **gewaltig, überwältigend** und fühlen sich oftmals **zu stark** an, um sie ertragen zu können! Alles im Leben geht so tief, geht uns nahe, geht uns „**unter die Haut**".

Die extreme Empathie, die Alleingeborene zu einfühlenden Therapeuten und Wegbegleitern in Krisenzeiten werden lässt, macht sie auf der anderen Seite **kaum fähig, sich abzugrenzen** und dort „nein" zu sagen, wo es angemessen wäre. Sie leiden mit allen Leidenden mit, auch wenn sie nur in Erzählungen von deren Leid hören; und entwickeln sehr früh schon ein ausgeprägtes **Helfersyndrom**! Dann sind sie bereits in ihrer Kindheit die großen Helfer, Heiler und Beschützer der Erwachsenen in ihrem Umfeld.

Und weil sie einmal erlebt haben, wie schrecklich es ist, die Kontrolle zu verlieren - als sie nicht imstande waren, ihr Liebstes zu retten und bei sich zu halten -, wollen sie jetzt möglichst in allen Situationen die **Kontrolle behalten**. Daraus resultiert in Kombination mit der starken Empathie, dem Helfersyndrom und der großen Verlustangst oft eine für alle Seiten fatale **Co-Abhängigkeit**! Lieber bleiben sie in einer destruktiven Beziehung, als sich zu trennen - weil **Trennung** ein massives **Stressthema** ist.

Da für hochsensible Halbzwillinge das Leben in seiner extremen Intensität oft kaum zu ertragen ist, sind viele von ihnen auch ständig in Gefahr, in eine **Sucht** zu flüchten. Sie können ebenso süchtig sein nach **Drogen** wie nach **Spielen**, oder sie werden **Workaholics**, die in die Arbeit fliehen; aber am nächsten liegt die Sucht nach einer **Beziehung** - zumindest bei **Schmelzzwillingen**!

Fluchtzwillinge meiden enge Beziehungen - wohl aus Angst, noch einmal einen Menschen so nahe an sich heran kommen zu lassen, dass dessen Verlust dann kaum zu ertragen wäre!

Beziehungen von Schmelzzwillingen, die ihr Leben lang auf der Suche nach ihrer zweiten Hälfte sind, werden hingegen oft als **Symbiose** gelebt. Allerdings meist als frustrierende Suche, die nicht zum Ziel führen kann; weil kein anderer Mensch den verlorenen Zwilling ersetzen kann!

Dennoch besteht bei vielen die Tendenz, sich in **Beziehungen** zu **verlieren** und sich nicht nur hinzugeben, sondern ganz und gar **aufzugeben**, ja **wegzugeben**! Eine Tendenz, dessen Ursache unbewusst bleibt, deren Wirkung umso fataler ist. Grund dafür ist die panische Angst, das Liebgewonnene - auch wenn es letztlich nur dessen Ersatz ist - wieder zu verlieren. So wie damals ...

Aus dieser **Verlustangst** resultiert auch die oft extreme **Eifersucht**, die Beziehungen erst recht gefährdet. Und da Alleingeborene sich oft mit (meist ebenso unbewussten) anderen Halbzwillingen verbinden, ist diese Eifersucht dann oft noch gegenseitig. Dennoch vergiftet sie das Klima, sodass es immer wieder zu **Trennungen** kommt – die das alte **Trauma** neuerlich **triggern** und als **lebensbedrohlich** empfunden werden. Aber weil die beiden nicht ohne einander leben können, finden sie nicht lange nach der Trennung neuerlich zusammen. Woraufhin das Spiel, das mit Eifer sucht, was Leiden schafft, weitergeht. Wieder werden eigene Ansprüche unterdrückt, wobei es meist einer der beiden ist, der alles tut und noch mehr, in dem Wunsch, sein Du zufrieden zu stellen und in der Beziehung zu halten.

Solche Beziehungen zwischen zwei Alleingeborenen können erst dann funktionieren, wenn zumindest einer der beiden Partner sich seines Urtraumas bewusst ist; und sich am besten bereits im Prozess der Heilung befindet. Was sie verbindet, ist der extreme Wunsch nach Nähe, **Geborgenheit**, Innigkeit, Intimität, **Eins-Sein** und **Verschmelzung** als Ausdruck der Sehnsucht nach der sehr frühen, unbewusst bleibenden Erinnerung. Aber unbewusst spüren beide, dass es keinen angemessenen äußeren Ersatz für die verlorene zweite Hälfte geben kann! Ein anderer Mensch kann immer nur Surrogat sein; und das fühlen sie in ihrer Hochsensibilität und stark ausgeprägten **Intuition**!

Dennoch sind solche Beziehungen friktionsfreier als „Mischehen" mit Einlingen, die den starken Berührungshunger, den Wunsch nach innigem Verschmelzen, nach extremer Nähe und einem **Übermaß an Zärtlichkeit** auf Dauer kaum aushalten. Ein Einling hat mit sich selbst genug, daher versteht er die symbiotischen Tendenzen des Halbzwillings an seiner Seite nicht; und kann ganz und gar nicht damit umgehen, weil er sich dadurch eingeengt, ja fast erstickt fühlt!

Und ich hoffe, Sie erkennen darin nicht eine *Wertung*! Tatsächlich kenne ich all diese Tendenzen aus der Zeit, da ich mir meiner ursprünglichen Anlage als alleingeborener Zwilling noch nicht bewusst war und daher dieses Trauma noch nicht geheilt war! Heute kann ich meinen starken Wunsch nach Nähe, Verbundenheit und Einheit nachvollziehen, kann mich als Hochsensible aber auch in einen Einling hinein fühlen, für den eine solche Nähe und Intensität nach der ersten Verliebtheit kaum mehr zu ertragen ist! Für mich ist nicht ein Start ins Leben besser oder *wertvoller* als der andere. Ich denke nur, Menschen, die sich eine Partnerschaft wünschen, sollten sich über ihre eigene Anlage klar sein - und in weiterer Folge auch über die ihres Du!

Ich behaupte nicht, dass „Mischehen" von Einlingen und Mehrlingen nicht lebbar sind. Ich habe nur den Eindruck, dass man sich leichter tut, wenn man einen ähnlichen Start ins Leben hatte; und daraus folgend eine ähnliche Anlage hat, aus der jeweils ein spezielles Beziehungsverhalten resultiert.

Der **Berührungshunger** lässt Alleingeborene nicht selten unbewusst einen Beruf ergreifen, in dem sie sich erlaubtermaßen viel körperliche Berührung holen können - so sind viele als Masseure, Kosmetikerinnen, Visagisten, Friseurinnen oder im pflegerischen Bereich tätig oder in anderen Professionen, in denen körperliche Nähe selbstverständlich und daher erlaubt ist.

Ein weiterer Berufszweig, zu dem viele Halbzwillinge tendieren, ist die **Medizin**. Motivation könnte der Wunsch sein, „Gott in Weiß zu spielen" und zukünftig den Tod verhindern zu können - was damals nicht gelungen ist!

So ist der Tod ein großer Feind, der zugleich sehnsüchtig herbei gesehnt wird, weil „drüben" die andere Hälfte wartet. Dies bei gleichzeitiger **Angst** vor dem Tod - und **vor Krankheit** allgemein; und zwar sowohl bei ihnen selbst als auch bei ihren Nahestehenden! Daher neigen sie, wie bereits erwähnt, ständig zu Worst-Case-Szenarien und nehmen prinzipiell das Schlimmste an, wenn bei ihnen selbst oder ihren Lieben auch nur die unscheinbarsten Symptome auftauchen - besonders natürlich wenn sie eine medizinische Ausbildung genossen haben.

Die Angst, Geliebtes zu verlieren - durch Krankheit, Tod aber auch Trennung, ist eine der **vielen Ängste** Alleingeborener, deren sie generell mehr haben als andere Menschen!

Neben der Angst vor **Verlust** oder vor dem **Verlassen**werden, fürchten Menschen, die ihr Geschwister (besonders wenn es zwei waren) verloren haben, **ausgeschlossen** und **gemobbt** (oder auch **gebosst**, also von Vorgesetzten gemobbt) zu werden. Und immer schwingt die Angst mit, **Zuneigung**, *Wertschätzung* und **Liebe** zu **verlieren**.

Daneben quälen immer auch die Angst vor **Fehlschlägen** und **Zurückweisung**, die Angst, **Fehler** zu machen oder zu **scheitern** sowie die Angst vor **Enttäuschung** – sowohl die Angst, andere zu enttäuschen, als auch die, selbst enttäuscht zu werden!

Typisch sind auch **nächtliche** Ängste – die **Dunkelheit** der Nacht bringt ja **Unsicherheit** und **Kontrollverlust** mit sich. Nicht selten leiden Alleingeborene unter **Klaustrophobie** oder **Agoraphobie** – Tunnels und enge Räume machen ebenso Angst wie weite Räume, besonders solche mit großen Menschenansammlungen. Das mag in Korrelation stehen mit der frühen Situation, in der es nicht möglich war, sich aus der Nähe des toten Geschwisters zu befreien. So entwickeln nicht wenige in dem Wunsch, sich von der verstorbenen zweiten Hälfte abzuwenden, eine auffällige **Skoliose**!

Besonders quälend ist die Angst vor **Einsamkeit**. Daher werden nahe Beziehungen trotz der großen Angst vor neuerlicher Verletzung geradezu suchtartig gesucht; und jeder **Verlust**, jedes **Loslassen**, jede **Trennung** reißt neuerlich **tiefe Wunden** auf und **aktiviert** das meist tief ins Verborgene verdrängte alte **Trauma**. Die Psychologie spricht davon, dass die Seele das alte Trauma immer wieder aufs Neue „reinszeniert", also eine ähnliche (oder sich ähnlich anfühlende) Erfahrung provoziert, um den Menschen dazu zu bringen, sich endlich der Offenbarung zu öffnen und bereit zu werden für Heilung.

Aber oft bedarf es dazu eines wirklich einschneidenden Verlustes oder auch mehrerer aufeinander folgender Verluste (von nahe stehenden Menschen, liebgewordenen Dingen, gewohnten Lebenssituationen) und / oder Zurückweisungen; erst eine solche Krise reißt die alte Wunde so weit auf, dass sie gar nicht mehr zugedeckt und verdrängt werden kann. Und erst dann kann Heilung geschehen …

Wenn Sie, *geschätzte* Leserin, *geschätzter* Leser, sich zumindest in einigem von dem hier Beschriebenen wieder gefunden haben, dann ist anzunehmen, dass auch Sie von diesem Phänomen betroffen sind! Dann freuen Sie sich, dass dieses Buch zum Thema *Geldwert = Selbstwert* Ihnen diese überraschende Offenbarung schenkt!

Ich glaube, diese Einsicht ist vor allem deshalb so wichtig, weil all die Techniken und Spiele, die ich hier für Sie zusammengestellt habe, um vieles wirksamer sein werden, wenn Sie sie in der neuen Klarheit anwenden!

Unkraut wächst so lange nach, bis wir es mitsamt den Wurzeln entfernt haben! Analog dazu wird die Heilung Ihres *Selbstwertgefühls* auch erst dann nachhaltig sein, wenn Sie das Wissen um die Ursache (und sei es auch Ihr spezieller Start ins Leben) in den Heilprozess mit einbeziehen - erst dann wird er nachhaltig sein!

Es mag alleingeborene Zwillinge geben, die das Glück hatten, eine glückliche Kindheit zu erleben, und von ihrer Umgebung all die Liebe und *Wertschätzung* bekommen haben, die es braucht, um diese tiefe Wunde zu heilen und ein gesundes *Selbstwertgefühl* zu entwickeln. Dann konnte ihr Ur-Trauma vielleicht ohne all die fatalen Folgen, die ich hier beschrieben habe, heilen. Und ich kenne tatsächlich auch Halbzwillinge, deren finanzielle Situation durchaus zufrieden stellend ist, deren Ur-Trauma sich jedoch in anderen Lebensbereichen auswirkt; denen dieses Buch also durchaus auch Hilfe zur Selbsthilfe bieten könnte. Allerdings bezweifle ich, dass sie empfänglich sind für diese Lektüre. Aber wer weiß?

Wenn Sie eine gewisse Resonanz zu all dem fühlen, obwohl Ihr Leben nicht (ganz) so einem „Hürdenlauf" gleicht, wie ich es Ihnen hier in der extremen Variante dargelegt habe, dann seien Sie zutiefst dankbar für die, mit dem Trauma mitgelieferte, Selbstheilung - oder die Heilung durch andere in Ihrer Umgebung! Dennoch fände ich es klug, Kontakt mit Ihrem verlorenen Zwilling aufzunehmen und zu pflegen; denn er kann Ihnen Zugang zu Wissen und Einsichten verschaffen, an die Sie sonst nicht herankommen!

Zusammenfassend könnten wir sagen, dass die meisten ungeheilten Alleingeborenen so ziemlich alle Faktoren in sich vereinen, die gesunde *Fülle* und entspannten *Wohlstand* auf verschiedenen Ebenen behindern: mangelndes *Selbstwertgefühl*, Schuldgefühle, die Tendenz, andere vorzulassen, Schwierigkeiten im Annehmen, extremes Harmoniebedürfnis und innere Abwehr gegen Konkurrenz, konsequente Erfolgssabotage, Angst davor, allzu glücklich zu sein und das stete Gefühl, das, was sie sich wünschen, nicht verdient zu haben.

Und nicht nur das: all das ist in ihnen noch ausgeprägter, noch dominanter und noch destruktiver als bei anderen.

Daher würde es mich nicht wundern, wenn viele Alleingeborenen im Lesen dieses Buches (vor allem aber dieses Kapitels) das Gefühl haben: „Es fällt mir wie Schuppen von den Augen!".

Genau für Sie werde ich im Laufe dieses Buches immer wieder auf dieses Thema zurückgreifen, um Ihnen wirksame Mechanismen zu erklären und Empfehlungen zur Selbstheilung anzubieten!

Noch einmal - weil ich es als so eminent wichtig empfinde! - möchte ich Sie bitten, sehr behutsam mit sich selbst umzugehen, wenn Sie das Gefühl haben, betroffen zu sein! Und wenn sie tatsächlich betroffen sind, dann werden Sie vermutlich starke Betroffenheit fühlen - ja, diese Wiederholung ist bewusst gesetzt! Ich garantiere Ihnen, dass mit dieser Klarheit ein völlig neues Leben für Sie beginnt - und so wie es bei jeder Geburt Wehen gibt, so mag auch die Neugeburt Ihres neuen, authentischeren Ich nicht ohne Trauer, aus der Tiefe hochkommendem Schmerz, ab und zu dem Gefühl „Ich kann nicht mehr" und den einen oder anderen Moment des Selbstmitleids ablaufen! Aber all das geht vorüber, und ich verspreche Ihnen: Sie werden hundertfach belohnt, wenn Sie sich dieser Heilung öffnen - bitte vertrauen Sie mir!

Und weil die „Moral" aus der folgenden Geschichte, die ich sehr mag, besonders für Alleingeborene gilt, darf ich sie an dieser Stelle zitieren. Einige von Ihnen mögen sie kennen, aber ich denke, es tut immer wieder wohl, sich an den *Wert* unserer Sprünge zu erinnern!

Unsere Sprünge ...

Es war einmal eine alte Chinesin, die täglich mit den zwei großen Schüsseln, die an den beiden Enden einer langen Stange hingen, Wasser holte. Sie trug diese über ihren Schultern, während sie den langen Weg vom Fluss zu ihrem Haus ging. Eine der beiden Schüsseln hatte einen Sprung, während die andere makellos war; so brachte diese jeweils die ganze Portion Wasser heim, während die andere den ganzen Weg

über Wasser verlor und daher immer nur halbvoll war, als die alte Frau daheim angelangt war.
Die makellose Schüssel war mächtig stolz auf ihre Leistung, während sich die arme Schüssel mit dem Sprung wegen ihres Makels schämte. Betrübt, weil sie immer nur die Hälfte dessen verrichten konnte, wofür sie gemacht worden war, sprach sie eines Tages zu der alten Frau:
„Ich schäme mich so wegen meines Sprunges, aus dem den ganzen Weg vom Fluss zu deinem Haus Wasser ausläuft!"
Die alte Frau aber erwiderte:
„Ist dir aufgefallen, dass auf deiner Seite des Weges Blumen blühen; auf der Seite der anderen Schüssel aber nicht? Ich habe auf deiner Seite des Pfades Blumensamen gesät, weil ich mir deines Sprunges bewusst war; nun gießt du sie jeden Tag, während wir nach Hause gehen. All die Jahre konnte ich diese wunderschönen Blumen pflücken und meinen Tisch damit schmücken. Wenn du nicht genauso wärst, wie du bist, würde diese Schönheit nicht existieren und unser Haus beehren!"

Ihnen allen, *wertgeschätzte* Leserin, *wertgeschätzter* Leser, aber ganz besonders den alleingeborenen Zwillingen unter Ihnen, möchte ich an dieser Stelle ans Herz legen, für einige Augenblicke innezuhalten und sich zu fragen, welches Ihre „Sprünge" sind; und ob es nicht vielleicht genau diese sind, die Ihr Leben so interessant und *lohnenswert* machen – und Sie zu einem ganz besonders *wertvollen* Menschen?

Würden Sie Ihre außergewöhnliche Liebesfähigkeit, Ihre übermäßige Empathie, Ihre totale Hingabefähigkeit, Ihren stets aktiven Wunsch zu helfen, Ihre erstaunliche Vielseitigkeit, Ihre enorme Kreativität, Ihre sanfte Zärtlichkeit, Ihr hohes Verantwortungsgefühl, Ihre liebevolle Fürsorge, Ihre starke Sinnlichkeit, Ihren außerordentlichen Leistungswillen, Ihr großes Harmoniebedürfnis, Ihre fürsorgliche Aufmerksamkeit, Ihr waches Interesse, Ihre ausgeprägte Phantasie und noch vieles mehr missen wollen?

Lernen Sie, Ihre „Sprünge" *wertzuschätzen* und das Beste daraus zu machen – für sich selbst und für diese Welt! Und vergessen Sie dabei nicht, den wundervollen Duft der vielfältigen Blumen auf Ihrer Seite des Pfades zu genießen!

Gedanken zur Geschichte des *Geldes*

Keine Sorge, *wertgeschätzter* Leser, *wertgeschätzte* Leserin, ich werde hier nicht ausführlich auf dieses Thema eingehen - das überlasse ich berufeneren Geistern! Ich möchte hier nur einige meiner Gedanken mit Ihnen teilen!

Es gibt verschiedene Theorien zum Thema, was *Geld* eigentlich ist und wie es sich entwickelt hat. Laut der Konventionstheorie ist *Geld* eine Art Abmachung, die den Tauschverkehr erleichtert; ein Zwischentauschgut, das *Werte* standardisiert und den indirekten Austausch von Waren und Dienstleistungen ermöglicht.

Als Tauschmittel diente früher verständlicher Weise seltenes Gut wie Edelmetalle, Kaurimuscheln, Perlen, Zähne und Krallen von gefährlichen Tieren, aber auch Salz. Die Erfindung des staatlich garantierten geprägten *Münzgeldes* wird den Lydiern zugeschrieben, deren König Krösus noch heute als Inbegriff des *Reichtums* gilt.

Münzgeld kann durchaus auch heute noch ein in seinem *Wert* passendes Ersatzmittel sein - bei *Papiergeld* ist das natürlich nicht mehr der Fall. Und unser *bargeldloser* Austausch ist überhaupt nur mehr abstrakt. Dies ist für unseren Umgang mit *Geld* nicht unwesentlich, denn die daraus resultierende Entfremdung - durch den fehlenden sinnlichen Zugang - hat sowohl privat als auch auf Staatsebene zu enormer Verschuldung geführt.

Dazu fällt mir eben eine amüsante Geschichte ein, mit der ich Ihnen vielleicht ein nachdenkliches Schmunzeln entlocken kann:

Das Sparbuch

Eine alte Dame kommt tagtäglich zum Schalter ihrer Bank, legt ihr Sparbuch hin und hebt alles ab. Unmittelbar danach zahlt sie das ganze Geld wieder ein. Dies wiederholt sich eine Weile immer wieder, so lange bis dem Schalterbeamten der Geduldsfaden reißt. Er möchte ja nicht unhöflich sein, so betont er, aber er wolle doch allzu gerne wissen, was die Kundin mit ihrem doch völlig absurden Verhalten bezwecke. Die alte Dame aber meint schmunzelnd, sie wolle sich nur vergewissern, ob ihr Geld auch wirklich noch da sei.

Während ich dieses Buch schreibe, ist die ständig in den Nachrichten kolportierte Griechenlandkrise auf ihrem Höhepunkt (nicht die einzige übrigens!) - und da frage ich mich, ob das Verhalten der alten Dame in dieser Geschichte wirklich so absurd ist?

Und ich frage mich auch, wie die Weiterentwicklung, die ich momentan natürlich nicht vorhersehen kann, sich gestalten würde, würden alle an dieser Krise Beteiligten - nach der Empfehlung Robert Scheinfelds - *Geld* als Ausdruck von *Wertschätzung* sehen, die ich Ihnen im nächsten Kapitel vorstellen werde.

Eine andere Theorie geht davon aus, dass es nicht so sehr um den Tauschcharakter des *Geldes* geht, sondern vielmehr um das Bedürfnis der Menschen, sich zu schmücken und Ansehen zu gewinnen. Das Bedürfnis, sich zu schmücken, können wir auch bei Menschenaffen finden; aber wir Menschen haben diese Tendenz zu einem sehr hohen Maß kultiviert ...

Einerseits finden wir den Werbeschmuck, der dem Werberitus der Geschlechter dient. Menschen schmücken sich, um beim begehrten Partner einen guten Eindruck zu machen. Früher (und bei manchen Ureinwohnern auch heute noch) wurde mit Körperbemalung geworben. Aber auch heute noch können wir das Ritual der mehr oder weniger umfangreichen Tätowierung (durchaus auch in unserem Kulturkreis) finden! In etwas diskreterer Form scheint auch das Schminken noch ein Rest dieses Verhaltens zu sein - wobei es da mittlerweile auch (analog zur Körpertätowierung) das Permanent-Make-up an Augen und Lippen gibt, das nicht täglich aufs Neue aufgetragen werden muss.

Eine andere Form von Werbeschmuck sind Juwelen, die man am Körper trägt und die teilweise sogar gefasste *Geldstücke* zeigen.

Andererseits sollen getragene Juwelen oder militärische Rangzeichen, Orden oder eine Krone auch als Würdeschmuck dienen, um Rang und Ansehen auszudrücken und die Wichtigkeit der jeweiligen Person in der Hierarchie zu betonen. Dazu dienen jedoch auch *Reich-*

tümer, die gehortet werden, um den persönlichen *Wohlstand* zu dokumentieren.

Kennen Sie folgende Geschichte aus Mikronesien?

Reichtum

Da bestellt ein Häuptling und Zauberer einen ganz besonderen Stein für die Hochzeit seiner Tochter. Bei Transport kentert jedoch das Kanu im aufkommenden Sturm und der Stein versinkt im Meer. Die Rüge, vor der die Ruderer, die den kostbaren Stein verloren haben, Angst haben, bleibt zu ihrem Erstaunen jedoch aus. Und als der kleine Sohn seinen Vater fragt, ob der große Stein nun verloren sei, antwortet der Häuptling: nein, der Stein sei nicht verloren, sondern ruhe bloß am Grunde des Meeres in sicherem Gewahrsam des Wassers. Und er gehöre ebenso zum Besitz der Familie wie die anderen vier Steine, die vor dem Haus lägen. Und eines Tages würde er diesen fünften Stein am Meeresgrund ebenso an seine Nachkommen vererben, wie die anderen vier.

Diese Geschichte spricht ein interessantes Phänomen an: *Reichtum* findet vor allem in unserem Kopf statt. So gelten die Besitzer von *Mühlsteingeld* - so werden diese großen, kreisförmig behauenen Steine mit einem Loch in der Mitte, die auf den Südseeinseln als Zeichen für *Wohlstand* galten, bezeichnet - auch dann als *reich*, wenn ein solcher Stein auf seinem Transport im Meer versinkt.

Eine weniger subtile Form, sich an *Reichtum* zu erfreuen, ist, ihn zur Schau zu stellen - die bei uns verschiedene Formen annehmen kann. Das mag der Maserati sein, der vor der Türe steht, oder auch die ganz besonders noble Villa, aber auch die Markenkleidung, nach der bereits die kleinen Kinder verlangen, wenn sie in der Schule dem Gruppendruck nachgeben.

Es gibt aber auch Rituale, bei denen durch Vernichtung eines Schatzes Prestige gewonnen wird. Da wird dann gewetteifert, wer bei speziellen Feierlichkeiten die meisten Wertgüter vernichtet. Dies soll dokumentieren, dass es weniger um den Besitz des *Geldes* geht, als um dessen Gebrauch!

Eine andere und aus meiner Sicht sehr *wertvolle* Form, sich an seinem *Reichtum* zu erfreuen, ist, ihn zu verschenken. Ein schönes Beispiel dafür ist das Potlatch – das „Fest des Schenkens" einiger indianischer Gesellschaften im Nordwesten Amerikas. Bei diesen Stämmen ist ganz allgemein Großzügigkeit und Gastfreundschaft an der Tagesordnung, aber der Potlatch gilt als seltenes Ritual mit tiefgehender religiöser Bedeutung, das nur zu besonderen Anlässen zelebriert wird: etwa der Geburt des erstgeborenen Sohnes oder dem Tod eines hochrangigen Verwandten. Je *wertvoller* und erlesener die dabei gereichten Gaben sind, desto bedeutender gilt daraufhin die Position des Potlatch-Gebers aber auch die seiner ganzen Abstammungslinie.

In diesen Gedanken zur Geschichte des *Geldes* ging es mir darum, Ihnen einige Denkanstöße zu geben – wozu vielleicht auch noch folgende Fragen dienen mögen, die ich mir auch selbst immer wieder stelle.

Wie gehe ich mit dem Thema Schenken um?

Schenke ich gern?

Gibt es da Unterschiede bezüglich der beschenkten Personen?

Wen beschenke ich gerne?

Wen nicht so sehr?

Bei wem ist Schenken mit einem Gefühl der Verpflichtung verbunden?

Kann ich Geschenke gut annehmen?

Gibt es da Unterschiede, je nach schenkender Person?

Gibt es Menschen, deren Geschenke ich gern und leicht annehmen kann?

Gibt es Personen, deren Geschenke für mich eine Belastung bedeuten?

Habe ich oft das Gefühl, ich müsse mich revanchieren?

Welche Geschenke machen mir mehr Freude: materielle oder ideelle?

Welche Geschenke mache ich besonders gerne: materielle oder ideelle?

Schenke ich auch mal Zeit?

Liebe ich es, wenn jemand mit Zeit schenkt?

Kann ich mir vorstellen, auch Energie zu schenken?

Und ein Geschenk in Form von Energie anzunehmen?

Schenke ich auch ab und zu liebevolle Worte?

Freue ich mich, wenn jemand mir liebevolle Worte schenkt?

Schenke ich Wertschätzung?

Wie geht es mir, wenn ich mit Wertschätzung beschenkt werde?

Kann ich diese annehmen, oder ist mir das peinlich?

Welche Fragen fallen Ihnen hier noch ein, die Sie sich stellen möchten?

Fragen sind eine sehr hirngerechte Form der Kommunikation – auch und vor allem in der Kommunikation mit uns selbst! Unsere höheren Hirnzentren mögen das Offene an Fragen, wie ich im Kapitel über die „Affragen" noch näher ausführen werde. Und bewusst geführte konstruktive Selbstgespräche sind meiner Ansicht nach ein sehr wirksames Mittel, um die meist destruktiven inneren Dialoge zu verdrängen, die wir in unserer alltäglichen Unbewusstheit ständig mit uns selbst führen!

Geld als Ausdruck von *Wertschätzung*

Wenn wir uns nun mit der Frage befassen, was *Geld* heute ist, finden wir wahrscheinlich ähnlich viele Interpretationen und Definitionen wie Menschen, die sich bewusst mit diesem allgegenwärtigen und dennoch Tabuthema auseinandersetzen. In vielen Kreisen gilt es als ganz und gar nicht salonfähig, andere nach ihrem Verdienst und ihrem Vermögen zu fragen; während interessanterweise immer offener über Sexualität und andere aus meiner Sicht viel intimere Themen gesprochen wird.

Aus meiner Sicht ist *Geld* neutrale Energie. Und sein Effekt ist ähnlich wie bei einem scharfen Messer, das wir entweder nützen können, um Brot zu schneiden und damit hungrige Kinder satt zu machen; oder aber um einem anderen an die Kehle zu gehen. Ähnlich wie bei Elektrizität, mithilfe der wir einen Operationssaal beleuchten können, um vielleicht Leben zu retten; oder aber mittels elektrischen Stuhles einen (nicht selten unschuldigen) Delinquenten ins Jenseits zu befördern. Auch mit *Geld* kann unendlich viel Gutes getan werden, aber auch ziemlich Verbrecherisches!

So erhält Geld wie vieles andere für mich erst durch die Art der Verwendung eine bestimmte Eigenschaft, eine energetische Färbung und damit Qualität: liebevoll *wertschätzend* gegeben und in gesundem *Selbstwertgefühl* empfangen ist *Geld* für mich ein wundervolles Werkzeug persönlicher und gesellschaftlicher Entwicklung und Heilung.

Wir können darin ein Transportmittel für Energie sehen, das neben der *Wertschwingung* - je nach individueller Prägung - auch andere energetische Qualitäten befördert. Aber wir können es auch als Energiespeicher interpretieren, der je nach Einstellung und persönlicher Leistung energetisch aufgeladen wird.

Mit Freude und *Wertschätzung* des dafür Erworbenen ausgegeben, wirkt es sich sowohl beim Geber als auch beim Empfänger positiv und förderlich aus - sofern all dies bewusst geschieht, also in dem von mir als Bewusstheit bezeichneten geistigen Zustand!

Robert Scheinfeld - ein Autor, den ich sehr schätze, und dessen faszinierendes Buch „Raus aus dem *Geld-Spiel*" ich Ihnen hier auch dringend ans Herz legen möchte! - sieht *Geld* als Ausdruck von *Wertschätzung*! Und er empfiehlt, unsere bisherige Terminologie in Bezug auf *Geld* umzuformulieren:

Das, was wir bisher als „*Kosten*" oder „*Honorar*" bezeichnet haben, sollten wir zukünftig als „Bitte um *Wertschätzung*" bezeichnen. Eine „*Ausgabe*" wird zum „Ausdruck von *Wertschätzung*"; unsere „monatlichen *Fixkosten*" nennen wir dann „festgelegten monatlichen Ausdruck der *Wertschätzung*"; und wenn wir bisher fragten: „Wie viel *kostet* das?", so fragen wir nun: „Was ist die erbetene *Wertschätzung* für diese Kreation?" - wie gefällt Ihnen diese Idee?

Eben fällt mir wieder der Song „Imagine" von John Lennon ein!

Stellen Sie sich eine Welt vor, in der wir *Geld* tatsächlich als Mittel sehen und nützen, um unsere *Wertschätzung* auszudrücken - und gehen Sie dazu gedanklich alle Bereiche unserer Wirtschaft im Großen und im Kleinen durch, ich könnte mir vorstellen, dass Ihnen dies ein wohltuendes Schmunzeln entlockt …

Mehr *Wertschätzung* im Alltag

Beim Austausch von Naturalien ist das *Werteverhältnis* meist leichter nachzuvollziehen: „Ich gebe dir frisch gebackenes Brot und du schneidest mir dafür die Haare." oder „Du wohnst auf meinem Bauernhof, dafür hilfst du mir im Stall." oder „Du passt auf meine Katzen (oder Hunde) auf, dafür koche ich dir etwas Köstliches." und so weiter.

Der Austausch über *Geldbezahlung* ist meist nicht direkt als der von *Gleichwertigem* erkennbar, es sei denn, man bezahlt mit *Gold-* oder *Silbermünzen*. Aber wir können lernen, uns dieses *Werteaustausches* wieder bewusster zu werden und sowohl das Gegebene als auch das Empfangene bewusster *wertzuschätzen*!

Lassen wir uns beispielsweise durch den Kopf gehen, wer alles am Entstehungsprozess eines bestimmten Produktes beteiligt war, und schenken wir all diesen Menschen unsere *Wertschätzung*!

Wenn ich Brot kaufe, gab es irgendwann einen Bauern, der Getreide angebaut und geerntet hat, das in einer Mühle zu Mehl gemahlen wurde. Dieses musste verpackt und in die Bäckerei transportiert werden, wo dann der Teig geknetet und zu Brot geformt wurde. Dieses musste gebacken und direkt verkauft oder aber zu einer anderen Verkaufsstelle transportiert werden. Dort wurde es in die Regale einsortiert und beim Verkauf eingepackt. Auch das Verpackungsmaterial hatte einen weiten Entstehungsweg, ebenso wie die Einrichtungen der Bäckerei oder des Supermarktes, wie der Backofen und die Verkehrsmittel, mit denen der Transport ablief, genau wie die Kleidung aller Beteiligten ... und so fort!

Sie können all die im Grunde noch weit komplexeren Prozesse, die nötig waren, um das Brot auf Ihren Teller zu bringen, leicht und möglichst *wertschätzend* nachvollziehen – und das ist nur ein Beispiel von unendlich vielen!

Wenn Sie dieses Buch lesen, dann gab es eine Autorin, die an ihrem Computer saß, der auch einen langen Produktionsweg hinter sich gebracht hat. Diese feilte über Monate an ihren Worten, sammelte Wissen aus anderen Quellen, die auch einen langen Produktionsweg hatten, nahm an Seminaren teil, für die auch einiges an Infrastruktur nötig war, um dann ihr Elaborat an den Verlag zu schicken. Die dort beschäftigte Lektorin arbeitet sich in das Thema ein und korrigierte den Text, ehe er dann bereit gemacht wurde, um als Buch herauszukommen. Aber damit noch nicht genug! Der Text ging in die Druckerei und wurde dort mithilfe diverser Maschinen, die auch jeweils einen weiten Produktionsweg hinter sich gebracht haben, zu einem Werk aus Papier und Druckerschwärze und anderen Farben umgewandelt. Dieses wurde postalisch an die verkaufenden Stellen weitergeleitet – manchmal über Zwischenhändler –, ehe es in der Buchhandlung landete, wo Sie es für sich entdeckt haben; oder auch eine andere Person, die Ihnen dieses Buch aus *Wertschätzung* schenken wollte.

Und dieses Spiel können Sie mit so ziemlich allem aus Ihrem Alltag zelebrieren und damit Ihren *Wertschätzungspegel* erheblich steigern!

Unlängst saß ich in der U-Bahn und habe mich erinnert, wie viele Menschen über die teuren Tickets schimpfen. Da habe ich mir eine Weile vor Augen geführt, was alles nötig war, damit ich hier gemütlich sitzen konnte, um ohne mein Zutun an meinen Zielort transportiert zu werden.

Natürlich können wir uns in öffentlichen Verkehrsmitteln über das ungute Gedränge ärgern ...

Über jene, die oft unter ziemlicher Geruchsbelästigung ihr Fast Food ohne Rücksicht auf andere verzehren ...

Über Menschen, für die Seife und Duschgel nicht zu ihrem Alltag zu gehören scheinen ...

Über diesen kleinen Lauser, der allzu laut mit seinem Handy telefoniert …

Über die drei Mädels in der Hochpubertät, die gar kein Handy brauchen, um mit der quälenden Lautstärke ihrer alles andere als erhellenden Konversation einen ganzen Wagon zu belästigen …

Über den Schmutz, den unachtsame Zeitgenossen überall hinterlassen …

Über all das und noch mehr …

Aber wir können uns auch ein Spiel daraus machen, an all diesen lästigen Passagieren irgendetwas Positives und *Wertzuschätzendes* zu finden! Zugegeben, das bedarf oft einiger Kreativität ☺!

Vielleicht könnten wir es so sehen, dass das Gedränge ein im Grunde positives Zeichen dafür ist, dass mehr und mehr Menschen die öffentlichen Verkehrsmittel nützen …

Dass die U-Bahnesser sonst vielleicht keine Zeit hätten, zu ihrem Mittagessen zu kommen, weil sie so eingesetzt sind in ihrem helfenden Beruf …

Dass der Stinker (oder die Stinkerin) eine Seifenallergie hat oder auch körperlich hart gearbeitet hat und daher übel riecht, obwohl er (oder sie) sich morgens ohnehin gewaschen hat …

Dass der kleine Telefonheld vielleicht eines Tages selbst überleben oder einer anderen Person das Leben retten wird, weil er schon in diesem Alter („In unserer Zeit gab es das noch nicht!") ein Handy bedienen kann …

Dass aus diesen dümmlichen Pubertierenden eines Tages vielleicht die Krankenschwester oder Ärztin wird, die uns in einer Notsituation hilft, oder die Quantenphysikerin, die eine neue Entdeckung macht, oder die Lehrerin, die mit Hingabe und Ambition unser Kind unterrichtet …

Und ist uns nicht allen schon einmal ein Stück Verpackung aus der Hand gefallen ☺?

Ich weiß nicht, wie Sie gepolt sind. Ich gehöre zu jenen, die zwar ab und zu schimpfen, meist aber trachte ich danach, meinen Fokus auf das Plus zu richten, auf die helle Seite, also auf all das *Wertzuschätzende;* einfach weil es sich ungleich besser anfühlt! Dabei ist es mir übrigens völlig gleichgültig, ob das, was ich da erfinde an befriedenden Erklärungen auch tatsächlich stimmt! Wer heilt, hat Recht – und *Wertschätzung* wirkt immer heilsam! Für beide!

So empfehle ich Ihnen an dieser Stelle gleich einmal einen bewussteren und *wertschätzenderen* Zugang zu all den Alltagsdingen und Ereignissen zu finden:

Nehmen Sie sich die Zeit, zu hinterfragen, was alles nötig war, damit Sie sich ein Pflaster auf die Blase kleben können, die Sie sich mit den neuen Schuhen gerieben haben – und erlauben Sie sich, *Wertschätzung* dafür zu empfinden.

Nehmen Sie sich die Zeit, zu hinterfragen, was alles nötig war, damit Sie die liebevolle SMS, die Ihr Schatz Ihnen gerade geschrieben hat, auf dem Display Ihres Handys lesen und sich daran erfreuen können – und erlauben Sie sich, *Wertschätzung* dafür zu empfinden.

Nehmen Sie sich die Zeit, zu hinterfragen, was alles nötig war, damit Sie in die mit wohlig warmen, köstlich duftendem Schaumbad gefüllte Wanne steigen und Ihren Alltag hinter sich lassen können – und erlauben Sie sich, *Wertschätzung* dafür zu empfinden.

Nehmen Sie sich die Zeit, zu hinterfragen, was alles nötig war, damit Sie mit Ihrem Fahrrad (möglichst mit *wertschätzender* Rücksicht auf den restlichen Verkehr ☺) auf dem eigenen Fahrradweg durch die Stadt bummeln können – und erlauben Sie sich, *Wertschätzung* dafür zu empfinden.

Nehmen Sie sich die Zeit, zu hinterfragen, was alles nötig war, um die saftig frische Ananas auf Ihren Tisch zu bringen, die Sie gerade mit großem Genuss verspeisen, während Sie in der Erinnerung an Ihren letzten Urlaub im Süden schwelgen – und erlauben Sie sich, *Wertschätzung* dafür zu empfinden.

Nehmen Sie sich die Zeit, zu hinterfragen, was alles nötig war, damit Sie mit dem neuen Paar Ski über eine frische Pulverschneepiste gleiten können, während die Sonne von einem blitzblauen Himmel auf Sie herab scheint – und erlauben Sie sich, *Wertschätzung* dafür zu empfinden.

Nehmen Sie sich die Zeit, zu hinterfragen, was alles nötig war, damit Sie nun gemütlich auf Ihrem Sofa sitzen und dieses (hoffentlich für Sie interessante!) Buch lesen können, während aus Ihrer Stereoanlage vielleicht Ihre Lieblingsmusik ertönt und die Katze, die auf Ihrem Schoß sitzt, behaglich schnurrt - und erlauben Sie sich, *Wertschätzung* dafür zu empfinden.

Nehmen Sie sich die Zeit, zu hinterfragen, was alles nötig war, damit Sie mit offenem Verdeck durch Ihre Traumlandschaft fahren, während über Ihnen der Vollmond inmitten eines mediterran funkelnden Sternenhimmels die magische Szene überstrahlt - und erlauben Sie sich, *Wertschätzung* dafür zu empfinden.

Weitere Beispiele überlasse ich Ihrer Phantasie!

Wenn Sie auch nur einige dieser Anregungen umsetzen - auch bloß in der Phantasie, denn unser Gehirn kann nicht unterscheiden, ob wir etwas „tatsächlich" erleben oder „uns nur vorstellen"! -, wird es Ihnen unweigerlich besser gehen! In der *Wertschätzung* schwingen Sie hoch; das immer wieder zu wiederholen, scheint mir ganz wichtig zu sein - gerade im Zusammenhang mit unserem Thema!

Und ich bin felsenfest davon überzeugt, dass Sie in dieser neuen Einstellung mehr von der *Fülle* anziehen werden, die Sie sich wünschen und die Ihnen zusteht!

Also erinnern Sie sich immer wieder, auch und gerade inmitten Ihres vielleicht stressigen Alltages, wen und was Sie *wertschätzen* können, wenn Sie Ihre Bewusstheit für all das öffnen, was nötig war, um all das scheinbar so Banale zu ermöglichen, das wir alle meist als viel zu selbstverständlich nehmen!

Aber machen Sie sich auch ein Spiel daraus, an einer Person, die Ihnen im Augenblick alles andere als dessen *wert* erscheint, irgendetwas zu finden, das Sie *wertschätzen* können - und sei es, dass Sie bloß etwas erfinden! Dabei geht es nämlich gar nicht um diese andere Person, die bewusst gar nichts von der Änderung Ihrer Einstellung bemerken muss; sondern es geht um Ihre eigene Befindlichkeit! Und damit um Ihre Gestimmtheit und Ihre daraus folgende Ausstrahlung und dem entsprechend Ihre Anziehungskraft!

Gleiches zieht Gleiches an, so heißt es - nur braucht es manchmal etwas Phantasie, um die Gleichheit zu erkennen. Aber finden lässt sie sich immer! „The Work" von Byron Katie ist eine großartige Technik, die uns hilft, diese Spiegelungen zu erkennen und zu deuten, daher widme ich ihr ein eigenes Kapitel! Und Spiegelungen müssen gar nicht immer nur negativ sein – daher sollten wir auch all das Positive, das unsere Umwelt uns reflektiert, bewusst wahrnehmen!

Ihre *Wertschätzung* macht Sie unweigerlich anziehender für *Wertzuschätzendes* – je mehr Sie mit dieser Schwingung spielen, umso klarer wird Ihnen der Zusammenhang!

Und bitte glauben Sie mir, hier geht es mir nicht um ein frömmelndes Dankbarkeitsritual, das Sie vielleicht an die Worte Ihrer Großmutter (oder von wem auch immer) erinnert, die Ihnen eingebläut hat, Sie sollten doch gefälligst dankbar sein für all das Gute in Ihrem Leben, denn schließlich hätten Sie all das ja gar nicht wirklich verdient …

Nein, hier geht es um reine Pragmatik: wenn Sie sich über die hohen Preise Ihres Brotes aufregen, geht es Ihnen beim Essen sicher schlechter, als wenn Sie all das *wertschätzen*, was nötig war, um das Brot auf Ihren Teller zu bringen! Und wenn es Ihnen gut geht, geht es Ihnen nicht nur gut – und Sie haben eine positive, auch für andere angenehmere Ausstrahlung –, sondern dann ziehen Sie nach dem Resonanzgesetz auch angenehmere, *wertzuschätzendere* Erfahrungen an!

Geldwert = Selbstwert

Für mich sind ein gesundes *Selbstwertgefühl* und ehrliche und tief im Herzen empfundene *Selbstwertschätzung* die unerlässliche Basis für Fülle und Wohlstand im Leben! Aus meiner Sicht spiegelt uns das Leben – und der Umgang anderer mit uns – eins zu eins unsere Einstellung zu und unseren Umgang mit uns selbst!

Wenn wir liebevoll mit uns umgehen, werden dies auch die meisten anderen tun – ein Spiegel kann nur das zeigen, was er reflektiert! Wir werden im Kapitel über „The Work“ noch einmal näher auf das Thema Spiegelungen eingehen!

Hier möchte ich nur meine Beobachtung (sowohl an mir selbst, als auch an unzähligen anderen!) mit Ihnen teilen, dass Menschen, die sich einer wohltuenden *Fülle* nicht als *wert* erachten, eine solche auch nicht anziehen. Oder, wenn sie doch eine Weile *Wohlstand* erleben, diesen bald wieder verlieren. Eine solche phasenweise oder durchgehende *finanzielle* Selbstsabotage ist eines der Hauptkennzeichen der noch nicht von ihrem Ur-Trauma geheilten alleingeborenen Zwillinge. Sie mag aber auch bei jenen Menschen vorkommen, die in Ihrer Kindheit allzu viel Zurückweisung erlebt haben und es noch nicht geschafft haben, sich aus diesen frühen Konditionierungen zu befreien.

Kennen Sie Menschen, die sich selbst ganz und gar nicht mögen und *wertschätzen*, die jedoch um die Liebe und *Wertschätzung* anderer geradezu buhlen? In Analogie zu diesem Phänomen sehe ich immer das Bild eines Fasses ohne Boden vor mir! Man kann solchen Personen noch so viel Anerkennung, Lob und Bestätigung geben, ja man kann ihnen die tiefste Liebe schenken – das Fass wird niemals voll, weil es keinen Boden hat; der in meiner Analogie der Selbstliebe und *Selbstwertschätzung* entspricht. Auch wenn sie sich noch so sehr danach sehnen, können diese Menschen die *Wertschätzung* und Liebe anderer gar nicht annehmen; sie sind nicht empfänglich dafür und schwingen nicht in Resonanz damit!

Wenn Ihr Radioempfänger UKW (Ultrakurzwellen) nicht empfangen kann, werden Sie Sendungen, die auf dieser Frequenz ausgestrahlt werden, nicht hören können!

Meist sind das genau jene Zeitgenossen, die immer wieder betonen, wie hart sie für viel zu wenig *Geld* arbeiten müssen; und wie schwer sie es in ihrem Leben immer schon hatten und nach wie vor haben. Aus meiner Sicht beruht diese Tendenz zum Klagen vor allem auf dem Bedürfnis nach Anerkennung und *Wertschätzung*; das darauf beruht, dass sie selbst zu wenig *Selbstwertgefühl* haben. Daher suchen sie ständig die Bestätigung anderer; können diese dann aber gar nicht annehmen, wenn sie sie bekommen. Daraus resultiert ein sehr schmerzhafter Teufelskreis!

Ich meine, wir sollten das, was wir tun – auch wenn wir glauben, es tun zu müssen – gerne tun! Dann brauchen wir nicht mehr in Opfermanier mit dem „Hart-Arbeiten-müssen", dem „Schuften" und dem „im Schweiße meines Angesichtes" hausieren zu gehen; sondern können mit Zufriedenheit das, was wir geschafft haben, betonen und stolz sein auf die Leichtigkeit, mit der uns dies gelungen ist.

Ich bin davon überzeugt, dass wir erst dann eine harmonische und glückliche Beziehung mit *Geld* eingehen können, wenn wir Frieden und Harmonie mit uns selbst gefunden haben - und wenn wir uns der *Fülle*, die wir uns im Grunde alle wünschen, als *wert* erachten! Und wenn wir gelernt haben, uns selbst glücklich zu machen und uns all das auch tatsächlich zu gönnen!

Oder wollen Sie wirklich darauf warten, dass andere Sie erst glücklich machen?

Oder Ihr Geld?

Vielleicht kennen Sie den Witz, wo sich zwei Psychiater im Aufzug treffen und einer den anderen fragt, ob er auch schon gehört hätte, dass man sich selbst lieben solle. Dieser meint, ja, das habe er auch schon gehört und sogar schon versucht …

„Und ist es Ihnen gelungen?", fragt ihn der Kollege, woraufhin er antwortet: „Ja, aber es beruht nicht auf Gegenseitigkeit!"

Bleibt Ihnen das Lachen über diesen Witz nicht fast im Hals stecken?

Wie sieht es mit Ihrer eigenen Selbstliebe aus?

Beruht diese auf Gegenseitigkeit?

Khalil Gibran drückt es recht pointiert aus:

„Und Gott sprach: Liebe deinen Feind! Und ich folgte ihm und liebte mich selbst!"

Ich muss ehrlich zugeben, dass ich die längste Zeit meines Lebens auf genau dieser Schiene des „nicht auf Gegenseitigkeit" unterwegs war - möglicherweise weil ich auch als Ärztin in einem psychiatrischen Krankenhaus gearbeitet habe?

Daher bin ich wohl so für dieses Thema sensibilisiert und erkenne ein solches Verhalten sehr rasch auch bei anderen. Aber letztlich ist es mir gelungen, mich selbst anzunehmen als die, die ich bin, mir selbst *Wertschätzung* und Achtung entgegenzubringen, ja mich sogar zu mögen und ab und zu gar von Herzen lieb zu haben - jedenfalls aber mein inneres Kind. Und das trotz aller Reklamationen meines inneren Saboteurs und meines inneren Kritikers und meines inneren Antreibers, die nach wie vor in mir aktiv sind und mich vor allzu viel des Guten warnen und bewahren wollen. Aber mittlerweile gelingt es mir ganz gut, sie zu meistern!

Nicht zuletzt deshalb, weil ich – meinem Anspruch nach Gerechtigkeit folgend – nicht von anderen etwas erwarten oder mir wünschen möchte, wozu ich selbst nicht bereit bin! Mit diesem Argument habe ich mich übrigens selbst von der Wesentlichkeit meiner Selbstliebe überzeugt und trachte nun danach, mit gutem Vorbild voranzugehen. Was mir auch erst so richtig gelingt, seit ich von meinem Ur-Trauma weiß und mich für dessen Heilung geöffnet habe!

Und wenn auch Sie bisher immer noch im Außen nach all dem gesucht haben, was Sie sich meinem Gefühl nach zuerst selbst geben sollten, dann würde es mich freuen, wenn Sie sich für meine Anregungen erwärmen können!

Wie man in den Wald hinein ruft, so tönt es zurück: so wird erst dann *Wertschätzung* – auch in Form finanzieller *Fülle* – von außen auf Sie zukommen, wenn Sie der Ansicht sind, Sie wären ihrer *wert*; also wenn Sie sich selbst *Wertschätzung* schenken!

Tempel der hundert Spiegel

Vielleicht kennen Sie die Geschichte von dem Tempel mit den hundert Spiegeln, der zuerst von einem Hund besucht wird, der sich angesichts seiner vielen Spiegelungen schrecklich aufregt und bellt und bellt – bis er tot umfällt. Während kurz darauf ein anderer Hund in diesen Tempel kommt und sich über all die Begegnungen mit den vielen Spiegelhunden freut und glücklich mit dem Schwanz wedelt …

Vielleicht möchten Sie an dieser Stelle kurz innehalten und sich eine Weile mit folgender Frage befassen:

Wie und womit kann ich mich selbst glücklich machen?

Und fühlen Sie sich bitte in all das ein, was Ihnen an Antworten eingefallen ist – es lässt sie allein schon in der Vorstellung Glückshormone ausschütten!

Dann seien Sie in den nächsten Tagen offen für all die Impulse, die aus Ihrer Tiefe hochsteigen; denn Ihre Seele wird Ihnen viele verschiedene Möglichkeiten anbieten, wie Sie sich selbst *wertschätzen* und beglücken können.

Und bitte setzen Sie die Anregungen Ihrer Seele dann auch tatsächlich um! Tun Sie sich all das Gute, das Ihre Seele Ihnen empfiehlt!

Das Wissen darum ist gut und schön, und die Einfühlung bringt durchaus auch Endorphine; aber sie reicht meiner Ansicht nicht aus!

Ein gesundes *Selbstwertgefühl*

Menschen mit einem negativen Selbstbild und dem daraus resultierenden mangelnden *Selbstwertgefühl* kommen sich *wertlos* vor. Daraus resultiert ihre Tendenz, Erfolg und *Geldfülle* zu vermeiden, weil dadurch ihr Selbstbild ins Wanken geraten würde. Bietet sich ihnen die Chance zu Erfolg, sabotieren sie sich selbst, indem sie ihre Fähigkeiten nie ganz ausschöpfen, ihr Potenzial verleugnen und sich vor den Erfolgen ihres Lebens verstecken.

Aus meiner Sicht ist ein gesundes *Selbstwertgefühl* jedoch die Basis für ein in allen Bereichen erfüllendes und erfülltes Leben und für *Wohlstand* auf allen Ebenen. Nur leider wird dieses Gefühl oft schon sehr früh durch allzu viel Kritik und Zurechtweisung verschüttet!

Ich war immer wieder erstaunt, wenn ich in meinen Seminaren meine Teilnehmenden gebeten habe, ihr *Selbstwertgefühl* in ihrem Körper zu orten – nicht wenige zeigten da auf ihren Kopf. Damit haben sie wohl nur das Wissen um ihren *Wert* gemeint, denn meinem Gefühl nach sitzt ein gesundes *Selbstwertgefühl* im Herzen. Aber leider scheint mir dieses nicht allzu verbreitet zu sein – und ist daher oft kaum zu orten!

Wo würden Sie Ihr Selbstwertgefühl orten?

Wo in Ihrem Körper fühlen Sie Ihren Wert?

Wie genau fühlt sich dieser an?

Wenn man uns als Kind sagt, dass wir auf bestimmten Gebieten nicht begabt seien, dass wir etwas nicht verdient hätten, dass wir nicht gut genug seien, oder uns mit anderen klein machenden Bezeichnungen „verwöhnt", dann glauben wir das nur allzu leicht. Und weil wir daran glauben, sagen wir uns diese vernichtenden Worte dann in weiterer Folge auch noch selbst immer wieder vor und legen so den Grundstein für negative Ergebnisse und - und das scheint mir im Zusammenhang mit unserem Thema besonders wichtig zu sein - für Mangel und *finanzielle* Enge als äußere Spiegelung des mangelnden *Selbstwertgefühls*!

Die negativen Dialoge, die wir von anderen übernommen haben, haben viele von uns blind gemacht für die eigenen Stärken, für die eigenen Leistungen und für den eigenen *Wert*! Viele Menschen erinnern mich an ein Gebäude mit künstlich eingezogener Decke, welche die ursprüngliche, besonders schöne Decke verdeckt und den zur Verfügung stehenden Entfaltungsraum verkleinert.

Interessanter Weise spricht man ja auch vom „gläsernen Plafond", wenn beispielsweise eine hoch begabte und kompetente Frau in der Karriereleiter ansteht - und oft ein weniger qualifizierter Mann ihr vorgezogen wird. Haben Sie sich nicht auch schon gefragt, ob dies nicht zumindest auch auf einem mangelnden *Selbstwertgefühl* beruht?

Erfreulich ist jedoch, dass diese verschütteten Schätze, von denen viele glauben, sie lägen weit jenseits ihrer Möglichkeiten, meist nur verborgen sind! So wie in der Restauration so mancher Kirchengewölbe unter einem nachträglichen Verputz wahre Kunstwerke zutage treten, so können auch in uns diese *wertvollen Schätze* wieder entdeckt und von ihrer Verdeckung befreit werden!

Als Kind fehlt uns noch die Fähigkeit, uns gegen all die herab setzenden Angriffe von außen zu verteidigen; aber leider gibt es auch viele Erwachsene, die sich nach wie vor von anderen einschüchtern, erniedrigen und sabotieren lassen. Und viele davon sind Alleingeborene!

Aber ich habe hier eine wirklich gute Nachricht für Sie: Wenn Ihr *Selbstwertgefühl* in einem Dornröschenschlaf schlummert, heißt das nicht, dass es tot ist! Die Vergiftung mag lange gewirkt haben, aber nun dürfen Sie es wach küssen und Ihr inneres Kind gleich mitheilen!

Ich glaube, wenn wir eines Tages unser *Selbstwertgefühl* geheilt haben, dann bringt uns der Strom des Lebens in völlig neue Situationen mit neuen Begegnungen. Und diese helfen uns, weitere Bereiche unseres Potenzials zu erschließen. Dann erkennen wir wieder klarer, was unsere Seele sich von uns wünscht.

Wie erkennen wir das? Ich denke, wir erkennen es daran, dass es sich gut anfühlt; dass es leicht geht und uns glücklich macht; dass es uns ungeahnte Erfolge bringt, weil wir plötzlich über lange Zeit verborgene Talente beweisen, die wir uns niemals zugetraut hätten und weil wir dabei unerwartete Unterstützung erhalten.

Dann beginnt unsere Persönlichkeit, sich wie eine wundervolle Blume zu entfalten; dann lassen wir uns vom Strom des Lebens mittragen, anstatt uns aus mangelndem *Selbstwertgefühl* an den Sträuchern am Ufer festzuhalten und uns immer wieder einzureden: „Diese *Fülle*, diesen *Reichtum*, diesen *Wohlstand* habe ich nicht verdient! All das ist nicht für mich gedacht! Das ist eine Nummer zu groß für mich!"

Wenn ich diesen Satz in meinen Seminaren oder Beratungen höre, dann tut mir das immer sehr weh, weil ich nachfühlen kann, wie es dem inneren Kind dieser Person mit dieser klein machenden Behauptung geht!

An sich fände ich es natürlich gut, wenn Sie sich ungeachtet aller Äußerlichkeiten *wertschätzen* könnten – einfach dafür, dass Sie der Mensch sind, zu dem Sie sich bis dato entwickelt haben! Aber zu Beginn der Heilung Ihres *Selbstwertgefühls* mag es durchaus hilfreich sein, zurückzuschauen und gezielt nach Ihren Siegen und Triumphen Ausschau zu halten!

Wir sind ja meist sehr gut darin, uns selbst Vorwürfe zu machen, wenn uns etwas nicht so ideal gelungen ist, wie wir das von uns erwartet hätten. Ja, vor allem als alleingeborene Zwillinge tun wir uns viel leichter damit, unzufrieden zu sein mit uns und unseren Leistungen, unser Scheitern hochzuspielen und uns oft geradezu daran zu laben. Niemals, nie im Leben würden wir mit anderen so umgehen!

Aber wenn uns etwas gelungen ist, wenn wir unsere Erwartungen erfüllt, ja vielleicht sogar übertroffen haben, wenn wir eigentlich allen Grund hätten, stolz auf uns zu sein, ja sogar uns für das, was wir geschafft haben, zu bewundern – dann haben wir die Tendenz, unsere Augen und unser Herz zu verschließen und nehmen all das Gute, Gelungene, Mutige, *Wertvolle*, Außergewöhnliche, *Wertzuschätzende*,

Beachtliche, ja sogar *Bewundernswerte* als selbstverständlich und legen es lieblos ad acta.

Ich habe früher auch dieses lieblose Verhalten mir selbst gegenüber an den Tag gelegt, daher weiß ich genau, wovon ich spreche! Wenn ich in einem Seminar vom Großteil der teilnehmenden Personen die schönsten Rückmeldungen bekam, hat mich das zwar natürlich gefreut; aber das eine negative Feedback von einer Person, die vielleicht gerade mit sich selbst uneins war und diesen Unwillen auf mich projiziert hat, hat mich oft tagelang gequält!

Kommt Ihnen ein solch demotivierender Umgang mit sich selbst vielleicht bekannt vor?

Nun, heute gehe ich anders mit mir um; aber ich denke oft an diese Zeit zurück, wenn ich Ähnliches bei anderen erkennen kann. Und dann schenke ich meinem damaligen Selbst Mitgefühl, zugleich aber auch Vergebung – ich konnte in dieser Situation nicht anders. Nicht zuletzt weil ich zu jener Zeit noch nichts von meinem Ur-Trauma als Alleingeborene wusste! Und mir deshalb heute noch Vorwürfe zu machen, würde mich nicht weiterbringen; daher empfehle ich auch Ihnen, froh zu sein, wenn Sie sich in einem destruktiven Verhalten ertappen, anstatt sich deshalb Vorwürfe zu machen!

Es ist einfach so, dass wir während unserer Erziehung von unseren Eltern und Erziehungsberechtigten weit häufiger korrigiert und kritisiert als bestätigt werden – wenn dies überhaupt je vorkommt! Sie betonen unsere Fehler mehr als all das, was wir richtig gemacht haben und was uns gut gelungen ist. Und sie tun das deshalb, weil auch sie so erzogen wurden; und weil sie die meiste Zeit unter der Kontrolle ihres Überlebenszentrums schwingen, dessen Hauptziel es ja ist, nach all dem Ausschau zu halten, was nicht in Ordnung ist und daher unbedingt geändert werden muss!

Und wenn dann tief im Unterbewusstsein verborgen noch die irrtümlichen Schuldgefühle ob des Verlustes unseres Geschwisters mitwirken, dann verstärkt eines das andere noch!

Daher sind wir uns später kaum unseres *Wertes* bewusst! Genau wie unsere Eltern kennen wir zwar genau unsere Schwächen, erinnern uns an Fehler und beschämende Situationen aus unserer Vergangenheit und befürchten, in der Zukunft zu scheitern. Aber *Wertzuschätzendes* und alle unsere Stärken erachten wir, wenn wir uns ihrer überhaupt bewusst sind, als selbstverständlich.

Quantenbewusstheit

Diesen Begriff habe ich als Titel für meine vier Bücher zum Thema Quantenwelle geprägt, und er setzt sich aus zwei Worten zusammen, die mir gleichermaßen wichtig sind: Quanten und Bewusstheit.

Auf den geistigen Zustand, den ich als Bewusstheit bezeichne, gehe ich im nächsten Kapitel näher ein. Aus meiner Sicht ist er eine wesentliche Voraussetzung, um die Quantenwelle für all das zu nützen, was ich Ihnen hier an Anwendungen empfehlen werde.

Darüber hinaus scheint er mir wesentlich zu sein, um uns jener Konzepte aus der Quantenphysik gewahr zu sein, die uns helfen, die Wirkung der Quantenwelle zu verstehen. Wobei ich glaube, dass dieses Verständnis nicht unbedingt nötig ist, um Erfolg mir der 2-Punkte-Methode zu haben. Weltweit wenden Menschen diese Technik an, ohne je etwas von Teilchen oder Welle, von Photonen, dem Doppelspaltversuch oder von Wurmlöchern gehört zu haben! Nicht jeder, der ein Auto fahren kann, weiß, wie der Motor genau funktioniert. Und gottlob laufen unsere Körperfunktionen auch ohne unser Wissen und Verstehen ab.

Wenn Sie jedoch so wie ich gerne alles verstehen wollen und tiefer in diese Materie eintauchen möchten, dann empfehle ich Ihnen beispielsweise, „Die Entstehung der Realität" von Jörg Starkmuth oder „Das bewusste Universum" von Amit Goswami zu lesen.

Ich möchte Ihnen hier nur einige Gedanken dazu anbieten – ohne Anspruch auf Vollständigkeit! Und ich betone noch einmal, dass es um Gedankenmodelle geht, die ich persönlich als *wertvoll* empfinde, weil meine logisch-analytische linke Gehirnhälfte geneigt ist, alles zu hinterfragen. Für mich sind diese Konzepte daher *wertvoll*, weil sie meinen Verstand zumindest bis zu dem Grad befriedigen, in dem er die erwünschten Effekte zulässt!

Der feste Eindruck, den Materie uns vermittelt, täuscht! Früher dachten wir, dass Atom sei der kleinste Baustein der Materie – daher auch der aus dem Griechischen „atomos" (= unteilbar) abgeleitete Begriff. Heute wissen wir, dass ein Atom aus einem Kern (aus Protonen und Neutronen) und den darum kreisenden Elektronen besteht, die jedoch nur einen winzigen Bruchteil des Gesamtvolumens ausmachen. Und auch diese Bausteine eines Atoms sind nicht unteilbar, sondern sie bestehen aus Quarks, von denen der überwiegende Anteil wieder „nichts" ist.

In Wahrheit besteht das, was wir als Materie bezeichnen, also zu 99,99 Prozent aus einem „Nichts", das erfüllt ist von elektrostatischen Ladungen, die noch dazu andauernd erscheinen und wieder verschwinden. Aus heutiger Sicht ist die kleinste Einheit das Photon: ein Lichtteilchen. Wir könnten also auch sagen: alles besteht aus Licht und Information.

Doch es geht noch weiter: seit dem Doppelspaltversuch ist klar, dass Photonen, die Grundbausteine von allem – als Teilchen oder Welle erscheinen, je nachdem, ob jemand sie beobachtet und misst oder nicht. Es scheint also so zu sein, dass erst die bewusste Beobachtung – die ich eben als Bewusstheit bezeichne – eine Welle zum Teilchen kollabieren lässt. Der Beobachter wirkt also auf das Beobachtete ein. Dadurch wird im übertragenen Sinn etwas Mögliches, ein Potenzial zur Realität.

Daher meint John Wheeler, ein anerkannter Physiker und Kollege Einsteins, es sei uns unmöglich, dem Universum um uns herum einfach nur zuzuschauen:

„Das alte Wort Beobachter müsste aus den Büchern gestrichen und durch das Wort Teilnehmer ersetzt werden."

Eine interessante Annahme stammt von den beiden Quantenphysikern Nils Bohr und Werner Heisenberg: in der „Kopenhagener Interpretation" gehen sie davon aus, im Universum würden wie in einer Art „Quantensuppe" unzählige, einander überlappende Möglichkeiten existieren, in denen nichts einen genauen Seinszustand hat. Durch Bewusstheit – also die Aufmerksamkeit eines Beobachters – würde quasi eine dieser Möglichkeiten festgehalten, sich als

Wirklichkeit manifestieren und dann als einzige Variante wahrzunehmen sein.

Anders ausgedrückt wählen wir mit unserer Aufmerksamkeit eine der möglichen Realitäten aus und lassen diese manifestierte, greifbare Realität werden. Ein interessantes Konzept, das ich gerne auch nutze, um mithilfe der Quantenwelle Ressourcen zu mobilisieren - wie Sie später lesen werden.

Eine andere Sichtweise bietet Hugh Everett in seiner „Viele Welten Interpretation": danach existieren und ereignen sich gleichzeitig unzählige Möglichkeiten jeweils in ihrem eigenen Universum, aus denen der Fokus der Beobachtung jeweils eine auswählen und damit zur Wirklichkeit machen würde. Danach würden wir uns also jeweils für eine der verschiedenen uns zur Wahl stehenden Zukünfte entscheiden …

Die Tatsache, dass unsere Bewusstheit die Realität beeinflusst, ist übrigens auch der Grund dafür, dass medizinische Forschung heute praktisch nur mehr mit Doppelblindstudien arbeitet! Einfach weil der Studienleiter das Ergebnis maßgeblich mit seiner Erwartung beeinflusst!

Wir wählen also offensichtlich mit dem Fokus unserer Bewusstheit aus den vielen verschiedenen Wahrscheinlichkeiten, die sich uns anbieten, eine aus, die sich dann als Wirklichkeit manifestiert - die also aus dem Zustand der Wellen in den der Teilchen kollabiert. Diese Sichtweise hilft mir, wie gesagt, meine linke Gehirnhälfte zu beruhigen, sodass sie mich nicht mehr mit all ihren Zweifeln sabotiert - ob das für Sie auch gilt, werden Sie selbst herausfinden!

Und nun fragt sich natürlich, nach welchen Kriterien der Filter unserer Aufmerksamkeit diese Wahl trifft, wohin wir also unseren Fokus richten.

Generell gilt, dass wir das wahrnehmen, was wir für wahr halten. Unser Gehirn filtert aus den unzähligen Eindrücken, die sich uns bieten, nur einen winzigen Bruchteil heraus und lässt uns diesen bewusst werden. Aus heutiger Sicht verarbeiten wir unbewusst jeden Augenblick etwa vierzig Millionen Informationseinheiten, während unser Bewusstsein bloß vierzig Bits wahrnehmen kann. Was weggefiltert wird und was diese Kontrolle passieren darf, wird durch unsere Überzeugungen bestimmt!

Es gab einen interessanten Versuch, bei dem nur jene Probanden einen am Boden liegenden *Geldschein* wahrnahmen, die eine positive, optimistische Lebenseinstellung hatten. Jene, die offenbar davon überzeugt waren, dass „*Geld* nicht auf der Straße liegt" und dass „ihnen nichts geschenkt wird, weil sie hart für *Geld* arbeiten müssten", weil „von nichts kommt nichts", nahmen diesen *Geldschein* gar nicht wahr, wiewohl er ihnen genauso sichtbar war wie den anderen Versuchspersonen!

Da es also unsere Aufmerksamkeit ist, die aus den verschiedenen Wahrscheinlichkeiten eine auswählt und zur Wirklichkeit kollabieren lässt (wie Quantenphysiker das nennen), wird es wesentlich sein, erstens zu lernen, unsere Aufmerksamkeit bewusst zu lenken und zweitens auch bisher ungeahnte Möglichkeiten in Betracht zu ziehen - besonders wenn wir uns bisher eher mit dem engen Korsett einschränkender Überzeugungen begrenzt haben.

So erweitern wir mit der Öffnung unserer Wahrnehmung für jene - für unser logisches Denken zwar nicht leicht verdaulichen, dennoch aber faszinierenden - quantenphysikalischen Einsichten das, was wir zukünftig erleben und wie sich unser Leben entwickelt.

Dazu gehört eben auch der Paradigmenwechsel, den Bartlett so beschreibt:

„Wir glauben, wir und unsere Probleme bestünden aus fester und fassbarer Materie. Wenn wir aber tiefer blicken, bestehen wir aus Licht und Information."

Ziel des Spiels mit der Quantenwelle ist es, über unsere Bewusstheit die Informationen, aus denen letztlich alles besteht - auch unser Körper, auch jede Krankheit, auch jedes zwischenmenschliche oder *finanzielle* Problem, auch unser *Selbstwertgefühl* oder dessen Mangel! - so zu verändern, dass sich unsere Wirklichkeit auf materieller Ebene in eine für unser Empfinden positive Richtung wendet. Dies tun wir, indem wir dem derzeit nicht so idealen Zustand unsere Aufmerksamkeit entziehen, um sie dorthin zu richten und dort zu fokussieren, wo unser Idealzustand ist - dadurch kollabiert die neue

Variante der Realität und wird zur, für uns auch materiell wahrnehmbaren, Wirklichkeit.

Das Verbinden der beiden Punkte im Setzen der Quantenwelle markiert quasi den Umschlagspunkt - wenn eine Realität (die nicht mehr erwünschte) in den Zustand des Möglichen zurückkehrt; und eine neue Realität (die bevorzugte) kollabiert, also fassbare Wirklichkeit wird. Und dies wird auf körperlicher Ebene oft auch durch ein Umfallen sichtbar und spürbar!

Im Grunde genommen geht es bei der Quantenbewusstheit also um die Erweiterung des eigenen Bewusstseins in Richtung jener Bewusstheit, die auch quantenphysikalisches Wissen mit einbezieht, das unseren bisherigen Horizont überschreitet - Ernst Bloch meint: *„Denken heißt Überschreiten"*!

Hilfreich bei dieser Erweiterung und Überschreitung ist vor allem unsere Herzensebene - unser Herz nimmt dieses Alles-ist-eins wahr! Die Tatsache dieser All-Einheit, die sich auch in uralten Weisheitssystemen wieder findet, wird nun erfreulicher Weise von der Quantenphysik bestätigt. Auf der Quantenebene bildet tatsächlich alles eine Einheit - die Quantenphysiker sprechen von Verschränkung.

Diese Einheit auch tatsächlich wahrzunehmen, tut sich unsere linke Gehirnhälfte natürlich schwer: ihre Wahrnehmung ist immer sukzessiv! Unsere rechte, ganzheitlich wahrnehmende Gehirnhälfte kann sich jedoch in Verbindung mit dem Herzen in dieses Einheitsgefühl einklinken! Und genau diese Verbindung zwischen unserem Herzen und unserem Gehirn - und hier vor allem unserer rechten Gehirnhälfte - ist der Zustand, in dem wir mit der Welle spielen!

Wenn Sie noch keine Erfahrungen mit der 2-Punkte-Methode hatten, empfehle ich Ihnen, ein Wellencoaching bei einem professionellen Anwender, ein entsprechendes Seminar oder einen Informationsabend zu besuchen, um einmal zu spüren, wie sich die Quantenwelle anfühlt. Einige Leserinnen und Leser meiner Bücher aus der Reihe „Quantenbewusstheit" haben mir zwar bestätigt, dass es ihnen gelungen ist, sich nur mithilfe eines meiner Bücher die Welle selbst zu geben. Dennoch empfinde ich die persönliche Erfahrung im Empfangen als sehr *wertvoll*; auch wenn kaum eine Welle sich anfühlt wie die andere. Und auch wenn wir uns durchaus selbst mit dieser Technik verwöhnen können, scheint es meist noch wirksamer zu sein, wenn eine andere Person uns die Welle gibt - was übrigens auch über die Entfernung funktioniert. So finde ich es immer spannend, Wellencoachings über Skype zu geben!

Weiters finden Sie einige faszinierende Videos dazu im Internet, von denen ich Ihnen vor allem jene von Richard Bartlett empfehle; wenn Sie sich parallel zum Lesen dieses Buches solche Seminarmitschnitte ansehen, gewinnen Sie einen *wertvollen* Eindruck, der meine beschreibenden Worte ergänzt!

Übrigens empfehle ich Ihnen auch die beiden Bücher von Richard Bartlett „Die Physik der Wunder" und „Matrix Energetics".

Bewusstheit versus Bewusstsein

Wenn ich auch in diesem Buch immer wieder von Bewusstheit spreche, dann meine ich damit jenen geistigen Zustand, in dem wir nicht bloß bei Bewusstsein sind - das sind wir ja immer dann, wenn wir nicht gerade schlafen, unter Narkose stehen oder ohnmächtig sind! Sondern ich spreche von jenem Bewusstseinszustand, in dem wir tatsächlich als bewusst denkendes, fühlendes und handelndes menschliches Wesen - das sich dieser Tatsache auch bewusst ist! - unser Leben in voller Bewusstheit leben und gestalten!

Dieser geistige Zustand ist im Alltag allerdings höchst selten! Bewusstseinsforscher gehen davon aus, dass wir zu über achtzig Prozent des Tages völlig unbewusst und automatisch reagieren - in dieser Zeit sind wir natürlich bei Bewusstsein, aber eben nicht in dem, was ich als Bewusstheit bezeichne.

Sie kennen das Phänomen auf der Autobahn, wenn Sie plötzlich gewahr werden, dass Sie keine Ahnung haben, wie Sie dahin gekommen sind, wo Sie gerade unterwegs sind, weil Ihr Kleinhirn - das ist jener Teil unseres Gehirns, in dem alle unsere Automatismen gespeichert sind, und der immer dann die Kontrolle über uns übernimmt, wenn wir „auf Autopilot schalten" – Sie mehr oder weniger unbewusst bis hierher geführt hat.

Diese Tatsache ist an sich durchaus sinnvoll, weil es nicht sehr sinnvoll wäre, etwa tagtäglich aufs Neue Autofahren lernen zu müssen. Aber wenn es um bewusste Lebensgestaltung geht, scheint mir dieser geistige Zustand alles andere als geeignet zu sein! Und vor allem das Spiel mit der Quantenwelle und den anderen hier geschilderten Werkzeugen braucht Bewusstheit!

Wie bereits erklärt, spreche ich lieber von Spiel als von Arbeit – und vor allem das Spiel mit der Welle macht Freude und gestaltet sich umso effizienter, je mehr Leichtigkeit wir uns dabei erlauben! Überall dort, wo Mühe und Kampf (und damit meist Krampf) ins Spiel kommen, leidet die Effektivität, weil wir uns gerade durch Überzeugungen wie „nur das ist *wertvoll*, was lange dauert, viel Kraft kostet, möglichst schwierig ist und vielleicht auch noch weh tut" selbst im Weg stehen – und das gilt ganz besonders im Zusammenhang mit unserem *Geldverhalten*!

Lösung kann mit dem richtigen Ansatz leicht und rasch gehen; und sie kann und soll meiner Ansicht nach Freude machen! Dieser Effekt zeigt sich besonders in meinen Quantenwellenseminaren, die ich seit einigen Jahren anbiete: da wird meist mehr gelacht als sonst. Und wenn doch einmal Tränen fließen, sind das oft Freudentränen oder zumindest Tränen der Erleichterung. Aber selbst wenn es Tränen der Trauer sind, ziehen diese vorüber wie Wolken im Wind!

Nun stellt sich natürlich die Frage, wie wir diesen Zustand der Bewusstheit erlangen.

Als Homo sapiens sapiens sind wir im Besitz eines entwicklungsgeschichtlich noch recht jungen Gehirnteils: unseres Frontallappens – unseres Stirnhirns. Dieses macht einen großen Teil unseres Hirnvolumens aus, was an sich schon dafür spricht, dass er für unser Menschsein besonders wesentlich ist. Allerdings kann dieser Teil unseres Gehirns seine vielfältigen Funktionen nicht erfüllen, so lange wir unter Stress stehen – was zu einem mehr oder weniger (eher mehr als weniger!) großen Teil unserer Zeit der Fall ist.

Unter der Wirkung unserer Stresshormone werden wir auf Kampf oder Flucht vorbereitet: unsere Muskulatur ist besonders gut durchblutet, unser Blutdruck ist ebenso erhöht wie unser Blutzucker (Zucker ist quasi der Treibstoff unserer Muskulatur) und unsere Sinne sind geschärft - aber alle Funktionen, die wir im Augenblick von Kampf oder Flucht nicht brauchen, werden heruntergefahren: Verdauung, Immunabwehr, Regeneration, Sexualfunktion - und dazu gehören leider auch unsere höheren Gehirnfunktionen!

Um diese wieder einzuschalten, braucht es eine verstärkte Durchblutung unserer Hirnrinde, die wir auf verschiedene Art erreichen:

* entweder wir stellen uns vor, dass die Blutgefäße, die unsere Hirnrinde versorgen, sich erweitern und viel frisches, mit Sauerstoff und Zucker gesättigtes Blut unser Homo-sapiens-sapiens-Gehirn erreicht,

* oder wir stellen uns vor, wie uns im Stirnhirn ein Licht aufgeht - eine Wahrnehmung von Helligkeit ist die natürliche Reaktion dieses Hirnareals, wenn es stimuliert wird;

* oder wir legen eine unserer Handflächen auf unsere Stirn und stimulieren damit spezielle „neurovaskuläre Punkte“ (jeweils in der Mitte unserer beiden Pupillarlinien), wodurch sich über einen Reflex die Arterien in unserem Stirnhirn erweitern. Dadurch wird die Durchblutung dieses Hirnareals verbessert, unser Frontallappen übernimmt die Kontrolle vom unter Stress dominanten Überlebenszentrum und versetzt uns in den Homo-sapiens-sapiens-Modus!

Eine noch genauere Beschreibung dieser Hintergründe finden Sie im ersten Band der Quantenbewusstheit!

Unser Frontallappen fungiert wie eine Art Dirigent eines riesigen Orchesters; er ist direkt mit allen anderen Teilen unseres Gehirns verbunden und lenkt deren Zusammenwirken. Und er ermöglicht uns genau jene sehr wache und aufmerksame, dabei aber *wertfreie* und nicht urteilende Bewusstheit, in der wir hoch konzentriert einen klaren Fokus halten können - und die wir für das Spiel mit der Quantenwelle brauchen!

In unserem Alltag - und vor allem unter der Wirkung unserer Stresshormone - jagen unsere Gedanken in scheinbar endlosen Assoziationsketten durch unseren Kopf. Oft fühlen wir uns diesen nicht enden wollenden Gedankenschleifen richtiggehend ausgesetzt! Ich nenne diesen Zustand, der alles andere als produktiv ist, „denkeln"!

Wenn wir es jedoch schaffen, unserem Stirnhirn die Kontrolle zu übergeben, dann gelingt es uns, uns aus diesem „Affengeplapper" oder „Monkey Mind", wie Yogis das bezeichnen, zu befreien. Unter bewusst gewählter Bewusstheit blendet unser Stirnhirn alle Signale des Körpers aus, die mit Gefühlen, Umweltreizen, sensorischen und motorischen Reizen zu tun haben. Dadurch nehmen wir weder unsere Umgebung noch unseren Körper wahr und können unseren Fokus ungestört halten.

Aber auch jene Gehirnanteile, die uns immer wieder in Erinnerungen und Assoziationen abwandern lassen, werden ebenso gezügelt wie die Wahrnehmung der Zeit. Dadurch wird das, worauf wir uns mit klarem Fokus konzentrieren, realer als die Außen- und Innenwelt, und wir bekommen Zugang zu dem, was Wissenschaftler heute das „Nullpunktfeld" nennen, und über das Lynne MacTaggart ihr wirklich empfehlenswertes gleichnamiges Buch geschrieben hat!

Im Spiel mit der Quantenwelle liegt unser Fokus auf dem angepeilten Ziel oder Wunschzustand, auf der idealen Lösung oder auf der Empfänglichkeit für die Antworten, die auf offene Fragen aus unserer Tiefe auftauchen.

Übrigens werde ich Ihnen in diesem Buch sehr viele solcher prozessorientierten Fragen anbieten. Dabei geht es oft gar nicht so sehr darum, eine passende verbale Antwort zu finden, sondern viel mehr um die inneren Prozesse (daher auch der Begriff), die sie in uns in Gang setzen. Vor allem geht es um die gefühlsmäßigen Antworten, die wir teilweise gar nicht so leicht in Worte fassen können.

Und um uns diesen inneren Prozessen, die solche Fragen in Gang setzen, zu öffnen, braucht es den Zustand der Bewusstheit!

Gehirnphysiologische Grundlagen

Da ich auch im Rahmen dieses Buches immer wieder die neuesten Erkenntnisse der Hirnphysiologie zitieren werde, möchte ich Ihnen hier einen kleinen Einblick geben. Wenn Sie sich intensiver mit dieser Materie befassen möchten, dann empfehle ich Ihnen neben meinen vier bisherigen Büchern unter dem Titel „Quantenbewusstheit" zur weiteren Vertiefung „Das Universum in uns" von Ian Robertson und/oder „Schöpfer der Wirklichkeit" von Joe Dispenza!

Zwei Dinge scheinen mir in unserem Zusammenhang wesentlich: die Wirkung unserer Körperchemie auf unsere Hirnfunktionen und die Reaktionen unseres Gehirns auf verschiedene Wahrnehmungen!

Unser Gehirn hat in seinem Zentrum ein Areal, das identisch ist mit dem Gehirn des Höhlenmenschen oder der heute noch lebenden Reptilien – daher sprechen wir auch vom Höhlenmenschen- oder Reptiliengehirn. Was uns von unseren Vorfahren und den Alligatoren unterscheidet und zum Homo sapiens sapiens macht, sind die höheren Zentren, unsere Hirnrinde. Allerdings ist diese unter Stress durch Minderdurchblutung großteils ausgeschaltet. Wenn Stresshormone unseren Organismus durchfluten, verengen sich die Blutgefäße, die unsere Hirnrinde versorgen, sodass diese nicht genügend Sauerstoff bekommen, um funktionsfähig zu sein. Dadurch sind wir nicht mehr fähig, bewusste Entscheidungen zu treffen, sondern wir sind gefangen in alten, oft uralten Verhaltensmustern, die zumeist auch noch ziemlich destruktiv sind! Und diese betreffen auch und vor allem unseren *Selbstwert* und damit unsere *finanzielle* Situation

In unserem *Geldverhalten* ist dies besonders fatal, denn wir handeln dann wider besseres Wissens, wenn *finanzielle* Engpässe (oft auch bloß eingebildete) uralte Existenzängste reaktivieren und uns damit mehr oder weniger massiv unter Stress setzen. Dadurch sind wir außerstande, so zu reagieren, wie es sinnvoll wäre; und wie wir es eigentlich täten, wären wir im Vollbesitz unserer geistigen Kräfte.

Wir alle haben das schon erlebt: ein Erlagschein mit einer größeren Summe kommt ins Haus geflattert, und augenblicklich geraten wir in Panik und erleben allerlei Worst-Case-Szenarien vor unserem geistigen Auge, ob wir dies wollen oder nicht! Wir können gar nicht anders, weil wir unter der Kontrolle unseres Stammhirns reflexartig wie unter „Autopilot" reagieren.

Um uns aus solchen Verhaltensschienen zu befreien, brauchen wir eine voll funktionsfähige Hirnrinde, die uns - wie erwähnt - unter der Wirkung unserer Stresshormone nicht zugänglich ist! Wir brauchen die Umpolung auf unsere Glückschemie, also die Ausschüttung von Endorphinen (den natürlichen Gegenspielern der Stresshormone), um Zugang zu unserem Homo sapiens sapiens-Gehirn zu finden!

Und wenn ich Ihnen Liebe als einen idealen Weg in die Quantenbewusstheit anbiete, dann erreichen Sie damit genau das: wenn Sie lieben (wen oder was auch immer), produzieren Sie Endorphine! Wobei neben Liebe im Prinzip alle positiven - sich angenehm anfühlenden - Emotionen diesen Effekt haben! Sie können *Wertschätzung* empfinden oder Bewunderung, Dankbarkeit oder Freude, Faszination oder Zufriedenheit - all diese Gefühlslagen schenken uns Glückshormone! Und dieser Effekt wird sich noch verstärken, wenn wir diese Emotionen auf uns selbst richten - also etwa *Selbstwertschätzung*, weil wir dann von beiden Phasen profitieren: dem Schenken und dem Empfangen.

In einer solchen Gestimmtheit schaltet sich unsere Hirnrinde ein und unsere beiden Gehirnhälften gehen in Integration, sodass sie einander in ihren polaren Funktionen ergänzen! So können wir tatsächlich als der Homo sapiens sapiens agieren und reagieren, als der wir ursprünglich angelegt sind - der im Alltagsstress allerdings meist nicht mehr zugänglich ist!

Die linke Gehirnhälfte ist logisch-analytisch, agiert mit Worten, Zahlen und dem Zeitempfinden; ihre Aufmerksamkeit ist gerichtet und daher immer nur sukzessiv.

Die rechte Gehirnhälfte nimmt ganzheitlich wahr und arbeitet wie ein Parallelprozessor simultan; sie spielt mit Bildern, Symbolen, Metaphern und Analogien; darüber hinaus schenkt sie uns die räumliche Orientierung.

Und nur in ihrem harmonischen Zusammenspiel ergänzen unsere beiden Gehirnhälften einander und potenzieren sich gegenseitig in ihrer jeweiligen Wirkung. In unserer Liebesschwingung ist dies ebenso der Fall, wie wenn wir für etwas dankbar sind, wenn wir jemanden (oder uns selbst) *wertschätzen*, wenn wir uns auf etwas freuen oder uns für etwas begeistern …

Die zweite – und noch gar nicht so alte! – Erkenntnis der Hirnforschung, die ich hier erwähnen möchte (weil ich mich im Laufe dieses Buches immer wieder darauf berufen werde!), ist die Tatsache, dass unser Gehirn nicht unterscheiden kann, ob wir etwas „tatsächlich erleben" oder „uns nur vorstellen", „uns daran erinnern" oder „es bei einer anderen Person empathisch miterleben". Neueste bildgebende Verfahren wie die PET (Positronen-Emissions-Tomographie) zeigen eindeutig, dass unser Gehirn in all diesen Fällen gleich reagiert. Dafür verantwortlich sind spezielle Hirnzellen, die der italienische Neurophysiologe Giacomo Rizzolatti entdeckt und als „Spiegelneuronen" bezeichnet hat.

Stellen Sie sich vor, an der Schnittfläche einer frisch halbierten Zitrone zu lecken. Wenn sie sich wirklich in das damit einhergehende Gefühl hineinversetzen, werden Sie unweigerlich einen vermehrten Speichelfluss wahrnehmen können – obwohl in der Realität nicht wirklich etwas Saures Ihre Speicheldrüsen aktiviert hat ☺! Es reicht tatsächlich die Vorstellung!

Das heißt: ob Sie *Geldnot* jetzt gerade live erleben, sich davor fürchten oder sich nur an eine solche aus früheren Zeiten erinnern, Ihr Gehirn lässt Sie Stresshormone ausschütten, weil es Gefahr wittert und Sie daher in den Kampf, Flucht- oder Totstellmodus versetzt! Und dies gilt gleichermaßen für jegliche negative Emotion in Zusammenhang mit *Geld*! Neid setzt Sie ebenso unter Stress wie Verlustangst; Eifersucht auf den finanziellen Erfolg anderer ebenso wie Zweifel an Ihrer Kompetenz bei einem Vorstellungsgespräch; Gier ebenso wie mangelndes *Selbstwertgefühl* – weil Ihr Stammhirn all das mit Gefahr assoziiert!

Ebenso unterscheidet Ihr Gehirn nicht unter tatsächlich erlebter *Fülle* und bloß erinnerter oder auch erträumter – sofern Ihnen dies wirklich erlebnisecht und unter Miteinbeziehung möglichst all Ihrer Sinne gelingt!

Halten Sie für einige Augenblicke inne und überlegen Sie, welch ungeheure Tragweite dieses Wissen für unser Thema haben kann!

Daher werde ich diese Tatsache im Laufe dieses Buches in unterschiedlichem Zusammenhang immer wieder aufgreifen - wir lernen nun einmal vor allem durch Wiederholung!

Aus meiner Sicht ist diese Erkenntnis wirklich Bahn brechend und ungemein *wertvoll* - aber noch immer viel zu wenig bekannt! Erzählen Sie daher bitte das, was Sie hier lesen, weiter - Sie tun Menschen Gutes damit! Und sich selbst auch, weil Sie sich in der Weitergabe auch selbst immer wieder daran erinnern!

Grundlegendes aus der Herzintelligenz-Forschung

Eine weitere noch recht junge wissenschaftliche Disziplin möchte ich hier auch noch kurz erwähnen, weil sie mir für unser Thema wichtig zu sein scheint! Wenn Sie tiefer in diese Materie eindringen möchten, lege ich Ihnen die Bücher von Doc Childre ans Herz - „Herzintelligenz" oder „Vom Chaos zur Kohärenz"!

Die Forschungen des „Heart-Math-Institutes" sind Teil der gerade einmal rund zwanzig Jahre alten „Psychoneuroimmunologie", die sich unter anderem mit der Wirkung unserer Gestimmtheit auf unsere Immunabwehr und damit auf unsere Gesundheit befasst!

Dass positive Emotionen gesünder sind als negative, leuchtet wohl jedem ein, aber dass man dies heute auch messen und wissenschaftlich nachweisen kann, wissen viele noch nicht! Ebenso wie den meisten Menschen noch nicht bekannt sein dürfte, dass das elektromagnetische Feld um unser Herz weit stärker ist als das um unser Gehirn!

Wussten Sie, dass das elektrische Herzfeld zwischen sechzig- und hundertmal stärker ist als das um Ihr Gehirn? Und dass das magnetische Feld um Ihr Herz gar um fünftausendmal stärker ist als jenes um Ihr Gehirn?

Mit den heute zur Verfügung stehenden Messinstrumenten reicht Ihr Herzfeld an die zwanzig Meter über Ihre körperlichen Grenzen hinaus und hat die Form eines Torus, ähnlich einem Donut. Und über dieses Herzfeld strahlen Sie all Ihre Emotionen, Gefühle und Überzeugungen weithin aus – und ziehen damit nach dem Gesetz der Anziehung Erfahrungen und Menschen an, die mit genau dem in Resonanz schwingen, was Sie ausstrahlen!

Sie haben das gewiss schon wahrgenommen – ob bewusst oder unbewusst: einerseits gibt es Menschen, deren Ausstrahlung Ihnen so angenehm ist, dass Sie sich liebend gern in deren Nähe aufhalten! Sind das nicht meist Menschen, die in sich ruhen, die ausgeglichen und mit sich selbst im Frieden wirken und großteils glücklich sind?

Auf der anderen Seite gibt es in Ihrem Umfeld doch sicher auch Menschen, die Sie als richtiggehend abstoßend empfinden! Das kann mit dem Aussehen zu tun haben, das Ihnen nicht liegt; es kann an der Ausdünstung liegen, die Ihnen nicht schmeckt; aber viel wesentlicher ist die Ausstrahlung dieser Personen – also das elektromagnetische Feld um ihr Herz. Damit schwingen Sie einfach nicht in Resonanz!

Erinnern Sie sich, wie Sie sich in der Nähe gestresster Menschen fühlen? Wie fühlen Sie sich hingegen im Umfeld einer frisch verliebten Person? Oder einer, die gerade ein tolles Erfolgserlebnis hatte? Oder eben von der lang ersehnten Schwangerschaft erfahren hat? Oder einen großen Gewinn gemacht hat? Oder eben erfahren hat, dass sie nach schwerer Krankheit vollständig geheilt ist? Oder nach Jahren einen großen Kredit abbezahlt hat? Oder gerade erfahren hat, dass sie sich auf eine gewaltige *Gehaltserhöhung* freuen kann?

Wie gesagt: Unbewusst nehmen Sie das alle wahr, aber Sie können lernen, sich dieser Wahrnehmungen tatsächlich bewusst zu werden!

In meinen Seminaren biete ich immer wieder ein diesbezüglich interessantes Spiel an, das Sie auch selbst nachvollziehen können. Dazu lasse ich meine Teilnehmer und Teilnehmerinnen mit einem Abstand von rund fünfzehn Zentimetern Rücken an Rücken sitzen und einander in der Rolle des Senders und Empfängers abwechseln. Die Sender versetzen sich dabei alternierend in verschiedene Emotionen; und die Empfänger versuchen, bewusst wahrzunehmen, wie sich die Ausstrahlung der jeweils anderen Person anfühlt – vor allem der Wandel in der Ausstrahlung ist meist deutlich spürbar! Dabei geht es uns in erster Linie nicht so sehr darum, das Wahrgenommene zu deuten; sondern sich bewusst zu machen, wie vieles von dieser Ausstrahlung wir tatsächlich fühlen können, wenn wir unsere selektive Wahrnehmung darauf richten!

Gönnen Sie sich dieses Spiel doch einmal mit einer Person aus Ihrem Umfeld! Spielen Sie jeweils beide Rollen und achten Sie darauf, was Sie im Rücken an Rücken Sitzen allein aus der Ausstrahlung (ohne direkte Berührung und ohne Akustik!) wahrnehmen können. Fixieren Sie jeweils bestimmte Zeitperioden für die verschiedenen Emotionen, deren Reihenfolge nur die sendende Person kennt, sodass die empfangende Person sich wirklich nur auf ihr Gefühl verlassen kann! Und probieren Sie das mit Menschen, die Ihnen verschieden nahe stehen.

Wenn Sie diese Erfahrung einmal bewusst gemacht haben, werden Sie zukünftig vielleicht etwas aufmerksamer sein, was die Menschen angeht, mit denen Sie sich umgeben! Ich werde im Kapitel zum Thema „Förderer Ihres *Selbstwertgefühls*" noch einmal auf diese Tatsache eingehen.

Ihr Herzfeld kommunizieren ständig mit dem anderer, und je besser Sie lernen, sich dessen bewusst zu werden, umso leichter können Sie sich vor negativen Einflüssen schützen; sich dafür aber mehr den Genuss positiver Ausstrahlungen gönnen!

Die Herzintelligenz Forscher haben sogar herausgefunden, dass starke Emotionen nicht nur unsere eigene DNS beeinflusst, sondern auch die anderer! Negative Emotionen verspannen die Doppelhelix unserer DNS, positive entspannen sie. Daraus folgt, dass der Bauplan unserer Zellen - das ist unsere DNS neben ihren Aufgaben als Organ zur Kommunikation und Erfahrungsspeicher ja auch - unter negativen Emotionen nicht mehr abgelesen werden kann. Dadurch ist die Proteinsynthese und damit zugleich die Zellerneuerung blockiert - mit allen sich daraus ergebenden Folgen. Unter positiven Emotionen hingegen funktioniert diese klaglos!

Und erlauben Sie mir, zu wiederholen: diese Wirkung erstreckt sich nicht nur auf Ihre eigene DNS, sondern auch auf die von Menschen, die mit Ihnen in Resonanz schwingen! So funktioniert übrigens auch energetische Heilung.

Wenn man eine Rattenmutter durch verschiedene Emotionen hindurch führt, dann reagieren ihre Kinder absolut zeitgleich (mit Atomuhren gemessen!) und auch über eine Entfernung von Tausenden von Kilometern mit ihr mit – dieser Versuch wurde am Pawlow-Institut in Russland gemacht!

Und wie viele Frauen, die ihre Männer oder Söhne im Krieg verloren haben, wussten dies – oft genau in dem Augenblick, wo ihre Lieben gefallen sind!

All dies können Sie bei entsprechendem Interesse nachlesen – ich möchte Ihnen hier einfach einige Impulse geben und vielleicht Ihr Interesse wecken!

Überlegen Sie nur einmal die weit reichenden Konsequenzen dieser Tatsache – und ziehen Sie Ihre eigenen Schlüsse, in wessen Energiefeld Sie zukünftig mehr baden wollen:

Ziehe ich das Feld jener Personen vor, die mir Wertschätzung entgegen bringen?

Oder das Umfeld von Menschen, die mich klein machen, diskriminieren, erniedrigen?

Interessant scheint mir aber auch, welches Herzfeld Sie um sich herum erschaffen wollen!

Was möchte ich ausstrahlen?
Wie möchte ich gern auf andere wirken?
Welche Energie gönne ich mir?
Welche Energie tu ich mir an?
Welche Ausstrahlung mute ich meinem Gegenüber zu?
Mit welcher Ausstrahlung verwöhne ich meine Mitmenschen?

Quantenfülle – Wohlstand dank der Quantenphysik

Wenn ich hier von *Quantenfülle* spreche, dann scheint mir dieser Ausdruck in mehrfacher Hinsicht passend zu sein für dieses Buch.

Meiner Ansicht nach finden wir eher Zugang zu *Wohlstand* auf allen Ebenen und zu einem erfüllten und erfüllenden Leben, wenn wir einige Erkenntnisse aus der Quantenphysik im Hinterkopf haben, während wir miteinander interagieren!

Alles ist Energie - das ist mittlerweile eine Binsenweisheit. Und das bedeutet nichts anderes, als dass auch unsere *finanziellen* Interaktionen im Grunde rein energetischer Natur sind. Ob wir überhaupt nur mehr mit virtuellen *Werten* jonglieren oder tatsächliches *Geld* in Form von *Banknoten* und *Münzen* austauschen; was ja auch eigentlich bloß eine Form von Energie ist.

Wenn alles Energie ist, wovon die Quantenphysik ausgeht, ist dann nicht auch *Fülle* - oder deren Mangel - im Grunde so etwas wie ein Quantenphänomen? Wie sähe unser Leben aus, wenn wir uns dieser Sichtweise öffnen könnten und uns immer wieder an diese Tatsache erinnern würden? Würde dadurch unser Leben generell und unser Umgang mit *Geld* und *Werten* im Speziellen nicht um vieles *reicher* und *bereichernder*?

Seit ich mir diese Sichtweise angeeignet habe, fühlt sich mein Leben interessanter und spannender an! Nicht zuletzt, weil ich damit erkenne, dass der Austausch von *Geld* bloß eine Form der Kommunikation ist, die sehr wesentlich von meiner persönlichen Gestimmtheit und damit meiner Ausstrahlung geprägt wird. Auch darauf werde ich noch näher eingehen!

Nach jüngeren Forschungen der russischen Wissenschaftler Vladimir Poponin und Peter Gariaev ist unsere DNS vor allem ein Vehikel für Kommunikation - und zwar sowohl als Sender wie auch als Empfänger!

Einerseits kommunizieren unsere etwa siebzig Billionen Zellen über die DNS ununterbrochen miteinander, um die Homöostase (die Aufrechterhaltung des physiologischen Gleichgewichtszustandes aller Körperfunktionen) zu sichern.

Andererseits dient unsere DNS auch unserem ununterbrochenen zwischenmenschlichen Austausch - und zwar über den Hyperraum, also unabhängig von Zeit und Raum! Das heißt, jeglicher Austausch von *Geld* (und anderen *Werten*) ist immer von einem energetischen Austausch auf der Ebene unserer DNS begleitet! Daher ist die Prägung unserer DNS ja auch so wesentlich, weil wir diese gar nicht verheimlichen können!

Und aus dem noch jungen Wissenschaftszweig der Epigenetik wissen wir, dass wir sehr wohl Einfluss auf unsere DNS nehmen können; und damit zugleich auch auf unsere Ausstrahlung! Und darüber hinaus auf die energetische Kommunikation mit jenen, denen wir *Geld* geben oder die uns *Geld* geben – mit denen wir also *Werte* austauschen; was sich ja nie bloß auf das Materielle beschränkt! Daher finde ich Robert Scheinfelds Ansatz, in *Geld* einen speziellen Ausdruck von *Wertschätzung* zu sehen, ja so *wertvoll*!

Darüber hinaus ist unsere DNS auch ein enormer Informationsspeicher, in dem alles festgehalten ist, was wir je erlebt haben! Aber all das ist im Wesentlichen so gespeichert, wie wir es subjektiv wahrgenommen haben – und dies resultiert aus unserer Einstellung dem Leben, anderen, vor allem aber auch uns selbst gegenüber! Das heißt, unser *Selbstwertgefühl* (entweder ein gesundes *Selbstwertgefühl* oder dessen Mangel) prägt nachhaltig unsere DNS!

Der so genannte Beobachtereffekt zeigt uns, dass wir niemals bloß Beobachtende sind, sondern immer auch Teilnehmende: unsere Erwartungen haben Einfluss auf das, was wir beobachten! Was nichts anderes heißt, als dass wir mit unserem Bewusstsein Einfluss auf unsere Realität haben. Und damit natürlich auch auf unsere *Finanzen*!

So gab es eine Studie in einer amerikanischen Schule, die bewies, dass die Einstellung der Lehrkraft ihren Schülern gegenüber sich messbar auf die Leistung der Kinder auswirkt: wenn die Lehrkraft davon ausgeht, dass ein Schüler oder eine Schülerin besonders begabt – im Grunde also *wertvoll* ist – ist, dann holt sie mit dieser selektiven Wahrnehmung genau das ans Tageslicht, was sie erwartet; auch wenn es sich um ein durchschnittlich begabtes Kind handelt! Wahrscheinlich indem sie mit ihrer positiven Einstellung das Kind motiviert, sein vorhandenes Potenzial auch tatsächlich zu nützen – Energie folgt der Aufmerksamkeit!

Wenn jedoch im umgekehrten Fall die lehrende Person davon ausgeht, es mit einem minderbegabten – aus der Sicht vieler *wertlosen* – Kind zu tun zu haben, dann wird genau diese Erwartung bestätigt. Und zwar nicht, weil das Kind tatsächlich unterdurchschnittlich begabt ist, sondern weil es mit der negativen Einstellung, die ihm entgegen gebracht wird, daran gehindert wird, das vorhandene geistige Potenzial auch tatsächlich zu nützen!

Weiters sind wir in Wahrheit viel weniger voneinander getrennt, als wir oft den Eindruck haben: Wissenschaftler können heute nachweisen, dass wir durch ein Feld, für das Max Planck den Begriff „Matrix" geprägt hat, zu einer All-Einheit verbunden sind. Das heißt in Bezug auf unser Thema: wenn wir in einem *finanziellen* Austausch stehen, bilden wir eine energetische Einheit, derer wir uns meist gar nicht bewusst werden. Und im Grunde stehen wir damit über unseren *Geldaustausch* mit allen Menschen weltweit in Verbindung!

Kennen Sie den Begriff der „Handschüttel-Linie"? Sie spricht die auch als „Kleine Welt Phänomen" bezeichnete Theorie an, nach der jeder von uns über 6 bis 7 Menschen mit der ganzen Welt verbunden ist. 1967 führte Stanley Milgram das erste entsprechende Experiment durch und entdeckte diesen hohen Grad abkürzender Wege durch persönliche Beziehungen in der sozialen Vernetzung. Auf Grundlage seiner Studien haben neuere Untersuchungen über das Internet ergeben, dass die Kette, die zwei Personen verbindet, durchschnittlich 6,6 Personen lang ist. Ein Phänomen, das Sie übrigens selbst beobachten können, wenn Sie in sozialen Netzwerken unterwegs sind!

Auch über *Geld* sind wir letztlich mit der ganzen Welt verbunden - was glauben Sie, wie viele Menschen den Geldschein, den Sie heute Morgen ausgegeben haben, schon aller in der Hand hatten? Ich werde Ihnen im Kapitel *Geldspiele* ein vergnügliches Ritual anbieten, das genau mit dieser Tatsache spielt …

Diese Kommunikation über unsere DNS bringt übrigens auch mit sich, dass wir all das, was wir einem anderen antun, immer auch uns selbst antun. Und - ebenso wesentlich! - all das, was wir uns selbst antun, immer auch allen anderen antun! Wenn wir anderen gegenüber keine *Wertschätzung* entgegenbringen, dann tun wir das zugleich auch uns selbst an, weil unser inneres Kind sich in seiner Empathie auch *ungeschätzt* fühlt!

Ebenso können andere Menschen dies in ihrer natürlichen Empathie mit uns mitfühlen, wenn wir uns selbst *wertlos* fühlen. Und zwar sowohl über ihre Spiegelneuronen, auf die ich auch noch etwas näher eingehen werde; als auch über den Informationsaustausch über unsere DNS!

Diese Tatsache sollten wir uns vor allem dann zu Herzen nehmen, wenn wir die Neigung haben, uns selbst kleiner zu machen, als wir in Wahrheit sind; wenn wir alles andere als liebevoll mit uns umgehen; wenn wir uns aus einem mangelnden *Selbstwertgefühl* heraus gering *schätzen*!

Wenn diese Gedanken Ihnen allzu schräg vorkommen, weil Sie sich noch nicht besonders intensiv mit Quantenphysik befasst haben, dann mag dieses Buch Sie genau dazu bewegen, wenn der Funke überspringt.

Aber natürlich können Sie all die Anregungen, die ich Ihnen in diesem Buch biete, auch annehmen und umsetzen, wenn quantenphysikalisches Wissen Sie ganz und gar nicht interessiert!

Ein weiterer Grund, aus dem der Begriff *Quantenfülle* positive Resonanz in mir erzeugt, ist die Tatsache, dass ich oftmals erlebt habe, wie *wertvoll* das Spiel mit der Quantenwelle ist, um unser *Selbstwertgefühl* zu heilen und uns so nachhaltig für *Wohlstand* und *Fülle* in allen Bereichen unseres Lebens zu öffnen! Allerdings erst dann, wenn die Wurzeln des Mangels an *Selbstwertgefühl* erkannt und beseitigt sind – und auch dabei sind die zwei Punkte *wertvoll*!

PRAKTISCHER TEIL

In diesem Abschnitt stelle ich Ihnen verschiedene Techniken vor, die jede für sich einzeln einsetzbar ist, die Sie aber sehr fruchtbringend auch miteinander kombinieren können! All diese Werkzeuge begleiten mich seit vielen Jahren auf meinem eigenen Heilungsweg und im Spiel mit all jenen, die in Seminaren oder in der Einzelberatung zu mir finden.

Und sie werden auch Ihnen in der konsequenten Anwendung gute Dienste erweisen! Wenn Sie sich die 2-Punkte-Methode ebenso wie „The Work", „Ho'oponopono", den „Dialog der Hände", „EFT", „Abheben und darüber Stehen" und die „Affragen" aneignen, steht auch Ihnen ein *wertvoller* Werkzeugkoffer zur Verfügung; diesen können Sie sowohl für eine entspanntere Alltagsgestaltung einsetzen, als auch für die Heilung Ihres *Selbstwertgefühls* sowie für die Lösung diverser Blockaden. Ähnlich wie Sie vermutlich verschiedene Pflaster, Verbandsmaterial und einige selbst einsetzbare Medikamente in Ihrer Hausapotheke haben, um sie jederzeit einsetzen zu können, wenn es nötig ist.

Jede dieser Techniken hat aus meiner Sicht spezielle Einsatzgebiete, ist aber mit jeder oder auch mit einigen anderen kombinierbar!

Das Spiel mit der Quantenwelle ist ein wunderbarer Weg, Blockaden zu lösen und brach liegende Ressourcen zu mobilisieren. „The Work" ist für mich die einfachste und treffendste Methode, um Spiegelungen zu erkennen; und wirkt heilsam in allen anspruchsvollen Beziehungen – auch und gerade in der mit uns selbst! „Ho'oponopono" schenkt uns Entspannung, Frieden und Harmonie. Der „Dialog der Hände" erweitert unser Bewusstsein und schenkt uns mehr Bewusstheit, indem er uns Zugang zu bisher verschlossenen geistigen Inhalten verschafft, die in unserer rechten Gehirnhälfte schlummern. „Abheben und darüber Stehen" hilft uns, uns aus der Froschperspektive eines stressigen Alltags zu befreien und unsere Perspektive zu erweitern. Die vor allem auf energetischer Ebene wirkende „EFT" schenkt uns wohltuende emotionale Heilung. „Affragen" helfen uns, negative, destruktive und energieraubende Denkmuster zu überwinden und uns in die erwünschte Richtung zu bewegen.

Einführung in die 2-Punkte-Methode

Da ich in den vorhergehenden vier Büchern unter dem Titel „Quantenbewusstheit" eingehend auf diese Technik eingegangen bin, darf ich Sie auf diese genauere Beschreibung verweisen, wenn Ihnen die kleine Einführung in diesem Buch nicht reicht. Diese soll wirklich nur dazu dienen, Ihnen das nötige Rüstzeug in die Hand zu geben, um damit spielen zu können - so wie ich es Ihnen immer wieder empfehle!

Im Grunde geht es beim Spiel mit der Quantenwelle darum, mit Ihrer Bewusstheit zwei Punkte miteinander zu verbinden, deren einer für das Problem, die Frage, das Ziel oder den Wunsch steht; also allgemein das zu bespielende Thema symbolisiert. Der andere Punkt repräsentiert die Lösung Ihres Problems, die Antwort auf Ihre Frage, die Erreichung Ihres Zieles oder die Erfüllung Ihres Wunsches; steht also allgemein für den idealen Ausgang Ihres Themas.

Und natürlich können Sie diese Verbindung über Ihre Bewusstheit auch bloß in Ihrer Vorstellung herstellen. Dennoch empfehle ich - vor allem wenn Sie erst beginnen, mit dieser Technik zu spielen - die beiden Punkte jeweils mit einer Ihrer Hände zu assoziieren und Ihre Hände tatsächlich einander anzunähern. Vor allem wohl, weil wir uns leichter tun, uns gleichzeitig auf unsere beiden Hände zu konzentrieren, als auf zwei abstrakte Gedanken.

Während Sie also Ihre beiden Hände jeweils mit einem der beiden Pole (etwa Problem und Lösung) assoziieren und sich gleichzeitig darauf fokussieren, stellen Sie eine geistige Verbindung her. Die erste Hand berührt dabei meist eine leicht erreichbare Stelle Ihres Körpers, während die andere Hand den zweiten Punkt in Ihrem Energiefeld erspürt. Wobei ich in diesem Erspüren eigentlich eher ein mit Absicht Setzen sehe. Also letztlich entscheiden Sie selbst, welche zwei Punkte für Sie „richtig" sind!

Sie erinnern sich an den vorhin angesprochenen Beobachtereffekt: der Versuchsleiter beeinflusst durch seine Erwartung das Experiment. Daher entscheiden Sie meiner Meinung nach mit Ihrer Absicht, wo Ihre beiden Punkte liegen - und die Erfahrung aus vielen Seminaren mit vielen verschiedenen Menschen bestätigt mir diese Sichtweise immer wieder. Dieses Spiel ist viel einfacher, als Sie annehmen; daher sind Kinder in ihrer erfrischenden Unvoreingenommenheit darin am talentiertesten!

Mittlerweile spielen weltweit unzählige Menschen mit der Quantenwelle, daher hat sich ein so starkes Morphogenetisches Feld aufgebaut, dass Sie als neu Hinzukommende sich damit um vieles leichter tun werden; einfach weil sie von diesem Informationsfeld mitprofitieren können! Freuen Sie sich darüber und stehen Sie sich selbst dabei möglichst nicht im Weg!

Während Sie also mit Ihrer ersten Hand einen Punkt an Ihrem Körper berühren, halten Sie Ihre zweite Hand in einigem Abstand von der ersten und nähern sie diese dann jener an. Dabei achten Sie darauf, Ihre beiden Hände in Ihrer Bewusstheit miteinander zu verbinden, sie also möglichst gleichzeitig wahrzunehmen. Und in dem Augenblick, in dem Ihnen dies gelungen ist, haben Sie den zweiten Punkt gefunden. Oft wird dabei Ihr Blick etwas unscharf, was Ihnen vor allem dann auffallen mag, wenn Sie dabei die Augen geöffnet haben - ich betone das, weil ich die Erfahrung gemacht habe, dass wir die Tendenz haben, unsere Augen zu schließen, wenn wir etwas besser fühlen wollen! Und sich selbst können Sie die Welle natürlich auch mit geschlossenen Augen geben (nur bemerken Sie dann die Blickunschärfe nicht). Wenn Sie jedoch eine andere Person bewellen, dann halten Sie bitte unbedingt die Augen offen, damit Sie deren eventuelles Umfallen rechtzeitig erkennen!

All das klingt um vieles komplizierter, als es im Endeffekt ist - spielen Sie einfach damit, und Sie werden sehen, es funktioniert umso leichter und rascher, je kindlicher Sie es angehen und je weniger Sie an sich zweifeln!

~ Gegebenenfalls können Sie sich gleich einmal eine Quantenwelle geben – mit der Absicht, Ihre Zweifel aufzulösen!

Um Ihre beiden Punkte leichter zu finden, sollten Sie vor diesem Spiel Ihren Alltag etwas hinter sich lassen und in Ihre Quantenbewusstheit (die ich in einem eigenen Kapitel beschrieben habe) finden. Es gibt verschiedene Wege dahin, der rascheste und einfachste ist aus meiner Sicht, Ihre Liebe zum Fließen zu bringen.

Dies gelingt Ihnen vielleicht am besten, wenn Sie eine Person vor Ihr geistiges Auge holen, die zu lieben Ihnen ganz leicht fällt – also Ihr Kind, Ihren Partner oder Ihre Partnerin oder auch Sie selbst, wenn es Ihnen bereits gelingt, den Bibelspruch „Liebe deinen Nächsten wie dich selbst" zu leben! Dies mag Ihnen noch etwas leichter fallen, wenn Sie dabei Ihr inneres Kind im Sinn haben; wenn Sie also ein Bild von sich selbst aus früheren Tagen vor Ihrem geistigen Auge sehen. Bei Kindern tun wir uns meist leichter, in unsere Liebe zu kommen; und das gilt üblicherweise auch für unser inneres Kind.

Wenn Sie lieben, dann schwingen Sie unter positiver Körperchemie – also unter dem Einfluss Ihrer Glückshormone. Damit sind Ihre beiden Gehirnhälften integriert, und Ihr Homo sapiens sapiens-Gehirn (also Ihre Hirnrinde) ist eingeschaltet! So wird es Ihnen mit etwas Übung auch möglich sein, den Fokus Ihrer Aufmerksamkeit gleichzeitig auf Ihren zwei Punkten zu halten – was Ihnen unter Stress (unter der Einwirkung von Stresshormonen) kaum je gelingen wird: Stresshormone schalten ja Ihre Hirnrinde aus!

Genauer gehe ich in meinen anderen Büchern auf diese Tatsache ein.

Wenn Sie sich selbst die Welle geben, dann können Sie dies im Stehen tun: vor einer Wand, an die Sie sich anlehnen können, wenn Sie ins Schwanken kommen; oder vor einem stabilen Stuhl, auf den Sie sich fallen lassen können, wenn die Welle Sie umwirft – was durchaus passieren kann! Oder aber Sie setzen sich gleich hin: am besten auf die vordere Kante des (möglichst stabilen!) Stuhles, sodass die Welle Sie dann im Sitzen zum Anlehnen umwerfen kann. Sie können sich aber auch vor ein Bett stellen, das Sie auffängt, wenn die Welle Sie umwirft. Aber achten Sie dabei bitte darauf, dass das Bett breit genug ist, damit Sie sich nicht den Kopf an der Wand anschlagen! Oder aber Sie ersuchen eine Person, sich hinter Sie zu stellen und Sie aufzufangen. Bei all dem achten Sie bitte darauf, vor Verletzungen sicher zu sein!

Ehe Sie sich mit einem Two-Pointing nach Richard Bartlett verwöhnen, gilt es, eine Absicht zu setzen! Überlegen Sie, was Sie sich wünschen: wollen Sie eine Blockade lösen oder eine Ressource mobilisieren? Wollen Sie mithilfe der Quantenwelle die Antwort auf eine Frage finden, die Sie beschäftigt? Wollen Sie einem Ziel näher kommen, sich einen Wunsch erfüllen oder eine Vision wahr werden lassen?

Im Prinzip gibt es aus meiner Sicht keine anderen Grenzen für diese Methode als die, die Sie sich selbst mit Ihren Erwartungen setzen! Je kreativer Sie in Ihren Absichten sind und je besser Sie sich für tatsächlich mögliche WUNDERvolle Lösungen öffnen können, umso phantastischer werden Ihre Ergebnisse sein! Ich durfte in meinen Seminaren und Beratungen schon die erstaunlichsten Effekte miterleben - daher gehört das Spiel mit der Quantenwelle auch zu meinen großen Favoriten!

Oder aber Sie setzen die allgemein gehaltene Absicht, alles möge sich zum Besten für alle und alles entwickeln - dann kann nichts schief gehen, weil Ihre Seele genau weiß, was Sie brauchen und was Ihnen gut tut. Und in meiner Sichtweise hilft uns die Quantenwelle, schwingungsmäßig in Seelenresonanz zu finden!

All das klingt, wenn man es nur liest, vielleicht etwas kompliziert, daher empfehle ich all jenen, die lernen wollen, sich selbst oder anderen die Quantenwelle zu geben, einmal einen Erlebnisabend oder ein Seminar zu besuchen. Solche werden mittlerweile praktisch überall angeboten, und wenn Sie auch nur ein einziges Mal erfahren haben, wie die Welle sich anfühlt, dann werden Sie auch mehr Vertrauen in Ihre eigene Auslösung gewinnen!

Hier ist noch einmal die Zusammenfassung bei der Selbstanwendung:

* Überlegen Sie, mit welcher Absicht Sie die Welle setzen wollen,

* dann lassen Sie Ihren Alltag hinter sich: entspannen Sie möglichst tief und atmen Sie eine Weile ruhig und regelmäßig mit Schwerpunkt auf der Phase des Ausatmens, atmen sie also langsamer und länger aus als ein,

* konzentrieren Sie sich dabei auf Ihr Herz – so als würden Sie mit Ihrem Herzen atmen: stellen Sie sich vor, wie Ihr Herz sich erweitert, wenn Sie einatmen, und wie es wieder zu seiner normalen Größe zurückkehrt, wenn Sie ausatmen,

* vergegenwärtigen Sie sich eine Person, die zu lieben Ihnen leicht fällt, und finden Sie so in Ihre Liebesschwingung – damit integrieren Sie Ihre beiden Gehirnhälften,

* und stellen Sie sich vor, Liebe durch Ihr Herz ein- und auszuatmen,

* legen Sie eine Ihrer Hände (es ist egal welche, folgen Sie einfach Ihrem Gefühl) auf Ihr Herz, Ihre Stirn, Ihr Sonnengeflecht oder wo auch immer es sich im Augenblick für Sie richtig anfühlt,

* nähern Sie Ihre zweite Hand von vorne, oben, unten oder seitlich aus Ihrem Energiefeld kommend der ersten an und verbinden Sie dabei Ihre beiden Hände über Ihre Bewusstheit zu einer Einheit – das können sie direkt machen oder über ein Bild wie beispielsweise einen Regenbogen, eine Lichtbrücke, einen Blitz.

* Sobald Sie diese Verbindung wahrnehmen können, halten Sie kurz inne und spüren Sie, während Sie langsam und tief ausatmen, wie die Quantenwelle sich aufbaut,

* dann lösen Sie die Hände und achten Sie aufmerksam darauf, wie die Welle durch Sie hindurch fließt.

* Und zuletzt ruhen Sie noch ein Weilchen und nehmen Sie mit voller Bewusstheit wahr, wie die Welle in Ihnen nach- und ausschwingt.

Dieses Nachschwingen kann bis zu mehreren Stunden dauern, daher empfehle ich, an diesem Tag möglichst keinen Alkohol zu trinken, weil die nachschwingende Welle dessen Effekt verstärken kann!

Allgemeine Einstimmung mit der Quantenwelle

Ehe wir uns nun unserem eigentlichen Thema zuwenden, möchte ich Ihnen hier einige generelle Anwendungsmöglichkeiten der 2-Punkte-Methode zeigen, die Sie eigentlich für alle möglichen Themen anwenden können; die Sie aber auch auf Ihrem Weg in Richtung Ihrer idealen *finanziellen* Situation hilfreich begleiten mögen! Und dies ob Sie nun derzeit in *finanzieller* Enge leben und sich dringend eine Erweiterung wünschen; oder ob Sie *finanziell* ganz gut gestellt sind, dennoch aber Verbesserungsmöglichkeiten sehen!

Einerseits gilt es Blockaden zu lösen, die Ihnen im Weg stehen, beziehungsweise mit denen Sie sich selbst im Weg stehen:

* Überschießende Wünsche

* Destruktive Überzeugungen

* Alte Traumata

Andererseits empfehle ich Ihnen, die Ihnen zugänglichen Ressourcen besser zu nützen!

* eigene: wie beispielsweise bisherige positive Erfahrungen mit *Geld*,

* geliehene: wie zum Beispiel nachzuahmende Vorbilder.

Überschießende Wünsche auf ein gesundes Maß bringen:

Zu den hinderlichen Blockaden, mit denen wir uns in den unterschiedlichen Lebensbereichen sabotieren (oder anderen erlauben, uns zu sabotieren!), gehören für mich einige uralte, meist aus unserer Entwicklungsgeschichte erklärliche Wünsche. Diese sind an sich nicht unbedingt verkehrt, in ihrem Überschießen können sie sich jedoch sehr störend auswirken! Daher erweist es sich praktisch immer als sehr nützlich, sie mithilfe der Quantenwelle auf ein vernünftiges Maß zu reduzieren! Und unsere Seele weiß genau, wo die Grenze zwischen vernünftig und überschießend ist!

Diese Wünsche sind besonders bei alleingeborenen Zwillingen meist stark ausgeprägt. Daher empfehle allen, die sich mit Indizien aus meiner Schilderung identifizieren konnten, sich mit dieser allgemeinen Einstimmung zu verwöhnen! Sie werden sehen, dass Sie sich dann mit den speziellen Themen um vieles leichter tun werden.

Wahrscheinlich gibt es noch andere Wünsche, die in ihrer Dominanz die Erfüllung unseres Wunsches nach *Fülle* und *Wohlstand* konterkarieren können - wenn Ihnen solche auffallen, dann spielen Sie auch damit! –, aber meiner Erfahrung nach sind vor allem folgende Wünsche relevant:

> * *Der Wunsch nach Liebe, Angenommensein, Aufmerksamkeit, Lob, Anerkennung, Wertschätzung und Bestätigung.*

Nun, entwicklungsgeschichtlich liegt dieser Wunsch nahe und ist durchaus verständlich: wenn unserem Vorfahren, dem Höhlenmenschen die Liebe und Anerkennung seines Rudels entzogen wurde, lief er Gefahr, ausgestoßen zu werden - und war damit wohl dem Tod geweiht! Und dieser Wunsch ist natürlich auch bei uns nachvollziehbar. Aber wenn er überbordend wird, dann verhindert er oft gerade das, was er anstrebt!

Kennen Sie Menschen - oder gehören Sie gar dazu? –, die sich aus dem Wunsch, geliebt zu werden, so weit zurechtbiegen, dass sie kaum noch in ihrer Identität zu erkennen sind?

Solche, die ihre eigenen Ansprüche immer zurückstellen, nur um anderen zu gefallen und deren Liebe, Anerkennung, *Wertschätzung*, Bestätigung und Lob zu bekommen - oder ja nicht zu verlieren?

Menschen, die sich selbst klein machen, nur um andere dazu zu bringen, ihnen zu widersprechen und sie groß zu machen?

Keine besonders gesunde Voraussetzung für *Wohlstand* auf allen Ebenen, nicht wahr?

> *~ Also geben Sie sich eine Quantenwelle mit der Absicht, Ihren Wunsch nach Liebe, Angenommensein, Aufmerksamkeit, Lob, Anerkennung, Wertschätzung und Bestätigung auf ein gesundes Maß zu reduzieren!*

~ Und vielleicht auch gleich eine zweite mit dem Vorhaben, sich all das zukünftig selbst zu schenken, damit Sie nicht mehr so bedürftig und vom Wohlwollen anderer abhängig sind!

** Der Wunsch nach Sicherheit, Geborgenheit, Schutz und Fürsorge.*

Auch er wirkt verständlicher Weise in uns allen bis zu einem gewissen Grad; und auch er ist aus unserer Entwicklungsgeschichte nachvollziehbar. Den Höhlenmenschen ging es wohl nicht besonders gut, wenn sie den Schutz ihres Rudels verloren haben. Und an sich ist dieser Wunsch auch heute nicht unbedingt ungesund, sofern er nicht zu dominant wird!

Kennen Sie Menschen – oder gehören Sie gar dazu? –, die sich von diesem Wunsch so sehr an die Kandare nehmen lassen, dass sie gar nicht mehr lebendig wirken? Und die, nur um diesen Wunsch zu befriedigen, in einem Beruf bleiben, der sie alles andere als befriedigt und todunglücklich macht, der sie schon als Mittvierziger Tag für Tag die restlichen Monate bis zur Pension zählen lässt; oder sie verharren einer destruktiven Beziehung, in der sie alles andere als glücklich sind – nach dem Motto: „Besser der Spatz in der Hand als die Taube am Dach!" – nur weil ihnen dies eine gewisse (Schein)-Sicherheit vermittelt?

Kein sehr konstruktiver Umgang, nicht wahr?

~ Also setzen Sie ein Two-Pointing mit der Absicht, auch diesen Wunsch auf sein gesundes Maß einzupendeln!

** Der Wunsch nach Kontrolle, Macht und Einfluss.*

Dieser scheint verschieden verteilt zu sein unter uns Menschen: an einem Ende sind da die machthungrigen „Kontroll-Freaks"; am anderen jene, die am liebsten jegliche Verantwortung abgeben und nur mitschwimmen wollen. Beides scheint mir nicht gerade sinnvoll zu sein; war jedoch für unseren Vorfahren ungleich wichtiger. Je höher der Rang, umso mehr Macht hatte der Betreffende; und umso besser ging es ihm wohl! Auf der anderen Seite hatten es auch die Mitläufer ganz gut, weil sie in ihrem fehlenden Führungsanspruch die Rudelführer nicht bedroht haben.

Heute geht es meiner Ansicht nach mehr um Eigenermächtigung als um Macht an sich – vor allem innerhalb der beruflichen Verwirklichung, also im Folgen der inneren Berufung! Aber natürlich auch in unseren Beziehungen. Und das gilt in besonderem Maß für jene, die sich als Alleingeborene identifizieren konnten; denn wie im Kapitel über die Indizien erwähnt, ist Kontrolle ein ganz wichtiges Thema bei diesen Menschen!

~ Also nützen Sie die 2-Punkte-Methode, um auch diesen grundlegenden Wunsch in einen gesunden Rahmen zu bringen!

** Der Wunsch nach Ähnlichkeit, Zusammengehörigkeit, Zusammenpassen und Harmonie.*

Auch dieser Wunsch mag für den Höhlenmenschen noch ganz wichtig gewesen sein; da galt es wohl, nicht allzu sehr aus dem Rahmen zu fallen. Aber die Zeiten haben sich geändert, und eine gewisse Individualität ist heute doch durchaus *wünschenswert* – vor allem wenn es um unsere Selbstverwirklichung, also die Entfaltung unseres Potenzials geht!

So meinte Antoine de Saint Exupéry:

„Geh Wege, die noch niemand ging, damit du Spuren hinterlässt und nicht nur Staub!"

Sie kennen das sicher alle: man sitzt in einer Runde beisammen und es kommt die Sprache auf das Tierkreiszeichen, unter dem man geboren ist – interessanter Weise auch bei Menschen, die ganz und gar nicht an Astrologie glauben. Und bei den meisten ist die Freude groß, jemand vom selben Zeichen zu entdecken! Haben Sie das nicht auch schon erlebt?

Und freuen wir uns nicht alle, wenn eine Person, die uns am Herzen liegt – die wir also *wertschätzen* – unser Lieblingsbuch, unseren Lieblingsfilm, unsere Lieblingsmusik, unsere Lieblingsspeise oder unser Lieblingsland ebenso liebt wie wir?

Gegen all das ist natürlich nichts einzuwenden, aber wenn dieser Wunsch so beherrschend (und man selbst zum sich immer nur anpassenden Chamäleon) wird, dass andere wesentliche Ansprüche dadurch zu kurz kommen, dann wirkt er sich destruktiv auf unser Leben aus!

Und auch dieser Wunsch ist bei alleingeborenen Zwillingen meist besonders ausgeprägt - eigentlich logisch, nicht wahr?

Mir fällt dabei der Film „Die Braut, die sich nicht traut“ ein, in dem die Hauptfigur ihr Frühstücksei immer genauso mag wie der Partner, mit dem sie gerade beisammen ist. Kennen Sie so ein Verhalten aus Ihrem Umfeld oder gar von sich selbst?

~ Dann empfiehlt es sich, auch diesen Wunsch mittels einer Quantenwelle in vernünftige Schranken zu weisen!

** Der Wunsch, Recht haben zu wollen.*

Auch dieser Wunsch mag für den Höhlenmenschen wichtig gewesen sein und wirkt bis zu einem gewissen Grad auch in uns allen noch nach. Das ist nicht weiter schlimm, es sei denn, er wird zur Manie! Und dann wirkt die Rechthaberei sich in allen Bereichen ziemlich destruktiv aus! Im „Kurs in Wundern“ wird uns eine Frage gestellt, die mich immer wieder schmunzeln lässt: *„Willst du lieber Recht haben oder glücklich sein?“* - zugegeben, es gibt Zeiten, da möchte ich lieber Recht haben ☺ …

~ Dennoch empfehle ich Ihnen – und mache das selbst auch immer wieder! –, auch diesen Wunsch mithilfe der 2-Punkte-Methode auf sein vernünftiges Maß zu Recht zu stutzen!

** Der Wunsch nach Freiheit, Unabhängigkeit und Eigenständigkeit.*

Dieser Wunsch ist entwicklungsgeschichtlich wohl noch nicht ganz so alt, aber er ist doch in uns allen bis zu einem gewissen Grad wirksam. Und auch er kann sich in seinem Überschießen ziemlich destruktiv auf unseren *Wohlstand* in allen Lebensbereichen auswirken!

Wenn wir uns so sehr nach unserer Freiheit sehnen, dass es kaum möglich ist, kontinuierlich einer beruflichen Laufbahn nachzugehen, dann mag es schwierig werden, zu *Wohlstand* zu gelangen! Gegen ein gewisses Maß an Eigenständigkeit ist nichts einzuwenden - gerade bei Selbständigen -; aber im Überborden wirkt dieser Wunsch aus meiner Sicht nicht gerade förderlich für die Verwirklichung unserer beruflichen Ambitionen. Und er ist nicht selten ein Trick, mit dem unser innerer Saboteur uns echte Erfolge vorenthält!

~ Also geben Sie sich zur Sicherheit eine Welle mit der Absicht, auch diesen Wunsch auf ein vernünftiges Maß einzupendeln!

** Der Wunsch nach Veränderung und Entwicklung.*

Dieser Wunsch scheint mir meist nicht so verbreitet zu sein wie die anderen, dennoch kann er einer stabilen Karriere ebenso abträglich sein wie dem kontinuierlichen Aufbau von *Fülle* und *Wohlstand*, wenn er übertrieben ausgelebt wird. Das sind Menschen, die nie zur Ruhe kommen und damit jeglicher Kontinuität trotzen. Ich möchte hier ausdrücklich betonen, wie wesentlich mir die stetige Weiterentwicklung unserer Persönlichkeit ist! Genau darin sehe ich meine Berufung: mich selbst kontinuierlich in Weiterentwicklung zu halten und andere dazu anzuregen - und wo gewünscht dabei zu begleiten. Und dieser Wunsch ist generell bei Alleingeborenen sehr ausgeprägt - wie bereits erwähnt, sind sie ewig Suchende!

Und ich überlasse es Ihrer Phantasie, sich auszumalen, welche Folgen sich aus überschießenden Reaktionen in dieser Richtung ergeben können! Übrigens kann auch dieser Wunsch dem inneren Saboteur (vor allem bei Alleingeborenen!) oft als willkommenes Alibi für konsequente Selbstverhinderung dienen!

~ In solchen Fällen gilt es, auch das Überschießen dieses Wunsches zu bewellen!

Vielleicht sollte ich an dieser Stelle betonen, dass Sie sich gar nicht zu viele Wellen geben können! Wenn eine nicht unbedingt nötig gewesen wäre, weil das Thema bei Ihnen gar nicht so relevant ist, dann schadet das nicht – Quantenwellen haben auch keine Nebenwirkungen! Also lieber eine Welle zu viel als eine zu wenig! Zu viele Wellen gibt es meiner Erfahrung nach vor allem auch deshalb nicht, weil Ihre Seele genau weiß, was gut ist für Sie und Ihnen ein Mehr gar nicht erlauben wird. Wie gesagt, stimmen Sie sich mit der 2-Punkte-Methode ja auf die Resonanz mit Ihrer Seele ein, das heißt, Sie übergeben Ihrer Seele quasi das Steuer!

Destruktive Überzeugungen durch konstruktive ersetzen

Auch *wohlstandsfeindliche* Überzeugungen können uns auf unserem Weg in die gewünschte *Fülle* im Weg stehen! So empfiehlt es sich, diese möglichst zu löschen und durch *wohlstandsfreundliche* zu ersetzen! In einem späteren Kapitel werde ich noch einmal gesondert auf dieses Thema eingehen; hier möchte ich Sie dazu anregen, die 2-Punkte-Methode einzusetzen, um sich ganz allgemein von destruktiven Glaubenssätzen zu befreien, die den *Wohlstand*, den Sie sich wünschen, von Ihnen fernhält und jeglichen Wunsch nach mehr *Geld* immer wieder untergräbt.

Wie bereits erwähnt, sehe ich im Spiel mit der Quantenwelle eine der wirksamsten Möglichkeiten, uns in Seelenresonanz einzuschwingen und damit Zugang zu finden zu dem, was unsere Seele sich hier und jetzt für und von uns wünscht! Und da unsere Seele genau weiß, welche Überzeugungen uns auf unserem Weg in die gewünschte *Fülle* behindern, können wir sie bitten, uns davon zu befreien! Und dies erfreulicherweise ohne dass wir unbedingt wissen müssen, wie diese Glaubenssätze lauten, woher sie kommen und wie lange sie schon in uns wirken!

Das ist für mich einer der ganz besonders beglückenden Aspekte in der Anwendung der 2-Punkte-Methode: sie wirkt großteils auch ohne unser Verständnis, ohne unser „Mitwissen"! Daher brauchen wir auch keine Sorge zu haben, etwas versäumt zu haben, wenn wir irgendeinen Aspekt nicht berücksichtigt haben!

Natürlich können Sie dieses Spiel auch einsetzen, um Klarheit und Verständnis zu gewinnen, wenn Ihnen dies wesentlich erscheint. So können Sie Ihrer Seele auch Fragen stellen und sie im Spiel mit der Quantenwelle um Antwort bitten – und diese wird kommen! Als sofortiges Aha-Erlebnis, als nach und nach dämmernde Einsicht, als Impuls von außen, als Schlagzeile in einer Zeitung …

Jedenfalls können Sie mithilfe der 2-Punkte-Methode tatsächlich viele destruktive Überzeugungen aus Ihrem System löschen, auch ohne sie genau zu kennen! Und das empfinde ich wirklich als große Erleichterung im Vergleich zu all der harten, teils wirklich mühsamen „Glaubenssatz-Arbeit", mit der ich mich und andere jahrelang „gequält" habe - aber damals wusste ich es noch nicht besser ☺!

Und wenn all das Destruktive aus Ihrem System gelöscht ist, können Sie Ihre Seele bitten, Ihnen stattdessen neue, lebensbejahende und liebevolle Überzeugungen zu integrieren - die Sie übrigens auch nicht unbedingt bewusst kennen müssen. Manchmal wird Ihnen klar, welcher Austausch hier stattfindet; aber das muss meiner Erfahrung nach gar nicht unbedingt der Fall sein, um die gewünschte Wirkung zu erzielen!

> ~ *Geben Sie sich also zuerst eine Quantenwelle mit der Absicht, sich von allen destruktiven Überzeugungen zu befreien, die Sie auf Ihrem Weg zu Wohlstand und Fülle in allen Bereichen Ihres Lebens behindern!*

Dabei stelle ich mir immer gerne vor, dass all mein destruktives Denken beim Ausatmen durch meine Fußsohlen aus meinem Körper hinaus fließt. Wenn Sie Energien, die Ihnen nicht wohl tun, der Erde übergeben, dann können Sie um Transformation ersuchen - so wie Pflanzen das Kohlendioxyd verwerten, das wir ausatmen; und wir den Sauerstoff nützen, den sie produzieren! Ich betone das hier so, weil ich immer wieder höre, dass Menschen sich Sorgen machen, etwas Negatives an die Erde abzugeben. Für die Erde ist all das neutrale Energie - aber die Bitte um Umwandlung beizufügen, schadet sicher nicht!

Finden Sie für sich das Bild, das Sie am meisten anspricht …

> ~ *Und dann empfehle ich Ihnen eine weitere Welle mit der Absicht, statt der alten Glaubensmuster neue, hilfreiche Überzeugungen in Ihrer Matrix, also Ihrem Energiesystem zu integrieren und sich deren heilsame Wirkung zugänglich zu machen!*

Dazu stelle ich mir immer einen hellen Lichtstrahl vor, der von oben her kommend durch meinen Scheitel in mein Gehirn fließt und mir beim Einatmen die neuen, konstruktiven Denkmuster integriert.

Auch da finden Sie am besten Ihr eigenes Bild!

Die persönliche Biographie von Traumata klären

Weitere Blockaden für *Fülle* und *Wohlstand* auf allen Ebenen können Erlebnisse aus unserer Vergangenheit sein, die - bewusst oder meist unbewusst - nach wie vor in uns nachwirken! Oft auch weil sie wie Trigger wirken, die *finanzieller* Stress immer wieder in uns auslöst; meist ohne dass wir uns deren Ursache klar sind!

Auch diese gilt es daher in ihrer destruktiven Wirkung zu transformieren. Dabei geht es allerdings nicht darum, die Erfahrungen selbst zu löschen; denn all diese Erfahrungen gehören zu uns und machen uns letztlich zu dem Menschen, der wir sind! Sondern ich empfehle Ihnen, all das in seiner Wirkung auf Ihre Gegenwart zu entstressen!

Dazu gehören unter anderem auch Schuldgefühle, die wir unnötiger Weise mit uns herumschleppen, weil wir irgendwann irgendjemand irgendetwas angetan haben. Meiner Ansicht nach hilft es der anderen Person nicht, wenn wir uns mit Gewissensbissen quälen! Wenn es möglich ist, sollten wir tatsächlich (oft ist es ja bloß eingebildeter!) angerichteten Schaden wieder gut machen. Aber dann dürfen wir uns ebenso verzeihen, wie wir uns mit anderen versöhnen sollten!

Und wie bereits erwähnt, sind Schuldgefühle ein ganz spezielles Thema für Alleingeborene, auf die ich daher in einem eigenen Kapitel näher eingehen werde! Daher scheint mir gerade dieses Spiel für sie besonders wesentlich und *wertvoll* zu sein!

Aber vielleicht haben Sie auch einmal (oder mehrfach) von Ihren wohlmeinenden Eltern (oder anderen für Sie wichtigen Personen in Ihrem Umfeld) gehört, dass Sie dies und das, was Sie sich wünschten, nicht *verdient* hätten; vielleicht sogar in der Formulierung, sie seien dessen nicht *wert*. Vielleicht haben Sie sich als Kind von den Lockangeboten bei der Kasse im Supermarkt zu dringenden Wünschen inspirieren lassen und Ihre vom Alltag gestressten Eltern so damit genervt, dass diese - ohne an die Tragweite solcher Äußerungen zu denken - Ihnen mit einem Satz wie: „Nein, das hast du nicht verdient, weil du dein Zimmer nicht aufgeräumt hast!" das Prädikat *nicht wertvoll* oder *wertlos* gegeben haben. Und wann immer es in weiterer Folge darum ging, etwas für sich zu verlangen oder auch nur zu wünschen, kam dieses Prädikat aus Ihrem Unterbewusstsein hoch gekrochen und hat Sie ausgebremst.

So etwa hat der Vater einer Freundin dieser in sehr jungen Jahren - sicher im besten Wissen und Gewissen, etwa um ihr Enttäuschungen zu ersparen - immer wieder versichert: *„Eines sage ich dir: du bist nichts, du hast nichts, du kannst nichts*!"

Oder aber eine Lehrkraft hat Ihnen (vielleicht auch nur aus ihrer Hilflosigkeit) in jungen Jahren schon die Schneid abgekauft und jegliche Ambition auf ein großes Leben in *Wohlstand* und *Fülle* im Keim erstickt ...

Möglicherweise gab es da auch eine Partnerin oder ein Partner aus einer früheren oder aktuellen Beziehung, die oder der Ihnen so gekonnt Schuldgefühle vermittelt oder Ihre allzu locker sitzenden Schuldgefühle als Halbzwilling aktiviert hat. Und nun wagen Sie gar nicht mehr, sich mehr zu wünschen, weil Sie sich absolut *wertlos* fühlen; auch wenn Ihre Vernunft Ihnen sagt, dass das nicht richtig ist!

Schuldgefühlen ist meiner Erfahrung nach kaum mit rationellen Argumenten beizukommen! Sie wirken oft jahrzehntelang im Unbewussten - aber um nichts weniger prägend. Sei es, dass unsere Eltern sich scheiden ließen und wir die Schuld für dieses traumatische Erleben auf uns genommen haben. Sei es auch, dass wir als Halbzwilling allein geboren wurden und uns schuldig fühlen, weil unsere zweite Hälfte in der Schwangerschaft verloren ging. Sei es, dass wir irgendeine andere Schuld auf uns nehmen, die absolut nichts mit uns zu tun hat - das kann sogar eine uralte Ahnenlast aus früheren Generationen sein!

Und weil mir Schuldgefühle - woher auch immer sie kommen - gerade in Bezug auf das Thema *Geldwert = Selbstwert* so wichtig erscheinen, möchte ich Ihnen (neben einer passenden „EFT"-Sequenz im entsprechenden Kapitel) am Ende dieses Buches auch ein spezielle Spiel zur Befreiung aus Schuldgefühlen anbieten!

~ Dennoch empfehle ich Ihnen quasi im Vorfeld, eine allgemeine Welle zu setzen mit der Absicht, möglichst all das aus Ihrem bisherigen Erleben im Zusammenhang mit Geld und Selbstwert zu entstressen, was nach wie vor als Trauma schmerzhaft nachwirkt und Sie hindert, den erwünschten Wohlstand zu erreichen!

Damit wird das Erlebte zu einer neutralen Erfahrung, die als solche durchaus *wertvoll* sein mag, weil Sie vermutlich daraus gelernt und sich weiter entwickelt haben; die Ihnen nun jedoch nicht mehr im Weg steht!

Mobilisierung *Wohlstand* und *Fülle* fördernder Ressourcen

Neben den Blockaden, die wir mit der Quantenwelle lösen können, empfinde ich es auch als sehr *wertvoll*, Ressourcen zu mobilisieren, die uns für den erwünschten *Wohlstand* empfänglich machen.

** Eigene Ressourcen: selbst wenn Sie derzeit in finanzieller Enge leben, kann es sein, dass Sie bereits Fülle erlebt haben. Also wissen Sie, dass Sie imstande sind, sich für Wohlstand zu öffnen!*

~ Verankern Sie die Bewusstheit dieser Tatsache mit einem Two-Pointing in Ihrem Energiefeld. Nicht, dass Ihre Seele dies bräuchte, denn diese weiß genau, was Sie alles können! Es geht vor allem darum, Ihre eigene Bewusstheit dieser Fähigkeit zu bewellen. Wir schauen üblicherweise doch eher auf all das, was wir nicht können – daher liegt es mir so sehr am Herzen, Sie immer wieder auf all das hinzuweisen, was Sie können und wissen!

Wenn Sie mir nun entgegnen, dass Sie bisher noch nie *Fülle* und *Wohlstand* erlebt haben, dann empfehle ich Ihnen, so zu tun, als hätten Sie sehr wohl schon eine solche Phase erlebt! Erinnern Sie sich? Ihr Gehirn kann nicht unterscheiden, ob Sie so etwas tatsächlich erlebt haben oder sich dies bloß einbilden! Erschaffen Sie sich eine neue Wunsch-Vergangenheit in *finanzieller Fülle*! Damit nehmen Sie niemandem etwas weg, tun sich selbst aber etwas Gutes! Machen Sie dies unter Miteinbeziehung all Ihrer Sinne – so lange, bis Sie es selbst glauben! Füüüühlen Sie, wie es war (oder gewesen sein könnte), so *reich* und *wohlhabend* zu sein, so zufrieden und dankbar in der wohl verdienten *Fülle* zu schwelgen …

~ Und dann geben Sie sich dazu eine bestätigende Quantenwelle! Denn wenn Sie schon einmal Reichtum erlangt haben (auch bloß in Ihrer Vorstellung), warum sollte Ihnen dies nicht noch einmal möglich sein?

Die Fähigkeit des So-tun-als-ob eignet sich vor allem für Menschen, die glauben, nicht zu können, weil sie nicht an sich glauben können!

Spielen Sie damit! Dies wird Sie unweigerlich auf Ihre neue *Wunschfülle* einstimmen, wenn Sie zuvor alle Blockaden aus dem Weg geräumt haben!

** Geliehene Ressourcen: Neben Ihren eigenen Ressourcen können Sie sich alles, was Sie sich an Fähigkeiten, Stärken und Talenten wünschen, aber glauben, selbst nicht zur Verfügung zu haben, von anderen leihen. Finden Sie eine Person, die das Ihrer Ansicht nach leichter schafft, besser kann und darin souveräner ist. Wer lebt den allumfassenden Wohlstand, den Sie sich auch für sich wünschen? Wer ist glücklich und zufrieden in seiner finanziellen und anderen Fülle? Vom wem könnten Sie sich etwas in Bezug auf Ihr Selbstwertgefühl abschauen?*

~ Verbinden Sie sich gedanklich mit diesem Vorbild und geben Sie sich eine Welle mit der Absicht, sich die erwünschten Ressourcen zugänglich zu machen! Über den Hyperraum und Ihr Herzfeld ist dieser Austausch auch über weite Distanzen möglich! Und übrigens auch zeitübergreifend – sollte Ihr Vorbild nicht mehr leben!

Wenn es sich für Sie besser anfühlt, weil Geben und Nehmen für Sie immer im Gleichgewicht sein sollten, können Sie dieser anderen Person im Austausch für das, was Sie sich von ihr wünschen, ja etwas anderes anbieten; irgendetwas, was Sie gut können! Auch das müssen Sie nicht unbedingt wissen – bieten Sie ihrem Gegenüber einfach an, sich von Ihren Ressourcen zu bedienen und sich das von Ihnen auszusuchen, was ihm *wertvoll* ist!

Sie haben nichts anzubieten? Nun, wie steht es um Ihre Kreativität? Um Ihre Aufmerksamkeit? Um Ihre Verlässlichkeit? Um Ihren Humor? Um Ihre Eloquenz? Um Ihre Nachsicht? Um Ihre Gedankentiefe? Um Ihre Beständigkeit? Um Ihr Verantwortungsbewusstsein? Um Ihre Treue? Um Ihre Ernsthaftigkeit? Um Ihre Empathie? Um Ihre Ehrlichkeit? Um Ihre Liebesfähigkeit? Um Ihre Pünktlichkeit? Um Ihre ....

Lassen Sie bitte Ihrer Phantasie freien Lauf und sehen Sie das gleich als gute Übung: sehen Sie sich selbst so, als würden Sie sich *wertschätzen* ☺!

Und zur Not fragen Sie andere, was diese an Ihnen zu *schätzen* wissen.

Wenn Sie nun mit dem Argument kommen, Sie würden niemanden kennen, der in dem *Wohlstand* lebt, den Sie sich für sich wünschen, dann empfehle ich Ihnen wieder: tun Sie einfach so, als würden Sie jemand kennen! Erfinden Sie den *Wohlstand* auf allen Ebenen bei Ihren Eltern, Ihren Geschwistern, Ihren Freunden und Kollegen! Lassen Sie auch hier wieder Ihrer Phantasie freien Lauf und beschenken Sie in Ihrer Vorstellung allen möglichen Menschen in Ihrem Umfeld mit wundervollem *Wohlstand* und beglückender *Fülle*, damit Sie ein gutes Vorbild haben. Damit ist beiden gedient! Gestalten Sie diese mitreißenden Bilder möglichst detailliert und füüühlen Sie sich dann in Ihre Schöpfung ein!

~ Und dann verankern Sie die gefühlsbetonte Vorstellung reicher Eltern und Geschwister und wohlhabender Freunde und Kollegen mit einer Quantenwelle in Ihrer Matrix!

** Transpersonale Ressourcen: Und wenn das Konzept der parallelen Welten, das einige Quantenphysiker uns anbieten, auch bei Ihnen Anklang findet, dann können Sie sich auch von Ihrem parallelen Selbst jene Ressourcen leihen, die Ihnen in Ihrem Hier und Jetzt helfen können, den erwünschten Wohlstand zu erreichen.*

Verbinden Sie sich gedanklich mit Ihrem parallelen Selbst (dieses kann gleichen oder auch anderen Geschlechtes sein wie sie) und bitten Sie es um sein / ihr gesundes *Selbstwertgefühl*, um sein / ihr ideales *Geldverhalten*, um seine / ihre *füllefreundlicheren* Überzeugungen, um seine / ihre förderliche Einstellung zu *Geld*, *Fülle* und *Wohlstand* …

Und wenn Sie wollen, können Sie auch in diesem Fall Ihrem parallelen Selbst im Austausch etwas anbieten, was es sich von Ihnen wünscht, weil es der Ansicht ist, Sie könnten das besonders gut; auch wenn Sie selbst im Hier und Jetzt gar nicht so von sich überzeugt sind, dass Sie sich vorstellen können, irgendjemand würde Sie in irgendeinem Lebensbereich als Vorbild sehen.

> *~ Auch diesen Informationstransfer können Sie mit einem Two-Pointing in Ihrem Energiefeld integrieren!*

> ** Ressourcen aus der geistigen Welt: Wenn Sie gerne mit Engelkarten, Feen, Einhörnern, Delphinen, Tarot oder anderen Orakeln spielen, dann können Sie natürlich auch eine solche Karte ziehen mit der Bitte, die geistige Welt möge Ihnen bei Ihrer Öffnung für Fülle und Wohlstand auf allen Ebenen beistehen!*

> *~ Und auch die Energie dieser Karte können Sie mit einer Quantenwelle in Ihrem Energiefeld verankern! Führen Sie dazu die entsprechende Karte zu Ihrem dritten Auge oder zu Ihrem Herzen, während Sie sich die Welle geben!*

Geschätzte Leserin, *geschätzter* Leser, ich bin zuversichtlich, dass diese ersten Anwendungen manche von Ihnen bereits in die Lage versetzen, Ihr *Selbstwertgefühl* so aufzupäppeln, dass sich bald erste Effekte zeigen! Dass es Ihnen gelingt, Ihre destruktiven Glaubenssätze und Ihr *Antiwohlstandsverhalten* so umzuprogrammieren, dass Sie bereits kleine Änderungen in Ihren Finanzen erkennen. Und dass sie Sie empfänglich machen für jene *Fülle*, die vielleicht schon längst auf Sie wartet.

Wenn dies der Fall ist, dann möchte ich Ihnen dringend ans Herz legen, diese ersten Zeichen zu erkennen und *wertzuschätzen*! Rom wurde bekanntlich auch nicht an einem Tag erbaut, also haben Sie bitte zumindest so viel Geduld mit sich selbst, wie Sie diese mit anderen hätten! Die Effekte werden kommen, das kann ich Ihnen garantieren, wenn Sie dabei bleiben! Und Sie werden sicher nicht noch einmal so lange brauchen, wie Sie gebraucht haben, um all den *Wohlstand* von sich fern zu halten – wenn dies der Fall ist.

Wenn Sie bisher nicht unter *finanzieller* Enge gelitten haben, Sie aber dennoch meinen Anregungen folgend aus Lust und Laune mit dem hier Angebotenen gespielt haben, mag dieser Effekt anfangs „bloß" sein, dass Sie das, was Sie haben, mehr und bewusster *wertschätzen* können. Und da Energie der Aufmerksamkeit folgt, öffnen Sie sich auf diese Weise weiterer *Fülle*, über die Sie hoffentlich nicht allzu böse sein werden ☺ !

Jedenfalls bin ich überzeugt, dass die ersten Wirkungen nicht lange auf sich warten lassen werden. Aber dann mag es den einen oder anderen scheinbaren Rückschlag geben – das muss nicht sein, aber es kann! Das liegt am zwiebelschalenartigen Aufbau der meisten Blockaden.

Ist dies bei Ihnen der Fall, dann bleiben Sie bitte dabei! Spielen Sie weiter und lassen Sie sich nicht von Ihrem inneren Saboteur den Mut nehmen! Wenn Sie konsequent bleiben und sich vor allem der Heilung Ihres Ur-Traumas als Halbzwilling öffnen und sich auf dem Weg zur Heilung befinden, wird sich Ihr *Geldverhalten* und damit Ihre *finanzielle* Situation verändern – das kann ich Ihnen versprechen!

Und wenn Sie den Eindruck haben, es wäre nützlich, etwas weiter in die Tiefe zu gehen – oder wenn Sie einfach neugierig sind ☺ –, dann lesen Sie weiter …

Geld als Spiegel erkennen mit „The Work"

„Auf den Wegen des Lebens begegnen wir immer wieder uns selbst in tausend Verkleidungen", meinte Carl Gustav Jung, und weiter: *„Das, womit wir uns nicht auseinander setzen, begegnet uns als Schicksal."*

Und eine dieser Verkleidungen, in denen uns das Leben unser eigenes Verhalten – vor allem uns selbst gegenüber! – spiegelt, ist *Geld*!

Seit ich bewusst lebe, ziehe ich es vor, mich sehr bewusst mit diesen Spiegelungen auseinander zu setzen; und „The Work" von Byron Katie ist für mich ein untrüglicher und ungemein hilfreicher

Weg, diese Spiegelungen zu erkennen – und damit ein großartiges Werkzeug in der Persönlichkeitsentwicklung! Diese „Arbeit“, die ich persönlich eher als „Spiel“ sehe und gern spielerisch angehe, hilft uns, uns selbst in der Spiegelung durch unser Umfeld (Menschen, Tatsachen, Situationen, Dinge …) besser kennen zu lernen; vor allem auch in unserer Tendenz zur Selbstsabotage! Und uns damit manches „Schicksal“ zu ersparen!

Daher möchte ich auch in diesem Buch näher darauf eingehen und Ihnen zeigen, wie Sie dieses Spiel im Zusammenhang mit *Geld* nützen können. Erkennen Sie Ihre teils subtilen *Geldblockaden* und laden Sie mehr *Geld* in Ihr Leben ein!

All das, was uns an anderen stört, hat in irgendeiner Form mit uns zu tun; was immer uns tangiert, tangiert uns auch tatsächlich – und geht uns etwas an! Und das gilt nicht nur für Menschen, sondern gleichermaßen auch für *Geld*! Ja, wir können auch *Geld* als Spiegel nützen!

Die Tatsache, dass im Grunde alles uns einen Spiegel vorhält – sofern wir uns davon betroffen fühlen –, war mir an sich immer schon klar; aber es fiel mir oft nicht leicht, diese Spiegelungen zu deuten. Seit ich „The Work“ kennen und schätzen gelernt habe und praktisch tagtäglich damit spiele, fällt es mir leicht, all die Botschaften zu erkennen, die das Außen mir mit seiner Reflexion deutlich macht. Allerdings ist das zuweilen nicht besonders angenehm: es fühlt sich nicht besonders gut an, aus der Opferrolle herauskatapultiert zu werden, in der man es sich jahrelang gemütlich gemacht hat ☺; wer fühlt sich schon gerne ertappt?

Daher finde ich die Kombination mit der 2-Punkte-Methode so ungemein *wertvoll*! Das Spiel mit der Quantenwelle stimmt uns nicht nur auf „The Work“ ein, damit wir jene Kreativität zur Verfügung haben, die es braucht, um vor allem aus den Umkehrungen zu profitieren. Darüber hinaus hilft uns das Two-Pointing auch, den Stress zu lösen, den die neue Klarheit zuweilen mit sich bringt! Und last but not least können wir im Spiel mit der 2-Punkte-Methode auch all das Erkannte, Erfahrene, Eingesehene – also quasi die „Beute“ aus dem Spiel mit „The Work“ – in unserem Energiefeld verankern, sodass es uns auch zukünftig für die Gestaltung unseres Alltags zur Verfügung steht. Daher ist diese Kombination aus meiner Sicht wirklich *Gold wert*!

Aber auch die Kombination mit „Ho'oponopono" hat sich immer wieder als *wertvoll* erwiesen, weil sie uns Frieden schenkt!

Und manchmal ist es auch *wertvoll*, im „Dialog der Hände" unsere kreativen Anteile miteinzubeziehen, wenn es darum geht, die Spiegelung zu deuten. Gerade in den Umkehrungen braucht es oft Kreativität, weil vieles im übertragenen Sinn zu verstehen ist - in den Beispielen werden Sie sehen, was ich damit meine.

Und wenn ein Aha-Erlebnis sehr stressig daherkommt, kann auch eine Runde „EFT" *wertvoll* sein. Ich werde Sie an entsprechender Stelle darauf hinweisen, wenn eines unserer Beispiele in diese Richtung geht.

Wenn wir „The Work" mit *Geld* spielen, brauchen wir natürlich einen besonders kreativen Zugang, allerdings empfinde ich auch und gerade das als *wertvoll*! Damit gewinnen wir nicht nur mehr Klarheit über unser Verhalten und unsere meist unbewusste Lebensgestaltung, sondern zugleich wird auch unsere Kreativität ganz allgemein angeregt! Und wie *wertvoll* diese ist - nicht nur für Künstler übrigens! - brauche ich Ihnen wohl nicht eigens zu erklären.

Ihrem gläsernen Spiegel werden Sie nicht böse sein, selbst wenn er Ihnen etwas zeigt, was Ihnen nicht gefällt, nicht wahr? Sie werden wohl kaum anfangen, ihn zu putzen, wenn er Ihnen ein schmutziges Gesicht widerspiegelt! Und Sie werden nicht beschließen, sich einen neuen zu kaufen, wenn er Ihnen gnadenlos Ihre hängenden Mundwinkel oder Ihre Sorgenfalten vor Augen führt!

Wie *wertvoll* gläserne Spiegel sind, kann ich Ihnen an zwei einfachen Beispielen zeigen: nehmen Sie an, Sie sind gerade im Weggehen - vielleicht sogar zu einem wichtigen Termin –, und Ihr Spiegel zeigt Ihnen, dass Ihr Gesicht schmutzig ist. Werden Sie da nicht eher dankbar sein über dieses Spiegelbild?

Oder Sie haben am Rücken eine Hautveränderung, die Sie besser Ihrem Hautarzt oder Ihrer Ärztin zeigen sollten. Wären Sie in diesem Fall nicht auch eher froh über diese Information, auch wenn Sie im Moment nicht besonders erfreulich ist?

So werden Sie im Spiel mit „The Work" wohl auch nicht Ihrem *Geld* böse sein, wenn es Sie meidet wie der Teufel den Weihrauch; wenn es zwar ab und zu vorüber kommt, dann aber allzu rasch wieder verschwindet; wenn es Ihnen durch die Finger zu fließen scheint; wenn es Ihnen allzu viele Sorgen bereitet. Ganz einfach weil Sie in all dem *wertvolle* Hinweise entdecken werden, die Sie in der bewussten Umsetzung Ihrem *Wohlstand* näher bringen!

Auch dabei wird Ihnen die Quantenwelle übrigens gute Dienste erweisen!

Ich möchte Ihnen hier meinen sehr persönlichen Zugang zu „The Work" schildern - wenn Sie sich davon angesprochen fühlen, jedoch tiefer in die Materie eintauchen wollen, dann lesen Sie einfach „The Work von Byron Katie" von Moritz Boerner oder „Lieben was ist" von Byron Katie selbst! Sie finden von diesen beiden Autoren auch entsprechende Videos im Netz - ansprechende Seminarmitschnitte, aus denen Sie lernen können, diese Technik in der Praxis umzusetzen! Und in manchem davon werden Sie sich vielleicht sogar selbst wieder finden …

Ich hatte das große Glück, diese wunderbar warmherzige und hoch authentische Frau bei einem Seminar kennen zu lernen, nachdem ich die Technik mit viel Begeisterung aus diversen Büchern gelernt hatte. Im Nu hatte sie einen energetisch nicht besonders einladenden Ort (einen kühlen Hörsaal in der technischen Universität in Wien) in eine Geborgenheit schenkende Liebeswolke gehüllt. Was ich angesichts der oft sehr traumatischen Themen, die sie mit uns bearbeitet hat, als besonders hilfreich empfand!

Wenn wir „The Work" mithilfe der Quantenwelle und möglichst mit Humor bespielen, bringt es uns zugleich Klarheit und Entspannung, indem es uns hilft, stressige Gedanken zu relativieren.

Hirnforscher können heute beweisen, dass Gefühle nicht aus dem Nichts kommen, sondern ihnen immer ein - bewusster oder unbewusst bleibender - Gedanke vorausgeht. Dieser Gedanke lässt das entsprechende Bild in uns entstehen und daraus resultiert das damit verbundene Gefühl. Das passiert so rasch, dass es uns gar nicht möglich ist, die einzelnen Phasen zu differenzieren!

Im Spiel mit „The Work" entdecken wir die Stress auslösenden Gedanken, relativieren sie mit den geradezu magischen Fragen und schauen dann in den Umkehrungen, ob auch andere Sichtweisen als die, die wir - vielleicht jahrelang mehr oder weniger bewusst - vertreten haben, eine gewisse Berechtigung haben.

Das, was wir über *Geld* glauben, hat einen ebenso entscheidenden Einfluss auf unser Lebensgefühl, unsere Gestimmtheit und unsere Reaktionen, wie das, was wir über unseren eigenen *Wert* glauben. Und hier können wir mit „The Work" wirksam eingreifen und unser Denken und unsere Einstellung verändern!

Wenn wir regelmäßig mit dieser Technik spielen, sobald wir uns gestresst fühlen, finden wir mehr und mehr Leichtigkeit in unserem Leben! Je öfter wir die Erfahrung gemacht haben, wie erlösend die Hinterfragung unserer Gedanken und die daraus resultierenden Aha-Erlebnisse wirken, umso weniger fühlen wir uns als Opfer anderer oder der Umstände!

Ich werde Ihnen dieses Spiel anhand einiger konkreter Beispiele zeigen - beginnen wir mit einem klassischen *Geldthema*!

„Mein Geld reicht nie – es ist immer zu wenig da!"

~ Wie gesagt: ich finde es sehr wertvoll, sich mit der Quantenwelle auf das Spiel mit „The Work" einzustimmen – mit der Absicht, möglichst viel daraus zu profitieren; und dies in entspannter Leichtigkeit und mit erfrischendem Humor!

Sie beginnen damit, das, was *Geld* zu Ihrem Missfallen tut oder nicht tut, in einen „sollte ..."- oder „sollte nicht ..."-Satz zu fassen, zum Beispiel:

„Es sollte mehr Geld für mich da sein!"

Diese Überzeugung haben Sie jetzt nun einmal, daher wäre es nicht klug, sich dagegen zu wehren!

~ Akzeptieren Sie Ihren Ist-Zustand und geben Sie sich dazu eine nachsichtige Akzeptanzwelle!

Offenbar sieht Ihre Realität jedoch anders aus, sonst hätten Sie diese Überzeugung ja nicht! Obwohl Sie der Ansicht sind, es sollte mehr

Geld da sein, reicht Ihr *Geld* für vieles, das Sie sich wünschen würden, nicht aus - das ist eine Tatsache!

Nehmen Sie auch diese Divergenz zur Kenntnis: Sie wünschen sich mehr *Geld*, aber *Geld* kommt Ihrem Wunsch - zumindest im Augenblick noch - nicht nach!

> ~ *Geben Sie sich eine annehmende Welle zu diesem Konflikt: „Ja, jetzt ist es so, die Realität entspricht noch nicht meinem Ideal – und die Gegenwart kann ich nicht ändern! Aber das muss nicht heißen, dass das immer so bleibt!"*

Dann fragen Sie sich:
„Wie reagiere ich Geld gegenüber und parallel dazu auch mir selbst gegenüber, wenn ich eine Überzeugung habe, die offenbar im krassen Widerspruch zu den derzeitigen Tatsachen steht?"

Hier haben wir wieder eine dieser prozessorientierten Fragen, bei denen es nicht so sehr um die Antwort geht, als um den Prozess, den sie im Fragesteller auslöst!

Aber lassen Sie mich raten:

> ^ Ich nehme an, dass Sie Ihrem *Geld* gegenüber eher unwillig reagieren. Anstatt das *wertzuschätzen*, was Sie haben, schimpfen Sie auf *Geld* und reagieren vorwurfsvoll ... so werden Sie es wahrscheinlich noch weiter in die Defensive drängen ☺!

> ^ Und sich selbst gegenüber gehen Sie auch nicht besonders liebevoll um, weil Sie sich ständig Vorwürfe machen, dass Sie offenbar irgendetwas falsch machen! Dies setzt Sie kontinuierlich unter Stress, womit andauernder Ärger vorprogrammiert ist.

Und das Schöne ist, Sie müssen jetzt gar nicht versuchen, Ihr Verhalten zu ändern; sondern lassen Sie einfach den Prozess, den diese Frage in Ihnen auslöst, in Ihnen nachwirken!

> ~ *Und geben Sie sich eine Quantenwelle mit der Absicht, diese neue Klarheit in sich zu verankern!*

Dann fragen Sie sich:

„Wie sähe mein Leben aus, wenn ich eines Tages ohne diese Überzeugung erwachte: dann bin ich genau dieselbe Person wie am Vortag, aber es tangiert mich nicht mehr, dass zu wenig Geld da ist. Wie ginge es mir da?"

Auch diese prozessorientierte Frage lassen Sie in sich wirken, ohne bewusst etwas ändern zu wollen!

~ *Und geben Sie sich ein Two-Pointing mit der Absicht, Frieden in sich zu finden!*

Wenn Ihnen das nicht leicht fällt, können Sie mit einem kleinen „Ho'oponopono" (Erklärung siehe später) nachhelfen.

Und nun kommt mein Lieblingsteil in „The Work": die Umkehrungen!

Durch diese relativieren wir unsere Sichtweise und erkennen, dass es praktisch immer mehrere mögliche Arten gibt, die Dinge zu sehen! Außerdem erkennen wir uns bei entsprechender Selbstehrlichkeit in den Reaktionen und Handlungen anderer – in unserem Fall *Geld* – wieder!

Aus einem „sollte" wird ein „sollte nicht" und umgekehrt wird aus einem „sollte nicht" ein „sollte". Aus der Wendung „*Geld* macht etwas mit mir" wird in der Umkehrung ein „ich mache etwas mit *Geld*". Und dann – und das ist aus meiner Sicht der *wertvollste* Punkt! – folgt ein „ich mache etwas mit mir"! Sehr oft ist auch die Gegenüberstellung von Kopf und Herz sehr aufschlussreich! Anhand meiner Beispiele werden Sie das besser nachvollziehen können!

~ *Wie vorhin schon angesprochen, empfehle ich Ihnen, sich an dieser Stelle eine Quantenwelle zu geben mit der Absicht, einerseits Ihre Kreativität zu aktivieren und andererseits die gewonnenen Einsichten auch tatsächlich annehmen zu können – wiewohl die eine oder andere Umkehrung sich wie ein Schlag in den Solarplexus anfühlen mag!*

Das ist zumindest meine Erfahrung in vielen Fällen – sowohl bei mir selbst wie auch bei unzähligen Menschen, mit denen ich mit „The Work" gespielt habe. Wenn dies passiert, schütten wir Stresshormone aus und gelangen in den Stammhirnmodus, in dem wir unsere Kreativität nicht mehr zugänglich haben! Genau diese brauchen wir aber, wenn wir wirklich aus den Umkehrungen profitieren wollen. Und die Welle hilft uns dabei, diesen Stress zu lösen. Setzen Sie diese daher immer dann ein, wenn das, was Ihnen eben klar geworden ist, Sie zwickt!

Und wenn Sie sich bei einer Umkehrung schwer tun, befragen Sie Ihre linke Hand – auch die Beschreibung des „Dialoges der Hände" folgt!

Unser Ursprungssatz lautet beispielsweise:

„Es sollte mehr Geld für mich da sein!"

Der wird in der ersten Umkehrung zu:

=> *„Es sollte nicht so viel Geld für mich da sein!"*

Nun, im Augenblick ist nicht mehr *Geld* da, also sollte das wohl auch nicht der Fall sein. Die Frage ist nur, wie kann ich mein *Geld* vermehren?

Sicher nicht, indem ich immer nur nörgle, dass mehr da sein sollte, ohne etwas dafür zu tun – aber dazu haben Sie sich ja nun mit dem Lesen dieses Buches bereit gemacht ☺!

Die nächste Umkehrung lautet:

=> *„Ich sollte mehr für mein Geld da sein!"*

Aha, interessant … was könnte das wohl bedeuten?

Vielleicht sollte ich mich mehr damit befassen?

Vielleicht sollte ich bewusster damit umgehen?

Mehr für jemand da sein, heißt doch, ihm mehr Aufmerksamkeit schenken, nicht wahr? Vielleicht sollte ich meinem *Geld* also mehr Aufmerksamkeit schenken?

Möglichst liebevolle und *wertschätzende*?

Ist das nicht interessant?

Die nächste Umkehrung wäre:

=> *„Ich sollte nicht so viel für mein Geld da sein!"*

Vielleicht bin ich in bestimmten Bereichen meines Lebens zu viel für *Geld* da?

Vielleicht mache ich Dinge, in denen ich nicht authentisch bin und die mir gar nicht gut tun, nur des *Geldes* wegen?

Auch das kann eine gültige Sichtweise sein, nicht wahr?

Aber es geht auch allgemeiner:

=> *„Ich sollte mehr da sein!"*

Vielleicht sollte ich „mehr da" im Sinne von „mehr bewusst" sein?

Vielleicht bin ich vor allem in meinem Umgang mit *Geld* zu wenig da, zu wenig bewusst?

Eine weitere Umkehrung wäre:

=> *„Ich sollte nicht so viel da sein!"*

Vielleicht im Sinne von: ich sollte mit meiner Aufmerksamkeit nicht ständig bei meinem *Geldmangel* verharren?

Hat auch etwas für sich, denke ich.

Und nun kommt eine ganz wichtige Umkehrung:

=> *„Ich sollte mehr für mich da sein!"*

Das ist sicher eine Sichtweise, die praktisch immer eine gewisse Gültigkeit hat - zumindest nehme ich das an bei Menschen, die ein Buch wie dieses lesen; denen Persönlichkeitsentwicklung also ein Anliegen ist!

Aber ganz besonders gilt diese Umkehrung für alleingeborene Zwillinge, denn diese haben die Tendenz, immer weit mehr für andere da zu sein, als für sich selbst!

Wenn ich jetzt meine Kreativität etwas einsetze, dann kann ich den ursprünglichen Satz auch etwas umformulieren:

„Es sollten mehr Werte da sein!"

Dieser kehrt sich um in:

=> *„Es sollten nicht so viele Werte da sein!"*

„Wer weiß, ob gut oder schlecht … ", fällt mir spontan dazu ein - kennen Sie die Geschichte von dem sich immer wieder beschwerenden Bauern, der von einem Weisen immer wieder diese Antwort bekommt? Im Kapitel zum Thema Vergebung / Versöhnung können Sie sie nachlesen.

Wer weiß, ob es mir in meiner derzeitigen Lebenssituation tatsächlich gut täte, wenn mehr *Werte* da wären?

Vielleicht geht es im Augenblick vor allem darum, das, was jetzt da ist, mehr *wertzuschätzen*?

Oho – eine interessante Einsicht …

Das hieße dann also:

=> *„Es sollte mehr Wertschätzung da sein!“*

Oh ja, dieser Gedanke ist doch nie verkehrt!

Dann kann ich weiter phantasieren:

=> *„Ich sollte mein Geld mehr wertschätzen!“*

Wäre sicher klug – wer weiß, welche *geldfeindlichen* oder zumindest nicht gerade freundlichen Überzeugungen mich von meiner idealen *Fülle* abhalten?

Aber dann geht es weiter:

=> *„Ich sollte mich selbst mehr wertschätzen!“*

Allerdings! Denn genau darum geht es!

Und weiter:

=> *„Mein Kopf sollte mein Herz mehr wertschätzen!“*

Heureka! Das gilt doch bei fast allen von uns, nicht wahr?

Sie sehen schon an diesem Beispiel, welch interessante und treffende Gedanken, und damit welch *wertvolle* Impulse wir in diesen Umkehrungen entdecken können!

Ein weiteres Beispiel könnte lauten – und lassen Sie mich hier gleich bei den Umkehrungen einsteigen:

„Das Geld soll mir nicht immer zwischen den Fingern davon rinnen!“

Die erste Umkehrung wäre:

=> *„Das Geld soll mir immer zwischen den Fingern davon rinnen!“*

Wer weiß, vielleicht geht es tatsächlich in der aktuellen Phase meines Lebens darum, auf Durchfluss zu schalten? Vielleicht ist die derzeitige Lernaufgabe, offen zu sein für viel *Geld*, das mir zufließt; es dann aber sogleich wieder loszulassen, damit es weiter fließen kann?

Vielleicht geht es darum, das Geben und Nehmen mehr zu aktivieren und in einen gesunden Ausgleich zu bringen?

Könnte eine Definition für *finanziellen* Erfolg nicht sein: ein reger Durchfluss, bei dem es also weniger um „viel haben“ geht, als vielmehr um „viel umsetzen“? Dann wäre es doch folgerichtig, wenn *Geld* mir zwischen den Fingern hindurch rinnt, weil es ja sicher wieder nach fließt!

Nur sollte ich dann den Zufluss nicht drosseln …

Aber natürlich hinterfrage ich auch folgende Umkehrung:

=> *„Ich soll mir nicht immer zwischen den Fingern davon rinnen!"*

Spannend, nicht wahr! Wiewohl ich nun seit vielen Jahren wirklich intensiv mit „The Work" spiele, bin ich immer wieder fasziniert, was sich damit an spannenden und ungemein *wertvollen* Einsichten und wahrlich meine Bewusstheit erweiternden Aha-Erlebnissen auftun!

Wie könnten wir diesen Satz deuten?

Vielleicht in dem Sinn, dass ich nicht immer all das vergessen und auf meinem Weg verlieren soll (weil es mir davon rinnt), was ich mir vorgenommen habe?

Vielleicht auch in dem Sinn als ich für mich selbst nicht fassbar bin in dem, was ich bin und will?

Vielleicht in dem Sinn, als ich mein zu entfaltendes Potenzial noch immer nicht erfasst habe?

Die nächste Umkehrung wäre:

=> *„Ich soll mir zwischen den Fingern davon rinnen!"*

Vielleicht im Sinne von flexibler sein?

Oder von weniger Selbstkontrolle? Oho, interessant ☺!

Aber auch:

=> *„Mein Kopf soll meinem Herzen nicht immer zwischen den Fingern davon rinnen!"*

Vielleicht wünscht sich mein Herz, dass es sich mehr auf meinen Kopf verlassen kann? Soso …

=> *„Mein Kopf soll meinem Herzen zwischen den Fingern davon rinnen!"*

Diese Wendung könnten wir so verstehen, dass die Sturheit meines Kopfes in der Liebe meines Herzens dahin schmilzt …

Wie gesagt: hier geht es nicht um objektive Wahrheiten, sondern um eine entspannende Relativierung. Wir öffnen uns für möglichst kreative Einsichten, die *wertvolle* innere Prozesse in Gang setzen! Wir schenken uns bewegende Aha-Erlebnisse und *berührende* Impulse, die weiter in uns nachwirken – ähnlich wie in jedem anderen Spiel mit prozessorientierten Fragen!

Noch ein Beispiel fällt mir ein:

„Geld sollte halten, was es mir verspricht!“

Kennen Sie dieses Phänomen? Mein Vater pflegte zu sagen, bei ihm sei der *Euro* immer nur fünfzig *Cent wert.* Haben auch Sie schon einmal die Erfahrung gemacht, dass Sie weniger in der Brieftasche oder am Konto hatten, als sie eigentlich erwartet hätten?

Interessanter Weise ist mir aber auch schon das andere Extrem passiert! Und ich glaube, es ist ganz und gar kein Zufall, dass das gerade während der Heilung meines Ur-Traumas als Alleingeborene der Fall war!

Spielen wir auch mit diesem Satz! Die erste Umkehrung lautet:

=> *„Geld sollte nicht halten, was es mir verspricht!“*

Vielleicht weil ein wichtiger Impuls dahinter steckt?

Vielleicht sollte dieses „ich habe weniger, als ich dachte“ mir zu denken geben, wenn es mir mehrfach passiert?

Etwa um mir zu zeigen, dass die äußere Spiegelung ganz und gar nicht meinem enormen inneren *Reichtum* entspricht?

Aber natürlich auch die umgekehrte Erfahrung! Etwa dass die äußere Spiegelung sich nach und nach meiner neu gewonnenen inneren Einstellung anpasst, wenn ich mehr habe, als ich glaube. Daher möchte ich hier noch einmal betonen, dass wir mit „The Work“ natürlich auch die positiven Spiegelungen erkennen können – und sollen!

Weiter geht es mit:

=> *„Ich sollte halten, was ich mir verspreche!“*

Oho, ertappt!

Wie sieht es aus mit den Versprechungen, die Sie sich selbst geben?

Halten Sie Ihre Versprechen ein, die Sie sich gegeben haben?

Und die an Ihr inneres Kind?

Aber auch die folgende Wendung könnte einen gewissen Wahrheitsgehalt haben:

=> *„Ich sollte nicht halten, was ich mir verspreche!“*

Konsequenz ist gut, aber vielleicht bin ich manchmal etwas zu stur, zu starr und unbeweglich?

Vielleicht sollte ich auch einmal bereit sein, meine Meinung in Bezug auf *Geld* und *Geldangelegenheiten* zu ändern?

Flexibler sein?

Interessant, nicht wahr?

Mir scheint, das wäre im Zusammenhang mit all dem in diesem Buch Angebotenen recht *wertvoll*!

Und natürlich auch hier:

=> *„Mein Kopf sollte halten, was er meinem Herzen verspricht!"*

Wie oft haben Sie sich schon vorgenommen, mehr auf Ihr Herz zu hören; und dann kam der Kopf und wusste alles besser – und hat Ihr Herz mit seiner Vernunft überrollt?

Ich zumindest kenne das und sage gleich „danke" für diese neue Einsicht!

Und wieder kann ich gar nicht aufhören mit diesem Spiel – unschwer zu erkennen, wie sehr mich „The Work" immer wieder begeistert:

„Geld sollte nicht mein ganzes Leben kontrollieren!"

Dieser Gedanke wird in der ersten Umkehrung zu:

=> *„Geld sollte mein ganzes Leben kontrollieren!"*

Nun, wenn Sie all die Empfehlungen in diesem Buch umsetzen, dann wird dieses Thema tatsächlich für eine Weile Ihr Leben kontrollieren – aus meiner Sicht jedoch im positiven Sinn; denn Sie werden zukünftig bewusster damit umgehen!

Und ich hoffe sehr, dass die Effekte, die sich daraus ergeben, den Aufwand rechtfertigen werden!

=> *„Ich sollte mein Geld nicht ständig kontrollieren!"*

Vielleicht im Sinne von „mir ständig Sorgen darüber machen" – das könnte doch eine gewisse Berechtigung haben. Denn gerade in Zeiten finanzieller Enge scheint mir die andauernde sorgenvolle Beschäftigung damit nicht sehr förderlich zu sein!

Aber auch die nächste Wendung scheint mir interessant zu sein:

=> *„Ich sollte mein Leben nicht ständig kontrollieren!"*

Ein Gedanke, der den „Kontrollfreaks" unter uns (und wie bereits erwähnt, neigen besonders Alleingeborene dazu, unbedingt die Kontrolle behalten zu wollen!) gar nicht schmecken mag …

Aber ist nicht manchmal Vertrauen doch besser als Kontrolle?

Und klassisch:

=> *„Mein Kopf sollte nicht ständig mein Herz kontrollieren!“*

Allerdings!!!

Hätten Sie gedacht, wie viele ungemein *wertvolle* Spiegelungen *Geld* uns zu bieten hat? Ich muss gestehen, ich war selbst teils überrascht von dem, was mir hier beim Schreiben alles in den Sinn gekommen ist!

Ein letzter Satz noch - blättern Sie einfach weiter, wenn es Ihnen reicht, oder wenn dieses Spiel Ihnen nicht so liegt wie mir. Aber ich bin überzeugt, dass es für viele unter Ihnen sehr *wertvolle* Einsichten bringt!

„Geld sollte sich nicht ständig in meine Angelegenheiten einmischen!“

Was für eine herrliche Wendung! Kennen Sie es nicht auch aus eigener Erfahrung, dass Sie in der *Geldenge* das Gefühl haben, ohne *Geld* ginge gar nichts?

Die erste Umkehrung lautet:

=> *„Geld sollte sich ständig in meine Angelegenheiten einmischen!“*

Wie *wertvoll*! Ja, weil *Geld* - worauf ich im Kapitel zum Thema „*Geld* und Persönlichkeitsentwicklung“ näher eingehen werde - ein extrem *wertvoller* Katalysator für diese ist! Und gerade im Spiel mit „The Work“ können Sie das so herrlich klar erkennen!

Und weiter:

=> *„Ich sollte mich nicht ständig in meine Geldangelegenheiten einmischen!“*

Klar, in Form meiner Selbstsabotage!!!

Ich sollte also damit aufhören, mir ständig selbst im Weg zu stehen!

Aber auch:

=> *„Ich sollte mich ständig in meine Geldangelegenheiten einmischen!“*

Ja, und zwar mit positiven Spielen zur Erweiterung meiner Bewusstheit!

Und Sie erraten schon, was jetzt kommt:

=> *„Mein Kopf sollte sich nicht ständig in meine Herzensangelegenheiten einmischen!“*

Mein Herz jubelt gerade angesichts dieser Wendung. Ihres auch? Verstehen Sie nun, dass „The Work" eine meiner Lieblingstechniken ist?

Wie können übrigens - generell aber natürlich auch im Zusammenhang mit Geld - auch mit uns selbst „worken"; oder sagen wir lieber mit „The Work" spielen. Dann gibt es natürlich nicht so viele Umkehrungen, aber die Sätze, die wir finden, sind teils auch sehr erhellend!

Ich empfehle Ihrer Phantasie, die vielen Offenbarungen, die diese großartige Technik Ihnen bieten kann, zu durchforsten.

Dennoch möchte ich Ihnen hier noch ein Beispiel anbieten, bei dem Sie deutlich sehen werden, wie wesentlich Phantasie und Kreativität sind, um aus diesem Prozess Gewinn zu ziehen. Allerdings mag dieses Beispiel für manche unter Ihnen zu radikal sein - dann lassen Sie dieses „Angebot" einfach auf meinem Buffet liegen!

„Ich sollte klüger mit Geld umgehen und nicht so viel Geld ausgeben!"

Diesen Satz mögen Sie vielleicht auch schon von anderen gehört haben, die die Ursache Ihres mangelnden *Selbstwertgefühls* und daraus resultierende *finanzielle* Probleme nicht nachvollziehen können; und die der Ansicht sind, Sie bräuchten nur mehr buchhalterisches Denken und Sparsamkeit, und dann wäre alles gut …

Sehen wir uns einige Umkehrungen an:

=> *„Ich sollte nicht so klug mit Geld umgehen und mehr Geld ausgeben!"*

Nun, ich kenne natürlich Ihre persönliche Situation nicht und will Sie nicht zu ungesundem Verhalten motivieren. Aber ich weiß aus eigener Erfahrung, dass wir unser mangelndes *Selbstwertgefühl* oft gerade mit unserer Kleinlichkeit uns selbst gegenüber noch weiter verstärken! Und das scheint mir nicht sinnvoll zu sein.

Ich habe auch schon die Empfehlung gehört, wir sollten kontrazyklisch mit *Geld* umgehen: je weniger wir davon haben, umso großzügiger sollten wir damit umgehen - vor allem uns selbst gegenüber! Natürlich gilt dies nach Maßgabe der Möglichkeiten und möglichst nicht auf Kosten anderer.

Wobei es mir in manchen Lebenssituationen durchaus auch angemessen scheint, die Großzügigkeit anderer in Anspruch zu nehmen, nachdem die längste Zeit wir die Großzügigen waren. Ich nehme an, dass Menschen, die dieses Buch lesen, ohnehin besser geben als annehmen können! Um die Großzügigkeit anderer anzunehmen, müssen wir uns allerdings dessen als *wert* erachten!

Eine weitere Umkehrung könnte lauten:

=> *„Ich sollte klüger mit mir selbst – und meiner Energie! – umgehen und mich nicht so verausgaben!"*

Das scheint mir tatsächlich eine *bedenkenswerte* Wendung zu sein!

Menschen mit mangelndem *Selbstwertgefühl* neigen stark dazu, sich zu verausgaben, um es ja allen anderen Recht zu machen; um als *wertvoll* anerkannt zu werden; um all die Anerkennung und das Lob und die *Wertschätzung* zu bekommen, die sie sich selbst nicht geben können. Und die sie dann auch gar nicht richtig annehmen können, weil ihr Fass (Sie erinnern sich an meine Analogie?) keinen Boden hat!

Und das gilt ganz besonders für alleingeborene Zwillinge! Sie gehen alles andere als klug – im Sinne von liebevoll, nährend, stärkend, lobend, *wertschätzend*, aufbauend, Geborgenheit vermittelnd, bestätigend, anerkennend ... – mit sich um! Also ist diese Umkehrung durchaus *wertvoll*!

Interessant scheint mir aber auch:

=> *„Mein Kopf sollte klüger mit meinem Herzen umgehen!"*

Diese Wendung scheint mir auch wieder besonders bei Alleingeborenen stimmig zu sein, die in ihrem meist ausgeprägten Helfersyndrom und der Tendenz zu Co-Abhängigkeit allzu oft in destruktiven Beziehungen verharren, in denen sie missbraucht und misshandelt werden. Und das tun sie, weil ihr Kopf ihnen einredet, sie müssten arme Egos retten, um ihre Lebensberechtigung zu beweisen; während ihr Herz unter diesem Psychoterror leidet!

Und mit der nötigen Phantasie geht das bis zur Selbstausbeutung:

=> *„Mein Kopf sollte klüger mit meinem Herzen umgehen und es nicht so ausbeuten!"*

Wenn Ihr *Selbstwertgefühl* nicht so ausgeprägt ist, wie es sein sollte – warum auch immer das so ist –, dann neigen Sie dazu, immer mehr zu geben, als anzunehmen! Dann haben Sie immer die Tendenz, andere auf Ihre Kosten vorzulassen! Dann verausgaben Sie sich in dem Wunsch, ein *wertvolles* Mitglied der Gesellschaft zu sein, bis zum Äußersten und beuten damit Ihre Energiereserven aus – und das geht bis zum Burnout!

Sie sehen, wie *wertvoll* und zuweilen auch schonungslos direkt diese Spiegelungen sein können, wenn wir sie ehrlich konfrontieren! Ich denke, diese Beispiele *reichen* aus, um Ihnen ein Bild davon zu vermitteln, was Sie mit der entsprechenden Selbstehrlichkeit alles an Einsichten aus dem Spiel mit „The Work" – gerade auch im Zusammenhang mit *Geld* – gewinnen können!

Ich wünsche Ihnen jedenfalls viel Freude beim spielerischen „Worken" und darf Sie noch einmal an die Quantenwelle erinnern: wenn Sie sich zuvor mit einem Two-Pointing auf diesen zuweilen gnadenlosen Aufdeckungsprozess eingestimmt haben, werden Sie freien Zugang zu Ihrer Kreativität haben und *zahlreiche* erhellende Aha-Erlebnisse dabei ernten! Und diese sollten Sie dankbar und *wertschätzend* in Besitz nehmen, indem Sie das neu Entdeckte mithilfe der 2-Punkte-Methode in Ihrer Matrix integrieren! Vor allem bei Einsichten, die ein wenig zwicken, ist die Quantenwelle sehr *wertvoll*, denn sie hilft Ihnen, den Stress im sich ertappt Fühlen zu reduzieren, das Erkannte mit Humor zu nehmen und sich selbst Nachsicht zukommen zu lassen!

„Ho'oponopono"

Auch dieses (wie die 2-Punkte-Methode ursprünglich hawaiianische) Ritual zur Befriedung schätze ich sehr und möchte es Ihnen daher nicht vorenthalten! Ebenso wie das Two-Pointing, das ich bereits aus den Büchern von Serge Kahili King kannte, ehe es mir dann über Richard Bartlett wieder zukam, war mir auch „Ho'oponopono" schon seit Längerem bekannt; allerdings konnte ich nicht allzu viel damit anfangen.

Bewusst aufgegriffen habe ich es wieder, als vor einigen Jahren eine Mail im Netz kursierte, in der Joe Vitale von den erstaunlichen Erfolgen eines Dr. Len berichtete. Diese schienen mir als ehemaliger Ärztin in einer psychiatrischen Klinik natürlich besonders interessant!

Der hawaiianische Psychiater Dr. Len hat laut dieser Beschreibung eine ganze Abteilung geistig abnormer Rechtsbrecher geheilt; indem er nur ihre Krankengeschichten studiert, die Resonanz dazu in seinem eigenen Inneren erkannt und mit „Ho'oponopono" aufgelöst hat. So konnte diese Abteilung nach einer Weile geschlossen werden, weil fast alle Patienten als geheilt entlassen werden konnten. Und dies obwohl Dr. Len keinen einzigen dieser psychisch Kranken persönlich zu Gesicht bekommen hatte!

Als diese Mail in meinem Postfach landete, haben in mir Zweifel und große Hoffnung miteinander gerungen. Wenn so etwas wirklich möglich wäre, dann würden doch ein paar Menschen wie dieser Dr. Len die ganze Welt heilen können – so phantasierte ich …

Aber natürlich war da auch der große Zweifel; der sich auch durch das holographische Weltbild, für das ich mich mehr und mehr erwärmen konnte, nicht ganz zum Schweigen bringen ließ. So habe ich diese Geschichte nach und nach wieder aus den Augen verloren …

Eines Tages jedoch fand ich in Bärbel Mohrs Buch „Cosmic Ordering" ihre Adaptation dieses hawaiianischen Rituals auf westliches Denken – so zumindest empfinde ich ihre „doppelte Verständnistechnik"!

Ich glaube, dass eine Veränderung im kleinsten Teil eines Ganzen durchaus Einfluss auf das Ganze haben kann – entsprechend der Analogie des Hologramms. Und ich weiß um den Prozentsatz jener Menschen, die sich für einen liebevollen Weg entscheiden müssten, um das Dunkle in dieser Welt zu heilen. Näheres dazu lesen Sie auch in „Das Nullpunkt-Feld" von Lynne Mc Taggart oder in Gregg Bradens „Im Einklang mit der Göttlichen Matrix"!

Also kann „Ho'oponopono" wohl auch in seiner klassischen Form wirken. Dennoch ist mir Verstehen und Verständnis immer wesentlich! Wenn ich mein bewegendes Aha-Erlebnis bekomme, setze ich mich meist sehr leicht in eine neue Richtung in Bewegung! Daher möchte ich mich noch posthum bei Bärbel Mohr für ihre Fassung des „Ho'oponopono" bedanken!

Ähnlich wie Byron Katies „The Work" und die Quantenwelle hat das „Hoppen", wie Frau Mohr das genannt hat, einen fixen Platz in meinem Leben gefunden. Und ich möchte es in seiner befriedenden Wirkung nicht mehr missen! Wenn Sie sich intensiver damit befassen wollen, lesen Sie bitte „Cosmic Ordering“ und schauen Sie sich die beiliegende DVD mit den Beispielen an. Vielleicht macht Ihnen meine kurze Beschreibung ja Appetit auf mehr.

Im ursprünglichen „Ho'oponopono“ geht es meinem Verständnis nach darum, meinen Anteil an all dem, was mich in der Welt stört, zu heilen: mit vier Sätzen, die ich so lange wiederhole, bis ich in mir Frieden finde.

„Es tut mir leid!“, „Ich vergebe mir!“, „Ich liebe mich!“ und „Danke!“.

Und so wie für einen Teil meiner Persönlichkeit mag das auch für viele von Ihnen durchaus funktionieren. Für andere wiederum wird es absolut nicht nachvollziehbar sein. Daher empfehle ich Ihnen, es einfach einmal möglichst unvoreingenommen zu probieren und zu sehen, ob diese vier Sätze Ihnen wirklich den erhofften Frieden bringen. Wenn ja, dann wunderbar!

Wenn das noch nicht der Fall ist, dann lesen Sie weiter und probieren Sie die „doppelte Verständnistechnik“. Wenn Sie ähnlich wie ich gerne Ihr Verstehen und daraus resultierend Ihr Verständnis mit einbringen wollen, dann mag das erweiterte Ritual Sie auch ansprechen – für mich ist es eine wahre Offenbarung – vor allem auch in Kombination mit „The Work“!

~ Stimmen Sie sich mit einem Two-Pointing auch auf dieses Spiel ein und versetzen Sie sich in die Lage Ihres Gegenübers, das irgendetwas macht, das Sie stört, verletzt, ärgert – in unserem Fall ist es das Geld! Und bitten Sie Ihre Seele, Ihnen zu helfen, Empathie und Verständnis aufzubringen!

Greifen wir hier einen unserer Gedanken wieder auf, die wir bereits „beworkt“ haben:

„Das Geld soll mir nicht immer zwischen den Fingern davon rinnen!“

Fragen Sie sich also:

„Wenn ich mein Geld wäre, warum würde ich mir immer zwischen den Fingern davon rinnen?“

Und dann lassen Sie Ihrer Phantasie freien Lauf …

Interessanter Weise können das ganz verschiedene Argumente sein - je nach Ihrer Mentalität, Ihrem Charakter, Ihrer Lebenssituation, Ihrer Stimmung. Daher empfiehlt Bärbel Mohr ja auch, wenn möglich zu mehrt zu „hoppen"; weil Sie so weit mehr Anregungen bekommen, als wenn Sie es bloß für sich alleine machen. Wiewohl auch das schon durchaus *wertvoll* sein kann, wenn Sie einmal keine anderen Impulsgeber bei der Hand haben!

Sie werden sehen, dass Verständnis in Ihnen aufkeimt, wenn Sie sich in Ihr *Geld* hinein versetzen! Und dann wiederholen Sie die vier Sätze so lange, bis Sie sich friedlich und entspannt fühlen:

„Es tut mir leid!", „Ich vergebe mir!", „Ich liebe mich!" und „Danke!".

~ Und festigen Sie den inneren Frieden, den Sie so gewonnen haben, mit der 2-Punkte-Methode in Ihrem System!

Mit dieser ersten Frage, die Bärbel Mohr empfiehlt, können Sie die Beweggründe Ihres *Geldes* erkennen - oder auch nicht. Sie dient allerdings vor allem dazu, Verständnis und Mitgefühl zu entwickeln. Und damit Frieden zu finden.

Wir können andere generell nicht ändern - auch *Geld* nicht. Was wir aber sehr wohl ändern können, ist unsere Einstellung zu unserem Gegenüber - und zu unserem *Geld*. Und damit ändert sich automatisch die Qualität unserer Ausstrahlung über unser Herzfeld. Wenn wir mit einer neuen Einstellung unsere Resonanz zu dem, was uns im Außen stört, ändern, dann ändert sich oft auch das Außen - oder aber es tangiert uns nicht mehr! Und beides wirkt Stress lösend!

~ Auch auf die nächste Frage können Sie sich mit einer Quantenwelle einstimmen:

„Warum habe ich ein Leben oder eine Lebenssituation angezogen, in der mir ständig das Geld zwischen den Fingern davon rinnt?"

Auch hierzu können Sie sich natürlich die Sichtweise anderer zunutze machen, indem Sie sie bitten, sich diesmal in Sie hinein zu versetzen und sich diese Frage zu stellen. Dabei können durchaus ganz verschiedene, teils recht humoristische Argumentationen auftauchen …

Und neuerlich können Sie die vier Sätze wiederholen, bis Sie Frieden finden:

„Es tut mir leid!", „Ich vergebe mir!", „Ich liebe mich!" und *„Danke!".*

~ Dann verankern Sie wieder Ihren neu gewonnenen inneren Frieden in sich!

Diese Beschreibung mag etwas zu theoretisch klingen, daher möchte ich auch dieses Spiel hier mit ein paar Beispielantworten verdeutlichen:

„Das Geld soll mir nicht immer zwischen den Fingern davon rinnen!"

Wenn Sie sich in Ihr *Geld* hinein versetzen und sich fragen, warum Sie in der Rolle Ihres *Geldes* immer zwischen Ihren Fingern davon rinnen würden, welche Argumente tauchen da auf? Etwa:

„Wäre ich anstelle meines Geldes, würde ich mir immer zwischen den Fingern davon rinnen, weil:

- diese Finger mir keinen Halt bieten …

- diese Finger mich nicht sehr freundlich empfangen …

- diese Finger sich klebrig anfühlen …

- diese Person mich nicht willkommen heißt, sondern ständig nur über meine Tendenz zum Davonrinnen nörgelt …

- auch den Eltern dieser Person das Geld schon immer zwischen den Fingern davon geronnen ist …

- ich mich hier nicht wirklich wertgeschätzt fühle …

- ich einfach fließen will und dann auch gern wiederkomme …

- ich mich nicht gern festhalten lasse …

- ich Bewegung liebe …

- ich gerne frei bin … "

Weitere Argumente zu finden, überlasse ich Ihrer Kreativität!

Und so wie in den Umkehrungen bei „The Work" geht es hier nicht um richtig oder falsch – es sind einfach verschiedene Sichtweisen und Motivationen, die den eigenen Standpunkt relativieren! Daher sind Impulse anderer ja auch so *wertvoll*, weil sie den Horizont erweitern!

Was immer bei diesen Antworten herauskommt: versetzen Sie sich in Ihr *Geld*, fühlen Sie sich in dessen Rolle ein und wiederholen Sie die vier Sätze so lange, bis Sie Frieden finden!

„Es tut mir leid!", „Ich vergebe mir!", „Ich liebe mich!" und „Danke!".

Im nächsten Schritt können Sie sich fragen, warum Sie *Geld* angezogen haben, das Ihnen immer zwischen den Fingern davonrinnt.

Mit „The Work" haben wir schon einiges dazu herausgefunden, aber vielleicht fallen uns hier noch weitere Argumente ein:

„Ich habe Geld angezogen, das mir immer zwischen den Fingern davon rinnt, weil:

- ich es im Grunde meiner Seele gar nicht festhalten will …

- ich meine Hände offen halten will, damit wieder neues Geld zufließt …

- mir Haben eigentlich gar nicht so wichtig ist …

- ich Angst habe, durch zu viel Geld korrumpiert zu werden …

- ich fürchte, meine Freunde zu verlieren, wenn ich zu viel Geld habe …

- ich das auch bei meinen Eltern bereits erlebt habe …

- ich Vertrauen lernen möchte …

- ich lernen möchte, mit Leichtigkeit loszulassen …

- ich so zu diesem Buch gefunden habe …

Auch hier überlasse ich es Ihrer Phantasie, weitere Argumente zu finden! Daher mag Ihnen der „Dialog der Hände" *wertvolle* Einsichten schenken. Aber wie gesagt, können Sie auch andere befragen.

Und was auch immer dabei herauskommt, wiederholen Sie die vier Sätze bis zur weitest gehenden Befriedung und bewellen Sie diese!

„Es tut mir leid!", „Ich vergebe mir!", „Ich liebe mich!" und „Danke!".

Sie sehen, „The Work" und „Ho'oponopono" sind zwei einander durchaus ergänzende Spiele. Manche Ergebnisse decken sich, aber für mich persönlich fühlt sich „The Work" eher als mentale Technik an, während „Ho'oponopono" meinem Gefühl nach vor allem auf der Herzensebene spielt.

Wenn diese Technik Sie nicht anspricht, Ihnen nicht schmeckt, dann lassen Sie sie einfach auf meinem Buffet liegen - sogar am Buffet eines 5-Sterne-Hotels mag es Speisen geben, die Ihnen nicht so munden ...

Für jene, die sich sehr wohl angesprochen fühlen, möchte ich noch ein weiteres Beispiel zeigen, mit dem Sie die „Doppelte Verständnistechnik" auf *Geld* anwenden können - wenn ich mich richtig erinnere, bringt Bärbel Mohr es auch in ihrem Buch.

„Warum kommt nicht mehr Geld zu mir?"

~ Fragen Sie sich - nach einer Einstimmung mit der 2-Punkte-Methode:

„Wäre ich mein Geld - warum würde ich nicht zu mir kommen wollen?"

Auch hier können Sie wieder Meinungen Außenstehender einholen, um Ihren Horizont zu erweitern!

Und natürlich wiederholen Sie dann die vier Sätze so lange, bis Sie - zumindest für den Augenblick - Frieden gefunden haben.

Und weiter können Sie sich fragen:

„Wäre ich ich, warum würde ich trotz meines Wunsches nach Fülle und Wohlstand mein Geld nicht an mich heran lassen?"

Bei dieser Frage wird es ganz besonders *wertvoll* sein, andere, objektivere Meinungen einzuholen - es sei denn, es gelingt Ihnen gut, sich in die Beobachterposition zu versetzen! Dazu mag auch das etwas später beschriebene „Abheben und darüber Stehen" hilfreich sein.

Und dann wiederholen Sie die vier Sätze bis zur Befriedung:

„Es tut mir leid!", „Ich vergebe mir!", „Ich liebe mich!" und „Danke!",

~ und verankern die Ergebnisse mit einem Two-Pointing in Ihrem Energiesystem!

Mit welchen Sätzen wollen Sie dieses Spiel ausprobieren?

Wen laden Sie - neben Ihrer linken Hand - dazu ein?

Kürzlich ist mir vor dem Einschlafen ein interessanter Gedanke in den Sinn gekommen. Wie Sie vielleicht wissen, schwingt in dieser Phase unser Gehirn vor allem in Alphawellen, die uns in einen sehr ergiebigen und kreativen Bewusstseinszustand versetzen.

Und nachdem ich diese Idee nun mehrfach umgesetzt habe, kann ich Sie Ihnen wirklich ans Herz legen: klopfen Sie, während Sie die vier Sätze sprechen, die energetischen Punkte, die ich Ihnen im folgenden Kapitel vorstellen werde. Das verstärkt die Wirkung des „Ho'oponopono" enorm!

„EFT" - „Emotional Freedom Technique"

Es mag sein, dass es Ihnen in der Umsetzung des bisher Beschriebenen bereits gelungen ist, einige Ihrer Blockaden zu lösen und Sie in Ihrer *finanziellen* Gebarung bereits erste Effekte oder gar einen signifikanten Durchbruch erkennen können. Ich habe das tatsächlich immer wieder erlebt - sowohl bei mir selbst als auch bei den an meinen *Geldseminaren* teilnehmenden Menschen! Manche geben mir ja Feedback, sodass ich neben meinen eigenen Erfahrungen immer auch die anderer mitbekomme.

Es kann aber auch sein, dass (vielleicht nach einem anfänglichen Aufschwung) Ihr gesteigerter *finanzieller* Zufluss wieder zu stagnieren beginnt; oder dass parallel dazu größere Zahlungen auf Sie zukommen - ein interessantes Phänomen, das ich auch immer wieder erlebe. Dann gewinnen Sie vielleicht den Eindruck, Sie hätten einen Rückfall, weil Ihre Blockaden wieder da wären. In Wahrheit sind aber bei einem meist zwiebelschalenartigen Lösungsprozess nur tiefere Blockadeschichten zutage getreten, die nun auch auf Lösung warten.

Wenn dies der Fall ist, dann spricht in meinen Augen vieles dafür, dass auch Sie ein alleingeborener Halbzwilling sind - vielleicht haben Sie sich in der Beschreibung der Indizien bereits als solcher wieder erkannt; aber vielleicht haben Sie da auch noch gezögert, öffnen sich nun aber doch nach und nach dieser möglichen Offenbarung.

Wenn dies der Fall ist, dann wird Ihnen neben all den anderen Techniken und Spielen vor allem „EFT" – „Emotional Freedom Technique" – *wertvolle* Dienste erweisen!

Aber natürlich ist dieses Spiel auch für Einlinge hilfreich und *wertvoll*! Und es wird Ihnen allen auch in anderen Bereichen Ihres Lebens als der *Geldthematik* gute Dienste in der Blockadenlösung leisten!

„EFT" – auch als „Klopfakupressur" oder „Tapping" bezeichnet – ist aus meiner Erfahrung eine sehr wirksame Technik zur Selbstbefreiung, die bei keinem meiner Seminare fehlen darf. Und die auch Ihnen helfen wird, sich aus Ihrer *finanziellen* – aber auch jeglicher anderer! – Selbstsabotage zu befreien!

„Tapping" ist eine Technik aus der energetischen Psychologie, mit der wir sehr wirksam und nachhaltig emotionale Blockaden lösen können, die – so die Annahme – der Ursprung jeglicher Selbstbehinderung sind!

Als ich vor vielen Jahren erstmals damit konfrontiert wurde, war ich auf Anhieb fasziniert von der raschen und leicht zu erreichenden Wirksamkeit. Da wurde im Fernsehen eine Frau mit extremer Höhenangst gezeigt, die im Studio nicht einmal eine Stufe auf einer dieser kleinen Leitern (die viele von uns im Haushalt haben) hochsteigen konnte, ohne deutliche Panikzeichen zu manifestieren! Dann – nach rund zwanzig Minuten Behandlung mit der Klopftechnik – wurde sie mit einer Teleskopleiter der Feuerwehr in eine Höhe von zig Metern gehievt und winkte mit einem strahlenden Lächeln herunter …

Ich war fassungslos – wusste ich doch aus meiner Zeit als Ärztin um die Hartnäckigkeit von Phobien! Also beschloss ich sofort, mir eine entsprechende Ausbildung zukommen zu lassen. Seither liebe ich diese Technik – nicht zuletzt weil auch die Akupunktur mich schon seit langem begleitet, und mir daher die Erklärungsansätze für die Wirksamkeit des Klopfens von Energiepunkten auf Anhieb plausibel erschienen!

Energetische Behandlungen beeinflussen die Elektrochemie unseres Körpers (und vor allem unseres Gehirns) sowie die feinstofflichen Energien. Und was ich besonders schätze, ist die Tatsache, dass „EFT“ sowohl in der professionellen Therapie genützt werden kann, als auch weltweit und mit großer Wirksamkeit zur Selbsthilfe eingesetzt wird! Dabei kombinieren wir das Klopfen einer speziellen Sequenz von Akupunkturpunkten mit gesprochenen Worten und teilweise auch der Visualisierung.

„EFT“ hilft uns einerseits, begrenzende Überzeugungen ebenso wie unerwünschte Gewohnheiten und Verhaltensweisen zu beseitigen; andererseits können wir uns damit auf die Verwirklichung unserer Wünsche, Ziele und Visionen einstimmen.

Neuere Forschungen zeigen, dass wir durch die Stimulation bestimmter energetischer Punkte vor allem in den Stresszentren unseres Gehirns die Zellaktivität verändern können. Auf diese Weise deaktivieren wir Gehirnareale, die an der Angstempfindung beteiligt sind, bewirken die Ausschüttung des Glückshormons Serotonin und unterbrechen so die destruktiven biologische Kettenreaktionen in gestörten emotionalen Reaktionen.

Wenn Sie tiefer in diese Materie einsteigen wollen, empfehle ich Ihnen das Buch „Klopf die Sorgen weg“, in dem Gary Craig, der Begründer von „EFT“, gemeinsam mit David Feinstein und Donna Eden ausführlich die Technik selbst, aktuelle Forschungsergebnisse sowie viele Erfahrungsberichte präsentiert! Und bei dieser Gelegenheit darf ich Ihnen auch gleich „Moleküle der Gefühle“ von Candace Pert empfehlen, die in den siebziger Jahren als erste die Opiat-Rezeptoren an den Zelloberflächen beschrieben hat. Von ihr stammt das Vorwort zu „Klopf die Sorgen weg“!

Natürlich gibt es auch andere Bücher zur Klopfakupressur – wie die von Fred Gallo und einigen anderen Autoren, die aufbauend auf der Idee von Roger Callahan, spezielle Akupunkturpunkte mittels leichtem Klopfen zu aktivieren, um Blockaden zu lösen, ihre eigenen Techniken entwickelt haben.

Auch in diese habe ich hinein geschnuppert, aber mir liegen sowohl Gary Craig als Person als auch seine „EFT“ am meisten, daher darf ich sie Ihnen hier ans Herz legen! Von ihm finden sie übrigens auch einige mitreißende Videomitschnitte von Seminaren im Internet, die ich Ihnen auch wärmstens empfehlen möchte, weil sie doch aufschlussreicher sind als eine bloß verbale Erklärung!

Zuerst möchte ich Ihnen die Technik in Kurzform erklären und Ihnen dann einige Texte anbieten, mit denen Sie direkt spielen können, wenn diese Sie ansprechen. Oder aber Sie gestalten Ihre eigenen, speziell auf Sie und Ihre Bedürfnisse zugeschnittenen Sentenzen!

Die Punkte, die wir nach Gary Craigs Empfehlung klopfen, sind folgende:

1) die beiden Augenbrauenpunkte am mittleren Ende der Augenbraue,

2) die seitlichen Augenpunkte auf dem Knochenrand neben den äußeren Augenwinkeln,

3) die unteren Augenpunkte jeweils unterhalb der Pupille auf dem Jochbein,

4) der Punkt unter der Nase in der Mitte zwischen Nase und Oberlippe,

5) der Punkt unter dem Mund in der Mitte zwischen Kinn und Unterlippe,

6) die Punkte Niere 27 in den beiden Grübchen unterhalb der mittleren Enden der Schlüsselbeine,

7) die Punkte unter den Armen in Höhe der männlichen Brustwarze oder des BH bei Frauen,

8) die Karatepunkte an den beiden Handkanten,

9) die Punkte um den Scheitel.

Viele meinen, es reiche, bei paarig angelegten Punkten einen der beiden zu klopfen. Mein Wunsch nach Symmetrie (ein typisches Indiz für eine Alleingeborene übrigens!) lässt dies nicht zu, daher klopfe ich immer beide gleichzeitig – wie Sie das halten, ist natürlich Ihre Entscheidung!

Die Punkte im Gesicht klopfen wir mit der Fingerspitze von Zeige- oder/und Mittelfinger; also entweder mit einem, dem anderen oder beiden zusammen gelegten Fingern.

Die beiden Schlüsselbeinpunkte und den Scheitelpunkt klopfe ich persönlich mit jeweils allen fünf zusammengelegten Fingerspitzen, so habe ich mit Sicherheit die richtigen Punkte stimuliert.

Die Punkte unter den Armen klopfe ich mit den ganzen Handflächen.

Die Karatepunkte klopfe ich, indem ich beide Handkanten leicht zusammen schlage. Jene, die kein Problem mit dem einseitigen Klopfen haben, können die eine Handkante mit den vier zusammengelegten Fingerspitzen der anderen Hand klopfen.

Generell sollten Sie nicht allzu fest klopfen - vor allem die Scheitelpunkte möchten zart behandelt werden, sonst brummt Ihnen nach einer intensiven „EFT"-Session der Schädel! Das weiß ich aus Erfahrung, weil ich anfangs vor lauter Begeisterung für dieses Spiel allzu wild geklopft habe.

Ehe Sie beginnen, wird empfohlen, den Stress, den Sie mit Ihrem Thema haben, auf einer Skala von eins bis zehn einzuordnen. Dazu sage ich ehrlich, dass mir das nicht besonders liegt - ich es daher allzu leicht „vergesse". Es ist jedoch tatsächlich motivierend, sehr rasch schon die ersten Effekte zu erkennen; daher würde ich Ihnen gerade zu Beginn Ihrer Anwendung von „EFT" wirklich empfehlen, die Skala zu nützen. So können Sie sofort nach der Klopfsequenz überprüfen, was sich geändert hat.

Meinem Verständnis nach ist ein Prinzip dieser Technik, dass wir uns in dem, was jetzt so ist und wie wir jetzt sind, annehmen: daher lautet der erste Satz, den wir mit dem Klopfen der Karatepunkte verbinden und dreimal wiederholen:

„Obwohl ich ..., liebe und akzeptiere ich mich aus tiefstem Herzen!"

Damit bringen wir uns psychisch und energetisch in jene Empfänglichkeit, die Veränderung erlaubt. Und dies obwohl höchst wahrscheinlich jene Teile in uns, die für die destruktiven Glaubenssätze oder Verhaltensmuster verantwortlich sind, sich mit aller Kraft dagegen wehren und unsere Bemühungen hintertreiben werden!

Die drei Punkte in diesem Satz stehen für das, was wir nicht mehr wollen, was uns stört, ängstigt, ärgert oder anders stresst. Wir beschreiben das Unerwünschte genau so, wie wir es erleben - und wir sprechen diesen Einführungssatz laut, deutlich, mit Gefühl und Nachdruck aus! Dabei geht es darum, das Problem anzuerkennen und uns selbst mitsamt diesem anzunehmen, ja zu lieben, obwohl wir hier und jetzt offenbar darunter leiden!

Dann folgt die Klopfsequenz, bei der es im Grunde darum geht, einen optimalen Energiefluss entlang der Energiebahnen des Körpers wieder herzustellen. Da unsere Meridiane untereinander verbunden sind, reicht das Stimulieren einer bestimmten Auswahl an Punkten, um einen guten Energiefluss wieder in Gang zu bringen.

Während wir jeweils einen Punkt oder ein Punktepaar klopfen, sprechen wir laut und deutlich den Erinnerungssatz, also die Kurzfassung unserer ursprünglichen Sentenz. Mit diesem Satz klopfen wir einmal die ganze Punktsequenz von eins bis neun durch; und können dann überprüfen, ob sich auf unserer Skala etwas geändert hat.

Beispielsweise wiederholen Sie dreimal:

„Obwohl ich unter meinem Geldmangel leide,
liebe und akzeptiere ich mich aus tiefstem Herzen."

Und sagen dann bei jedem der neun Punkte:

„Mein Geldmangel."

Das wäre die einfachste Version, die Sie jederzeit einsetzen können - übrigens auch „bloß" in Ihrer Vorstellung, wenn es im Augenblick nicht salonfähig ist, in Ihrem Gesicht herum zu klopfen ☺!

Sie können aber auch verschiedene Aspekte Ihres Themas mit der Klopfsequenz verbinden - in meinen Texten sehen Sie das anhand einiger Beispiele! In diesem Fall können Sie die Sequenz einfach so lange durch klopfen, bis Sie den Text durch haben; oder Sie halten zwischendurch inne und überprüfen Ihren sich nach und nach verändernden *Stresswert* auf der Skala.

Wenn Sie mit solchen eher komplexeren Sequenzen spielen, dann können Sie während des Klopfens im ersten Teil durchaus auch alle negativen Aspekte ansprechen, gegen Ende zu jedoch vor allem die verschiedenen Aspekte Ihrer Wunschrealität formulieren!

Wie gesagt: ich empfinde dieses Kapitel eher als einen Appetitmacher und möchte Sie wirklich auf all das verweisen, was es dazu an zu Lesendem, zu Sehendem und zu Lernendem gibt! Wenn Sie die Texte, die ich Ihnen hier anbiete, nach meiner Beschreibung klopfen, werden sich durchaus die ersten Effekte zeigen - davon bin ich überzeugt!

Wenn „EFT" - oder eine andere Variante der Klopfakupressur - Sie ebenso begeistert wie mich, werden Sie unweigerlich in den Sog geraten und vielleicht sogar einmal ein entsprechendes Seminar besuchen! Jedenfalls lege ich Ihnen aber die Seminarmitschnitte von Gary Craig ans Herz, die Sie - gratis - auf seiner Homepage finden können!

Und da ich eigentlich alle Techniken gern mit der Quantenwelle kombiniere, werde ich Sie auch hier immer wieder daran erinnern.

Hier sind also einige Anregungen zu Ihren eigenen Texten - wobei Sie sehen werden, dass der Einstimmungssatz nur dann mit „Obwohl ich ..." beginnt, wenn wir eine Blockade lösen wollen. Wenn es nur darum geht, ein Ziel zu erreichen, einen Wunsch zu erfüllen, eine Vision zu verwirklichen, reicht natürlich die positive Formulierung - die Versicherung der Selbstliebe (in jeder zweiten Zeile) würde ich Ihnen jedoch generell empfehlen!

Die Sätze bis zur Pause klopfen Sie am Karatepunkt, dann geht es weiter in die Sequenz eins bis neun, deren Punkte Sie jeweils mit einer Zeile verbinden.

Beginnen wir mit der Blockadenlösung, die in etwa so aussehen könnte:

~ Wie immer wird eine Einstimmung mit der Welle Sie gut vorbereiten!

Armutsbewusstsein

Obwohl ich ein ausgeprägtes Armutsbewusstsein habe,
liebe und akzeptiere ich mich aus tiefstem Herzen.
Obwohl ich so ein ausgeprägtes Armutsbewusstsein habe,
bin ich bereit, mich dennoch aus tiefstem Herzen zu lieben.
Obwohl ich unter meinem ausgeprägten Armutsbewusstsein leide,
erlaube ich mir, mich aus tiefstem Herzen zu lieben!

***

Ich wünsche mir Fülle und Wohlstand in meinem Leben,
aber es scheint Teile in mir zu geben,

die das nicht zulassen.
Offenbar glauben sie,
dass ich dessen nicht wert bin.
Mein Armutsbewusstsein,
mein Mangelbewusstsein,
mein Glaube, dass es nicht genug Geld gibt
– zumindest nicht für mich,
oder zumindest nie mehr als genug.
Überall erlebe ich, dass es nicht genug gibt,
daher glaube ich an diese Beschränkung!
Ich glaube an Beschränkungen
und habe mein Leben an diesen Glauben angepasst.
Ich lebe in finanzieller Enge,
nicht weil ich schlecht oder dumm bin,
sondern aufgrund uralter Programme.
Aber diese Programme bringen mir nur Leid,
und ich frage mich, was ich dagegen tun kann.
Ich bin auf mein Mangelbewusstsein programmiert,
weil ich immer wieder und von allen möglichen Seiten gehört habe,
dass es nicht genug Geld gibt.
Kann ich diese alten Programmierungen auflösen?
Oder hänge ich zu stark daran?
Auch in meiner Familie gab es nie genug,
oder zumindest nicht mehr als genug.
Muss das auch für mein ganzes Leben gelten?
Vielleicht sollte ich doch versuchen,
mich meinem Füllebewusstsein zu öffnen
und die Fülle überall zu sehen?
Wenn ich nachts den Sternenhimmel sehe,
wenn ich an die unzähligen Blätter eines Baumes denke,
wenn ich mich an die vielen verschiedenen Tierarten erinnere,
dann kann ich doch die enorme Fülle überall wahrnehmen!
Auch ich bin innerlich reich:
reich an Anlagen, an Interessen, an Begabungen …
Aber andere haben mir das aberkannt

und mich Enge, Mangel und ein Armutsbewusstsein gelehrt.
Also habe ich gelernt, an Mangel zu glauben.
Aber das ist nicht meine wahre Natur!
So befreie ich mich jetzt von dieser überholten Programmierung!
Sie hat einen fatalen Einfluss auf mein Leben,
schränkt mich in meiner Entwicklung ein
und erlaubt mir nicht, mein wahres Potenzial zu entfalten!
Ich entscheide mich jetzt für die Fülle,
und ich erlaube mir, mich reich zu fühlen!
Ja, es ist in Ordnung, meine Überzeugung jetzt zu ändern!
Ich erlaube mir, überall die Beweise zu erkennen,
dass Fülle und Reichtum natürlich sind!
Gebe mir die Erlaubnis, mir Fülle und Reichtum zu erlauben,
in Körper, Geist und Seele!
Und ich liebe und akzeptiere mich aus ganzem Herzen!

~ Und wenn Sie sich besonders wohl tun wollen, können Sie das Klopfen dieser Sequenz mit einer Welle in Ihrer Matrix verankern.

Meiner Ansicht nach ist es ein weit verbreiteter und für unsere Gesundheit höchst schädlicher Irrtum, dass *Geld* verdienen stets mit „harter und schwerer Arbeit" verbunden ist! Hat *Gelderwerb* nicht zuerst einmal mit unserem *Geldbewusstsein* zu tun? Vielleicht gelingt es mir, Sie im Zuge dieses Buches von dieser Sichtweise zu überzeugen.

Steht hinter der Feststellung: „Ich habe so hart dafür arbeiten müssen, habe dabei auf so vieles verzichten müssen, mir dabei so schwer getan und es hat mich so viel Zeit gekostet …" nicht in den allermeisten Fällen das Bedürfnis nach Anerkennung und oft auch ein verborgener Groll gegen eine Tätigkeit, die man glaubt, ausüben zu müssen?

Wenn Sie zu jenen gehören, für die nur das *wertvoll* ist, was Sie sich lange und hart – im Schweiße ihres Angesichtes – erarbeiten mussten, dann mag der folgende Text Sie zu Ihrem eigenen Text inspirieren:

~ Auch hier wird eine Einstimmung mit der Welle Sie vorbereiten!

Hart und schwer ...

Obwohl ich überzeugt bin, dass es hart ist, Geld zu verdienen,
liebe und akzeptiere ich mit aus ganzem Herzen.
Obwohl ich glaube, dass es Arbeit braucht, um viel Geld zu verdienen,
erlaube ich mir, mich aus ganzem Herzen zu lieben und zu achten.
Obwohl ich denke, dass meine Lebenszeit gar nicht reicht,
um so viel Geld zu verdienen, wie ich mir wünsche,
und ich daher wohl nie reich werde,
liebe und akzeptiere ich mich voll und ganz!

***

Ich muss immer hart arbeiten
und werde doch nie reich!
All die harte Arbeit,
die doch nichts bringt!
Ich kann gar nicht mehr arbeiten,
mehr geht einfach nicht mehr!
Aber es schaut nichts dabei heraus!
Ich werde nie in der Fülle leben,
weil ich gar nicht genug Zeit und Kraft habe,
um so viel Geld zu verdienen, wie ich mir wünsche!
Aber ich will nicht mehr so hart arbeiten müssen!
Ich möchte es nicht mehr so schwer haben im Leben!
Auch wenn ich immer wieder gehört habe,
dass das normal ist,
will ich das nicht mehr!
Ich will, dass es leicht geht!
Ich wünsche mir, mein Geld mit Leichtigkeit zu verdienen!
Aber ist das möglich?
Es gibt Menschen, die ihr Geld leicht verdienen,
aber kann das auch bei mir gehen?
Wie wäre es, wenn das auch für mich möglich wäre?
Vielleicht muss ich nur meine Überzeugung ändern,

dass es schwer gehen und lang dauern und hart sein muss?
Kann ich mir die Überzeugung aneignen,
dass auch ich Geld mit Leichtigkeit bekommen kann?
Dass auch ich mir im Leben leicht tun kann?
Ich bin jetzt offen für neue Möglichkeiten,
mehr Geld in weniger Zeit und mit weniger Anstrengung
in mein Leben zu holen!
Ich bin bereit, ein Leben in Fülle und Wohlstand zu führen!
Ich freue mich auf Leichtigkeit in meinem Leben
und bin sehr zuversichtlich,
dass es mir von nun an leicht fallen wird,
Geld und andere Güter in mein Leben zu ziehen!
Geld wird leicht zu mir finden
und ich werde es willkommen heißen!
Ich habe es verdient,
mit Freude und Leichtigkeit Geld anzuziehen!
Ich darf mir ein Leben in Leichtigkeit erlauben
und ich liebe und akzeptiere ich mich aus tiefstem Herzen!

~ *Und ein Two-Pointing verankert diese Sequenz in Ihrem Feld.*

Sie sehen: wenn Sie mit einer Negativvariante beginnen, gilt es, sich dann immer mehr auf die positive Version zu fokussieren! Und je intensiver Sie sich in diese einfühlen, umso wirksamer werden auch die begleitenden Worte und die Aktivierung der Energiepunkte sein!

Das eminent wichtige Thema der Schuldgefühle (das sich übrigens oft auch in Form von Schulden manifestiert!) habe ich bereits im Kapitel über alleingeborene Zwillinge angesprochen – hier ein Text zu Ihrer Inspiration:

~ *Wie immer wird eine Welle Sie gut einstimmen!*

Schuldgefühle

Obwohl ich ständig Schuldgefühle habe,
liebe und akzeptiere ich mich aus tiefstem Herzen!
Obwohl ich es hasse, Schuldgefühle zu haben,
erlaube ich mir, mich aus ganzem Herzen zu lieben!
Obwohl ich nicht aus meinen Schuldgefühle herauskomme,
bin ich bereit, mich bedingungslos zu lieben und zu akzeptieren!

***

Diese verdammten Schuldgefühle,
aus denen ich nicht herauszukommen scheine!
Ich bin gefangen in einem Teufelskreis,
weil meine Schuldgefühle anstatt weniger immer mehr werden!
Alles und jeder macht mir Schuldgefühle!
Ich fühle mich ständig schuldig für Dinge,
für die ich eigentlich gar nichts kann.
Und es ist allzu leicht, mir Schuldgefühle einzujagen!
Wie soll ich meine Schuldgefühle je auflösen?
Mein ganzes Leben habe ich Schuldgefühle,
und ich halte das nicht mehr aus!
Vielleicht bestrafe ich mich mit meinen Schuldgefühlen
für etwas, das ich getan habe,
und das ich mir nicht verzeihen kann?
Aber das reicht mir jetzt!
Ich entscheide mich jetzt dafür,
meine Einstellung zu ändern
und mich auf das Gute in mir zu fokussieren!
Ich habe nichts Schlimmes getan
und ich bin nicht schuldig!
Auch wenn ich derzeit noch Schuldgefühle habe,
und manchmal das Gefühl habe,
Fülle und Wohlstand gar nicht verdient zu haben,
öffne ich mich hier und jetzt für Frieden für Zufriedenheit!

Ich erlaube mir ein Gefühl der Entfaltung und des Gedeihens
und heiße Geld in meinem Leben willkommen!
Von nun an erlaube ich dem Geld,
in Fülle zu mir und durch mich zu fließen;
und ich werde es in positiver und konstruktiver Weise nützen!
Geld fließt frei zu mir und durch mich hindurch!
Ich bin nicht mehr der Sklave meiner Schuldgefühle!
Ich höre auf, mir Sorgen um meine Schuld zu machen,
und das fühlt sich phantastisch an!
Nie mehr Schuldgefühle – was für eine Erleichterung!
Vielleicht geht das nicht über Nacht,
aber ich entscheide mich, alles zu tun,
um ein gesundes Selbstwertgefühl
und eine entspannte Einstellung
zu Fülle und Wohlstand zu entwickeln!
Ich bin frei von Schuld,
bin frei von Schuldgefühlen
und ich liebe und akzeptiere mich voll und ganz!

~ *Und eine Quantenwelle festigt das Ergebnis in Ihrem System.*

Wenn über Ihre Schuldgefühle hinaus auch noch Schulden Sie peinigen, dann erweitern Sie Ihren Text bitte in Ihren Worten!
Den nächsten Text wird vermutlich vor allem Ihr inneres Kind mögen – das magische Anziehen des Erwünschten scheint diesem Anteil unserer Persönlichkeit ganz besonders zu gefallen. Und vielleicht wollen Sie sich dieses Magnetischwerden für *Geld* in welcher Form auch immer bildlich vorstellen – Ihre Vorstellungskraft ist ein mächtiger Verbündeter auf Ihrem Weg in die finanzielle Freiheit!

~ *Auch hier stimmt eine Quantenwelle Sie gut ein!*

Geldmagnet

Ich bin ein Magnet für Geld
und ich liebe und akzeptiere mich aus tiefstem Herzen.
Ich erlaube mir, ein Magnet für Geld zu sein
und mich aus tiefstem Herzen zu lieben, zu achten und zu ehren!
Ich entscheide mich, ein Magnet für Geld zu sein
und ich liebe mich bedingungslos.

***

Ich bin ein Magnet für Geld
und ich erlaube mir, weit mehr Geld anzuziehen als bisher!
Manchmal ziehe ich Geld an,
nehme es dann aber nicht an,
und damit ist jetzt Schluss!
Ich entscheide mich, ein Magnet für Geld zu sein
und denke mit Nachsicht an all jene,
die mich gelehrt haben,
es sei falsch, Geld anzuziehen!
Ich bin ein Magnet für Geld
und habe die Absicht, weit mehr Geld anzuziehen!
Und ich erlaube mir,
dass das leicht und freudig geht!
Andere Menschen erlauben es sich auch,
viel Geld anzuziehen,
und das ist gut so!
Bisher habe ich Geld oft zurückgewiesen,
und das werde ich von nun an nicht mehr zu tun!
Ich erlaube mir, weit mehr Geld anzuziehen als bisher!
Ich weiß, wie viel Geld für mich gut und richtig ist,
weil ich mir voll vertrauen kann!
So heiße ich Geld in meinem Leben willkommen!
Ich lösche jetzt alle Gründe, Geld zurückzuweisen,
lasse all die Ängste und Zweifel los,

die mich in der Geldenge gehalten haben,
entsorge all die Argumente,
warum ich es nicht verdiene, genug Geld zu haben,
warum ich kein oder nur wenig Geld haben sollte!
Ich erlaube meinem Geld, frei zu fließen:
Geld kommt herein und Geld geht hinaus.
Es gibt viele wertvolle Möglichkeiten, Geld zu nützen,
und ich entscheide jetzt, für all das viel Geld zu haben!
Ich bin ein Magnet für Geld und ziehe eine Menge Geld an!
Ich löse all die alten Blockaden auf,
bis weit in meine frühe Kindheit,
als ich gelehrt wurde, Geld nicht anzuziehen,
sondern es lieber zurückzuweisen!
Und erlaube dem Geld, in Fülle in mein Leben zu kommen.
Ich lasse all die alten Blockaden los,
sodass ich gar nicht anders kann,
als ein Magnet für Geld zu sein
und mehr und mehr Geld anzuziehen.
Ich renne dem Geld nicht mehr davon,
ich verstecke mich nicht mehr davor,
ich weise es nicht mehr zurück,
sondern ich bin ein starker Magnet für Geld!
Geld holt mich ein und findet mich,
weil es so viel Gutes gibt, das ich damit machen kann:
ich kann auch anderen helfen,
ein Magnet für Geld zu sein.
Ich erlaube mir, in Körper, Geist und Seele
ein starker Magnet für Geld zu sein.
Und ich liebe und akzeptiere ich mich voll und ganz!

~ Dann verankern Sie den Geldmagneten in sich.

An dieser Stelle möchte ich betonen, dass ich diese Bestätigungen von etwas noch nicht Erreichtem im Spiel mit „EFT" *wertvoll* und hilfreich finde, weil sie mit der Aktivierung der Energiepunkt kombiniert werden; während ich ansonsten die Frageform der klassischen

Affirmation vorziehe; wie ich Ihnen im Kapitel über die „Affragen“ (und im entsprechenden E-Book) aus Sicht der Hirnphysiologie erklären werde!

Und weil mir im Zusammenhang mit unserem Thema *Geldwert = Selbstwert* das Phänomen des verlorenen Zwillings so wesentlich erscheint, habe ich hier noch einen speziellen Text für Sie, den Sie so oder in Ihren eigenen Worten mit „EFT“ klopfen können, wenn Sie sich als Alleingeboren identifiziert haben!

~ *Wie immer stimmt eine Welle Sie auf die Sequenz ein!*

Heilung der Halbzwilling-Wunde

Obwohl ich meinen Zwilling verloren habe,
liebe und akzeptiere ich mich aus tiefstem Herzen.
Obwohl ich allein geboren wurde,
liebe, achte und ehre ich mich aus tiefstem Herzen.
Obwohl ich mich grundlos schuldig fühle,
liebe und akzeptiere ich mich voll und ganz!

***

Ich habe meinen Zwilling verloren.
Und ich habe das Gefühl, es lag an mir,
dass mein Zwilling gestorben ist;
deshalb fühle ich mich schuldig.
Ich war mein Leben lang auf der Suche,
obwohl ich gar nicht wusste, wonach ich suche.
Ich habe mein ganzes Leben gewartet
und wusste nicht, worauf!
War es mein verlorener Zwilling,
den ich gesucht und auf den ich gewartet habe?
Warum hat mein Zwilling mich verlassen?
Warum hat er mich alleine zurückgelassen?
Bin ich nicht liebenswert?

Lag es an mir?
Was habe ich falsch gemacht?
Aber wer weiß,
vielleicht lag es gar nicht an mir?
Vielleicht war es gar nicht meine Schuld,
dass meine zweite Hälfte gestorben ist?
Vielleicht sind meine Schuldgefühle grundlos?
Vielleicht lag es in unserem Seelenplan,
dass mein Zwilling mir vorausgegangen ist;
aber dennoch immer bei mir war?
Vielleicht hat mein Zwilling mich gar nicht verlassen?
Vielleicht hat er mich mein ganzes Leben begleitet,
ohne dass ich mir dessen bewusst war?
Vielleicht ist mein Zwilling wirklich für mich da?
Vielleicht wollte mein Zwilling mir immer schon helfen?
Vielleicht hat er mir öfter geholfen, als mir bewusst ist?
Vielleicht hat er mich in meiner Einsamkeit unterstützt,
ohne dass ich das gespürt habe?
Vielleicht wünscht sich mein Zwilling,
dass ich jetzt den Kontakt mit ihm aufnehme?
Vielleicht hat er sich das immer schon gewünscht,
aber ich habe ihn bisher nicht wahrgenommen?
Kann ich meinen Zwilling wahrnehmen,
wenn ich mich für diesen Eindruck öffne?
Kann ich seine Gegenwart spüren,
wenn ich empfänglich werde für seine Energie?
Vielleicht ist es in unserem Seelenplan,
dass wir einander heute endlich wieder finden?
Vielleicht ruft mein Zwilling mich schon seit langem?
Vielleicht kann ich mich nun für die Tatsache öffnen,
dass ich ein alleingeborener Halbzwilling bin
und vieles in meinem Leben darauf zurückzuführen ist?
Vielleicht macht mich dies empfänglich
für die Liebe meines Zwillings?
Vielleicht hilft mir diese neue Klarheit,

die Liebe meines Zwillings zu fühlen?
Und vielleicht hilft mir mein Zwilling jetzt,
die alte Wunde zu heilen,
die durch den Verlust meines Geliebtesten entstanden ist?
Vielleicht brauche ich nur mein Herz zu öffnen,
um meinen Zwilling wahrzunehmen,
um seine Liebe zu empfangen
und ihm meine Liebe zu schenken?
Ich öffne mein Herz und meine Arme weit
und heiße meinen Zwilling willkommen!
Ich schenke meinem Zwilling all meine Liebe
und liebe und akzeptiere auch mich aus tiefstem Herzen!

~ *Eine Welle wird dieses Neue in Ihnen festigen!*

Zum Schluss kommt noch mein absoluter Favorit!

Den folgenden Text würde ich all jenen ans Herz legen, die ihr Licht immer unter den Scheffel stellen; die immer andere vorlassen; die sich viel zu wenig wichtig nehmen und nicht erkennen, was für ein *wertvolles* Geschenk sie für die Welt sind – ob das nun alleingeborene Zwillinge sind oder Einlinge. Denn auch unter diesen mag es einige geben, denen ihr *Selbstwertgefühl* im Zuge ihrer Entwicklung verloren gegangen ist!

Fügen Sie Ihre persönlichen Charaktermerkmale ein, sodass Ihr Text sehr persönlich wird! Gönnen Sie sich diese Sequenz immer wieder –sie wird Ihnen garantiert wohl tun! Wäre sie nicht ein schöner Tagesstart oder ein Ihre Träume versüßendes allabendliches Gutenachtritual?

~ *Stimmen Sie sich wieder mit einer Quantenwelle ein.*

Ich bin ein Geschenk für diese Welt

Ich bin ein Geschenk für diese Welt!
Ich bin ein Geschenk für meine Familie.
Ich bin ein Geschenk für meine Freunde und Freundinnen.

Ich bin ein Geschenk für meine Kolleginnen und Kollegen.
Ich bin ein Geschenk für meine Kunden und Klienten.
Ich bin ein Geschenk für meine Stadt.
Ich bin ein Geschenk für mein Land.
Ich bin ein Geschenk für diese Welt!
Ich bin ein ganz besonderes Geschenk!
Ich bin ein einzigartiges Geschenk!
Ich bin ein kostbares Geschenk für diese Welt!
Als ich auf die Welt gekommen bin, hat Gott gelächelt!
Ich bin ein Geschenk für mich,
ich bin ein Geschenk für mein inneres Kind,
und mein inneres Kind ist ein Geschenk für mich.
Ich bin ein Geschenk für diese Welt!
Ich bin liebevoll!
Ich bin aufmerksam!
Ich bin humorvoll!
Ich bin intuitiv!
Ich bin kreativ!
Ich bin herzlich!
Ich bin klug!
Ich bin einfühlsam!
Ich bin konsequent!
Ich bin fürsorglich!
Ich bin zärtlich!
Ich bin verlässlich!
Ich bin flexibel!
Ich bin geistig offen!
Ich bin tolerant!
Ich bin ehrlich!
Ich bin versöhnlich!
Ich bin konziliant!
Ich bin idealistisch!
Ich bin leidenschaftlich!
Ich bin interessiert!
Ich bin anpassungsfähig!

Ich bin großzügig!
Ich bin wertschätzend!
Ich bin begeisterungsfähig!
Ich bin anschmiegsam!
Ich bin wertvoll!
Ich bin … !
Und ich bin stets bereit, mich weiter zu entwickeln!
Ich bin ein Geschenk für diese Welt,
und ich liebe und akzeptiere mich aus tiefstem Herzen!

~ Eine Welle wird Ihr neues Geschenkgefühl festigen

Wählen Sie aus diesem Angebot jene *wertvollen* Eigenschaften, die auch für Sie gelten und finden Sie zumindest noch zwanzig weitere, die Sie zu einem *wertvollen* Geschenk für diese Welt machen – je mehr Ihnen noch einfallen, umso besser!

Wenn es mir tatsächlich gelungen ist, Sie vom enormen *Wert* dieser energetischen Technik zu überzeugen und den Funken meiner Begeisterung auf Sie überspringen zu lassen, dann freut mich das! „EFT" ist aus meinem Leben nicht mehr wegzudenken!

Konnten Sie wahrnehmen, wie alleine beim Schreiben dieses Kapitels mein Herz in Freude geklopft hat?

Übrigens möchte ich Sie an dieser Stelle noch einmal auf die hoch wirksame Kombination der Aktivierung der „EFT"-Punkte mit den vier „Ho'oponopono"-Sätzen hinweisen. Wie Ihnen bereits aufgefallen sein dürfte, kombiniere ich gerne Techniken, die sich gegenseitig in ihrer Wirkung potenzieren – ich liebe Effizienz! – und diese Kombination hat sich als so wirkungsvoll erwiesen, dass sie für mich zu einer festen Einrichtung geworden ist!

Und das gilt sowohl für die Anwendung des klassischen „Ho'oponopono" – wenn Sie nur rasch eine prekäre Situation entschärfen und nicht weiter in die Tiefe gehen wollen –, als auch für Bärbel Mohrs Variante der „doppelten Verständnistechnik". Wann immer Sie diese vier Sätze sagen, klopfen Sie gleichzeitig die Punktesequenz, die Gary Craig empfiehlt – oder auch eine andere, wenn diese Ihnen mehr liegt. Oft reicht es auch, bloß den Handkantenpunkt zu aktivieren – aber einige Male die ganze Sequenz mit den vier Sätzen durch zu klopfen, dauert eine halbe Minute und bringt erstaunliche Effekte!

Spiel mit „Affragen"

Mit diesem Ausdruck bezeichne ich die aus meiner Sicht hirngerechtere Version von Affirmationen. Sie funktionieren meiner Erfahrung nach weit besser als die klassischen Behauptungen, mit denen viele Menschen vergeblich versuchen, ihr Unterbewusstsein umzuprogrammieren!

Vom Prinzip her sind „Affragen" – ähnlich wie viele der Fragen, mit denen zu spielen ich Sie auch in diesem Buch immer wieder anrege – prozessorientierten Fragen. Fragen also, bei denen es nicht so sehr auf die verbale Antwort ankommt, als vielmehr auf die mentalen und emotionalen Prozesse, die sie in uns auslösen.

Und weil wir diese spezielle Art von Fragen zugleich auch ähnlich verwenden können wie Affirmationen, habe ich dafür den Begriff „Affragen" geprägt.

Mit klassischen Affirmationen behaupten wir ja etwas, was wir noch nicht haben oder sind – was wir aber gerne hätten oder wären. Und ich weiß nicht, welche Erfahrungen Sie mit Affirmationen gesammelt haben – ich habe immer wieder vergeblich versucht, mein Leben mit solchen Behauptungen zum Besseren zu wenden und meine Realität nach meinen Wünschen zu gestalten. Und je mehr Menschen ich gefragt habe, wie es Ihnen mit Affirmationen geht, umso mehr ähnliche Erfahrungen wurden mir berichtet!

Für mich waren Fragen immer schon anregender als Behauptungen – daher biete ich sie in all meinen Büchern reichlich an, um meine Leserschaft zu dieser Bewusstseinserweiterung zu inspirieren; die für mich niemals enden wird, so lange ich auf dieser Realitätsebene lebe! Und ich fand mich in dieser Erfahrung wohltuend bestätigt durch Noah St. John, der offenbar ähnliche Erfahrungen gemacht hat wie ich und daher in seinem Buch „Erfolg ist kein Zufall“ die Anregung gibt, mit „Afformationen“, wie er sie nennt, zu arbeiten.

Wenn klassische Affirmationen für Sie funktionieren, dann bleiben Sie dabei!

Wenn dies jedoch nicht der Fall ist, dann empfehle ich Ihnen, eine Weile mit „Affragen“ zu spielen - den hier angebotenen, vor allem aber auch mit Ihren eigenen, zu denen meine Beispiele Sie inspirieren mögen!

Aber es spricht natürlich auch nichts dagegen, mein Angebot anzunehmen und sich eine Weile damit zu befassen, wiewohl Sie eigentlich den Eindruck haben, Affirmationen hätten Positives für Sie bewirkt. Wer weiß, vielleicht bewirken „Affragen“ ja noch weit mehr? Erklärlich wäre es, wie Sie gleich sehen werden!

Hirnphysiologische Erklärung für die Funktionsweise der „Affragen“!

Wie Sie wissen, bin ich ausgebildete Medizinerin mit Schwerpunkt Psychiatrie und Neurologie. Und wiewohl ich nicht mehr als Ärztin arbeite, suche ich mein Leben lang nach Erklärungen für das, was vor allem auf Hirnebene in und mit mir passiert - oder auch nicht passiert. So habe ich mir vor Jahren schon Gedanken gemacht, warum Affirmationen bei mir (trotz phasenweise sehr konsequenter Anwendung!) keinen bleibenden Effekt haben.

Wenn meine Idee der „Affragen“ Sie anspricht und Sie ähnlich neugierig sind wie ich, kann ich Ihnen hier eine hirnphysiologische Erklärung für dieses Phänomen bieten! Wenn auch Sie gern alles hinterfragen, anstatt es einfach so anzunehmen, wie es ist - oder wie man Ihnen sagt, dass es sei –, kann ich Ihnen hier ein Aha-Erlebnis vermitteln.

Wie ich im Kapitel über die gehirnphysiologischen Grundlagen bereits erwähnt habe, gibt es im Zentrum unseres Gehirns einen entwicklungsgeschichtlich sehr alten Teil: unser Stammhirn (oder auch Höhlenmenschen- oder Reptiliengehirn). In diesem befindet sich unser Überlebenszentrum, das sofort mit Ablehnung reagiert, wenn wir es mit Neuem konfrontieren! Neues macht diesem Teil unseres Gehirns Angst – und Angst ist (neben Schmerz und Angst vor Schmerz) ja ein Kriterium für all das, was unbedingt vermieden werden soll, um unser Überleben zu sichern.

Für unsere Vorfahren, die Höhlenmenschen mag dies durchaus sinnvoll gewesen sein; für uns ist diese Angst vor Neuem jedoch alles andere als gescheit! Gerade in unserer anspruchsvollen Zeitepoche ist eine gesunde Flexibilität und möglichst entspannte Offenheit für neue, neuartige, andere Erfahrungen doch unerlässlich!

Dennoch bestimmt die Angst vor Neuem unser Leben, wenn wir unter Stress stehen – was in unserem Alltag durchschnittlich zu achtzig Prozent der Zeit der Fall ist. Und der Teufelskreis schließt sich dann, wenn wir ständig mit Neuerungen konfrontiert sind; und diese uns unter Stress setzen, was uns in den Kampf-, Flucht- oder Totstellmodus versetzt; in dem wir noch weniger mit der neuen Herausforderung umgehen können; was unseren Stress weiter verstärkt …

Das heißt – und diese Tatsache ist so wichtig, dass ich sie hier noch einmal betonen möchte! – Neues macht uns Stress und Stress lässt uns Neues ablehnen; hindert unser Leben aber nicht daran, uns ständig mit Neuerungen zu konfrontieren …

Daraus erklärt sich eigentlich recht logisch, warum klassische Affirmationen für viele Menschen im Grunde gar nicht funktionieren können!

Was jedoch sehr wohl funktioniert – und wie Sie bald erleben werden, sehr gut und mit Leichtigkeit und vor allem auch Freude daran! – sind jene prozessorientierten Fragen, derer ich Ihnen einige hier anbieten werde. Weitere finden Sie (neben dem bereits erwähnten E-Book) auch in meinem „Affragen Orakel“: einem Kartenset, das ich kreiert habe, um uns in der Bewusstseinserweiterung und Persönlichkeitsentwicklung zu unterstützen. So ziehe ich täglich eine Karte mit der Absicht, jene „Affrage“ zu finden, die mich an diesem Tag begleiten möchte.

Fragen empfindet unser Überlebenszentrum nicht als bedrohlich – offenbar waren diese im Leben unserer Vorfahren nicht so präsent und damit wesentlich wie in unserem Leben! Daher versetzt uns das Spiel mit – wohlgemerkt positiv formulierten! – Fragen auch nicht in Stress und die daraus folgende überspannte Vermeidungshaltung! Einfach weil unser Stammhirn keine Gefahr wittert und daher keine Veranlassung sieht, panisch einzuschreiten und uns auf Kampf, Flucht oder Scheintod vorzubereiten!

Wer allerdings sehr wohl auf „Affragen" anspringt – und zwar sehr positiv! –, ist unser entwicklungsgeschichtlich jüngster Hirnteil: unsere Gehirnrinde. Diese reagiert auf solche prozessorientierten Fragen wie ein junger Hund, dem man einen Ball hinwirft. Sie „stürzt sich darauf", um damit zu „spielen", „sich Gedanken zu machen", zu „reflektieren", sich also in entsprechenden gedanklichen Assoziationen zu ergehen.

Das heißt, „Affragen" setzen einen intensiven Denkprozess in Gang, bei dem wir uns – teils bewusst, teils aber auch gar nicht mehr bewusst – genau mit dem befassen, was unsere konstruktiv formulierte Frage anspricht! Und dieser Prozess funktioniert eben nur in der Frageform, weil sich bei dieser unser Überlebenszentrum in Sicherheit wiegt.

Bei Behauptungen wie den klassischen Affirmationen erkennt es jedoch offenbar die Unwahrheit, wittert aufgrund der inneren Diskrepanz sofort Gefahr und versetzt uns in eine gespannte Abwehrhaltung, in der ja – wie Sie sich erinnern – unsere Gehirnrinde durch eine Minderdurchblutung nicht mehr funktionsfähig ist!

Den Stress, den das Aussprechen einer Unwahrheit in unserem System auslöst, können Sie übrigens ganz leicht auch mit einem kinesiologischen Muskeltest erkennen. Während Sie lügen, testet Ihr ehrlicher Muskel schwach; auch wenn Ihnen gar nicht unbedingt bewusst ist, dass Sie gerade gestresst sind!

Wenn Sie beispielsweise behaupten: „Ich bin *reich*!", obwohl Sie gerade finanzielle Enge erleben, dann wird sogar ein Kind Ihren gehobenen Arm mit Leichtigkeit herunterdrücken können! Ebenso wie wenn Sie behaupten: „Ich bin *wertvoll*!", obwohl Sie sich in Wahrheit *wertlos* fühlen.

Wenn Sie sich hingegen fragen: „Warum fühle ich mich so *reich*?", werden Sie stark bleiben, weil es ja nur eine Frage ist, und sie keine falsche Behauptung aufstellen! Ebenso wie wenn Sie sich fragen: „Warum fühle ich mich *wertvoll?*"

Fragen machen unserem Stammhirn keine Probleme!

Wie Sie wissen, kommt es unter Stress auch auf Hirnebene zu einer selektiven Blutumverteilung von der Peripherie ins Zentrum, wodurch unser Überlebenszentrum die Kontrolle übernimmt und massiv Stresshormone ausschüttet, woraufhin sich die Blutgefäße in unserer Hirnrinde verengen. Dadurch haben wir genau jene geistigen Ressourcen nicht mehr zugänglich, die wir bräuchten, um die Stressoren zu meistern, die uns aus unserer Mitte katapultiert haben!

Wie destruktiv diese durch Stress bedingte Ausschaltung unserer Gehirnrinde (die ja das Stammhirn umhüllt, also in der Peripherie ist!) ist, haben Sie vielleicht schon am eigenen Leib erfahren. Hatten Sie schon einmal in einer Prüfungssituation ein Blackout? Wiewohl Sie wirklich gelernt haben und das geforderte Wissen eigentlich zur Verfügung haben hätten müssen? Das lag daran, dass all das angesammelte Wissen, das in Ihrer unter Hochspannung ausgeschalteten Gehirnrinde gespeichert war, Ihnen unter dem Prüfungsstress und der Minderdurchblutung Ihrer höheren geistigen Zentren einfach nicht mehr zur Verfügung stand!

Pointiert formuliert könnten wir also sagen: Stress macht blöd!

Seit mir das klar wurde, achte ich tunlichst darauf, Stress vor allem in anspruchsvollen Lebenssituationen zu vermeiden! Und daher habe ich nicht zuletzt die immer wieder erfolglos versuchten Affirmationen, die mein Überlebenszentrum offenbar ganz und gar nicht schätzt, vor längerem durch die für mich um vieles wirksameren „Affragen" ersetzt!

Wenn Sie sich vor den Spiegel stellen (das wird ja gern empfohlen!) und sich Auge in Auge selbst versichern, wie *erfolgreich* Sie sind, wiewohl Ihre gekonnte Selbstsabotage Sie höchst *erfolgreich* daran hindert; dann wird sich höchst wahrscheinlich prompt eine Stimme in Ihrem Inneren melden, die Sie mit mehr oder weniger drastischen Worten eines Besseren belehrt! Diese Stimme können Sie Ihrem inneren Saboteur, Ihrem inneren Kritiker, Ihrem inneren Antreiber, Ihrem Eltern-Ich oder wem auch immer zuordnen!

Wenn Sie sich jedoch fragen: „Warum bin ich (heute) so *erfolgreich*?", dann wird sich dieser Persönlichkeitsanteil nicht weiter darum kümmern – offenbar nimmt er Sie bei solchen Äußerungen nicht wirklich ernst. Ihr Überlebenszentrum wird also nicht „anspringen" => folglich werden Sie nicht in Stress geraten und somit keine Stresshormone ausschütten => ergo wird Ihre Hirnrinde voll funktionsfähig bleiben und sich mit Begeisterung auf die „Affrage" stürzen. Und wird sich mit kindlichem Eifer daran machen, möglichst viele Antworten auf diese Fragen zu suchen; und diese wohl auch finden – versuchen Sie es einfach einmal …

Genau das kann ich seit längerem mit Wohlgefallen beobachten – übrigens nicht nur bei mir selbst, sondern auch bei all jenen, denen ich dieses Spiel als Ersatz für die auch sie frustrierenden Affirmationen ans Herz gelegt habe!

Wenn sie positiv formuliert werden, lassen uns diese offenen Fragen nicht nur entspannt bleiben, sondern darüber hinaus rufen sie auch noch unser inneres Kind auf den Plan. Und glauben Sie mir, auch Ihr inneres Kind wird sich freudig einbringen! Es mag Fragen, so wie es Rätsel liebt! Und Ihr Überlebenszentrum wird Sie unbeeindruckt gewähren lassen; denn offenbar haben Fragen nicht zum bedrohlichen Stressrepertoire der Höhlenmenschen gehört!

Bei negativ formulierten Fragen ist dies übrigens ganz anders! Und oft sind es ja gerade diese, mit denen wir uns selbst in unseren ständig ablaufenden inneren Dialogen bombardieren:

☹ *Warum habe ich diesen Fehler schon wieder gemacht?*

☹ *Warum habe ich schon wieder so dumm reagiert?*

☹ *Warum kann ich den Mund nicht halten?*

☹ *Warum komme ich immer zu spät?*

☹ *Warum bin ich so ein Versager?*

☹ *Warum bin ich ständig krank?*

☹ *Warum schaffe ich nichts?*

Und so weiter und so fort …

Kennen Sie diese oder ähnliche Fragen?

Vielleicht wollen Sie auch einmal selbst tief in sich hinein horchen und Ihren ganz persönlichen negativen Affirmationen in Frageform auf die Spur kommen. Wie Sie vielleicht verstehen werden, sträubt sich alles in mir, diese Form der Selbstsabotage mit meinen aufbauenden „Affragen" in einen Topf zu werfen!

Solche destruktiven Fragen deuten immer eine *Abwertung* an, eine Kritik, eine Zurückweisung, eine Maßregelung, eine Diskriminierung, ein Kleinmachen. Und dass dabei Ihr Überlebenszentrum anspringt und in Panik gerät, wird Sie bei genauerem Hinsehen wahrscheinlich nicht weiter wundern!

Wenn Sie übrigens tatsächlich vor einem Spiegel mit den „Affragen" spielen, wird Ihnen sofort auffallen, dass Sie unwillkürlich schmunzeln müssen. Das wird erfahrungsgemäß auch ohne Spiegel der Fall sein, nur mag es Ihnen dann vielleicht nicht so auffallen! Und dieses Schmunzeln oder Lächeln wird (anders als in der Anwendung klassischer Affirmationen, die Ihnen bestenfalls ein peinlich berührtes Lächeln entlocken) ein wirklich amüsiertes sein! Zumindest ist das meine Erfahrung, die mir einige bereits bestätigt haben!

Stellen Sie sich vor einen Spiegel und versichern Sie sich: „Ich bin so schön!", wenn Sie sich nicht so fühlen. Und beobachten Sie, wie sich das anfühlt.

Dann atmen Sie ein paar Mal tief durch und fragen Sie sich: „Warum fühle ich mich heute so schön?". Bemerken Sie den Unterschied? Die eigene Erfahrung mag Sie von meinen Worten überzeugen.

Und das so ausgelöste Lächeln (manchmal ist es gar ein Lachen) wird sich durch die Spiegelung noch verstärken. Sie wissen ja, wie ansteckend Schmunzeln, Lachen oder Lächeln ist; und dies natürlich auch im Spiegel.

Bleiben Sie doch einmal ernst, während Ihr Spiegelbild Ihnen entgegen lacht ☺!

Wenn Ihre Mundwinkel hoch gehen, schütten Sie über einen physiologischen Regelkreis weitere Glückshormone aus; was Ihre Hirnrinde weiter aktiviert; was Sie noch mehr *wertvolle* Antworten finden lässt; was Ihr Schmunzeln, Lächeln oder Lachen unweigerlich weiter verstärken wird …

Näheres zu diesem Thema lesen Sie bitte auch in Büchern zum Thema Gelotologie - der Wissenschaft vom Lachen - nach!

Übrigens habe ich unlängst gehört, dass wir auch besser hören, wenn wir lachen oder lächeln. Ich fand das plausibel, wiewohl es vielleicht noch keinen wissenschaftlichen Nachweis dieser Theorie gibt. Aber wer weiß, vielleicht gibt es bereits Forscher, die daran arbeiten?

Damit ist jedenfalls ein nicht nur Ihre Gesundheit und Ihr Wohlbefinden, sondern auch Ihre Produktivität, Ihre Kreativität und damit die freudige Entfaltung Ihres Potenzials in höchstem Maße fördernder Engelskreis in Gang gekommen!

Darüber hinaus lösen auch all die aufbauenden Assoziationen, mit denen Sie sich als Reaktion auf diese „Affragen" geistig befassen, positive Emotionen in Ihnen aus. Je mehr Sie in Resonanz zum entsprechenden Thema schwingen, umso intensiver! Das Spiel mit „Affragen" versetzt Sie also in eine positive Gestimmtheit, welche Sie wiederum über Ihr Herzfeld ausstrahlen - woraufhin Sie nach dem Gesetz der Resonanz magnetisch werden für genau was, was in Resonanz mit diesen aufbauenden Gedanken und positiven Emotionen schwingt!

Quantenphysikalisch ausgedrückt schwingen Sie mit Ihren aktuellen Angebotswellen in Resonanz mit jenen Echowellen aus Ihrer Zukunft, die Ihnen eine erfreuliche Entwicklung eröffnen.

Alles, was Ihnen beispielsweise auf die Frage, warum Sie finanziell so *erfolgreich* sind, mit einem breiten Lächeln einfällt - auch wenn es im ersten Augenblick absurd erscheint –, wird Ihr Gefühl, finanziell *erfolgreich* zu sein, immer weiter hochfahren. Und seien dies auch bloß scheinbar ganz kleine Erfolge! „Wer suchet, der findet" - so heißt es doch!

Und je intensiver dieses Gefühl wird - und damit über Ihr Herzfeld weithin wahrnehmbar positiv ausstrahlt! –, umso mehr weitere

Argumente werden Ihnen einfallen; die Sie noch mehr darin bestätigen, dass Sie tatsächlich ein finanziell höchst *erfolgreicher* Mensch sind - auch wenn Ihr Kontostand derzeit einen anderen Anschein erweckt! Ist nicht alles eine Frage der Einstellung? Und umso mehr weitere Assoziationen werden Ihnen in den Sinn kommen, die Sie weiter in Ihrem Erfolgsgefühl bestärken …

Auch damit kommt ein sich selbst verstärkender, sehr förderlicher Prozess in Gang, der Ihnen letztlich helfen wird, tatsächlich finanziell *erfolgreicher* zu werden! In einem Kapitel über die Bilanz Ihres Reichtums werden Sie weitere Inspirationen finden …

Daher funktionieren prozessorientierte Fragen, daher funktioniert das, was ich als „Affragen" bezeichne!

Natürlich schwingt in dem Begriff „Affragen" auch das Wort „Affe" mit - und das ist durchaus meine Absicht! Sie kennen sicher die Bezeichnung, die Yogis unserem Denken zuordnen: „Monkey Mind". Da wird unser nicht enden wollendes Denken mit einem Baum voller schnatternder Affen verglichen, die hektisch hin und her und auf und ab springen und niemals Ruhe geben. Wir westlich geprägten Menschen wissen doch, wie ungemein schwierig es ist, dieses „hektische Affentheater" zum Schweigen zu bringen, wenn wir meditieren wollen und uns um Gedankenstille bemühen, nicht wahr?

Das Spiel mit „Affragen" bietet unserem Affengeist genau das Futter, auf das er so gierig ist; allerdings in positiver, heilsamer, konstruktiver, *wertvoller*, aufbauender und bewusstseinserweiternder Ausprägung! Das ist insofern hilfreich für eine positive Lebensgestaltung, weil unser „Denkeln" - so nenne ich das auch gerne - sich nicht wie sonst üblicherweise in negativen Assoziationen ergeht und verliert, sondern angeregt durch die prozessorientierten Fragen dort fokussiert bleibt, wo es heilsam wirkt für unsere Entwicklung, unsere Gesundheit, unsere Produktivität und ganz allgemein unser Leben!

So ist uns westlich geprägten Menschen die „reflektive Meditation" auch viel näher als der bei den meisten von uns kläglich scheiternde Versuch, Gedankenleere zu erzeugen. Bei dieser Meditationstechnik, die ich als sehr *wertvoll* empfinde, gehen wir mit einem bestimmten Begriff (wie „Liebe", „Freude", „Dankbarkeit" …) in die Meditation und bleiben möglichst konsequent dabei. Wir reflektieren ihn, spielen also geistig damit und bringen unsere ständig abschweifenden Gedanken sanft aber bestimmt immer wieder zu diesem Begriff zurück!

Mit „Affragen" können sie ähnlich spielen.

„Affragen" und Herz-Intelligenz

„Affragen" und generell positiv formulierte prozessorientierte Fragen wirken sich nicht nur positiv auf unsere mentalen Fähigkeiten und generell unsere Hirnphysiologie aus, sondern auch auf die Physiologie unseres Herz-Kreislauf-Systems und auf das elektromagnetische Feld um unser Herz, unser torusförmiges (heute tatsächlich messbares!) Herzfeld!

Wenn Sie sich an das Kapitel zum Thema Herz-Intelligenz im theoretischen Teil dieses Buches erinnern, werden Sie sich gut vorstellen können, wie förderlich sich das Spiel mit diesen prozessorientierten Fragen ganz allgemein auf die Gestaltung Ihrer Realität auswirken wird: die freudvolle Beschäftigung mit konstruktiven, aufbauenden und wohltuenden Gedanken löst ebensolche Gefühle und Emotionen aus; und kann nach und nach sogar auch Ihre Überzeugungen umprogrammieren!

Sie lernen nun mal durch Wiederholung! Dies allerdings nur dann, wenn Ihre höheren Hirnfunktionen Ihnen zur Verfügung stehen; und nicht stress-bedingt durch Minderdurchblutung ausgeschaltet sind!

Wir wissen heute, dass unser Gehirn ein extrem plastisches Organ ist: wenn wir uns immer wieder mit aufbauenden und beglückenden Gedanken befassen, werden über eine Vermehrung der Synapsen die entsprechenden Hirnbahnen mehr und mehr verstärkt! So verändert sich nach und nach auch unser gewohnheitsmäßiges Denken in positiver, lebensbejahender und liebevoller Richtung – wenn dabei unser Homo sapiens sapiens-Gehirn eingeschaltet ist!

Umgekehrt funktioniert das genauso, aber dazu brauchen Sie meine Anregungen wohl nicht!

Und aus dem konstruktiveren Denken und der liebevolleren und *wertschätzenderen* Einstellung resultiert eine ebensolche Gefühlslage und daraus folgend die entsprechend positivere Ausstrahlung. Je mehr Sie sich also mit den Assoziationen befassen, die Ihre eigenen „Affragen" in Ihnen in Gang setzen, umso mehr wird Ihr Herzfeld die entsprechenden Schwingungen annehmen. Und Sie werden gemäß dem Resonanzgesetz genau die Erlebnisse und Erfahrungen, aber auch jene Menschen in Ihr Leben ziehen, die mit diesen konstruktiven Gedanken in Resonanz schwingen!

Wie bereits erwähnt, senden Sie dann – quantenphysikalisch ausgedrückt (nach John Cramer) – genau die Angebotswellen aus, die mit den Echowellen jener Zukunft in Resonanz schwingen, die Sie sich wünschen. Sie wählen also quasi mit der Färbung Ihres Herzfeldes aus allen möglichen Zukünften jene Realitätsebene aus, die Ihnen am besten schmeckt!

Und wenn die „Affragen", die ich Ihnen hier anbiete, Sie ansprechen, können Sie sich auch mit dem „Affragen Orakel" verwöhnen, das Ihnen gerne ein treuer Begleiter auf Ihrem Weg in die Persönlichkeitsentwicklung sein wird!

Hier sind also einige mögliche „Affragen" in Bezug auf Ihre finanzielle Situation. Und wie Sie sehen, empfehle ich Ihnen, auch die Antworten als Frage zu formulieren – diese bezeichne ich als „Frantworten"! Wenn Sie nämlich Ihre Antworten als Behauptung formulieren, hat Ihr Überlebenszentrum neuerlich Anlass, in Panik zu geraten, weil es eine Unwahrheit wittert. Fragen hingegen dürfen immer sein!

Behaupten Sie daher nicht: *„Ich bin reich!"*, wenn es derzeit (noch) nicht stimmt!

~ Sondern fragen Sie sich lieber – vielleicht nach Einstimmung mit einer Quantenwelle:

** Warum fühle ich mich so reich?*

Sie werden sehen, Ihre angeregte Gehirnrinde wird Ihnen allerlei Gründe dafür vor Augen führen; einfach weil sie den Ehrgeiz hat, Ihnen Antworten auf Ihre Frage zu liefern!

Vielleicht weil ich meine selektive Wahrnehmung auf all das richte, was ich bisher als selbstverständlich gesehen habe?

Vielleicht weil ich nun erkenne, wie reich ich tatsächlich bin?

Vielleicht weil ich reich an Erfahrungen bin?

Vielleicht weil ich reich an Freunden und Freundinnen bin?

Vielleicht weil ich reich an Talenten bin?

Vielleicht weil ich reich an Ideen bin?

Vielleicht weil ich einen reichen Wortschatz habe?

Welche „Frantworten" würden Ihnen zu dieser „Affrage" einfallen?

Und hier ist eine weitere wichtige „Affrage" in unserem Zusammenhang:

* *Warum fühle ich mich so wertvoll?*

Glauben Sie mir, selbst wenn Ihr *Selbstwertgefühl* eine kleine Politur vertragen könnte, wird Ihr eingeschaltetes Homo sapiens sapiens-Gehirn Ihnen Antworten bieten, über die Sie sich in ihrer ungewohnten *Selbstwertschätzung* vielleicht wundern!

Würden Sie das als Behauptung aufstellen, hätten Sie massiven Stress im System, glauben Sie mir! Aber als Frage setzt es einiges in Gang.

Vielleicht weil ich danach trachte, ein wertvoller Mensch zu sein?

Vielleicht weil es Menschen gibt, die mir das versichern – haben die alle Unrecht?

Vielleicht weil ich bereit bin, die Empfehlungen, die mich in diesem Buch ansprechen, auch wirklich umzusetzen?

Vielleicht weil es Menschen gibt, die sich in meiner Nähe wohl fühlen?

Vielleicht weil ich dabei bin, mein Selbstwertgefühl zu heilen?

Vielleicht weil ich endlich erkannt habe, welch kostbares Geschenk ich für die Welt bin – möglicherweise nach einer entsprechenden Klopfsession zum „Ich bin ein Geschenk"-Text?

Vielleicht weil es Menschen gibt, die mich als wertvoll empfinden?

Vielleicht weil ich bei genauerem Hinsehen eigentlich schon das eine oder andere geschafft habe, was ich mir vorgenommen habe?

Vielleicht weil ich danach trachte, ein wertvolles Mitglied der Gesellschaft zu sein?

Was fällt Ihnen noch alles dazu ein?

Eine *wertvolle* Möglichkeit wäre es übrigens auch, Ihr Spiel mit den „Affragen" mit dem im nächsten Kapitel beschriebenen „Dialog der Hände" zu kombinieren! Dabei wird Ihnen Ihre linke Hand so manche weitere Inspiration liefern, die Sie erstaunen mag!

Was bietet Ihre linke Hand Ihnen noch alles an „Frantworten" an?

Und natürlich können Sie die „Frantworten", die Ihnen in den Sinn kommen, auch gleich weiter verwenden!

** Warum bin ich ein Geschenk für diese Welt?*

Vielleicht weil ich bereit bin, meine Persönlichkeit weiterzuentwickeln?

Vielleicht weil ich gerade dabei bin, mich für den Wohlstand zu öffnen, der es mir leichter macht, mein Potenzial zu entfalten?

Vielleicht weil ich auch andere dazu inspiriere?

Vielleicht weil es Menschen gibt, die mich als Geschenk empfinden?

Die können doch nicht alle Unrecht haben ☺!
Und was ist Ihnen hier in den Sinn gekommen?

Eine schöne Idee wäre es auch, mit folgender „Affrage“ zu spielen:

** Warum sind meine Finanzen so ausgeglichen?*

Klingt diese Frage absurd angesichts der Tatsache, dass Sie vielleicht gerade in Ihren *Geldsorgen* ersticken und von Ihren Schulden - und damit verbundenen Schuldgefühlen - erdrückt werden? Wer weiß, vielleicht wundern Sie sich über die Angebote Ihrer kreativen Hirnrinde - mündlich oder schriftlich über den „Dialog der Hände“.

Vielleicht weil ich meine Musszahlungen letztlich immer noch irgendwie bedienen konnte; obwohl ich oft nicht wusste, wie das gehen soll?

Vielleicht weil ich die ersten Effekte erkennen kann, die das Umsetzen all dessen, was dieses Buch mir bietet, mir gebracht hat?

Vielleicht weil die steigenden Ausgaben die sinkenden Einnahmen ausgleichen?

Haben Sie richtig gelesen?

Ja, denn Humor ist erlaubt und in diesem Spiel sogar hoch erwünscht! Ich werde in einem eigenen Kapitel noch einmal darauf eingehen, weil ich das so enorm wichtig finde! Humor ist eine Funktion Ihrer Stirnhirnrinde. Und genau diese versetzt Sie in die Lage, Ihre geistigen Ressourcen zu nützen, um das noch nicht so Ideale zu ändern! Bitterer Ernst wird Sie nicht aus der *Geldnot* retten, ganz im Gegenteil!

Sehen wir uns die nächste „Affrage“ an:

** Warum glaube ich an meinen finanziellen Erfolg?*

Auch wenn Sie momentan alles andere als sicher sind, ob Sie wirklich daran glauben können; erlauben Sie Ihren kreativen Anteilen, Sie zu inspirieren!

Vielleicht weil ich bereit bin, all das in diesem Buch Angebotene auch wirklich umzusetzen?

Vielleicht weil ich schon die ersten Erfolge erkennen kann - wenn auch vorerst vielleicht „nur“ in meinem Denken?

Vielleicht weil es mir schon einmal gelungen ist, mich aus einer finanziellen Enge zu befreien?

Vielleicht weil ich an mich und meinen enormen inneren Reichtum glaube?

Was haben Ihre kreativen Anteile Ihnen für Antworten geboten?

Wenn Sie unzufrieden sind und sich mehr Zufriedenheit in Ihrem Leben wünschen, dann stellen Sie sich nicht mit der Behauptung: „Ich bin zufrieden und werde von Tag zu Tag zufriedener!" vor den Spiegel! Das ist im Moment nicht wahr und stresst Ihr ehrliches Unterbewusstsein! Fragen Sie sich lieber:

* *Warum kann ich heute zufrieden sein?*

Und warten Sie auf die interessanten Einsichten, die Ihnen in den Sinn kommen, wenn Ihre höheren Hirnzentren aktiv sind!

Vielleicht weil heute meine Verdauung gut funktioniert hat?

Vielleicht weil ich morgens beim Aufwachen bemerkt habe, dass ich sehen kann?

Vielleicht weil ich mit „The Work" bereits die ersten wertvollen Einsichten gewonnen habe?

Vielleicht weil ich das Spiel mit „EFT" lustig finde?

Vielleicht weil jemand mir ein Lächeln geschenkt hat?

Vielleicht weil ich ein Dach über dem Kopf habe?

Vielleicht weil ich Arbeit habe?

Vielleicht weil es Menschen gibt, die mich wertschätzen?

Vielleicht weil ich die ersten Erfolge erkennen kann, die ich mir mithilfe dieses Buches erspielt habe?

Was kommt Ihnen noch alles in den Sinn?

Sie wissen ja: es geht hier nicht so sehr um die Antworten selbst - und deren Richtigkeit –, als um die Prozesse, die diese Fragen auslösen!

Eine *wertvolle* „Affrage" wäre auch:

** Warum ist mein Leben so erfüllt?*

Damit zu spielen, kann besonders ergiebig sein!

Vielleicht weil ich es zu schätzen weiß, dass so viele Menschen etwas von mir wollen?

Vielleicht weil ich so viele Interessen habe?

Vielleicht weil ich so viele Ideen habe?

Vielleicht weil ich so viele Talente habe?

Vielleicht weil meine Zeit so rasch vergeht?

Vielleicht weil ich das Gefühl habe, dass meine Zeit nie reicht?

Ist das nicht ein Indiz für Überfülle an zu Erledigendem ☺?

Erlauben mir, es noch einmal zu wiederholen: Humor ist im Spiel mit „Affragen" und „Frantworten" nicht nur erlaubt, sondern hoch willkommen!!!

Welche Gedanken sind Ihnen hier in den Sinn gekommen - gedanklich oder schriftlich?

Und eine schöne „Affrage" könnte auch sein:

** Warum spiegelt sich mein enormer innerer Reichtum eins zu eins im Außen?*

Wäre das nicht eigentlich unser aller Ziel?

Vielleicht weil ich nach und nach meinen inneren Reichtum erkenne?

Vielleicht weil ich gerade lerne, mich wertvoll zu fühlen?

Vielleicht weil ich auf einem guten Weg bin, meine Geldblockaden zu lösen?

Vielleicht weil ich bereit bin, alle negativen Glaubenssätze in Bezug auf Reichtum aus meinem System zu löschen?

Vielleicht weil mein mangelndes Selbstwertgefühl in Heilung ist?

Vielleicht weil ich mein inneres Kind mit im Boot hab und wir uns gemeinsam für den Wohlstand öffnen, den wir uns so wünschen?

Vielleicht weil ich mit der entsprechenden selektiven Wahrnehmung nun bereit bin, all die Fülle auch in meinem Außen zu erkennen?

Vielleicht weil ich in meiner Vorstellung bereits reich bin?

Welche „Frantworten" tauchen aus Ihren Tiefen auf?

Eine weitere *wertvolle* „Affrage" könnte sein:

** Warum fühle ich mich so wertgeschätzt?*

Wünschen wir uns das nicht alle?

Vielleicht weil ich gelernt habe, Wertschätzung von anderen als solche zu erkennen, wie auch immer sie ausgedrückt wird?

Vielleicht weil ich bereit bin, die Wertschätzung anderer dankbar anzunehmen?

Vielleicht weil ich mir mehr und mehr selbst Wertschätzung entgegenbringe?

Interessant mögen auch Ihre Reaktionen auf folgende Fragen sein:

** Warum werde ich von Tag zu Tag reicher und wertvoller?*

Fühlt sich das nicht großartig an?

Vielleicht weil ich täglich neue Erfahrungen mache, die mich weiser, reifer, klüger und damit wertvoller werden lassen?

Vielleicht weil der Rückkaufwert meiner Lebensversicherung täglich ansteigt, wenn ich eine solche habe?

Vielleicht weil mein Füllebewusstsein täglich klarer wird?

Vielleicht weil ich lerne, mich mehr und mehr wertzuschätzen?

Vielleicht weil ich mit dem, was ich kreiere, täglich Geld verdiene – auch wenn dieses Geld mir nicht augenblicklich zukommt?

Während ich beispielsweise dieses Buch schreibe, verdiene ich genau genommen mit jeder Zeile, die durch meine Hände fließt, *Geld* (auch wenn sich dieses derzeit noch im *Centbereich* bewegt) und werde genau genommen mit jedem Wort wohlhabender!

Wenn ich an einem Bild arbeite, dann verdiene ich mit jedem Pinselstrich *Geld*, auch wenn ich für die tatsächliche *Geldeinnahme* für dieses Bild erst einen Käufer finden muss.

Wenn Sie eine neue Geschäftsidee haben, dann verdienen Sie mit jedem Gedanken, den Sie sich darüber machen, *Geld* und werden *reicher*.

Wenn Sie als Lehrerin Schülerhefte korrigieren, verdienen Sie *Geld* und generieren mehr *Fülle*.

Wenn Sie im Außendienst tätig sind, nehmen Sie mit jedem gefahrenen Kilometer *Geld* ein.

Wenn Sie an der Supermarktkasse sitzen, werden Sie mit jedem *Euro*, der durch Ihre Hände geht, wohlhabender; auch wenn dies nicht Ihr eigenes *Geld* ist.

Wenn Sie als Polizist ein Strafmandat erheben, dann erhöht dies Ihren Kontostand; auch wenn Sie das eingenommene *Geld* abliefern müssen.

Wenn Sie als Ärztin arbeiten, steigt Ihr *Geldwert* mit jeder Blutabnahme, mit jeder Blutdruckmessung, jeder Anamnese, jedem chirurgischen Eingriff, jeder Geburt eines neuen Kindes, die Sie begleiten.

Wenn Sie als Pilot unterwegs sind, verdienen Sie mit jeder Flugmeile *Geld*.

Wenn Sie Ihr *Geld* als Schneiderin verdienen, dann dient jeder einzelne Nadelstich dazu.

Wenn Sie als Ober tätig sind, dann tragen Sie mit jedem Glas, jedem Teller und allem, womit Sie Ihre Gäste verwöhnen, zu Ihrem *Wohlstand* bei.

Wenn Sie Lektorin sind, bringt jedes Wort, das Sie lesen, und jeder Fehler, den Sie entdecken und korrigieren, Ihnen *Geld* ein …

Wenn Sie Postbote sind, bringt jeder Schritt auf Ihrem täglichen Weg Sie Ihrer finanziellen *Fülle* näher.

Wenn Sie während Ihres Studiums für die nächste Prüfung lernen, verdienen Sie im Grunde auch *Geld*, das Sie eines Tages tatsächlich auch einnehmen werden.

Wie sieht das bei Ihnen aus, *werte* Leserin, *werter* Leser?

Spielen Sie mit Ihrer Phantasie und lassen Sie diese Ihnen klar machen, in wie vielen Situationen, bei wie vielen Tätigkeiten und Aktivitäten Sie genau genommen Ihren *Geldwert* vermehren - auch wenn dieser sich erst später in Ihr Leben faktisch im Außen spiegeln mag!

Ich sehe vor mir das Bild eines *Schwingungsguthabens*, das wir zugänglich haben, sobald unser *Selbstwertgefühl* geheilt ist. Oder so wie eine poste restante *Geldsendung*, die uns gehört; die wir jedoch erst mit einiger Verzögerung abholen - dann nämlich, wenn unser *Selbstwert* uns den Code dafür in die Hand gibt …

Und wieder kann ich Ihnen hier eine *wertvolle* Kombination anbieten: Sie können all die „Frantworten", die Ihnen (mündlich oder schriftlich) in den Sinn gekommen sind, mit den Punkten aus der „EFT" kombinieren. Dabei klopfen Sie entweder zu jeder Ihrer „Frantworten" einen Punkt, bis Sie die ganze Sequenz durch haben - wenn Sie mehrere gefunden haben. Oder aber Sie klopfen die ganze Sequenz durch, während Sie immer wieder dieselbe „Frantwort" wiederholen.

Das tun Sie am besten, während Sie sich dabei im Spiegel betrachten - das sorgt garantiert für Erheiterung!

„Dialog der Hände"

Die Wirkung dieses Spiels beruht auf der Tatsache, dass wir zwei Gehirnhälften haben, die jeweils eigene Funktionsbereiche erfüllen. Natürlich sind unsere beiden Hemisphären über den so genannten Balken (das corpus callosum) miteinander verbunden; aber leider sind die meisten von uns auf Hirnebene nicht in idealer Weise integriert. Daher funktioniert der Informationsaustausch auch nicht so, wie es eigentlich zu wünschen wäre; und die beiden Gehirnhälften können einander nicht so ergänzen, wie es sein sollte.

Der „Dialog der Hände" ist eine Möglichkeit, unsere zwei Gehirnhälften - und damit die beiden Pole unserer Persönlichkeit - miteinander zu verbinden. Damit können Sie mit allen möglichen „Dialogpartnern" kommunizieren - und wenn Sie sich weitere theoretische Grundlagen zu diesem Thema wünschen, finden Sie diese und viele praktische Anwendungsmöglichkeiten dieser Technik auch in meinem ebenfalls bei Acabus erschienenen Buch „Körperbriefe".

Was ich Ihnen hier jedoch ans Herz legen möchte - wenn Ihre Beziehung zu *Geld* noch nicht die beste ist; wenn Sie das Gefühl haben, *Geld* würde noch einen Bogen um Sie machen; wenn Sie noch nicht die *Fülle* zur Verfügung haben, die Sie sich wünschen -, ist der schriftliche Austausch mit *Geld* über den Dialog zwischen Ihrer rechten und Ihrer linken Hand.

Schriftliche Kommunikation mit *Geld*

~ Beginnen Sie – vielleicht nach einer Welleneinstimmung – damit, Kontakt zu Ihrem Geld aufzunehmen: abstrakt, über irgendein Symbol; oder auch indem Sie sich einen Geldschein vorstellen oder auch vor sich hinlegen.

Dann schreiben Sie dem *Geld* - von dem Sie meinen, es würde Ihnen zwar eigentlich zustehen, Ihnen derzeit aber noch nicht zur Verfügung stehen - mit Ihrer rechten Hand (wenn Sie Rechtshänder sind), oder mit Ihrer linken (wenn das Ihre dominante Schreibhand ist) einen Brief. Fragen Sie es, warum es sich gar so rar macht; warum es so zurückhaltend ist; warum es einen Bogen um Sie macht; warum es sich aus Ihrem Leben fernhält ...

Nun wechseln Sie als Rechtshänder die Schreibhand, oder bleiben Sie bei Ihrer linken Hand, wenn Sie Linkshänder sind, und lassen Sie Ihr *Geld* Ihnen über Ihre linke Hand antworten. Seien Sie dabei möglichst offen und erwarten Sie keine logischen Antworten - wiewohl ich auf diese Weise schon teils höchst Logisches vom *Geld* erfahren habe ☺!

So hat beispielsweise *Geld* einer Seminarteilnehmerin auf die Frage, warum es sich denn gar so rar machen würde, geantwortet, weil es ihm in ihrer Brieftasche mit all den vielen Kredit- und anderen Karten viel zu eng sei. Eine köstliche Antwort, fanden wir alle, und haben sehr gelacht!

Was schreibt Ihr *Geld* Ihnen?

Es ist übrigens nichts dagegen einzuwenden, nun sogar eine Brieffreundschaft mit Ihrem *Geld* zu beginnen! Ich denke, damit eröffnen Sie den Dialog mit einem gerade in *Geldfragen* höchst *wertvollen* Ratgeber!

Ich bin natürlich nicht der Ansicht, dass *Geld* wie mit unsichtbaren Fäden Ihre Hand führen wird, während Sie ihm Ihre linke Hand leihen! Aber unzählige Erfahrungen haben mich immer wieder darin bestätigt, wie ungemein *wertvoll* diese Art von Kommunikation ist!

Was ich Ihnen dazu sagen kann - und das ist ein Faktum! -, ist, dass die Nervenbahnen zwischen Ihrem Körper und Ihrem Gehirn im Hals die Mittellinie kreuzen; sodass Ihre linke Hand mit Ihrer rechten Gehirnhälfte verbunden ist. Anders ausgedrückt finden Sie über Ihre linke Hand Zugang zu Bewusstseinsinhalten Ihrer rechten, ganzheitlich wahrnehmenden Gehirnhälfte! Und diese ist nicht nur stärker mit Ihrem Herzen verbunden, sondern hat offenbar auch einen direkteren Zugang zu Ihrem transpersonalen Potenzial als Ihre linke Gehirnhälfte. Und damit auch zum Hyperraum, der All-Einheit, von der Quantenphysiker heute ebenso ausgehen wie alle großen Weisheitssysteme!

Ich weiß nicht, wie Sie das halten; aber ich persönlich liebe es, wenn ich zu etwas Neuem, das mir angeboten wird, plausible Erklärungen mitgeliefert bekomme; sodass ich es verstehen kann. Damit ist auch meine linke Gehirnhälfte befriedigt und befriedet und lässt mich in Ruhe damit spielen!

Aber ich bin durchaus auch bereit, Dinge anzunehmen und zu nützen, wenn sie mir weiterhelfen; wiewohl ich sie (vielleicht nur noch) nicht verstehen kann.

Die Elektrizität, mein PC oder meine komplexen Hirnfunktionen sind nur drei Beispiele dafür ☺!

Daher rate ich Ihnen, den „Dialog der Hände" einmal möglichst unvoreingenommen zu versuchen! Ich könnte mir vorstellen, dass das Schreiben mit der linken Hand Ihnen - vielleicht nach anfänglichem Zögern - die eine oder andere spannende und *wertvolle* Überraschung zu bieten hat!

Interessanter Weise haben oft gerade die anfangs ganz besonders skeptischen und kritischen Menschen die besten und verblüffendsten Ergebnisse; wenn sie sich trotz anfänglicher Zweifel doch dazu durchringen konnten! Ich habe in meinen *Geldseminaren* jedenfalls schon die bewegendsten, witzigsten und erstaunlichsten Dinge mit dieser Technik erlebt!

> *~ Und wie immer rate ich Ihnen, sich auch hier mit einer Quantenwelle auf den schriftlichen Austausch mit Ihrem Geld einzustimmen. Setzen Sie die Absicht, etwaige Voreingenommenheiten gegen diese seltsame Methode zu überwinden und Ihre kritischen und zweifelnden Anteile soweit zur Ruhe zu betten, dass Sie offen sein können für all das, was Ihnen auf diese Weise bewusst werden möchte!*

> *~ Danach können Sie die Aha-Erlebnisse und andere Einsichten mit einem Two-Pointing in Ihrem Feld verankern!*

Neben Ihrem *Geld* kann auch Ihr verletztes *Selbstwertgefühl* ein ergiebiger Gesprächspartner sein. Ebenso Ihre Angst vor *Geldverlust, finanzieller* Enge, bitterer Armut (oder jede andere Angst), wenn Sie davon betroffen sind.

Sie können aber auch mit jenem Persönlichkeitsanteil in Ihrem Inneren kommunizieren, der verantwortlich ist für Ihr einschränkendes *Geldverhalten;* genau wie übrigens mit jedem anderen Anteil Ihrer Persönlichkeit, dessen Motivation Sie hinterfragen wollen.

Ihr inneres Kind wird sich beispielsweise sehr freuen, wenn Sie es in Ihre *finanziellen* Entscheidungen einbinden – womit ich nicht sagen möchte, dass Sie die dabei zutage tretenden Empfehlungen eins zu eins umsetzen müssen. Bewusstseinserweiternd werden sie allemal sein! Sie können Ihr inneres Kind auch fragen, was es sich in *finanzieller* Hinsicht wünschen würde – das könnte Ihnen einen kleinen Motivationsschub geben, der Ihnen hilft, all das hier Gelernte auch tatsächlich umzusetzen ...

Und natürlich können und sollen Sie den „Dialog der Hände" auch mit Ihrem verlorenen Zwilling zelebrieren!

Dialog mit Ihrem verlorenen Zwilling

Wenn Sie sich mit den Indizien, die ich Ihnen im entsprechenden Kapitel angeboten habe, identifizieren konnten und nun wissen möchten, ob Sie tatsächlich während der Schwangerschaft ein (oder mehrere) Geschwister verloren haben, dann gibt es verschiedene Möglichkeiten, dies zu verifizieren!

Einerseits können Sie Ihre Mutter fragen, ob ihr während der Schwangerschaft etwas Außergewöhnliches passiert oder aufgefallen ist – das unbestimmte Gefühl, sie würde Zwillinge erwarten, ein Unfall, ein schwerer Schock, ein Abtreibungsversuch, starke Wehen oder auch eine Zwischenblutung. Das würde den Verdacht erhärten. All das muss aber nicht der Fall sein, denn die meisten Fruchtverluste geschehen unbemerkt!

Oder aber Sie besuchen eine Familienaufstellung – in diesem Fall möchte ich Ihnen aber wirklich ans Herz legen, genau darauf zu achten, ob der Aufstellungsleiter / die Aufstellungsleiterin um das Phänomen des verlorenen Zwillings Bescheid weiß. Denn nur ein solcher / eine solche bringt die nötige selektive Wahrnehmung mit, um einen derartigen Verlust auch tatsächlich zu erkennen. Ich weiß aus eigener Erfahrung (und vielen anderen mitgeteilten!), dass die Tatsache, dass dieses Phänomen bei einer Aufstellung nicht ans Tageslicht gekommen ist, absolut nichts über dieses Thema aussagen muss! Wir sehen bekanntlich nur dort etwas, wo wir hinschauen.

Eine weitere Möglichkeit wäre, eine auratherapeutische Begleitung zu suchen - hellsichtige, aurasichtige Menschen erkennen einen solchen Verlust normalerweise an Ihrem Energiefeld! Und der Vorteil dabei ist, dass bei entsprechenden Fähigkeiten auch gleich Ihre Aura geheilt werden kann. Denn wie bereits erwähnt, ist die Aura alleingeborener Zwillinge verletzt!

Und eine sehr elegante Möglichkeit, der Frage, ob Sie selbst von diesem Thema betroffen sind, auf den Grund zu gehen, ist der „Dialog der Hände", über den Sie mit Ihrem Geschwister im Jenseits kommunizieren können! Und zwar nicht nur, um Ihren Verdacht zu verifizieren, sondern weil Sie über dieses Spiel einen ungemein *wertvollen* Begleiter gewinnen!

Ich habe in unzähligen Seminaren erlebt, welch tief greifende Erfahrung der schriftliche Dialog mit Verstorbenen ist - sei es mit verlorenen Elternteilen, Partnern, Freunden oder eben auch Geschwistern! Und wiewohl ich Ihnen die hirnphysiologische Funktionsweise dieses Dialoges an sich plausibel erklären kann, kann ich Ihnen keine wissenschaftliche Erklärung geben, warum er uns erfolgreich mit Jenseitigen kommunizieren lässt. Tatsache ist jedoch: es funktioniert! Das lässt sich oft sogar mit Fakten verifizieren, die der Dialogführer über seine linke Hand zugänglich hat, obwohl er sie eigentlich gar nicht wissen konnte!

Ich kann Ihnen diese Methode nur wärmstens ans Herz legen - Ihre Zweifel müssen Sie selbst überwinden; das kann ich nicht für Sie tun! Aber ich kann Ihnen versichern, dass Ihre Überwindung sich auszahlen wird, weil Ihre Ergebnisse, Einsichten und Erkenntnisse erstaunlich, großartig, faszinierend und immer aufbauend sein werden!

~ Stimmen Sie sich mit einer Quantenwelle auf diesen bewegenden Dialog ein und stellen Sie sich vor, Ihr Geschwister hätte Sie in der sehr frühen Schwangerschaft (meist findet dieser Verlust ja innerhalb der ersten drei Monate statt, in denen bei uns üblicherweise noch kein Ultraschall gemacht wird) verlassen.

Und dann schreiben Sie ihm einen Brief. Schreiben Sie all das, was Ihnen auf dem Herzen liegt. Und dann wechseln Sie das Schreibgerät, leihen Ihrem verlorenen Zwilling Ihre linke Hand und lassen ihn über diese antworten …

Ohne Sie jetzt zum Alkohol zu verführen, wenn dieser für Sie nicht in Frage kommt, können Sie - wenn der „Dialog der Hände" bei Ihnen nicht gleich beim ersten Versuch funktioniert - auch versuchen, ein Gläschen Wein zu trinken, um Ihren inneren Kontrolleur ein wenig ruhig zu stellen. Das hilft oft und mag auch bei Ihnen manches Wunder in Gang setzen, wenn Ihr kritischer Geist Ihnen allzu sehr im Weg steht.

Es ist nicht abzusehen, was der „Dialog der Hände" mit Ihrem verlorenen Zwilling Ihnen alles an Einsichten, Erkenntnissen, Klarheiten, Wissen, Aha-Erlebnissen und sonstigem eröffnet! Ich kann Ihnen jedoch versichern: es wird ungemein *wertvoll* sein und Ihnen sehr, sehr wohl tun! Auch wenn die eine oder andere Träne fließt …

Üblicherweise ist das erste, was unsere verlorenen Geschwister für uns tun, uns von unseren Schuldgefühlen zu befreien! Sie versichern uns, dass alles genauso gekommen ist, wie es kommen sollte - und dass wir keineswegs Schuld wären an ihrem frühen Heimgang. Dies mag unsere Schuldgefühle vielleicht nicht in einem einzigen Brief auflösen; aber immerhin ist der Lösungsprozess damit in Gang gekommen - und alleine das ist *Gold wert*! Unsere verlorenen Zwillinge wünschen sich nichts mehr, als uns zu helfen, unser *Selbstwertgefühl* zu heilen! Sie wollen uns glücklich wissen!

Und das können Sie ganz leicht nachvollziehen, indem Sie sich in Ihre zweite Hälfte hinein versetzen. Was würden Sie sich für Ihre verbliebenen Zwilling wünschen, wenn Sie der- oder diejenige gewesen wären, der oder die früher heimgegangen ist? Würden Sie sich dann nicht wünschen, dass Ihr geborenes Geschwister ein rundum erfülltes Leben in Zufriedenheit, Glück, *Fülle* und *Wohlstand* auf allen Ebenen hat?

~ Und integrieren Sie die neue – und im Grunde doch wunderschöne, denn von nun an müssen Sie sich nie mehr einsam fühlen! – Gewissheit mit einer Welle in Ihrer Matrix!

Erlauben Sie mir, Sie an dieser Stelle noch einmal auf mein Buch „Alleingeborener Zwilling" hinzuweisen! Wenn meine Worte Sie stark berühren, heißt das für mich, dass Sie in Resonanz mit diesem Thema schwingen. Dann scheint es mir sehr wahrscheinlich zu sein, dass auch Sie ein Geschwister verloren haben! Und dann mag ein umfassenderer Heilungsprozess, als ich ihn hier anregen kann, für Sie *wertvoll* sein! Im entsprechenden Buch finden Sie eine ganze Reihe von Erklärungen; aber auch verschiedene Techniken zur Selbstheilung mit ihrem jeweiligen Einsatzbereich.

„Abheben und darüber Stehen"

Nun kommen wir zu einer weiteren Technik, die Ihnen einen guten Dienst erweisen wird. Vor allem dann, wenn Sie sich intensiv damit befassen und sie so in Ihren Alltag integrieren, dass sie ebenso zur Selbstverständlichkeit wird wie manch anderes, das Sie automatisch tun, weil es sich mehrfach bewährt hat!

Ziel dabei ist es vor allem, uns aus dem einschränkenden Bann unseres Überlebenszentrums zu befreien und in unserer Vorstellung abzuheben, um in den Homo sapiens sapiens-Modus zu gelangen. Dazu bedienen wir uns einiger neuer Einsichten aus der Bewusstseinsforschung und der Hirnphysiologie.

Einerseits geht es darum, destruktive Koppelungen in unserem emotionalen Gedächtnis zu lösen. Andererseits nützen wir die Energie unserer Aufmerksamkeit, um uns auf eine höhere Schwingungsebene zu heben. Dort gewinnen wir Zugang zu einer neuen, konstruktiveren, lebensbejahenderen und liebevolleren Einstellung, die uns nicht nur für *finanziellen* Erfolg und die Verwirklichung unserer Ziele öffnet; sondern uns generell ein entspannteres und rundum glücklicheres Leben beschert!

Meiner Ansicht nach können wir damit bewusst teilnehmen an der Gestaltung unserer Realität! Wobei ich unter Realitätsgestaltung eigentlich eher die bewusste Wahl einer der verschiedenen Zukünfte verstehe, die uns in jedem Augenblick unseres Lebens zur Verfügung stehen. Ich persönlich gehe nicht davon aus, dass uns in jedem Moment unseres Lebens alle Möglichkeiten offen stehen. Aber ich bin überzeugt, dass wir jeweils weit mehr Optionen zugänglich hätten, als wir glauben - und demzufolge nützen!

Ich glaube, wir öffnen uns am besten für unsere Wunschrealität, indem wir uns in Schwingungsresonanz zu dem bringen, was unseren Wünschen, Zielen und Visionen eher entspricht als (vielleicht) unsere augenblickliche Realität! Sie können sich das so ähnlich vorstellen, wie das Einstellen Ihres Radioempfängers auf die Frequenz, auf der Ihr gewünschtes Programm gesendet wird. Es macht nicht viel Sinn, sich zu ärgern und das Empfangsgerät an die Wand zu werfen, nur weil Sie ein grausiges Rauschen und Kratzen hören; anstatt das Herz erwärmende Violinkonzert, die aktuellen Nachrichten oder den interessanten Vortrag. Und Sie würden das wohl auch nicht tun, sondern einfach die Frequenz feiner einstellen!

Und genau das können Sie im Prinzip auch mit Ihrer persönlichen Einstellung, auf die Sie natürlich Einfluss haben; wenngleich es nicht immer ganz leicht ist, uns aus uralten einschränkenden Mustern zu befreien! Mit dem „Abheben und darüber Stehen“, das ich Ihnen hier zeigen möchte, geht das allerdings relativ einfach!

Erlauben Sie mir zuerst, ein paar theoretische Grundlagen vorauszuschicken. Wenn Sie - ähnlich wie ich - alles verstehen wollen, ehe Sie es anwenden, und wenn auch Sie ein Aha-Erlebnis brauchen, um motiviert zu sein, Ihren inneren Schweinehund zu zähmen, dann werden diese auch für Sie *wertvoll* sein!

Emotionales Gedächtnis

Unser emotionales Gedächtnis ist eine Funktion unseres Gehirns, über die bestimmte Reize eine Emotion hervorrufen. Positiv äußert sich dies beispielsweise, wenn wir bei der Betrachtung eines Bildes, das wir mit schönen Erinnerungen verbinden, diese Emotionen erneut spüren.

Wir können uns aber auch umkonditionieren, und dann löst etwa die ursprünglich schöne Erinnerung durch ein Bild mit einem Ex-Partner Schmerz aus, weil die Beziehung mittlerweile vorbei ist.

Umgekehrt können wir aber natürlich auch negative Konditionierungen umprogrammieren!

Negativ verbinden wir bestimmte Reize mit Situationen, in denen wir schlechte, schmerzhafte oder ängstigende Erfahrungen gemacht haben. Der Reiz muss dabei gar nicht unbedingt direkt mit der tatsächlichen Situation in Verbindung stehen. Es reicht, wenn wir die Erfahrung simultan mit dem Reiz gemacht und in dieser Kombination abgespeichert haben – ähnlich dem allseits bekannten Pawlow'schen Reflex! Psychologen sprechen von einem Trigger.

So kommen auch Furchtkonditionierungen zustande: wenn etwa das Hören einer Kreissäge die Angst vor dem Zahnarzt triggert; oder ein Seil, das in der Wiese liegt, die genetisch programmierte Schlangenangst aktiviert.

Dabei es ist nebensächlich, wie *objektiv* das Erlebnis *bewertet* wird; es zählt immer der subjektive *Erlebniswert* des Betroffenen. So können aufgrund der Funktionsweise unseres Gehirns schon die kleinsten Kränkungen individuell verheerende Auswirkungen haben. Unser Gehirn hat im Laufe der Evolution verschiedene Überlebensstrategien entwickelt, die immer noch in uns wirken; wiewohl wir in einer modernen Gesellschaft leben, in der diese Überlebensmechanismen zu einem großen Teil obsolet sind. Im Zentrum unseres „Homo sapiens sapiens-Gehirns" haben wir immer noch unser „Steinzeitgehirn".

Ist Ihnen schon einmal aufgefallen, dass die meisten Menschen im Fahrstuhl das Reden einstellen und betreten um sich schauen? Sobald die Türe jedoch wieder aufgeht, entspannt sich die Lage. Das macht auf der logischen Ebene keinen Sinn, evolutionsbiologisch ist es jedoch verständlich, sich in einem engen und geschlossenen Fahrstuhl unwohl zu fühlen! Aus der Sicht eines Höhlenmenschen brauchen wir genügend Territorium um uns herum und einen Ausweg, um sozialen Konfrontationen entgehen zu können.

Wir sind also lange nicht so unabhängig von unseren Empfindungen und der Funktionsweise unseres emotionalen Gehirns, wie wir oft annehmen. Ähnlich abhängig sind wir von unserem – auch unbewusstem – Gedächtnis! Selbst dann, wenn wir auf der logischen Ebene denken, wir hätten bestimmte Lebensereignisse adäquat verarbeitet, können diese Erfahrungen uns immer noch unbewusst belasten, weil sie in unserem emotionalen Gedächtnis gespeichert sind. Indiz dafür sind oft Träume, die sich mit all dem beschäftigen, was wir für längst verarbeitet halten!

Ein Beispiel, das für unser Thema relevant ist, ist der frühe Verlust eines Geschwisters, der ein Ur-Trauma darstellt, das durch allerlei Erfahrungen getriggert werden kann: Verluste, Verlassen- oder Vergessenwerden, Tod oder schwere Krankheit im Umfeld, aber auch Zurückweisung oder *Abwertung* …

Wenn wir eine sehr unangenehme Situation erleben (etwa von einem anderen Menschen bloßgestellt werden und uns entsetzlich schämen), dann wird diese Information als Kombination von Erlebnis plus den begleitenden Sinneseindrücken in der entsprechenden Situation in unserem limbischen System abgespeichert.

Ist es Ihnen schon einmal passiert, dass Ihnen beim Zahlen an der Kassa im Supermarkt klar wurde, dass Sie zu wenig *Geld* mit dabei haben; weil Sie vergessen hatten, Ihre Brieftasche aufzufüllen? Und dass dann die Kunden nach Ihnen deutlich merkbar ihren Unwillen kund taten – teils mit Verachtung, teils mit Schadenfreude, teils im Mitleid mit Ihnen –, weil sie durch Ihr Missgeschick etwas länger warten mussten? Wenn ja, dann wissen Sie, wovon ich spreche! Dann können Sie vielleicht auch nachvollziehen, dass nach diesem Ereignis das Anstellen bei der Kassa jedes Mal wieder Unlustgefühle auslöst – auch ohne die bewusste Erinnerung an dieses beschämende Ereignis!

Wenn nein: können Sie alleine im Hineinfühlen in eine Person, der so etwas passiert, die Peinlichkeit und Scham mitfühlen, nicht wahr? Ihre Spiegelneuronen machen es möglich!

Forscher haben kürzlich sogar festgestellt, dass schon wenige Wochen nach einem Trauma eine in der Magnet-Resonanz-Tomographie (MRT) nachweisbare Veränderung der Hirnaktivität stattfindet!

An sich dienen solche im Gehirn abgespeicherten Informationen dazu, uns in Zukunft vor neuerlichen unguten Erfahrungen dieser

Art zu schützen. Die Erinnerung wird vom Bewusstsein zwar verdrängt, um uns nicht ständig zu belasten; aber unbewusst reagieren wir mit einem Vermeidungsverhalten und verschiedenen Symptomen, die viele unterschiedliche Gesichter haben können.

Das Bewusstsein macht einen Bogen um die Thematik, daher scheitern auch viele Therapien. Und sogar dann, wenn im Laufe einer rational basierten Therapie ein Konflikt gefunden wird, heißt dies nicht unbedingt, dass dieser durch das Besprechen im Wachzustand emotional auch wirklich gelöst werden kann. Gesprächstherapien laufen ja vor allem in der Großhirnrinde ab (wo das rationale Denken stattfindet) und wirken meist kaum auf der Ebene des limbischen Systems.

Ereignisse, die mit starken Emotionen verbunden sind, bleiben übrigens länger im Gedächtnis hängen – vor allem wenn diese negativ waren. Beispielsweise wissen die meisten von uns heute noch genau, unter welchen Umständen wir die Nachricht von „nine eleven" erfahren haben.

Zuständig für die emotionale *Bewertung* von Reizen und für die Verknüpfung von Ereignissen mit Emotionen ist die Amygdala (der Mandelkern). Gemeinsam mit dem Hippocampus (einem weiteren Teil unseres emotionalen Gehirns) ist sie quasi der „Wächter der Erinnerungen" und in dieser Funktion zuständig für die Entscheidung, ob Inhalte aus dem Kurzzeit- in das Langzeitgedächtnis überführt werden: dies wird als „Konsolidierung" bezeichnet.

Je stärker eine Emotion ist, desto mehr Botenstoffe werden ausgeschüttet (positiv Dopamin, Serotonin, Oxytocin/negativ Adrenalin und Noradrenalin). Diese beeinflussen die Signalübertragung zwischen den Nervenzellen, indem bestehende Rezeptoren verstärkt und neue gebildet werden. Dadurch stehen mehr Synapsen zur Verfügung und es gibt vermehrte Zellaktivität und daher intensivere Informationsübertragung.

Dies ist der zentrale Mechanismus der Gedächtnisbildung!

Chronischer Stress – etwa auch beim Lernen durch Bestrafung – lässt Nervenzellen im Hippocampus absterben! Daher ist die Stärkung des Erinnerungsvermögens durch positive Emotionen – Lernen durch Lob und Belohnung – immer besser! Lob, Anerkennung, Bewunderung, Achtung, Bestätigung und *Wertschätzung* fördern sowohl die Motivation als auch dauerhafte Gedächtnisbildung über den Aus- und Umbau der synaptischen Verbindungen zwischen den gerade aktiven Nervenzellen!

Daher ist für mich persönlich der Begriff „konstruktive Kritik" auch ein Widerspruch in sich. Wenn Kinder unter Kritik lernen, so tun sie das aus meiner Sicht nicht deshalb, sondern trotzdem. Aber das gilt natürlich nicht nur für Kinder! Und ich bin mit dieser Ansicht nicht alleine. Kritik, welches Prädikat auch immer davor steht, ist ein abwehrender Nein-Zustand, der Stress auslöst! Und was Stress mit unserer Großhirnrinde macht, ist mittlerweile eindeutig bewiesen!

Gefühle und Emotionen sind also maßgebliche Indikatoren, ob Ereignisse langfristig *speichernswert* sind oder nicht. Sie helfen uns, die unzähligen Reize und Informationen, die täglich auf uns einstürmen, nach ihrer Relevanz zu sortieren!

Wir könnten also von einer Art emotionalem Navigationssystem sprechen!

Die gute Nachricht!

Und jetzt habe ich eine sehr gute Nachricht für Sie – wenn Sie sich nämlich der enormen Tragweite klar werden, die diese Entdeckung für Ihre bewusste Lebensgestaltung hat!

Für die Konsolidierung (also die Überführung vom Kurzzeit- ins Langzeitgedächtnis) müssen im Gehirn Proteine produziert werden. Und neueste Erkenntnisse zeigen, dass Erinnerungen jedes Mal, wenn sie abgerufen werden, erneut abgespeichert werden – wofür immer wieder neue Proteine produziert werden müssen! Das bedeutet, dass in dieser Zeit die Erinnerungen vorübergehend instabil sind. Da öffnet sich also ein Zeitfenster, in dem diese verändert und in einer neuen Version abgelegt werden können – wie in einer Art Updateprozess bei Ihrem Computer!

Genau in diesem Zeitfenster können wir unser Gehirn also tatsächlich umprogrammieren, indem wir alte, destruktive emotionale Koppelungen lösen und durch neue, konstruktivere ersetzen! Auf diese Weise können wir uns einerseits nachhaltig aus ungesunden Verhaltensmustern befreien und neue, förderliche und lebensbejahende Reaktionen in unsere Hirnbahnen integrieren!

Und – was aus meiner Sicht noch bahnbrechender ist! – dabei reicht unsere bloße Vorstellung! Halten Sie bitte für einige Augenblicke inne, um sich der Tragweite dieser Entdeckung bewusst zu werden!

Im Klartext gesprochen: um ein neues Programm in Ihr Gedächtnis einzufügen, reicht Ihre Vorstellungskraft – weil Ihr Gehirn ja nicht unterscheiden kann, ob Sie etwas „tatsächlich erleben" oder „sich nur vorstellen" oder über Ihre Spiegelneuronen empathisch „aus zweiter Hand miterleben". Sie erinnern sich an diese speziellen Hirnzellen?

Wenn Sie nun in Betracht ziehen, dass es in allen Bereichen Ihres Lebens solche Koppelungen im emotionalen Gedächtnis gibt, wird Ihnen jetzt wohl klar, dass und wie Sie Einfluss nehmen können auf all die negativen, Sie klein haltenden, an der Verwirklichung Ihrer Idealvisionen hindernden und in Ihren – *finanziellen* und anderen – Erfolgen sabotierenden Erinnerungen!

So ist es beispielsweise kein Zufall, wenn Sie ständig in *finanzieller* Enge leben, wenn Sie auf emotionaler Ebene *Geld* vor allem an dunkle, schwere, einengende und Kraft raubende Energie gekoppelt haben!

„Was sind das bloß für merkwürdige Attribute im Zusammenhang mit Geld?", fragen Sie sich jetzt vielleicht – aber haben Sie noch ein wenig Geduld, die Erklärung folgt bald!

Und es ist leicht erklärlich, warum Sie zwar möglicherweise gar nicht so wenig *Geld* verdienen, es Ihnen aber zwischen den Fingern hindurch zu rinnen scheint, wenn Sie auf emotionaler Ebene *Geld* vor allem an dunkle, schwere, einengende und Kraft raubende Energie gekoppelt haben!

Weiters darf es Sie nicht wundern, wenn *Geld* einen Bogen um Sie zu machen scheint, wenn Sie auf emotionaler Ebene *Geld* vor allem an dunkle, schwere, einengende und Kraft raubende Energie gekoppelt haben!

So wird auch sonnenklar, warum Sie bei *Gehaltserhöhungen* immer vergessen werden, den gut *bezahlten* Job nicht bekommen oder sich vergeblich um den lukrativen Auftrag bemühen, den dann ein anderer bekommt - einfach weil Sie auf emotionaler Ebene *Geld* vor allem an dunkle, schwere, einengende und Kraft raubende Energie gekoppelt haben!

Ich hatte früher absurder Weise sogar Ekelgefühle, wenn ich eine größere *Geldsumme* für eines meiner Bilder bekam. Als mir das damals bewusst wurde, war klar, dass ich dringenden Handlungsbedarf hatte! Leider gab es damals die meisten der hier geschilderten Werkzeuge noch nicht; mit denen ich mich wohl weit rascher konsolidiert hätte, als es letztlich der Fall war! Und was noch wichtiger ist: damals war mir noch nicht klar, dass ich als alleingeborener Zwilling zuerst dieses Ur-Trauma bearbeiten und mein *Selbstwertgefühl* aufbauen müsste, ehe ich mit den anderen Werkzeugen Erfolg haben würde!

Weil der Verstand keinen Zugriff auf das emotionale Gedächtnis hat und solche energetischen Koppelungen durch Konditionierung zustande kommen, können diese auch nur über den „Sprachcode unseres emotionalen Gedächtnisses" wieder gelöst werden! Ich gehe gleich näher auf diesen ein!

Ein sehr wirksamer Weg zur Entkoppelung unserer Emotionen von negativen Beurteilungen und Glaubenssätzen ist die hier vorgestellte Kombination aus Quantenwelle und dem, was ich als „Abheben und darüber Stehen" bezeichne.

Ehe ich jedoch auf die Technik selbst eingehe, möchte ich Ihnen noch *Wissenswertes* als weitere Erklärung für deren Funktionsweise anbieten! Wenn Ihnen all das zu viel Theorie ist, blättern Sie einfach weiter - aber ich höre und lese immer wieder, wie *wertvoll* diese Erklärungen für viele sind!

Verortung von Emotionen und Gedanken

Finnische Wissenschaftler haben herausgefunden, dass - unabhängig von Kultur, Geschlecht und anderen Unterschieden - bestimmte Emotionen mit bestimmten Körperempfindungen korrelieren und jeweils an einer ganz bestimmten Stelle innerhalb unseres Körpers repräsentiert werden: sie sprechen vom „emotionalen Sprachcode des Gehirns".

Während wir unsere Emotionen innerhalb unseres Körpers verorten, werden unsere Gedanken außerhalb unseres materiellen Körpers in unserem Mentalkörper repräsentiert. Das ist ein Teil unseres Energiekörpers, der als eine Art Informationsmatrix unseren Körper wie eine Hülle umgibt; und in dem sich die Repräsentationen aller möglichen Gedankenformen befinden: Hoffnungen auf mehr *Geld*, große Wünsche, Zweifel an unserem *Wert*, Angst vor *finanziellem* Ruin, hinderliche aber auch förderliche Glaubenssätze, Annahmen wie: „*Geld* ist schmutzig und korrumpiert uns"; aber auch, dass es *wertvoll* ist, um die Welt zu einem besseren Ort zu machen …

Dabei scheinen Gedanken, die positive Gefühle auslösen, sich im oberen Bereich unserer Matrix zu befinden, während Gedanken, die negative Gefühle auslösen, weiter unten repräsentiert werden! Und je nachdem, wo wir unsere Aufmerksamkeit hin richten, werden wir die entsprechenden Gedanken - und damit Gefühle - zugänglich haben!

> ~ *Um einen Eindruck davon zu bekommen, möchte ich Sie dazu anregen, sich – vielleicht nach Einstimmung mit einer Quantenwelle – zwei verschiedene Situationen im Zusammenhang mit Geld zu vergegenwärtigen.*

Ein Erlebnis, das Sie eher als negativ und herunterziehend empfunden haben, und ein beglückendes, aufbauendes. Also etwa ein spürbarer *Geldverlust* auf der einen Seite und einen großen *finanziellen* Erfolg auf der anderen Seite.

Womit ich eigentlich schon etwas vorweggenommen habe, was Sie aber sicher schon aus eigener Erfahrung kennen: es gibt nicht nur Menschen, sondern auch Situationen und Erlebnisse, die uns gefühlsmäßig hinaufziehen; und solche, die uns niederdrücken, ja gar erniedrigen.

Während Sie sich diese beiden Situationen vergegenwärtigen, achten Sie bewusst darauf, was diese Erfahrung jeweils mit Ihnen macht, wenn Sie sich ganz und gar in das damit verbundene Gefühl hinein versetzen: welche Sinneswahrnehmungen löst die jeweilige Vergegenwärtigung in Ihnen aus?

Dabei empfehle ich Ihnen, möglichst Ihren Verstand auszuschalten (vielleicht indem Sie kurz die Pausetaste drücken ☺), weil diese Assoziationen für Ihr logisches Denken keinerlei Sinn ergeben. Achten Sie einfach auf Ihre intuitive Antwort, während Sie sich fragen:

Vermittelt mir das eher eine leichte oder schwere Körperempfindung?

Vermittelt mir das eine Empfindung von Helligkeit oder von Dunkelheit?

Vermittelt mir das eher ein Gefühl von entspannter Weite; oder eher von zusammen ziehender Einengung?

Vermittelt mir das eher eine belebende, aufbauende, vitalisierende und Kraft spendende Körperempfindung; oder eher eine lähmende, Kraft raubende, schwächende und auslaugende?

Das Ergebnis dieses Vergleiches mag Sie erstaunen. Wobei ich annehme, dass Sie all das unzählige Male erlebt haben; nur sind Sie sich dessen bisher wahrscheinlich nicht bewusst geworden!

Aufbauend auf dieser Erfahrung können wir nun spielerisch Einfluss nehmen – anfangs vielleicht nicht unbedingt direkt innerhalb einer schwerwiegend unguten Situation selbst. Allerdings weiß ich aus Erfahrung, dass wir auch das lernen können! Dazu braucht es allerdings etwas Übung; ein Aufwand, der sich aus meiner Sicht jedoch garantiert lohnt! Stellen Sie sich vor, Sie hätten ein Werkzeug in der Hand, das Ihnen in so gut wie jeder Krisensituation hilft, abzuheben und über der Situation zu stehen – wäre das nicht fein?

Haben Sie sich oder anderen nicht schon mehrmals gesagt – oder das von anderen gehört:

„Wie gerne würde ich in dieser Situation einfach darüber stehen!"
„Warum kann ich da nicht einfach darüber stehen?"
„Sag, kannst du nicht einfach darüber stehen?"

„Ich bewundere, wie … einfach darüber steht und so klug reagiert!"

„Steh doch einfach darüber!"

Eine Weile habe ich Seminare zum Thema „Kreative Stresslösung" gehalten (dazu finden Sie übrigens auch ein gleichnamiges Buch im Acabus Verlag!), und da habe ich meine Teilnehmenden immer gerne gefragt, wie welches Tier sie unter Stress reagieren – und wie welches sie lieber reagieren würden.

Und da ich selbst immer all das, was ich weitergebe, zuerst für mich anwende, habe ich auch mir diese Frage gestellt. Mein ideales Stresstier wäre der Adler, der einfach abhebt und sich die stressige Situation von oben ansieht – einer Perspektive, aus der die Dinge lange nicht so belastend und nahe gehend sind! So konnten viele diesen Wunsch nachvollziehen!

Daher wiederhole ich nun meine Frage von vorhin:

Wäre es nicht fein, wenn Sie ein Werkzeug in der Hand hätten, das Ihnen in jeglicher Krise, jeglicher belastenden Situation, jeglicher Herausforderung hilft, abzuheben und über der Situation zu stehen?

Nun, dieses Werkzeug gibt es!

Wissen Sie übrigens, dass im Chinesischen das Wort „Krise" sowohl „Gefahr" als auch „Chance" heißt?

Nützen wir also zukünftig Krisen als willkommene Chance, abzuheben und darüber zu stehen, indem wir uns selbst wie einst Baron Münchhausen am eigenen Zopf aus dem Sumpf ziehen – allerdings ohne Lügenmärchen!

Abheben …

In diesem „Abheben und darüber Stehen" im Spiel mit den vier Wahrnehmungen – wenn Sie sich aus der dunklen, engen, lähmenden Schwere heraus und hoch ziehen –, finden Sie wohltuende Entspannung. Im Raumschiff Enterprise würde es „heraus beamen" heißen ☺!

~ Stimmen Sie sich wieder mit einer Quantenwelle auf Ihr Abheben ein.

Dann vergegenwärtigen Sie sich bitte noch einmal das negative *finanzielle* Erlebnis von vorhin - oder ein anderes, das Sie als ähnlich belastend empfunden haben. Und holen Sie sich wieder die vier Wahrnehmungen der Dunkelheit, der Schwere, der Enge und der Lähmung.

* Dann richten Sie sich auf und Ihren Blick, der vermutlich nach unten gerichtet ist, nach oben;

* lassen Sie sich im Stirnhirn „ein Licht aufgehen", sodass Sie Helligkeit empfinden;

* atmen Sie sich aus Ihrer Enge frei und erlauben sie sich beim Einatmen wohltuende Weite in Ihrer Brust - bei jedem Atemzug mehr! Vielleicht so als würden Sie einen Panzer oder einen viel zu engen Ring um Ihre Brust aufatmen oder ein viel zu enges Gewand sprengen.

* Und lassen Sie sich von vitalisierender Energie erfüllen - so wie eine ausgetrocknete Pflanze, die Wasser bekommt und sich dankbar wieder aufrichtet!

* Dann heben Sie ab …

Lassen Sie sich von Scotty in die helle, weite, kraftstrotzende Leichtigkeit „hoch beamen" …

Oder, wenn Ihnen das Bild der Raumschiffvariante nicht so gefällt, stellen Sie sich vor, Sie stiegen in einen (vielleicht gläsernen, wenn Sie das möchten, um den Überblick zu wahren) Aufzug ein und ließen sich hoch tragen. Und je höher Sie kommen, umso heller wird es, umso leichter fühlen Sie sich, umso mehr Power fühlen Sie in sich und umso mehr Weite können Sie wahrnehmen (vielleicht weil die Wände Ihres Aufzuges sich öffnen, natürlich ohne Ihnen Angst zu machen) …

Aber vielleicht gefällt Ihnen ja auch das Bild des Adlers besser, der sich aus eigener Macht und mit kräftigen Schwingenschlägen aus der belastenden Situation löst und sich mit Leichtigkeit in die hellen, weiten und erfrischenden Lüfte erhebt …

Eben kommt mir auch das Bild eines Schwanes in den Sinn, der sich aus dem Wasser erhebt - haben Sie dieses beeindruckende Schauspiel schon einmal bewusst miterlebt?

Aber vielleicht liegt Ihnen ja auch die spielerische Leichtigkeit eines Schmetterlings mehr, der sich von einer Blüte, von deren Nektar er genascht hat, in den blauen Sommerhimmel erhebt, weil er dabei gestört wurde?

Oder wollen Sie in Ihrer Vorstellung lieber in einem Fesselballon abheben, nachdem Sie Ihren Blick nach oben in die Helligkeit gewandt, sich in die vitale Weite geatmet und die schweren Gewichte, die Ihren Ballon am Boden gehalten haben, abgeworfen haben ...

Ein weiteres Bild könnte ein Engel sein, der Sie hoch trägt ...

Oder ein Sonnenstrahl, der Sie magnetisch hoch zieht ...

Finden Sie jenes persönliches Bild, das Sie am meisten anspricht und mit dem Sie sich zukünftig aus allen stressigen Situationen, Begegnungen und Ereignissen herausziehen und abheben können, um ganz und gar darüber zu stehen! Je öfter Sie damit spielen, umso fester wird diese Vorstellung in Ihren Hirnbahnen verankert und umso leichter haben Sie dieses sehr wirksame Spiel zukünftig zur Verfügung, wenn es wieder einmal eng wird!

... und darüber Stehen

So ähnlich wie Sie aus einem höheren Stockwerk weiter sehen als aus dem Erdgeschoss; oder wie Sie von der Spitze eines Berges eine weitere Perspektive haben als von seinem Fuße; werden Sie aus dieser neuen Perspektive automatisch eine völlig neue Einstellung gewinnen und demzufolge in Resonanz zu einer völlig anderen Realität schwingen - Ihrer Wunschrealität!

Interessant dabei ist übrigens, dass Sie aus Ihrer neuen Perspektive sogar begründen können, warum Ihnen das, was Sie vorhin noch so gestresst hat, nun gar nicht mehr so wichtig erscheint! Ihr Abheben verschafft Ihnen also nicht nur positive Gefühle zu etwas zuvor noch als negativ Empfundenem. Sondern aus der neuen Perspektive finden Sie Zugang zu einer völlig neuen, konstruktiven Einstellung, die Sie tatsächlich auch argumentieren können.

Probieren Sie es aus und fragen Sie sich, wieso die zuvor noch stressige Tatsache Sie nun nicht mehr tangiert!

Je höher Sie übrigens kommen, desto wahrer und objektiver wird Ihre Einstellung und desto höher ist die Qualität an Informationen, die Ihnen in Ihrer mentalen Matrix zur Verfügung stehen!

~ *Und diese neue Einstellung können Sie natürlich auch gleich in Ihrem System integrieren!*

Wenn Sie auf diese Weise immer wieder mit Ihrer Gedankenenergie spielen und die Dunkelheit erhellen, die Enge erweitern, den Zustand der Lähmung in einen voller Vitalität umwandeln, die Schwere erleichtern und abheben, dann wird sich nicht nur Ihr Energiefeld, sondern nach und nach Ihr ganzes Leben nachhaltig verändern!

Je öfter Sie dieses Spiel spielen, umso rascher und bleibender!

Missverständnisse

Stress entsteht im Grunde immer dann, wenn es ein Missverständnis zwischen unserem Homo sapiens sapiens-Gehirn und unserem limbischen System gibt, also zwischen unserer Großhirnrinde und unserem emotionalem Gehirn. Das liegt daran, dass diese beiden Hirnanteile verschiedene Zielsetzungen und Aufgaben haben!

* Unsere Großhirnrinde will glückliche Gefühle haben und unglückliche loswerden oder vermeiden; und sie beurteilt unsere aktuellen Lebensumstände auf dieser Basis.

* Unser emotionales Gehirn will unser Überleben sichern, indem es uns auf Kampf, Flucht oder Totstellen vorbereitet, wenn es Gefahr wittert.

Wenn letzteres die Beurteilung von ersterem falsch versteht, bringt es uns energetisch in den falschen Modus!

Ein Beispiel: Wir befinden uns gerade in *finanzieller* Enge und unser limbisches System versetzt uns in Panik in den Totstellmodus.

Grund dafür ist, dass unsere Großhirnrinde einen solchen Zustand zwar als unangenehm *bewertet*, unser emotionales Gehirn diese *Bewertung* jedoch als gefährlich interpretiert. Das ist natürlich kontraproduktiv, weil wir in diesem Modus völlig unfähig sind, irgendetwas an unserer Situation zu ändern!

Besser wäre es, Zugang zu praktischem Denken, Vernunft und Kreativität zu finden, um neue *Geldquellen* zu erschließen - diese Funktionen sind uns unter Stress jedoch nicht zugänglich, weil sie in unserer Hirnrinde ablaufen!

Ein weiteres Beispiel: Unser Vorgesetzter lehnt unseren Antrag auf Gehaltserhöhung mit Hinweis auf die schwierige wirtschaftliche Lage ab. Wenn unser limbisches System uns daraufhin in den Fluchtmodus versetzt, weil es Gefahr wittert, wird uns dies nicht wirklich helfen, um dieses Problem zu lösen! Dazu braucht es unsere höheren Hirnfunktionen, die im Fluchtmodus blockiert sind.

Besser wäre es, mit Verständnis auf diese Ablehnung zu reagieren und vielleicht eine weitere *Geldquelle* zu erschließen - was sicher mit eingeschaltetem Homo sapiens sapiens-Gehirn *erfolgreicher* sein wird!

Ein letztes Beispiel: Unser Bankbetreuer erklärt uns, unser *Kontostand* sei hart an der Grenze und wir sollten rasch etwas gegen die massive Überziehung unternehmen. Das nimmt unser limbisches System prompt zum Anlass, uns in den Kampfmodus zu versetzen, weil es diese Zurückweisung als Angriff interpretiert. Ich überlasse es Ihnen, sich die Folgen dieses Missverständnisses auszumalen ☺!

Besser wäre es, unseren Verstand einzuschalten, um Lösungen für dieses Problem zu finden!

All das ist eben nur im Vollbesitz unserer geistigen Fähigkeiten - also mit aktiver Großhirnrinde - möglich. Diese ist im Flucht-, Kampf- und Totstellmodus jedoch blockiert!

Im Grunde gibt es in unserem Leben nicht mehr allzu viel, was unser Überleben tatsächlich gefährdet und die drei Überlebensmechanismen berechtigt erscheinen lässt. Allerdings beurteilt unsere Hirnrinde unsere Lebensumstände viel negativer, als sie aus

Sicht unseres emotionalen Gehirns tatsächlich sind: sie entdeckt vieles, was unser Glück gefährden könnte und versetzt damit unseren Mandelkern viel zu oft in Angst und Schrecken. Dieser ortet irrtümlich eine ernsthafte Gefahr für unser Überleben und setzt alles in Gang setzt, um entweder gegen das als gefährlich Eingeschätzte zu kämpfen; oder davor zu flüchten; oder unsichtbar zu werden - sich also tot zu stellen -, wenn er sich ausgeliefert und machtlos fühlt.

In den allermeisten Fällen geht es dabei jedoch bloß um etwas, was zwar aus Sicht der Hirnrinde unserem Glücklichsein im Weg steht, aber bei weitem nicht unser Überleben gefährdet. Die Gefahren unserer Vorfahren gibt es kaum mehr!

Wenn wir Essen im Kühlschrank, ein Dach über dem Kopf, Kleidung und ein Bett zum Schlafen haben, sind wir *reicher* als fünfundsiebzig Prozent der Weltbevölkerung!

Wenn wir dazu noch lesen können, gehören wir zu den dreißig Prozent der Menschen mit Schulbildung!

Wenn wir nie Krieg, Gefangenschaft oder Hunger erlebt haben, geht es uns besser als fünfhundert Millionen anderen!

Wenn wir in unsere Kirchen gehen können und Religionsfreiheit haben, sind wir freier als drei Milliarden Menschen!

Wenn wir dazu noch ein Bankkonto und *Geld* am Ende des Monats haben, gehören wir zu den *reichsten* acht Prozent!

Um solche Missverständnis zwischen Großhirnrinde und emotionalem Gehirn zu vermeiden, gilt es, zu erkennen, wenn das emotionale Gehirn uns aus Überreaktion in die dunkle, schwere, lähmende Enge herunterzieht - wir also gerade wieder im Überlebensmodus schwingen. Um dann die falschen Beurteilungen zu korrigieren.

Sehen wir uns das gemeinsam anhand eines Beispiels an!

Ein Beispiel: *Finanzielle* Enge

Um tatsächlich etwas an Ihrer *finanziellen* Situation zu ändern, ist es aus meiner Sicht sinnvoll, den derzeitigen Ist-Zustand zu erheben und so anzunehmen, wie er gerade ist – also „ja" dazu zu sagen! Erst dann sind Sie in der Lage, etwas daran zu ändern!

~ Stimmen Sie sich also mit einer Welle auf dieses Spiel ein und fragen Sie sich:

Welche Energie spiegelt mir mein Leben derzeit?

Erlebe ich Fülle und Unbeschwertheit oder Mangel und Belastungen?

Erlebe ich materielle Sicherheit oder Sorgen und Existenzängste?

Erlebe ich finanzielle Freiheit oder Unfreiheit durch einschränkende Notwendigkeiten?

Spendet meine finanzielle Situation mir Kraft und Energie oder ist sie lähmend, raubt mir Energie und lässt mich machtlos fühlen?

Ist Ihnen die Korrelation dieser Fragen mit den vier Sinneswahrnehmungen aufgefallen, auf die zu achten ich Sie vorhin gebeten habe?

Wenn Ihr derzeitiger Ist-Zustand noch nicht zu Ihrer Zufriedenheit ist, spielen Sie auf emotionaler Ebene weiter, um die Ursachen für Ihre *finanzielle* Situation zu beleuchten.

Fragen Sie sich also:

Wie fühlt sich die damit verbundene emotionale Energie an?

Eher leicht oder eher schwer?

Fühlt sie sich eher hell an oder eher dunkel?

Vermittelt sie mir eher ein Gefühl von bedrückender Enge oder eher von entspannter Weite?

Nehme ich sie eher als belebend, aufrichtend und Kraft spendend wahr oder eher als schwächend, lähmend und Kraft raubend?

Führen Sie sich bitte vor Augen, dass Ihre aktuelle emotionale Energie großteils nicht aus bewusstem Denken resultiert, sondern im Wesentlichen durch uralte Konditionierung entstanden ist!

Was auch immer Sie beim Gedanken an *Geld* empfinden, koppelt sich an *Geld*: empfinden Sie Mangel, dann verbindet sich dieses Mangelgefühl an *Geld*! Neben Mangel können Sie Angst, Sorgen, Ekel, Verachtung, Neid, überfordernde Belastungen und Pflichten und Ähnliches an den Gedanken an *Geld* koppeln!

Aber natürlich können Sie auch positive Eindrücke und Emotionen mit *Geld* verbinden: Freiheit, Leichtigkeit, Freude, *Wertschätzung*, Liebe, Dankbarkeit, Begeisterung. Und genau diese Energie äußert sich dann auch in der Gestaltung Ihrer Realität!

Wenn Sie beim Gedanken an *Geld* Schwere spüren, dann entspricht das Ihrem Mangelgefühl, das sich auch in Ihrer Realität als belastender *Geldmangel* spiegelt! So lange Sie also Schwere an *Geld* gekoppelt haben, wird es immer Mangel in Ihrem Leben geben - woher auch immer diese Koppelung stammt und wie lange sie schon in Ihren wirkt!

Wenn Sie hingegen Leichtigkeit empfinden, dann entspricht dies Ihrem *Füllegefühl*, das sich auch in Ihrer Realität als *Fülle* spiegeln wird.

Wenn Sie beim Gedanken an *Geld* Dunkelheit wahrnehmen, dann sind Ängste an *Geld* gekoppelt. Diese Existenzängste, Verlustängste und Sorgen spiegeln sich auch in Ihrer Realitätsgestaltung als immer wieder stressige Anlässe zu Sorgen und Ängsten - und da ist es irrelevant, aus welcher Erfahrung diese Koppelung stammt! Wobei Ängste nur eine Realität gestalten, die Ihnen weitere Angst macht - da passiert noch nicht so Schlimmes wie im Machtlosigkeitsmodus!

Wenn Sie hingegen Helligkeit wahrnehmen, dann ist in Ihnen Vertrauen an *Geld* gekoppelt. Und dieses Vertrauen spiegelt sich auch in Ihrem Leben als immer wieder beruhigende Bestätigungen für Ihr Vertrauen.

Wenn Sie beim Gedanken an *Geld* Einengung spüren, bedeutet dies in Ihrer Realität finanzielle Unfreiheit mit allerlei Belastungen durch Pflichten und einschränkende Notwendigkeiten. Dann müssen Sie wahrscheinlich immer wieder etwas tun, was Sie nicht möchten; können jedoch nicht das tun, was Sie wollen - egal wie lange diese Koppelung Sie schon auf Ihrem Lebensweg begleitet!

Wenn Sie hingegen Weite empfinden, bedeutet dies *finanzielle* Freiheit mit vielen Möglichkeiten zur Selbstverwirklichung!

Wenn der Gedanke an *Geld* sich für Sie lähmend und Kraft raubend anfühlt, dann erleben Sie Sinnlosigkeit, Ausgeliefertsein und totale Machtlosigkeit. Und dies zieht Umstände an, in denen Sie dann tatsächlich machtlos fühlen - und das kann sogar eine uralte und in Ihrer Kindheit von anderen übernommene Koppelung sein!

Wenn er sich jedoch vitalisierend und Kraft spendend anfühlt, dann sind Sie in Ihrer vollen Eigenermächtigung und können die Umstände weitgehend beeinflussen, weil Sie Zugang zu Ihrer Macht und die Fähigkeit zur Kontrolle haben!

Wenn Sie sich nun - wie vorhin erklärt - hoch schieben, ziehen lassen oder hoch schweben, ändern Sie nicht nur Ihre Einstellung zu Ihren *Finanzen* und zugleich auch zu sich selbst in diesem Zusammenhang - vor allem Ihr *Selbstwertgefühl*! –; sondern zugleich auch Ihre Ausstrahlung und damit Ihre Resonanzfähigkeit zu einer neuen *finanziellen* Realität.

Mit einer positiveren, konstruktiveren Einstellung werden Sie mehr *Fülle* und Erfüllung auf allen Ebenen und in allen Lebensbereichen anziehen und sich natürlich besser fühlen, was Ihre Ausstrahlung weiter verbessert ... auf diese Weise eröffnen Sie einen förderlichen Engelskreis!

~ Und vergessen Sie nicht, all die gewonnenen Einsichten mit einer Welle in Ihrem System zu verankern!

Blockaden im Unterbewusstsein orten

Es könnte allerdings sein, dass nach wie vor unbewusste Programme Sie an der Verwirklichung Ihrer Wünsche, Ziele und Visionen hindern. Und ein häufiger Grund dafür ist die Tatsache, dass Sie ein alleingeborener Zwilling sind - mit all den bereits angesprochenen fatalen Folgen auf Ihr Leben, die aus diesem Ur-Trauma resultieren.

Wenn Sie sich mehr *Geld, Fülle* und *Wohlstand* wünschen, empfehle ich Ihnen daher auch, zu eruieren, was Ihr Unterbewusstsein dazu meint. Denn wenn dieses nicht einverstanden ist, können Sie noch so sehr Ihre bewussten Gedanken dazu verändern und abheben, es wird auf Dauer nicht allzu viel bringen! Es mag sein, dass Sie vorübergehend Erfolg haben mit Ihren Bemühungen, aber dann kommt prompt wieder ein Rückschlag!

~ Um die Sichtweise Ihres Unterbewusstseins zu eruieren, beantworten Sie intuitiv aus dem Gefühl heraus - nach einer Welleneinstimmung - folgende Fragen:

Würde es eher Enge und Einschränkung bedeuten, wenn ich mehr Geld, Fülle und Wohlstand in meinem Leben hätte? Oder eher Weite und Freiheit?

Würde mehr Geld, Fülle und Wohlstand in meinem Leben eher Helligkeit und ein Gefühl von Licht bedeuten? Oder eher dunkle Finsternis?

Würde sich ein Leben in Fülle und Wohlstand, in dem ich viel Geld zur Verfügung hätte, eher leicht und entspannt anfühlen? Oder eher schwer und belastend?

Würde mich mehr Geld, Fülle und Wohlstand in meinem Leben eher beleben? Oder empfände ich das eher als lähmend?

Wenn es Ihrem Gefühl nach mehr Licht, Leichtigkeit, Weite und Lebendigkeit bedeuten würde, dann verspricht Ihnen dieser Empfindungscocktail nachhaltigen Erfolg, weil offenbar auch Ihr Unbewusstes mit Ihren Wunsch nach mehr *Geld, Fülle* und *Wohlstand* einverstanden ist!

Wenn es hingegen nach mehr Dunkelheit, Schwere, Enge und Lähmung anfühlen würde, dann ist Ihr Unbewusstes wohl (noch) nicht bereit, Sie in Ihrem Wunsch nach einem Mehr an *Geld, Fülle* und *Wohlstand* zu unterstützen!

Dann stehen Ihren Bemühungen wohl destruktive, einschränkende und sabotierende Glaubenssätze im Weg. Dann gibt es auf mentaler Ebene Strukturen, die derzeit das „Abheben und darüber Stehen" entweder verhindern oder aber keinen nachhaltigen Effekt erlaubt!

Also achten Sie darauf, ob Sie leicht, schwer oder gar nicht abheben und eine neue Perspektive einnehmen können.

~ Stimmen Sie sich mit einer Quantenwelle ein, vergegenwärtigen Sie sich Ihre aktuelle finanzielle Situation und heben Sie ab, wie vorhin beschrieben.

Wenn dies nicht funktioniert, dann ist anzunehmen, dass ein Missverständnis zwischen Ihrer Großhirnrinde und Ihrem emotionalen Gehirn hinderlich wirkt. Machen Sie sich klar, wie dieses Missverständnis zustande gekommen ist:

Meine finanzielle Enge und der daraus resultierende dringende Wunsch nach mehr Geld bereiten mir Stress => meine Großhirnrinde beurteilt die Lage als ärgerlich, lästig, ungut => meldet dies an mein emotionales Gehirn => was dies missverständlich als Überlebensgefahr interpretiert => und mich prompt in den Gefahrenvermeidungsmodus versetzt => dadurch sind meine höheren Hirnzentren (mein Homo sapiens sapiens-Gehirn) blockiert.

Und das ist natürlich kaum je sinnvoll!

~ Wenn Sie daher erkannt haben, dass Ihr emotionales Gehirn die Signale Ihrer Großhirnrinde falsch interpretiert hat, integrieren Sie diese Klarheit mit einer Quantenwelle in Ihrer Matrix. Danach können Sie meist mit Leichtigkeit abheben!

Gelingt Ihnen dies immer noch nicht, sind Sie offenbar so im Gefahrenvermeidungsmodus gefangen, dass alles bewusste Wollen wirkungslos ist. Dann sollten Sie danach trachten, möglichst rasch aus dieser Gestimmtheit herauszukommen!

Ein so hartnäckiger Gefahrenvermeidungsmodus ist oft darauf zurückzuführen, dass die Notwendigkeit, etwas erreichen zu müssen, größer geworden ist als die Wahrscheinlichkeit, es tatsächlich zu schaffen! Eine solche Kombination zieht Sie unweigerlich in die dunkle, schwere und lähmende Enge Ihres Höhlenmenschenmodus hinunter!

Aber auch für diesen Fall habe ich eine Empfehlung für Sie: entweder Sie trachten danach, die Beurteilung der Wahrscheinlichkeit zu erhöhen oder aber die Notwendigkeit zu senken.

Wenn Sie sich gerade in einer *finanziell* prekären Lage befinden, dann wünschen Sie sich höchst wahrscheinlich (sonst würden Sie ja wohl kaum dieses Buch lesen) mehr *Fülle, Wohlstand* und *finanzielle* Freiheit!

In welchem Zustand glauben Sie, dies eher erreichen zu können: im Höhlenmenschenmodus oder in dem eines Homo sapiens sapiens?

Eine rhetorische Frage, nicht wahr?

Allerdings ist unser emotionales Gehirn nicht mit logischen Argumenten zu überzeugen, sondern es braucht die direkte Erfahrung!

Lassen Sie sich also von der dringenden Notwendigkeit, rasch etwas an Ihrer *finanziellen* Situation ändern zu müssen, in die dunkle, schwere und lähmende Enge Ihres Stammhirnmodus fallen. Und überprüfen Sie die Folgen, die sich daraus ergeben?

Wie ist in diesem Zustand meine Wirkung auf andere?

Wie fühle ich mich selbst?

Wie ist hier meine geistige Leistungsfähigkeit?

Wie ist in diesem Modus meine körperliche Leistungsfähigkeit?

Wie schätze ich hier meine Chance ein, das Erwünschte zu erreichen?

Welche Realität werde ich wohl in diesem Modus gestalten?

So lange Sie im Gefahrenvermeidungsmodus gefangen sind, ist Ihre Wirkung auf andere eher abschreckend und unangenehm; mit dieser Ausstrahlung werden Sie kaum jemand überzeugen können, Ihnen zu helfen! Darüber hinaus befinden Sie sich im Kampfmodus und sind angriffslustig; oder Sie sind im Fluchtmodus, was Ihnen auch jeglichen Einfluss nimmt; oder aber Sie sind im Totstellmodus gelandet, der auch nicht gerade produktiv sein wird! Ihre geistige Leistungsfähigkeit ist schwach, weil Ihre höheren Hirnzentren ausgeschaltet sind. Ihre Tatkraft ist ebenso niedrig wie Ihre Vitalität, daher sind Sie energiemäßig gar nicht in der Lage, etwas zum Positiven zu verändern! Der Stress wirkt sich höchst schädlich auf Ihre Gesundheit aus; und Sie sind unglücklich, weil Sie sich ständig mit dem Negativen beschäftigen und damit auch noch Ihre Stresszentren im Gehirn trainieren! Die Realität, für die Sie in diesem Zustand resonant sind, ist garantiert nicht jene, die Sie sich wünschen!

Um ihr emotionales Gehirn nun auch den anderen Modus erfahren zu lassen - weil dieser Teil unseres Gehirns eben die direkte Erfahrung braucht! -, versetzen Sie sich nun in Ihren Homo sapiens sapiens-Modus. Zeigen Sie Ihrem limbischen System, wie wirksam und effizient Sie in diesem Zustand der belebenden, leichten und weiten (vor allem auch geistigen) Helligkeit sind! Sie kennen Ausdrücke wie: „ein helles Köpfchen" oder „jemand ist hell auf der Platte" oder „im Licht dieser Erkenntnis" oder „es geht mir ein Licht auf" oder „es wird mir etwas sonnenklar" oder gar „Erleuchtung", nicht wahr?

~ *Eine Quantenwelle wird Ihnen helfen, sich im Hinblick auf die Wahrscheinlichkeit Ihres Erfolges umzupolen!*

Im Fähigkeitsmodus ist Ihre Wirkung auf andere gut und wohltuend, sodass Sie leichter Hilfe bekommen, wenn Sie diese brauchen. Sie sind entspannt und friedlich und erfreuen sich sowohl geistiger als auch körperlicher Leistungsfähigkeit! Und weil Sie voller Tatkraft und Vitalität sind, sind Sie auch imstande, Ihr Leben zum Positiven zu verändern! Aufgrund Ihrer Hoffnung, Ihrer Zuversicht und Ihres Vertrauen sind Sie glücklich und fühlen sich wohl - was Ihrer Gesundheit zuträglich ist und die Glückszentren in Ihrem Gehirn trainiert! Darüber hinaus schwingen Sie in Resonanz mit Ihrer Wunschrealität!

In diesen Modus kommen Sie automatisch, wenn a priori die Wahrscheinlichkeit größer ist als die Notwendigkeit! Aber wenn es derzeit umgekehrt ist, dann empfehle ich Ihnen, sich möglichst rasch umzuprogrammieren! Und das gelingt Ihnen, indem Sie Ihr Unterbewusstsein von den Vorteilen Ihres Homo sapiens sapiens-Modus überzeugen - nicht durch logische Argumente, sondern durch direkt Erfahrung. Ja, Wiederholung ist wichtig!

Um Ihnen ein etwas klareres Bild zu vermitteln, stellen wir Wahrscheinlichkeit und Notwendigkeit in zwei Beispielen gegenüber!

Nehmen wir an, Sie haben eine größere *Zahlung* zu leisten; können diese jedoch leicht abdecken, weil Sie große *Geldreserven* haben. Dann wird Sie das nicht besonders stressen, weil die Wahrscheinlichkeit, dass Sie sich das leisten können, höher ist als die Notwendigkeit!

Aber stellen Sie sich vor, das Elektrizitätswerk droht, Ihnen den Strom abzudrehen, wenn Sie nicht binnen weniger Tage Ihre offene Rechnung bezahlen; Sie haben jedoch absolut keine *Geldreserve* zur Verfügung und kennen auch niemanden, der Ihnen aus dieser Situation heraus helfen kann. Dann übersteigt die Notwendigkeit bei weitem die Wahrscheinlichkeit!

Wenn Sie in einer solchen Situation hingegen eine größere Summe erhoffen oder erwarten, weil Sie Außenstände haben oder eine Sonderzahlung winkt - und Sie Ihren Aufmerksamkeitsfokus bewusst auf diese Tatsache richten –, dann übersteigt die Wahrscheinlichkeit die Notwendigkeit auch, wiewohl die derzeitige Situation vielleicht prekär wirkt.

Dann können Sie leichter abheben - und sollten dies auch tun!

Wenn die Notwendigkeit jedoch sehr hoch ist und keine Aussicht auf Erleichterung besteht, dann können Sie danach trachten, Ihr Unterbewusstsein von der Sinnhaftigkeit des Homo sapiens sapiens-Modus zu überzeugen - und zwar mit der Gegenüberstellung Ihrer beiden geistigen Zustände in Ihrer Vorstellung! Manchmal ist es *wertvoll*, diesen Vergleich mehrmals zu bieten; also switchen Sie gegebenenfalls einige Male hin und her, um Ihrem emotionalen Gehirn die Möglichkeit zur Umprogrammierung zu geben! Versetzen Sie sich also abwechselnd in den Homo sapiens sapiens-Modus und den Höhlenmenschenmodus und nehmen Sie einfach wahr, wie Ihr Gefühl, Ihre Wirkung, Ihre Leistungsfähigkeit im jeweiligen Zustand ist.

Dabei werden Sie wahrscheinlich beobachten, dass es Ihnen immer schwerer fällt, wieder in den Höhlenmenschenmodus hinunter zu kommen, nachdem Sie abgehoben sind; das Abheben wird Ihnen jedoch immer leichter fallen! Das ist ein gutes Zeichen dafür, dass Ihr Unterbewusstes überzeugt ist und Sie fortan unterstützen wird!

Dann haben Sie das Zeitfenster für die Proteinsynthese sinnvoll genützt und Ihrem emotionalen Gedächtnis erfolgreich ein neues Programm integriert!

Wenn Ihnen die Erhöhung der Wahrscheinlichkeit, dass Ihre finanzielle Situation sich demnächst bessert, nicht oder nur schwer gelingt, können Sie auch an der Beurteilung der Notwendigkeit ansetzen und diese reduzieren, um den Sog nach unten zu stoppen! Die Notwendigkeit einer baldigen Besserung Ihrer Lage können Sie reduzieren, indem Sie das Grundmotiv Ihres emotionalen Gehirns - immer nur im Positivmodus! - hinterfragen.

~ Stimmen Sie sich mit einer Quantenwelle ein, heben Sie ab und stellen Sie sich folgende Fragen:

Ist es wirklich absolut notwendig für mein Überleben und meine Sicherheit, dass ich bald viel Geld verdiene?

Kann ich mein Verhungern und meine Obdachlosigkeit nur verhindern, indem ich sehr bald zu sehr viel Geld komme?

Muss ich unbedingt in absehbarer Zeit viel Geld verdienen, um genug Liebe zu bekommen?

Ist sehr bald viel Geld unerlässlich, um nicht zu vereinsamen?

Wenn Sie bei diesen Fragen geklärt haben, dass „schnell viel *Geld* zu verdienen" nicht überlebenswichtig ist für Sie und Ihre sozialen Beziehungen - und in den allermeisten Fällen wird das so sein! -, dann haben Sie damit die Notwendigkeit reduziert. Und dann ist es meist ganz leicht, in Bezug auf *Fülle* und *Wohlstand* abzuheben und darüber zu stehen!

Auf diese Weise können Sie nach und nach Ihr emotionales Gedächtnis in Bezug auf alle möglichen Themen umprogrammieren; wenn es Sie an Ihrem Glück hindert und Sie in Ihrer Entfaltung sabotiert!

Dann halten Sie sich mit Ihrer Aufmerksamkeit vorwiegend in den oberen Bereichen Ihrer Matrix auf; und dann sind Sie überwiegend glücklich, gesund und in allen Lebensbereichen leistungsfähig. Von dort aus haben Sie auch eine sehr wohltuende und förderliche Wirkung auf andere. Darüber hinaus verbessert sich Ihre Ausstrahlung und Sie sind dem Resonanzgesetz folgend empfänglicher für Ihre Wunschrealität, als wenn Sie ständig in der Abwehr Ihres Vermeidungsmodus schwingen!

Weil ich dieses „Abheben und darüber Stehen" als so *wertvoll* erachte, möchte ich Ihnen noch ein weiteres Beispiel zeigen - und zwar diesmal nicht mit einem stressigen Thema, sondern anhand eines Wunsches. Auch da wird sich diese Technik als sehr hilfreich erweisen!

Nehmen wir an, ich hätte um eine Förderung für ein kulturelles Projekt angesucht und stünde nun vor dem entscheidenden Termin beim Kulturamt, bei dem ich meine Idee präsentieren sollte. Der zuständige Beamte wurde mir als eher kühl und nicht gerade leicht zu begeistern geschildert. So hege ich Zweifel, ob ich in diesem Gespräch mein Ziel erreichen werde.

Der Gedanke an dieses Gespräch vermittelt mir nicht gerade eine Empfindung von Helligkeit. Zwar auch nicht extreme Dunkelheit, weil ich ja an meine Idee glaube; aber der Eindruck ist doch eher zwielichtig. Darüber hinaus fühle ich eher Enge in der Brust und Schwere. Und wenn ich mich in die Situation dieser Bewerbung hineinversetze, fühle ich mich eher geschwächt - nicht unbedingt gelähmt; aber belebend und aufbauend wäre etwas anderes!

~ Ich beginne mit einer Einstimmung mit der Quantenwelle.

Dann richte ich mich auf und wende meinen Blick nach oben, der bei dieser Vorstellung unwillkürlich nach unten gewandert war, und atme tief ein, während ich es in meinem Stirnhirn hell werden lasse. Darüber hinaus erlaube ich mir mit jedem Einatmen mehr und mehr Weite, wodurch mir automatisch auch leichter zumute wird. Interessanterweise spielt ein Lächeln um meine Züge. So hat die vorhin noch eher niederdrückende Energie meines Zweifels keinen Einfluss mehr auf mich; im Gegenteil, das tiefe Atmen, die Helligkeit und das Lächeln schenken mir Glückshormone und vitalisieren mich merkbar!

Dann versetze ich mich in mein bevorzugtes Stresstier - meinen Adler - und hebe ab! Aus dieser neuen Perspektive erscheint mir der zuständige Beamte, der über meine Förderung (oder eben nicht) entscheiden wird, gar nicht mehr so bedrohlich. Im Gegenteil: mein Lächeln verstärkt sich, weil ich von oben her seinen Glatzenansatz erkennen kann ☺. Nicht dass diese Tatsache irgendetwas mit meiner Förderung zu tun hätte, aber sie bringt Humor in die Angelegenheit, der immer *wertvoll* ist! Vor allem weil er mir zeigt, dass mein Stirnhirn aktiv ist.

Abgesehen davon ist mir aus dieser neuen Perspektive klar, dass diese Förderung nicht die einzige *Geldquelle* ist, um dieses Projekt zu verwirklichen. Natürlich wäre es schön, diese Summe zugesprochen zu bekommen; aber es gibt, so kommt mir gerade in den Sinn, noch andere Stellen, an die ich mich wenden kann!

~ Diese höchst erfreuliche Entwicklung verankere ich mit den zwei Punkten in meinem Feld!

Der nächste Schritt ist, die Einstellung meines Unterbewusstseins zu dieser Förderung zu überprüfen. Wird dieser wichtige Teil meiner Persönlichkeit auf meiner Seite sein, oder wird er meinen Erfolg mit der einen oder anderen Blockade sabotieren?

~ Wieder stimme ich mich mit einer Welle ein.

Dann frage ich mich, was der Zuspruch dieser Förderung bedeuten würde: wie würde er sich - vor allem in den vier Qualitäten - anfühlen?

Wenn ich tief in mich hineinfühle, erkenne ich Helligkeit, Leichtigkeit und eine eher belebende Wirkung; zugleich aber auch etwas von Enge. Möglicherweise hat mein Unterbewusstsein Angst, durch Verpflichtungen, die eventuell an diese Förderung gebunden sind, in seiner Freiheit eingeschränkt zu werden. Das ist interessant!

~ Also setze ich eine Welle mit der Absicht, mein Unterbewusstsein davon zu überzeugen, dass ich diese Verpflichtungen nicht wirklich als Belastung empfinde! Ich bin gut auf dieses Projekt

vorbereitet und habe daher alle Vorgaben im Vorfeld bereits erfüllt.

Daraufhin fällt mir das Abheben ganz leicht. Also ist es mir wohl gelungen, auch mein Unterbewusstsein zu überzeugen und auf meine Seite zu bringen!

~ Auch diese Tatsache bewelle ich dankbar!

Tags darauf kommen aber wieder Zweifel hoch - merkwürdig! Der Termin rückt näher, und offenbar ist mein Stammhirn doch noch nicht hundert prozentig überzeugt! Es scheint, als wäre da eine neue Blockadenschicht aufgetaucht (Sie erinnern sich an die Analogie mit dem oft zwiebelschalenartigen Aufbau unserer Blockaden!). Diese Reaktion macht mir aber keine weiteren Kopfzerbrechen, im Gegenteil: ich bin froh, dass mir diese bisher verborgene Blockade noch rechtzeitig vor dem entscheidenden Gespräch bewusst geworden ist! So kann ich sie leicht noch vor dem wichtigen Termin lösen!

~ Wieder stimme ich mich mit einer Quantenwelle auf einen raschen Moduswechsel ein.

Dann vergegenwärtige ich mir dieses Gespräch und versetze mich in mehrmaligem Wechsel alternierend in den Stammhirnmodus und in den Homo sapiens sapiens-Modus. Also einerseits ziehe ich mich in die dunkle, schwere, lähmende Enge hinunter; andererseits lasse ich mich in die leichte, weite, belebende Helligkeit hochtragen. Damit wird - auch für mein Unterbewusstsein - klar, dass ich mit voll eingeschalteter Hirnrinde und gut integrierten Gehirnhälften besser argumentieren und daher wohl *erfolgreicher* meinen Gesprächspartner überzeugen werde können!

Mir fällt auf, dass mir das Hochschweben immer leichter fällt, während ich mich mit jedem Mal schwerer damit tue, hinunterzuziehen!

~ Auch diese Erfahrung verankere ich mit einer Welle in meiner Matrix!

An sich wäre ich also gut auf mein Gespräch mit dem entscheidenden Beamten vorbereitet; aber einer inneren Stimme folgend möchte ich zur Sicherheit noch die Wahrscheinlichkeit erhöhen und die Notwendigkeit herabsetzen - quasi prophylaktisch!

~ Wieder setze ich eine Welle mit diesem Vorhaben.

Wie sieht es mit der Wahrscheinlichkeit aus? So gut vorbereitet wie ich bin - nicht nur fachlich bringe ich die nötigen Voraussetzungen mit, sondern mit all meinen Vorbereitungen und einem tollen Konzept - ist die Wahrscheinlichkeit, diese Förderung zu bekommen ziemlich hoch! Vor allem da ich mich vor dem Termin natürlich in die helle, leichte, weite und belebende Höhe, also meinen Homo sapiens sapiens-Modus begeben werde; in dem mir all meine mentalen und kreativen Ressourcen zur Verfügung stehen! In diesem geistigen Zustand - meiner vollen Bewusstheit - wird es mir nicht schwer fallen, mein Projekt so vorzustellen und seinen *Wert* zu argumentieren, dass auch der als eher streng geltende Entscheidungsträger kaum widerstehen wird können!

~ Auch diese wohltuende Einsicht verankere ich mit einem Two-Pointing!

Und wie sieht es mit der Notwendigkeit aus? Wie hoch ist die Notwendigkeit, diese Förderung zu bekommen?

~ Um diese herauszufinden, setze ich eine Welle.

Dann frage ich mich, was der schlimmste Ausgang dieses Gespräches bedeuten würde. Wäre mit einer Ablehnung mein Überleben in Gefahr? Würde ich damit tatsächlich alle meine *wertvollen* sozialen Kontakte aufs Spiel setzen, wie mein Überlebenszentrum vielleicht annimmt? Würde ich komplett vereinsamen? Wäre ich gar obdachlos? Müsste ich verhungern?

Wohl kaum!

~ Diese erleichternde Klarheit bewelle ich sofort!

So kann ich getrost diesem Termin entgegensehen und freue mich auf ein spannendes Gespräch, in dem ich mein Projekt - mein geistiges Kind, das mir sehr am Herzen liegt - vorstellen kann!

Eventuell kann ich mir noch ein kleines „Affragen"-Spiel und eine Runde „EFT" gönnen - Sie wissen, ich kombiniere gern *Wertvolles* mit *Wertvollem*.

Ich hoffe, dieses Beispiel hat Ihnen dieses *wertvolle* Bewusstheitsspiel noch klarer gemacht, sodass es Ihnen leicht fallen wird, es auch für sich selbst einzusetzen! Etwa wenn Sie vor einer wichtigen Bewerbung stehen; wenn Sie ein Projekt haben, von dessen *Wert* Sie andere überzeugen wollen; aber auch wenn es bloß um den Antrag auf eine Gehaltserhöhung geht!

AUF ZU NEUEN UFERN

Nachdem wir die eine oder andere theoretische Frage geklärt und uns einige Techniken zur Selbstbefreiung angeeignet haben, können wir uns nun gemeinsam auf den Weg machen, all das auch praktisch für die Heilung unseres *Selbstwertgefühls* und die Entblockierung unseres *Geldverhaltens* umzusetzen!

Zuerst scheint es mir jedoch sinnvoll zu sein, eine kleine Standortbestimmung vorzunehmen. Daher darf ich Sie dazu anregen, sich die Übereinstimmung (oder das Auseinanderklaffen) zwischen Ihrer Idealvorstellung und Ihrem tatsächlichen *Geldleben* klar zu machen! Dieses ist ja der Ausgangspunkt, wenn Sie sich zu neuen Ufern aufmachen wollen. Was auch immer dabei herauskommt, verzagen Sie bitte nicht! Denn erst in dem Augenblick, da Sie erkannt haben, wo Sie stehen, hat Ihr inneres Navigationssystem den nötigen Referenzpunkt, um Sie in die gewünschte Richtung zu leiten.

Wenn Sie nach Wien möchten, ist es wichtig, zu wissen, von wo aus Sie Ihre Reise antreten, nicht wahr? Die Wege werden wohl andere sein, wenn Sie sich gerade in London oder New York befinden; als jene aus Rom, Paris oder Athen!

~ Stimmen Sie sich wieder mit einem Two-Pointing ein, stellen Sie sich folgende Fragen und erlauben Sie sich möglichst ehrliche Antworten!

Wie sieht meine derzeitige finanzielle Situation aus?

Habe ich das Gefühl, genug Mittel zur Verfügung zu haben, um mein Wunschleben zu führen?

Reichen meine Mittel, um mein Potenzial zu verwirklichen?

Kann ich mit dem Geld, das mir zur Verfügung steht, gegebenenfalls anderen, die in Not geraten sind, helfen?

Wie viel Fülle und Wohlstand erlaube ich mir?

Welche finanzielle (und vielleicht andere) Enge mute ich mir zu?

Bin ich gar in Geldnot?

Leide ich unter dem Mangel, oder habe ich längst resigniert?

Hat sich meine finanzielle Lage in letzter Zeit eher verbessert?

Oder habe ich heute weniger finanzielle Mittel zur Verfügung als früher?

Wundere ich mich immer wieder, weil ich weniger Geld zur Verfügung habe, als ich eigentlich gedacht hätte?

Wie sieht es in meinem Leben mit dem Ausgleich zwischen Geben und Nehmen aus?

Welche Einstellung habe ich generell zu Geld?

Welche Einstellung habe ich zu meinem Geld?

Wie fühlt sich generell Geld für mich an?

Wie fühlt sich mein Geld für mich an?

Ist mir das Haben wichtiger als der Durchfluss?

Oder umgekehrt?

Stimmt dies mit meiner Interpretation von finanziellem Erfolg überein?

Was erwarte ich mir von diesem Buch?

Bin ich bereit, die hier vorgestellten Spiele auch tatsächlich anzuwenden?

Oder erlaube ich meiner Selbstsabotage, mich in der Enge zu halten?

Oder mich immer wieder zurückfallen zu lassen, wenn mir doch die ersten Erfolge gelungen sind?

Und dann atmen Sie einmal ganz tief durch, lassen Sie sich im Stirnhirn ein Licht aufgehen und holen Sie sich ein Lächeln, ehe Sie sich die folgende Frage stellen - lächelnd wird alles leichter! Und wie heißt es so schön? „Humor ist, wenn man trotzdem lacht!"

Wie sehr unterscheiden sich die derzeitigen Tatsachen von dem, was ich mir in Bezug auf Geld und meine finanzielle Situation wünsche?

Schauen Sie noch einmal - ein letztes Mal! - zurück und erlauben Sie sich, darüber zu lachen oder zumindest zu lächeln!

~ *Was auch immer bei dieser kleinen Rückschau herausgekommen ist, nehmen Sie es als gegeben an – als Referenzpunkt für Ihr inneres Navigationssystem. Und schenken Sie sich dazu eine liebevolle, nachsichtige Akzeptanzwelle!*

Erst wenn Sie die aktuellen Tatsachen mit einem Ja annehmen können - sich also eine gesunde Einstellung dazu aneignen können -, sind Sie in der Lage, diese zukünftig zu ändern! Die Gegenwart können Sie ohnehin nicht ändern.

Viktor Frankl war davon überzeugt, dass man einem Menschen alles nehmen kann, außer seiner Freiheit, in jeder Situation seine Einstellung zu wählen. Genauso glaube ich, dass es letztlich immer unsere Einstellung ist, die unsere Lebenserfahrungen prägt und entscheidet, wie es uns in der aktuellen Lebenssituation geht - auch wenn diese nicht eben die wohltuendste ist! Und das gilt ganz besonders in Bezug auf unsere *Finanzen*!

Wie wäre es also, wenn wir uns die Einstellung zu Eigen machten, das Leben sei nicht nur zu kurz, um schlechten Wein zu trinken, wie es so schön heißt. Sondern es sei auch viel zu kurz und zu *wertvoll*, um uns vom *Geld* die Laune verderben zu lassen ☺?

Die folgende Geschichte präsentiert uns eine schöne Metapher zu diesem Thema:

Unsere Einstellung macht's aus!

Ein Mann kommt zu einem Weisen und beklagt sich darüber, dass das Leben ihn immer wieder vor schwierige Aufgaben stellt, die ihn daran hindern, froh und glücklich zu sein.
Daraufhin füllt der Weise drei Töpfe mit Wasser, stellt sie auf den Herd und erhitzt das Wasser. In den ersten Topf legt er ein paar Kartoffeln, in den zweiten gibt er Eier und in den dritten Kaffeebohnen. Nach einiger Zeit schüttet er die Kartoffeln in eine Schüssel, legt die Eier auf einen Teller und gießt den Kaffee in eine Schale.
Als der Mann fragt:
„Was soll das?", antwortet der Weise:
„Die Kartoffeln, die Eier und der Kaffee waren alle dem gleichen Einfluss ausgesetzt: dem heißen Wasser. Aber alle Drei haben unterschiedlich darauf reagiert: Die Kartoffeln waren erst hart, danach weich; die Eier waren erst zerbrechlich und innen weich, danach waren sie innen hart; während die Kaffeebohnen sich aufgelöst und das Wasser in Kaffee verwandelt haben.
Ebenso liegt es einzig und alleine an dir, welche Einstellung du zu deinem Leben hast! Bist du eine Kartoffel, die stark zu sein scheint; jedoch weich wird und ihre Stärke verliert, wenn sie mit Problemen in Berührung kommt? Bist du ein Ei mit einem weichen Herz, das versteinert und hart wird, wenn du auf Probleme stößt? Oder bist du eine Kaffeebohne, die das heiße Wasser in Kaffee verwandelt; das Problem also als Chance sieht, etwas Neues daraus entstehen zu lassen?"
Aus meiner Sicht ist das eine eingängige Metapher …
In welche der drei Kategorien würden Sie sich einordnen, wenn es um Ihre Einstellung gegenüber Ihrem Leben ganz allgemein – und speziell Ihrer Vergangenheit und Ihrem Hier und Jetzt gegenüber – geht?
Reagieren Sie wie die Kartoffel, das Ei oder die Kaffeebohne?

Wert, Wertigkeiten ...

Wenn wir uns mit dem Thema *Geld* auseinander setzen, dann ist *Wert* in all seinen Facetten wohl ein ganz wesentlicher Faktor!

~ Daher fände ich es wertvoll, wenn Sie sich – vielleicht nach einer Welleneinstimmung – in einer stillen Stunde folgende Fragen stellen:

Was in meinem Leben ist mir wertvoll?
Was hat Wert?
Was hat keinen Wert?
Sind es vor allem die materiellen Dinge, die mir wertvoll erscheinen und mir im Haben das Gefühl vermitteln, wertvoll zu sein?
Oder sind es eher geistige Werte, die ich anstrebe?
Sehe ich meinen Wert eher in dem, was ich bin – in meinem Sein?
Wie wertvoll sind mir Beziehungen?
Welche Beziehungen vor allem fühlen sich wertvoll an?
Welche nicht?
Und was ist die Konsequenz daraus?
Wie wertvoll ist mir meine Gesundheit?
Welchen Wert kann es haben, auch einmal krank zu sein?
Kann ich meine Selbstheilungskräfte wertschätzen?
Fühle ich mich selbst wertvoll?
Oder nicht?
Wenn ja, dann wann vor allem?
Und wann nicht?
In Gegenwart welcher Menschen fühle ich mich wertvoll?
Oder auch wertlos?
Bei welchen Tätigkeiten?
Wie fühlt es sich an, mich wertvoll zu fühlen?
Und wie fühlt es sich an, mich wertlos zu fühlen?
Fühle ich mich nur aufgrund meiner Leistungen wertvoll?
Fühle ich mich wertlos, weil ich in irgendeinem Streben gescheitert bin?
Wie oft in meinem Leben bin ich gescheitert?

Vielleicht haben Sie folgenden Gedanken, der mir auch sehr aus der Seele spricht, schon gehört: *„Ein Gescheiterter ist ein Gescheiterer"* – wie wäre es, wenn wir es so sehen könnten?

Was ist mir daraus an Gewinn erwachsen?
Inwiefern hat mich mein Scheitern gescheiter gemacht?
Fühle ich mich wertlos, weil irgendjemand mir das suggeriert hat?
Wer war das?
Was könnte die Motivation dahinter gewesen sein?

~ Vergessen Sie nicht, all das, was diese prozessorientierten Fragen in Ihnen ausgelöst haben, gegebenenfalls mit einer Welle zu befrieden und die Einsichten und Erkenntnisse mit einer ebensolchen in Ihrem Energiefeld zu verankern!

Kennen Sie übrigens den Begriff des „Anfängerbewusstseins"? Ich werde am Ende dieses Buches noch einmal darauf zurückkommen. Aus meiner Sicht ist das ein sehr *wertvoller* geistiger Zustand, den Zen-Meister von Ihren Schülern verlangen.

Wie wäre es, wenn auch wir in der gemeinsamen Auseinandersetzung mit *Geld* und *Werten* für eine Weile so tun würden, als hätten wir uns noch nie mit diesem Thema befasst. Gehen wir doch einmal all das, was uns dabei in den Sinn kommt; all das, was uns klar wird; was sich uns offenbart; was wir dabei erfahren, erkennen, einsehen und wahrnehmen so an, als wären wir ein absoluter Neuling in Sachen *Geld* und *Wert*.

Könnte das nicht durchaus *wertvoll* und Horizont erweiternd sein und eine Menge Spaß machen?

Finanziell erfolgreich

Der nächste Schritt wäre aus meiner Sicht, sich noch etwas klarer zu werden, was genau Sie sich in Bezug auf *Geld* und Ihre *finanzielle* Situation wünschen; und unter welchen Umständen Sie sich finanziell *erfolgreich* fühlen. Nehmen Sie sich ruhig Zeit für diese Auslotung.

Tatsächlich können Sie diesen Begriff ja auf ganz unterschiedliche Art und Weise definieren – und je nach den gewählten Parametern werden Sie mit Ihrer Situation zufrieden sein, oder auch nicht! Und werden im Weiteren auch in eine ganz bestimmte Richtung tendieren …

~ Fragen Sie sich nach einer Welleneinstimmung:

Was bedeutet es für mich, finanziell erfolgreich zu sein?

Vielleicht wollen Sie möglichst viel *Geld* anziehen und möglichst auch anhäufen, möchten es sammeln und bei sich behalten? Dann heißt *Reichtum* für Sie, viel *Geld* oder andere *Werte* zu haben; ist also eher etwas Statisches.

Oder aber Sie wünschen sich einen *umfangreichen* Durchfluss; also viel *Geld*, das zu Ihnen findet. Das Sie aber ebenso rasch wieder ausgeben und dem Weiterfließen überlassen. Dann bedeutet *Reichtum* für Sie vor allem das Durchfließen großer *Werte* durch Ihre Konten und Hände, weil es Ihnen mehr um den intensiven, lebendigen Umsatz geht; also eher um die Dynamik in der Bewegung und im Austausch von *Werten*.

Aber vielleicht fühlen Sie sich ja auch dann *finanziell erfolgreich*, wenn Sie stets das zur Verfügung zu haben, was Sie brauchen, um entspannt und mit Leichtigkeit Ihr gerade nach Verwirklichung verlangendes Potenzial umsetzen zu können? Dann geht es Ihnen vielleicht vor allem darum, ein glückliches, zufriedenes und erfülltes Leben führen zu können, weil Sie die nötige Flexibilität haben und volles Vertrauen in ein „freundliches Universum", wie Albert Einstein das bezeichnet hat.

Khalil Gibran meint:

„Vertrauen ist eine Oase im Herzen, die von der Karawane des Denkens nie erreicht wird."

Im Grunde gibt es ja keine absolute Sicherheit im Leben – das einzig Sichere ist der Wandel, so heißt es doch. Und genau das können wir in unser aller Leben beobachten!

Weder *Aktien, Goldbarren* oder *Immobilien* noch *Bankkonten, Sparbücher* oder *Rentenanleihen* sind ein hundertprozentiger Schutz gegen den Wandel, der unser Leben immer begleitet! Sich gegen die Veränderung zu wehren, bereitet uns Stress und macht uns auf Dauer krank! Sich diesem Wandel jedoch vertrauensvoll hinzugeben und das, was uns in unserem Hier und Jetzt geboten wird, voll und ganz zu genießen, entspannt uns und wirkt sich förderlich auf alle Bereiche unseres Lebens aus!

Aber vielleicht tun Sie sich leichter mit dem Vertrauen, wenn Sie *Ersparnisse* haben; wenngleich Ihnen natürlich klar ist, dass diese Ihnen keine hundertprozentige Sicherheit geben können.

Wie sehen Sie das?

Was bedeutet es für Sie, finanziell erfolgreich zu sein?

Woran merken Sie, dass die Auseinandersetzung mit den Angeboten dieses Buches Ihnen mehr finanziellen Erfolg gebracht hat?

Woran erkennen Sie, dass Ihr Ur-Trauma, der Verlust Ihres Zwillings, nun tatsächlich geheilt ist?

Wie genau zeigt sich Ihre neue Bereitschaft für Fülle und Wohlstand auf allen Ebenen und in allen Bereichen Ihres Lebens?

Wie sieht ihr ganz persönlicher idealer persönlicher Wohlstand aus?

Wäre es nicht schön, wenn wir uns autark machen könnten von dem, was wir nicht ändern können?

Wäre es nicht wohltuend, die einzig wahre Sicherheit in unserem Inneren zu finden?

In dem vertrauensvollen Wissen darum, wie ein gesundes *Selbstwertgefühl* und der daraus erwachsende *wertschätzende* Umgang mit uns selbst uns magnetisch macht für all das, was wir brauchen und uns wünschen - teils über *Geld*, teils auch unabhängig davon?

In der wohltuenden Gewissheit, dass unser innerer Reichtum sich immer eins zu eins im Außen spiegelt?

Aus meiner Sicht ist das die *wertvollste* Sicherheit, die anzustreben sich lohnt! Für diese uns einzusetzen, scheint mir wirklich wesentlich zu sein!

Auf dem Weg in die *wohlverdiente Fülle* kann es sein, dass wir noch einmal Zeiten *finanzieller* Enge erleben.

Was meinen Sie?

Gilt es nicht gerade dann möglichst aufmerksam darauf zu achten, jede auch noch so kleine *Geldausgabe* als echtes Tauschgeschäft von *Wertschätzung* zu sehen?

Als Energieaustausch, bei dem wir stets etwas zurückbekommen und Gewinn machen?

Wenn es kein materieller Gewinn ist, so doch Lebenserfahrung, Klugheit, ja sogar Weisheit?

Thomas Carlyle soll gesagt haben: „Die Erfahrung lässt sich ein furchtbar hohes Schulgeld bezahlen, doch sie lehrt wie niemand sonst!"

Davon spricht auch der Begriff *„Lehrgeld"*, das auszugeben uns meist ganz und gar keine Freude bereitet! Aber ich habe mich selbst gelehrt, alles *Geld*, das meine Hände oder mein *Konto* verlässt, also alle Ausgaben - besonders dann, wenn sie sich nicht so gut anfühlen -, nach ihrem Gewinn zu hinterfragen! Ist *Lehrgeld* nicht letztlich die *allerwertvollste* Anlage, auch wenn dies auf den ersten Blick nicht gleich zu erkennen ist?

Was fällt Ihnen zum Thema „Lehrgeld" alles ein?

Wie viel Lehrgeld durften Sie schon berappen?

In welcher Form?

Und was haben Sie alles daraus profitiert?

Selbstwertgefühl heilen

Wie bereits angekündigt, gilt es nun, uns unserem *Selbstwertgefühl* zuzuwenden und uns dessen Heilung zu erlauben!

Dazu ersuche ich Sie, sich eine Weile aus Ihrem Alltag herauszulösen und sich etwas Zeit für das Hineinspüren in die folgenden Fragen und die entsprechenden Antworten, die aus Ihrem Inneren hochsteigen, zu nehmen. Spielen Sie so lange mit diesen Fragen, bis Sie wirklich mit Ihrer Antwort zufrieden sein können: in Ihrem Kopf und in Ihrem Herzen – also bis Sie sich wirklich damit wohl fühlen!

~ Stimmen Sie sich davor mit einer Quantenwelle darauf ein!

Glaube ich an meinen Wert?

Wenn ja: warum?

Wenn nein: was fehlt mir dazu?

Wo wohnt mein Selbstwertgefühl?

Wie fühlt es sich an?

Vergegenwärtigen Sie sich all jene Leistungen, die Ihnen im Augenblick einfallen – es wird nur ein verschwindend kleiner Teil von all dem sein, was Sie tatsächlich in Ihrem Leben geschafft und geschaffen haben! Und dann hinterfragen Sie jede einzelne sehr aufmerksam! Konzentrieren Sie sich dabei auch auf all das, was nötig war, um diese Leistung zu erbringen:

Wie viel Zeit und Energie musste ich investieren, um all das zu leisten?

Wie viel Liebe und Begeisterung war nötig?

Wie viel Planung habe ich gebraucht?

Was hat es mich an Durchhaltevermögen und Disziplin gekostet, um diese Leistung zu erbringen?

Wie viel Anstrengung wurde mir (habe ich mir) abverlangt?

Wenn Ihnen das schwerfällt, empfehle ich Ihnen, sich in die Position eines Beobachters zu versetzen (vielleicht mit der vorhin geschilderten Technik des „Abhebens und darüber Stehens“) und aus dieser etwas distanzierten Sichtweise Ihre scheinbar noch so unscheinbaren Triumphe und Siege zu beschreiben. Vielleicht so, als würden Sie eine andere Person beschreiben, die Sie ganz besonders *wertschätzen*! Und dann erkennen Sie vielleicht mit etwas Erstaunen, dass ja in Wahrheit Sie selbst gemeint sind ☺!

Dann überlegen Sie bei jeder einzelnen Ihrer Leistungen, welchen Nutzen diese Ihnen selbst aber auch anderen gebracht hat: Ihrer Familie, Ihrem Freundeskreis, Ihrem Unternehmen, anderen Menschen, Ihrer Stadt, Ihrem Land oder auch der Welt …

Wenn Sie sich all dessen gewahr sind, erlauben Sie sich, stolz zu sein auf all das, was Sie bisher unter „ferner liefen" ausgeblendet und „unter den Tisch fallen" haben lassen! Fühlen Sie diesen Stolz! Lassen Sie sich aufrichten und groß machen davon! Spüren Sie seine Wärme, sehen Sie seine Farbe, hören Sie seinen Klang – vielleicht sogar einen Song wie „We are the champions" von Queen? Warum nicht?

~ Und dann verankern Sie Ihren berechtigten Stolz mit einer Quantenwelle in Ihrem Energiefeld.

Sollten Sie Probleme mit dieser Emotion haben, dann denken Sie bitte an den Stolz eines kleinen Kindes, dem gerade etwas aus seiner Sicht „Weltbewegendes" gelungen ist: eine ganz besonders „schöne" Zeichnung; ein Stück fehlerfrei auf der Blockflöte gespielt zu haben; eine hohe Sandburg gebaut zu haben; einen Einser bekommen zu haben; beim Zahnarzt tapfer gewesen zu sein oder was auch immer. Versetzen Sie sich in dieses kleine Kind – vielleicht Ihr eigenes inneres Kind! – hinein und erleben Sie diesen strahlenden und erhebenden kindlichen Stolz, der alles andere als präpotent oder überheblich ist; sondern eine sehr reine und *liebenswerte* Emotion!

Spüren Sie diesen kindlichen Stolz sich in Ihrem ganzen Körper ausbreiten – bis in jede einzelne Zelle – und Sie ganz und gar erfüllen! Und achten Sie auf folgende Wahrnehmungen:

Wo vor allem kann ich meinen Stolz spüren?

Und wie fühlt er sich an?

Hat er eine Temperatur?

Kann ich seine Konsistenz wahrnehmen?

Wie fühlt sich seine Oberfläche an?

Hat mein Stolz eine Farbe?

Kann ich eine Form damit assoziieren?

Kann ich einen Geruch oder Geschmack damit assoziieren?

Welches Musikstück passt dazu?

~ Und schenken Sie sich eine Quantenwelle zu diesem Gefühl!

Stolz ist ein sehr *wertvoller* Aspekt der *Wertschätzung*! Und je mehr verschiedener Facetten Ihrer *Wertschätzung* Sie zur Auswahl haben, umso leichter werden Sie sich tun, in diesen aufrichtenden Zustand heimzukehren; nachdem etwas oder jemand Sie gerade wieder heraus katapultiert hat. Oder besser ausgedrückt: wenn Sie jemand oder etwas erlaubt haben, Sie aus Ihrer *Selbstwertschätzung* heraus zu werfen!

Wenn Sie dieses Spiel mitgespielt haben und es sich tatsächlich erlaubt haben, stolz zu sein auf sich selbst (wiewohl das bei uns nicht unbedingt als salonfähig gilt), dann haben Sie bewusst eine *wertvolle* Facette Ihres *Selbstwertgefühls* in Besitz genommen. Und sich damit etwas Gutes getan! Denn Sie haben Glückshormone ausgeschüttet und damit Ihr Homo sapiens sapiens-Gehirn eingeschaltet. Dann geht es Ihnen jetzt vermutlich etwas besser als zuvor!

Aber Sie haben auch anderen etwas Gutes getan! Denn Ihr kindlicher Stolz strahlt weit über Ihre körperlichen Grenzen hin aus und erfüllt das elektromagnetische Feld um Ihr Herz; so wird er auch für andere wohltuend wahrnehmbar! Dies können Sie deutlich wahrnehmen, wenn Sie ein kleines Kind erleben, das gerade mächtig stolz ist worauf auch immer – und das gilt natürlich genauso für Ihr inneres Kind!

Ich betone hier noch einmal: ich spreche von diesem reinen, kindlichen Stolz, der nichts an Anmaßung oder Überheblichkeit in sich hat!

Und dann verwöhnen Sie sich mit irgendetwas, gönnen Sie sich irgendeine Belohnung, tun Sie sich und Ihrem inneren Kind etwas Gutes!

Kennen Sie übrigens den Gedanken:

„Geld gönnt mir stets nur so viel, wie ich mir selbst gönne!"

Mögen die Spiele, die ich hier für Sie zusammengestellt habe, Ihnen helfen, Ihr *Selbstwertgefühl* nachhaltig und möglichst mit Leichtigkeit zu heilen; und damit resonant zu werden für jene Fülle, die Sie sich wünschen. Und die - davon bin ich überzeugt - Ihnen nicht nur zusteht, sondern auch zur Verfügung steht, nachdem Sie all die Blockaden gelöst haben, die Ihrer Potenzialentfaltung im Weg stehen!

Bedingungslose *Wertschätzung*

Wie wichtig ich *Wertschätzung* generell und vor allem im Umgang mit unseren *Finanzen* finde, habe ich bereits ausgeführt! Bewusst zelebrierte *Wertschätzung* für andere, aber auch für *Geld* und andere *Werte* kann Erstaunliches bewirken! Vor allem aber unsere *Selbstwertschätzung* ist fundamental! Und diese *Wertschätzung* muss gar nicht unbedingt verbal ausgedrückt werden. Denn was wir über uns selbst denken und wie wir uns einschätzen, färbt unsere Ausstrahlung und damit unsere Resonanzfähigkeit; ebenso wie die Art und Weise, wie wir mit uns umgehen!

Erlauben Sie mir, hier wieder eine Geschichte aufzugreifen, die ich bereits in meinem Buch „Quantenbewusstheit - Beziehungen heilen mit der Quantenwelle" zitiert habe. Leider weiß ich die Quelle nicht mehr, daher geht mein Dank an einen unbekannten Urheber! Geschichten sprechen unsere rechte Gehirnhälfte an. Aber anders als dort geht es mir hier nicht so sehr um gegenseitige *Wertschätzung*, sondern vor allem um die *Wertschätzung* für uns selbst!

Natürlich finde ich es wichtig, vor allem die Gegenwart von Förderern unseres *Selbstwertgefühls* (ich nenne diese Substral-Menschen in Anlehnung an einen bekannten Blumendünger) zu suchen, die uns in unserer *Selbstwertschätzung* bestärken. Aber keine *Wertschät-*

zung irgendeiner anderen Person wird unser eigenes Manko kompensieren! Daher sollten wir uns die folgende Geschichte vor allem für den Umgang mit uns selbst zu Herzen nehmen!

So wie es oft heißt, wir brauchen keine äußeren Feinde, weil wir uns selbst der beste Feind sind; so sind wir auch nicht so abhängig von äußeren Freunden, wenn wir uns selbst der beste Freund sind! Damit machen wir uns unabhängiger von der *Wertschätzung* anderer! Seien wir uns also selbst der beste, *wertschätzendste*, liebevollste und aufbauendste Freund (oder die entsprechende Freundin)! Seien wir doch einfach selbst unser Josef!

Die Neun-Kuh-Frau

Zwei Freunde, Josef und Paul erleiden Schiffbruch und retten sich mit letzter Kraft am Strand einer kleinen Insel, wo Eingeborene sie finden und mit in ihr Dorf nehmen. Beim Abendessen, zu dem die beiden eingeladen sind, kann Josef die Augen nicht von der Frau lassen, die das Essen bringt. Er sagt zu seinem Freund:
„Siehst du dieses Mädchen? Das ist meine zukünftige Frau!"
Aber dieser antwortet entsetzt:
„Wie, du willst diese unfreundliche und unansehnliche Frau? Siehst du nicht die hässliche Zahnlücke und die hängenden Schultern? Und schau bloß, wie ihr die Haare zu Berge stehen! Das kann doch nicht dein Ernst sein!"
Aber Josef entgegnet unbeirrt und mit strahlenden Augen:
„Das ist meine wunderschöne Frau!"
Eindringlich versucht Paul, ihn umzustimmen, aber Josef bleibt bei seiner Meinung:
„Ich werde hier bleiben und dieses wundervolle Mädchen heiraten!"
Er wendet sich an den Häuptling und sagt:
„Häuptling, ich möchte dieses Mädchen zur Frau!"
Dieser entgegnet abweisend:
„Wenn du bei uns eine Frau heiraten willst, musst du für sie bezahlen. Unsere Frauen haben einen Wert zwischen einer Kuh und neun Kühen. Diese Frau bekommst du für drei Kühe!"

Josef entgegnet zornig:
„Das ist keine Drei-Kuh-Frau, das ist eine Neun-Kuh-Frau!"
Daraufhin lacht der Häuptling und fragt höhnisch:
„Hast du nicht die Lücke zwischen ihren Zähnen gesehen? Und die hängenden Schultern und die wirren Haare? Und ist dir nicht aufgefallen, wie unfreundlich sie ist? Sie ist nicht einmal eine Drei-Kuh-Frau! Ich habe nur drei gesagt, damit wir Spielraum zum Handeln haben!"
Da beharrt Josef ärgerlich:
„Ich werde neun Kühe für sie bezahlen und sie heiraten!"
Der Häuptling entgegnet verächtlich:
„Du bist nicht nur dumm, du bist auch verrückt! Ich werde dich als Beispiel für einen verrückten Fremden nehmen, damit das Wertesystem für unsere Stammesfrauen nicht durcheinander kommt!"
Da Josef nach seinem Schiffbruch kein Geld hat, muss er ein Jahr lang hart arbeiten, um die neun Kühe zu verdienen. Erst dann kann er diese Frau heiraten.
Einige Jahre später kommt Paul wieder auf die Insel und erkundigt sich nach seinem Freund. Die Dorfbewohner zeigen ihm den Weg; und als er an Josefs Türe klopft, öffnet ihm eine wunderschöne Frau. Weil er glaubt, sich im Haus geirrt zu haben, fragt er diese, wo er denn seinen Freund Josef finden könne. Doch sie entgegnet freundlich:
„Ja, der ist hier, komm doch herein!"
Die beiden Freunde freuen sich über das Wiedersehen; und während sie von Josefs Frau verwöhnt werden, tauschen sie ihre Geschichten aus.
Nach einer Weile meint Paul:
„Erinnerst du dich an diese schreckliche Frau, die du heiraten wolltest, als wir damals hier gestrandet sind? Du bist damals nur wegen ihr hier geblieben; und jetzt lebst du im Paradies mit dieser wundervollen Inselkönigin! Gott sei Dank bist du zur Besinnung gekommen bist! Aber sag, was ist eigentlich aus dieser Hexe geworden?"
Josef lächelt und sagt:
„Ich habe sie geheiratet! Sie hat dir die Tür geöffnet und für uns das Essen zubereitet!"
„Das ist nicht möglich!", ruft Paul erstaunt und fügt hinzu:

„Diese Frau hatte hängende Schultern und die Haare standen ihr zu Berge; und sie war schrecklich unfreundlich zu allen! Deine Frau ist eine liebenswürdige Göttin! Sie strahlt Liebe und Zuversicht aus und sieh, wir ihre Augen strahlen! Mach dich nicht lustig über mich!"
Aber Josef entgegnet:
„Nein, lieber Freund, das ist meine Neun-Kuh-Frau!"
Dann ruft er in die Küche:
„Maria, würdest du bitte meinem Freund erklären, wer du bist?"
Maria sieht bei der Tür herein und bestätigt lächelnd:
„Ja, ich bin diese Frau!"
Und als sie lächelt, erkennt Paul die Lücke zwischen ihren Vorderzähnen wieder und fragt sie mit großen Augen:
„Was ist mit dir passiert?"
Maria sieht liebevoll zu ihrem Mann und meint:
„Das war Josef! Er hat das aus mir gemacht! Ich wusste schon seit meiner Kindheit, dass ich nur eine Zwei-Kuh-Frau werde. Alle im Dorf betrachteten mich als Zwei-Kuh-Frau; auch meine Familie. Und genauso haben sie mich behandelt.
Aber dann kam Josef und versicherte mir, ich sei neun Kühe wert. Erst wollte ich es ihm nicht glauben und habe mich mit Händen und Füßen gewehrt. Aber er hat nicht nachgegeben und tatsächlich neun Kühe für mich bezahlt; und dann hat er eine Neun-Kuh-Hochzeit organisiert und mir ein Neun-Kuh-Kleid gekauft. Und er hat mir dieses Neun-Kuh-Haus gebaut. Anfangs konnte ich nicht damit umgehen, dass er so hart für mich arbeitet, um dieses Haus zu bauen; und mich dann auch noch täglich mit Neun-Kuh-Massagen verwöhnt und Neun-Kuh-Frühstückszeremonien für mich zelebriert!
Er hat wie eine Neun-Kuh-Frau behandelt und mich auch anderen so vorgestellt. Anfangs hatte er es nicht leicht mit mir; aber ich konnte ihn nicht umstimmen! Irgendwann habe ich meinen Widerstand aufgegeben und meine alte Meinung über mich geändert. Nach und nach habe ich gelernt, mich durch seine Augen zu sehen; und bin zu einer Neun-Kuh-Frau geworden."
Nachdem Paul aufmerksam zugehört hat, fragt er seinen alten Freund nachdenklich: „Hast du das gemacht, um sie glücklich zu machen?"

Doch dieser entgegnet lächelnd:
„Ich habe das gemacht, weil ich mit einer Neun-Kuh-Frau leben wollte!“

Ich liebe diese Geschichte und freue mich immer wieder, wenn ich sie lese! Sie wirkt so aufbauend und schenkt mir jedes Mal einen Schwall von Glückshormonen - wohl ein Geschenk meiner mit allen drei Figuren mitfühlenden Spiegelneuronen!

Ging es Ihnen ähnlich?

Und weil es uns in diesem Buch ja vorwiegend um die Heilung unseres eigenen *Selbstwertgefühls* geht, möchte ich Ihnen nun empfehlen, sich selbst in der Neun-Kuh-Variante zu sehen - sich selbst quasi neu zu erfinden!

~ Stimmen Sie sich mit einer Welle auf dieses Spiel ein, und dann erzeugen Sie ein ebenso großartiges Bild von sich selbst, wie Josef es mit seiner Maria gemacht hat!

Erfinden Sie eine so mitreißende Geschichte über sich selbst, dass Sie gar nicht anders können, als in dieses Märchen hinein zu wachsen! Und schreiben Sie all das nieder; damit Sie es gegebenenfalls nachlesen können, wenn Ihr *Selbstwertgefühl* wieder einmal ins Wanken gerät! Oft reicht es dann, Ihre selektive Wahrnehmung bewusst auf all die Neun-Kuh-Aspekte in sich zu richten.

Wobei ich glaube, dass Sie sich in Wahrheit gar nicht neu zu erfinden brauchen! Sehen Sie sich einfach so, wie Gott Sie gemeint hat - wenn Dostojewski bereits betont hat:

„Einen Menschen lieben, heißt, ihn so sehen, wie Gott ihn gemeint hat“,

darf ich ergänzend hinzufügen:

„Einen Menschen wertschätzen, heißt, ihn so sehen, wie Gott ihn gemeint hat“.

Damit verstärken Sie all das *Wertzuschätzende*, worauf Sie Ihre Aufmerksamkeit lenken - einfach weil Energie der Aufmerksamkeit folgt!

~ Und verankern Sie dann das Gefühl, das Sie mit dieser neuen selektiven Wahrnehmung auf sich selbst verbinden, mit einer weiteren Quantenwelle in sich!

Glauben Sie mir: auch wenn Ihnen dieses Spiel jetzt höchst merkwürdig, ja vielleicht sogar peinlich vorkommt: es wird Sie Endorphine ausschütten lassen. Und wie förderlich diese sind, habe ich bereits mehrfach erwähnt!

~ Setzen Sie eine Quantenwelle und ändern Sie Ihre Einstellung sich selbst gegenüber in Richtung „königlich"!

Sich selbst als König oder Königin zu fühlen, muss andere nicht kleiner machen, als sie sind. Aber es macht Sie selbst so groß, wie Sie in Wahrheit sind. Es lässt Sie Ihre wahre Größe einnehmen! Und Menschen, die ihre wahre Größe einnehmen, brauchen andere nicht mehr klein zu machen, um sich größer zu fühlen!

Vielleicht möchten Sie sich an dieser Stelle fragen:

Was von dem, was liebe Menschen für mich gemacht haben oder gar regelmäßig machen – und was mir meinen Wert bestätigt –, habe ich bisher zu wenig oder gar nicht wahrgenommen und als selbstverständlich gesehen und zu wenig wertgeschätzt?

Und holen Sie diese *Wertschätzung* bei Gelegenheit nach,

~ vielleicht nach einer Wellen-Einstimmung!

Heute ist mir ein netter Gedanke ins Haus geflattert, der hierher passt:

„Ich habe einen tollen Menschen gefunden – und es stört mich gar nicht, dass ich ihn nur im Spiegel sehen kann!"

Förderer Ihres *Selbstwertgefühls*

Ist Ihnen schon einmal bewusst aufgefallen, dass es Menschen gibt, die Sie groß machen; in deren Gegenwart Sie in sich hinein wachsen; die Sie ermutigen und in Ihrem *Selbstwertgefühl* fördern; die Ihnen einfach wohl tun? Für mich sind das „Substral-Menschen"; aber wir könnten sie in Analogie zu dieser schönen Geschichte auch „Josef-Menschen" nennen.

Das sind Personen, mit denen Sie sich erfrischt, mutig, fähig, *wertvoll*, tapfer, kraftvoll, angeregt, aufrecht, zuversichtlich, bestätigt und einfach wohl fühlen. Am anderen Ende der Skala sind jene, in deren Gegenwart Sie sich müde, ausgelaugt, unfähig, *minderwertig*, zurückgeblieben, mutlos, schuldig, verzagt, *wertlos*, resigniert und kleiner fühlen, als Sie in Wahrheit sind!

~ Vielleicht möchten Sie sich mit einer Welle einstimmen, ehe Sie sich folgende Fragen stellen:

Welche Menschen in meinem Umkreis (Familie, Freundeskreis, Beruf) sind Feinde meines Selbstwertgefühls?

Wer sind die Fürsprecher meines Selbstwertgefühls?

In wessen Gegenwart fühle ich mich müde, mutlos, unfähig, minderwertig, zurückgeblieben, schuldig, verzagt, resigniert und kleiner als ich tatsächlich bin?

Mit wem fühle ich mich erfrischt, mutig, fähig, wertvoll, tapfer, kraftvoll, angeregt, aufrecht, zuversichtlich und in meiner wahren Größe bestätigt?

Wer bestätigt (spiegelt) mir meine innere Selbstbehinderung von außen und bestärkt mich so in meiner Tendenz, mich selbst kleiner zu machen, als ich in Wahrheit bin?

Wer bestätigt (spiegelt) mir meine Selbstförderung von außen und bestärkt mich so in meiner wahren Größe?

Was kann ich tun, um den Kontakt mit der ersten Gruppe möglichst einzuschränken oder gar abzubrechen?

Oder, wenn das nicht möglich ist, wie könnte ich mich sonst gegen diese destruktiven Einflüsse wehren?

Was kann ich tun, um den Kontakt mit der zweiten Gruppe möglichst auszuweiten und mehr mit ihnen zusammen zu sein?

Oder, wenn das nicht möglich ist, wie könnte ich mich verwöhnen, indem ich mir das förderliche Zusammensein mit diesen Personen öfters vorstelle und mich auf diese Weise aufbauen lasse?

~ Und dann setzen Sie eine Welle mit der Absicht, all diese Einsichten und Erkenntnisse auch tatsächlich in Ihrem Alltag umzusetzen!

Schränken Sie Kontakte, die Sie kleiner machen, als Sie sind, ein! Und gönnen Sie sich mehr von den Sie groß machenden Begegnungen! Damit tun Sie übrigens auch diesen Menschen etwas Gutes, weil *Wertschätzung* immer beiden wohl tut: dem Empfänger und der Spenderin - und natürlich auch umgekehrt der Empfängerin und dem Spender!

Kennen Sie übrigens den wunderschönen Song von Josh Groban: „You raise me up"? Mich bewegt er immer wieder zutiefst, daher habe ich vor einiger Zeit meine Tochter gebeten, ihn statt des bisherigen „Love me tender" von Elvis Presley (das mir auch bei jedem herein kommenden Anruf einen Wohlfühlschauer geschenkt hat) als Klingelton in mein Handy einzuprogrammieren. So erhebt mich nun jeder Mensch, der mich anruft, ohne es zu wissen, indem er mir eine Zusatzportion Endorphine schenkt.

Das ist übrigens auch für meine Gesprächspartner angenehmer, weil sie mich am Telefon dann lächeln hören!

Auch die andere Richtung scheint mir interessant zu sein,

~ vielleicht nach einer kleinen Wellen-Einstimmung:

Würde ich mich selbst als „Josef-Menschen" bezeichnen?

Habe ich den Eindruck, dass andere Menschen sich in meiner Nähe geistig, körperlich und emotional genährt und aufgerichtet fühlen?

Blühen andere in meiner Gegenwart auf?

Gibt es Menschen, die in meiner Gegenwart mehr zuwege bringen als sonst?

Fördere ich andere in der Entfaltung ihres Potenzials?

Drücke ich meine Wertschätzung anderen gegenüber verbal aus?

Zeige ich sie in anderer Form?

Wenn ja, wie?

~ *Was auch immer Ihnen als Antworten in den Sinn gekommen ist, integrieren Sie es mit einer Welle in Ihrer Matrix!*

Und freuen Sie sich darüber!!!

Ich liebe und *wertschätze* mich bedingungslos!

Die folgenden Seiten mögen für manche von Ihnen eine ziemliche Herausforderung darstellen. Aber meiner Erfahrung nach lohnt es sich wirklich, sich dieser zu stellen!

Kein anderer Mensch, kein noch so durchschlagender Erfolg, kein außergewöhnlicher Glücksfall und kein noch so großer *Reichtum* können die Lücke mangelnder Selbstliebe und *Selbstwertschätzung* füllen! Nur wir selbst können uns jederzeit und aus jedem beliebigen Grund – und noch besser grundlos! – liebevoll Anfang *wertschätzend* in die Arme schließen! Und wir sollten dies möglichst oft und mit weit geöffnetem Herzen tun!

Selbstliebe ist für mich ähnlich wie Stolz ein ganz wesentlicher Ausdruck der *Selbstwertschätzung*! Sie mag uns leichter gelingen, wenn wir uns dabei eingestehen, wie schwierig es zuweilen ist, uns selbst zu lieben und *wertzuschätzen; a*ber wie beglückend es zugleich ist, wenn es uns dennoch gelingt!

Buddha sagt:

„Was auch immer du tust, liebe dich dafür, dass du es tust!"

Also wenn Sie sich (noch) nicht liebevoll *wertschätzen* können, lieben Sie sich dafür, dass Sie sich (noch) nicht *wertschätzen* und lieben können – das ist doch schon einmal ein guter Anfang ☺!

Meinem Gefühl nach verdienen Liebe und *Wertschätzung* eigentlich nur dann ihren Namen, wenn sie bedingungslos gelebt werden – alles andere ist doch eigentlich bloß eine Art von Tauschgeschäft:

„Ich liebe und *wertschätze* dich, wenn du meine Erwartungen erfüllst."

„Ich liebe und *wertschätze* mich, wenn ich meine Erwartungen erfülle."

Für den Anfang mag das vielleicht ganz hilfreich sein, aber das kann nicht unser Endziel sein!

Wie wäre es also, wenn Sie meinen Impuls aufgreifen und sich selbst jene Facette der *Selbstwertschätzung* schenken, die wir als Selbstliebe bezeichnen?

~ *Fragen Sie sich nach einer Welleneinstimmung:*

Gelingt es mir, mich wertschätzend in mich selbst zu verlieben?

Kann ich mir liebevolle Wertschätzung schenken?

Wie wäre es, wenn ich bereit wäre, mich auf die lange Reise in die bedingungslos wertschätzende Selbstliebe und die liebevolle Selbstwertschätzung zu machen?

Wie würde sich das anfühlen?

Und wie würde sich das auf andere in meinem Umfeld auswirken?

Was das mit der erwünschten finanziellen *Fülle* in Ihrem Leben zu tun hat, derentwegen Sie ja schließlich dieses Buch lesen?

Nun, überlegen Sie bitte: wären Sie *Geld*, würden Sie lieber einen Menschen besuchen kommen, der liebevoll in sich ruht, der entspannt und mit sich zufrieden ist; wiewohl - oder gerade weil - er sehr wohl auch um seine Schwächen und Fehler weiß; der sich selbst und sein Leben zu *schätzen* weiß?

Oder würden Sie in der Rolle des *Geldes* jene bevorzugen, die ihr Leben im ständigen Kampf gegen sich selbst und die Umstände und die anderen verbringen; die ständig unzufrieden und verspannt im Opfermodus schwingen; deren *Selbstwertgefühl* praktisch nicht existent ist?

Wir werden dieses Spiel in der Personifizierung der *Geldenergie* etwas später noch einmal aufgreifen - und ich hoffe, Sie haben genug Humor und kindliche Begeisterungsfähigkeit, um mich auch darin zu begleiten!

Ich glaube, Liebe und *Wertschätzung* - sowohl in Form eines liebevoll *wertschätzenden* Umgangs mit anderen, als auch in Form von nachsichtig *wertschätzender* Selbstliebe - machen uns zu einem weit angenehmeren Zeitgenossen als der andere Pol! Und ich glaube, sie machen uns auch *erfolgreicher*. Sie helfen uns, unser Potenzial zu entfalten, in uns selbst hinein zu wachsen und unsere wahre Größe einzunehmen.

Meiner Erfahrung nach wirken *Wertschätzung* und *Selbstwertschätzung* wie ein belebender Dünger! Wenn Sie diese Ansicht teilen, dann mögen Ihnen die folgenden Fragen das eine oder andere *wertvolle* Aha-Erlebnis bescheren, Ihren Horizont erweitern und Ihnen hoffentlich helfen, Ihre Liebe und *Wertschätzung* für sich selbst wiederzufinden. Denn ich glaube, das sind ganz natürliche Funktionen, die wir zugänglich hätten, wenn sie uns im Laufe unserer Entwicklung nicht abhandengekommen wären!

> *~ Stimmen Sie sich mit einer Quantenwelle auf die folgenden Fragen ein und setzen Sie die Absicht, möglichst vieles zu diesen verschiedenen Punkten zu finden!*

Nützen Sie das „Abheben und darüber Stehen", um sich selbst aus einer höheren Position zu betrachten. Das heißt, richten Sie sich auf, heben Sie Ihren Blick, lassen Sie sich ein Licht aufgehen und atmen Sie sich in die leichte Weite! Erheben Sie sich selbst in die Beobachterposition oder lassen Sie sich von jemand oder etwas anderem erheben, und dann fragen Sie sich:

Was an mir fällt mir scheinbar leicht, bedingungslos zu lieben und wertzuschätzen?

Geben Sie sich bitte nicht allzu leicht mit der Antwort: „Da gibt es nichts entsprechendes!" zufrieden! Besonders dann, wenn Sie Ihren Zwilling verloren haben und sich mit Selbstliebe und *Selbstwertschätzung* noch schwerer tun, als andere! Finden Sie irgendetwas, und sei es noch so unwesentlich! Es geht nicht um die Sache an sich, sondern um die hohe und *wertvolle* Schwingung der *Wertschätzung*!

Wenn Sie sich schwer tun, etwas zu finden, können Sie natürlich andere um Anregungen bitten: was *wertschätzen* diese an Ihnen?

Und natürlich spricht vieles dafür, im „Dialog der Hände" auch Ihre eigenen kreativen Anteile in diesen Prozess miteinzubeziehen: welche Tipps bietet Ihnen Ihre linke Hand?

Was an meinem Körper kann ich mit Leichtigkeit lieben und schätzen?

Auch da bitte ich Sie, geduldig zu suchen - ob als Einling oder als Halbzwilling! Irgendetwas werden Sie doch wohl an sich finden, was Sie mögen können - und sei es auch der rechte kleine Finger, der Nabel oder das linke Ohrläppchen ☺ ...

Und welche Anregungen kommen aus Ihrer rechten Gehirnhälfte?

Mit welchen meiner Reaktionen bin ich ganz und gar einverstanden - in welchen Reaktionen kann ich mich liebevoll annehmen und wertschätzen?

Suchen Sie in Ihrem inneren Archiv! Erinnern Sie sich an eine Zeit, in der es Ihnen gut ging und Sie (halbwegs) zu Ihrer eigenen Zufriedenheit reagiert haben! Das mag für alleingeborene Zwillinge nicht leicht sein, aber halten Sie dennoch Ausschau!

Auch da mag Ihre linke Hand ein wertvoller Ratgeber sein.

Welche meiner Einstellungen und Überzeugungen finde ich sinnvoll und schätzenswert?

Nun, irgendetwas dergleichen wird es doch wohl geben - vielleicht nach den ersten erfolgreichen Umprogrammierungen. Und jedenfalls aus der Position eines Beobachters im „Abheben und darüber Stehen".

Welche meiner Emotionen schätze ich als wertvoll?

Können Sie sich freuen wie ein kleines Kind? Haben Sie meiner Anregung folgend Ihren kindlichen Stolz reaktiviert? Können Sie sich für irgendetwas begeistern? Können Sie irgendjemand bewundern? Sind Sie für irgendetwas dankbar? Gibt es irgendjemand, den Sie lieb haben? Womit sind Sie zufrieden? Wen oder was können Sie *wertschätzen*? Welche dieser Emotionen scheinen Ihnen *wertvoll*?

Zu welchen meiner Gedanken kann ich voll und ganz stehen?

Welchen meiner Ideen bringe ich Wertschätzung entgegen?

Für welche Einsichten könnte ich mich lieben?

Welche Einfälle finde ich wertvoll?

Welche wertvollen Aha-Erlebnisse habe ich mir erlaubt?

Lassen Sie sich Zeit, all das zu finden! Gedanken, Einfälle, Einsichten, Ideen und Aha-Erlebnisse sind eine Form von Energie und daher viel wesentlicher in ihrer Wirkung, als wir üblicherweise annehmen.

Und Ihre linke Hand wird Ihnen weitere verraten!

Für welche Leistungen schätze ich mich – wofür liebe ich mich?

Davon würde ich Ihnen empfehlen, zumindest zehn zu finden! Ich weiß, das mag manchen von Ihnen ganz und gar nicht leicht erscheinen – ganz besonders dann, wenn Sie Ihr Geschwister verloren haben! Aber denken Sie einfach an eine Person, die Sie sehr *schätzen* und fragen Sie sich nach deren Leistungen. Im Nu fällt Ihnen da einiges ein, nicht wahr? Also tun Sie so, als betrachteten Sie sich von außen und würden sich aus dieser Position *wertschätzen*, und halten Sie aufmerksam Ausschau nach Ihren Leistungen.

Der „Dialog der Hände" wird Ihnen noch weitere verraten!

Ich empfehle Ihnen übrigens, all die Fragen, die ich Ihnen in diesem Buch anbiete, schriftlich zu beantworten: wenn Sie das, was Sie denken, niederschreiben, kommen Ihr Bewegungssinn und die Kinästhetik hinzu. Dadurch wird das Erkannte viel stärker in Ihren Gehirnwindungen verankert! Wenn Sie all das auch noch laut aussprechen, kommt Ihr Gehörsinn noch hinzu und intensiviert das Erleben noch weiter. Und wenn Sie es gar (meinetwegen schmunzelnd) Ihrem Spiegelbild sagen, dann haben Sie einen ganz großen Gutpunkt verdient ☺ und sich wirklich einen großen Schritt in Richtung gesundes *Selbstwertgefühl* bewegt!

> *~ Nachdem Sie Antworten auf diese Fragen gefunden und sie sogar niedergeschrieben haben, geben Sie sich dazu ein Two-Pointing: mit der Absicht, all das Entdeckte auch tatsächlich in voller Bewusstheit in Ihrem Energiefeld zu integrieren!*

Wenn es Ihnen derzeit noch schwer fällt, sich selbst Liebe entgegen zu bringen, können Sie zuerst – quasi als Kristallisationspunkt für Ihre Liebe – einen Menschen wählen, den zu lieben Ihnen ganz leicht fällt. Dann fokussieren Sie sich auf diese Person, um Ihre Liebe ins Fließen zu bringen. Das funktioniert anfangs oft leichter! Und dann switchen Sie um und vergegenwärtigen Sie sich Ihr eigenes Bild – oder das Ihres inneren Kindes. Wie bereits erwähnt, tun wir uns oft leichter, ein Kind lieb zu haben (auch unser inneres Kind), als eine erwachsene Person (und ganz besonders uns selbst!)

Selbstliebesmeditation

Sehen Sie eine Person, die wertzuschätzen und zu lieben Ihnen leicht fällt, vor Ihrem geistigen Auge; und stellen Sie sich vor, wie in Ihrer Brust Ihre Herzblume erblüht. So wie eine Blume sich aus der Knospe zur Blüte öffnet, so öffnet sich Ihr Herz ganz weit für diese wertgeschätzte und geliebte Person. Und so wie eine Blume ihren Duft verströmt, so strömt aus Ihrem Herzen Liebe und Wertschätzung zu dieser Person! Fühlen Sie diese Liebe und Wertschätzung so intensiv, wie Ihnen dies im Augenblick möglich ist, lassen Sie Ihre Liebe und Wertschätzung ganz stark werden und Sie ganz und gar erfüllen … und dann setzen Sie sich selbst anstelle dieser geliebten Person und schenken Sie sich selbst Ihre Liebe und Wertschätzung! Haben Sie Geduld mit sich – es kann sein, dass es da eine kleine Blockade gibt; oder vielleicht gelingt es Ihnen anfangs auch noch gar nicht. Wenn Ihnen dies in Ihrer erwachsenen Form (noch) nicht möglich ist, dann visualisieren Sie Ihr inneres Kind und schenken Sie dem kleinen Buben oder dem kleinen Mädchen in Ihnen all Ihre Liebe und Wertschätzung. Lassen Sie sich Zeit für diese Vorstellung und die damit verbundenen Emotionen! Und fühlen Sie sowohl das Geben wie auch das Empfangen von Liebe und Wertschätzung … spüren Sie das Ausströmen dieser Emotion und erlauben Sie sich auch, deren Einströmen wahrzunehmen soweit es Ihnen im Augenblick möglich ist … schenken Sie sich und Ihrem inneren Kind Ihre Liebe und Wertschätzung; und nehmen Sie Ihre eigene Liebe und Wertschätzung offenen Herzens an!

~ Gelingt Ihnen dies, dann freuen Sie sich darüber und schwelgen Sie in diesem Gefühl! Genießen Sie Ihr Liebe und Wertschätzung Schenken ebenso wie Ihr Liebe und Wertschätzung Empfangen.

~ Und schenken Sie sich dazu eine liebevolle Wertschätzungswelle!

Ich könnte mir vorstellen, dass Sie diese besonders stark spüren, vielleicht sogar umwerfend ☺ …

Wenn Sie jedoch eine Blockade wahrnehmen und das Gefühl haben, Sie könnten sich selbst (noch) keine Liebe und *Wertschätzung* schenken - auch nicht in Form Ihres inneren Kindes -, dann macht das nichts! Auch in diesem Fall wird Ihnen eine Quantenwelle wohl tun! Nehmen Sie sich auch in dieser Reaktion liebevoll an - es ist bloß ein Momentzustand, über den Sie eher hinaus wachsen werden, wenn Sie ihn in *wertschätzender* Nachsicht annehmen!

~ Sagen Sie sich: „Ja, in diesem Augenblick kann ich mich noch nicht bedingungslos lieben und wertschätzen, aber das kann sich ändern!" - und geben Sie sich dazu eine annehmende Nachsichtswelle!

Und bleiben Sie bitte geduldig mit sich selbst!

Vorhin habe ich übrigens einen köstlichen Satz zum Thema Geduld gelesen - lustigerweise auf der Homepage eines Klosters:

„Gott gib mir Geduld - aber bitte beeile Dich!"

Versuchen Sie es immer wieder - Sie werden sehen, es wird Ihnen immer besser gelingen! Und eines Tages werden Sie sich ganz spontan liebevoll und *wertschätzend* entgegenlächeln, wenn Sie sich in irgendeinem Spiegel sehen - wie auch immer Sie gerade aussehen, weil das dann einfach nicht mehr wichtig ist! Dann haben Sie in Ihre *wertschätzende* Selbstliebe und liebevolle *Selbstwertschätzung* heimgefunden; die meiner Ansicht nach unser Geburtsrecht sind!

~ Und natürlich sollten Sie auch diese Heimkehr bewellen! Tun Sie das in Dankbarkeit sich selbst gegenüber; denn das ist wahrlich eine Leistung, ganz besonders wenn Sie als alleingeborener Zwilling auf die Welt gekommen sind!

Erwärmen Sie sich für sich selbst!

Öffnen Sie sich Ihr Herz!

Und schließen Sie sich selbst in Ihr Herz!

Gehen Sie liebevoll und *wertschätzend* mit sich um!

Seien Sie sich gut!

Und - warum nicht? - erlauben Sie sich, sich leidenschaftlich in sich selbst zu verlieben!

All das sind aus meiner Sicht wichtige Voraussetzungen für ein Leben in entspannter *Fülle* und *Wohlstand* auf allen Ebenen!

Wunschvorstellungen zu Ihrer *finanziellen* Zukunft

Es gibt zwei verschiedene Zugänge im Zusammenhang mit unseren Wünschen: manche Menschen sind der Ansicht, wir sollten dem Universum, unserer Seele, unserem Schicksal, Gott (oder wie auch immer Sie diese Instanz bezeichnen) völlig freie Hand lassen - so nach dem Motto: *„Ich wünsche mir genau das Leben mit der Fülle und dem Wohlstand, das hier und jetzt gut und richtig ist für mich!"*

Andere wünschen sich etwas mehr Einfluss - so nach dem Motto: *„Wir bekommen erst dann, was wir wollen, wenn wir wissen, was wir wollen!"*.

Wenn erstere Sichtweise sich für Sie stimmiger anfühlt, dann blättern Sie einfach weiter; denn dann wird dieses Kapitel für Sie vermutlich nicht relevant sein!

Wenn Sie jedoch eher zur zweiten Variante tendieren, dann finden Sie hier einige *wertvolle* Anregungen, um sich möglichst klar zu werden, wohin Sie streben; was Sie sich wünschen; was Sie also manifestieren wollen - im Sinne von: für welche der Ihnen zur Wahl stehenden Zukünfte Sie sich entscheiden.

Ich persönlich glaube schon, dass wir mit unserem Denken und vor allem mit unserem Fühlen einen gewissen Einfluss auf diese Auswahl haben - ähnlich wie bei der Senderwahl! Erinnern Sie sich an unser weit ausstrahlendes und für Resonantes magnetisches Herzfeld?

Erinnern Sie sich auch an die Angebotswellen, die wir laut den Quantenphysikern in unsere Zukunft senden. Die, wenn sie in Resonanz sind mit den Echowellen, die uns aus unserer Zukunft (genau genommen aus einer unserer möglichen Zukünfte) entgegen schwingen, zu Ereigniswahrscheinlichkeit führen.

Demgemäß wählen Sie mit dem, was Sie über Ihr Herzfeld ausstrahlen, aus den verschiedenen zur Verfügung stehenden Zukünften jene, die mit Ihrer Ausstrahlung am meisten in Resonanz schwingt. Und Sie erinnern sich: Ihr Herzfeld speisen Sie mit dem, was Sie als Folge Ihrer Gedanken, Ihrer Überzeugungen, Ihrer Einstellung zum Leben, zu anderen und zu sich selbst, fühlen und empfinden!

~ Wenn Sie mit dieser Sichtweise in Resonanz schwingen, dann wäre jetzt die Frage interessant – vielleicht nach einer Welleneinstimmung:

Welche Zukunft möchte ich magnetisch anziehen?

Mit welcher Echowelle aus meiner Zukunft möchte ich in Resonanz schwingen?

Für welche der wahrscheinlichen Möglichkeiten entscheide ich mich?

Was möchte ich zu meiner Realität werden lassen?

Was möchte ich als materiell fassbare Realität erleben?

Aus meiner Sicht werden wir uns eher für eine Zukunft in *Fülle* und *Wohlstand* öffnen, je mehr es uns gelingt, ein *Reichtumsgefühl* in uns zu erzeugen; und dann auch möglichst durchgehend zu halten. Das heißt, ich glaube, dass wir *Reichtum* erst dann anziehen, wenn wir uns *reich* fühlen – ungeachtet unserer derzeitigen *Finanzen*! Denn *Reichtum* greift für mich viel weiter als unsere *finanzielle* Situation! Ich kenne durchaus *reiche* Menschen, die sich arm fühlen und arme Menschen, die sich *reich* fühlen – das muss ganz und gar nicht korrelieren!

Und da wir für unser Denken selbst verantwortlich sind – und daraus folgend auch für unser Gefühl! –, können wir da sehr wohl bis zu einem gewissen Grad Einfluss nehmen; auch wenn das nicht immer leicht ist! Denn uralte Denkgewohnheiten bewusst in eine neue, konstruktivere Richtung umzuprogrammieren, braucht viel Aufmerksamkeit – aber mit all den hier angebotenen Werkzeugen ist es möglich!

~ Stimmen Sie sich mit einer Quantenwelle ein und erzeugen Sie mit der entsprechenden selektiven Wahrnehmung in sich das Gefühl, reich zu sein! Sehen Sie überall dorthin, wo Sie Reichtum erkennen, wahrnehmen oder zumindest hinein interpretieren können. Fragen Sie sich dazu:

Bin ich reich an Erfahrungen?

Reich an Talenten?

Reich an Freunden?

Reich an Erinnerungen?

Reich an Interessen?

Reich an Hoffnungen?

Reich an Wünschen?

Reich an Ideen?

Reich an Visionen?

Reich an Erlebnissen?

Reich an (inneren und äußeren) Abenteuern?

Reich an Verrücktheiten ☺?

Sie entscheiden, woran Sie Ihren bereits erreichten *Reichtum* messen und woraus Sie Ihr *Reichtumsgefühl* beziehen! Und so wie weiter zu lachen meist leichter ist, als damit zu beginnen, wird Ihnen die Vertiefung und Intensivierung Ihres *Reichtumsgefühl* leichter fallen, als das erstmalige Eintauchen. Daher darf hier durchaus der eine oder andere kleine Trick herhalten! Wer hilft, hat Recht …

Wie wäre es, wenn Sie die Wartezeiten, die Wegzeiten, die Zeit vor dem Einschlafen, die ersten Momente nach dem Aufwachen und andere kostbare Augenblicke nützen würden, um sich immer wieder

Ihr *Reichtumsgefühl* zu vergegenwärtigen und mehr und mehr in sich einzuprägen: sowohl in Ihr Herzfeld als auch in Ihre Hirnbahnen?

~ *Und verankern Sie dieses Gefühl immer wieder mit der Quantenwelle in Ihrem System – je öfter desto besser!*

Wie bereits erwähnt, können Sie sich dies auch „bloß" vorstellen, wenn die tatsächliche Anwendung im Augenblick nicht möglich oder sinnvoll erscheint.

Welche kostbaren Augenblicke fallen Ihnen ein?

Sie können sich beispielsweise vorstellen, während Ihrer Morgentoilette unter einer *Gelddusche* zu stehen, die Sie *bereichert*.

Sie können sich während des Essens vorstellen, dass das, was Sie zu sich nehmen, Sie *bereichert* und Ihnen mehr *Fülle* schenkt – was es ja letztlich tut, wie wir zuweilen sogar an unseren Hüftpolstern erkennen können ☺. Denken Sie dabei aber nicht an Ihren Speckgürtel, sondern an die Vertiefung Ihres *Wohlstandsgefühls*. Kennen Sie den Begriff „*Wohlstandsbauch*"?

Sie können Ihr *Füllegefühl* während der Wartezeit beim Finanzamt aufbessern, etwa indem Sie *wertvolle* Tipps zum Steuersparen einholen.

Sie können auf der Toilette visualisieren, wie Sie weitere Schichten Ihrer *geldfeindlichen* Überzeugungen loslassen.

Lassen Sie Ihrer Kreativität freien Lauf und finden Sie alle möglichen Gelegenheiten, Ihr *Reichtumsgefühl* zu intensivieren. Auch und gerade dann, wenn Ihr Kontostand derzeit eine andere Sprache spricht!

Je bewusster Sie dies tun, umso mehr wird Ihre *finanzielle* Zukunft sich nach Ihrem Geschmack entfalten. Wie bereits erwähnt, glaube ich nicht, dass uns in jedem Augenblick unseres Lebens alle Möglichkeiten zur Verfügung stehen. Es gibt Lebensphasen, in denen die Zeitqualität *Fülle* und *Wohlstand* eher begünstigt als in anderen. Aber ich habe das Gefühl, dass wir immer weit mehr Optionen zur Wahl hätten, als uns bewusst ist und wir daher nützen – vor allem dann, wenn unser *Selbstwertgefühl* (warum auch immer) nicht intakt ist!

Analog dazu werden ja weit mehr Radioprogramme gesendet, als wir mit unserem Radiogerät durch die Einstellung der Frequenz empfangen, einfach weil wir meist bei ein und derselben Einstellung bleiben. Oder wechseln Sie ständig den Sender, den Sie hören?

Überlegen Sie, wie genau Ihre *finanzielle* Zukunft aussehen sollte – welche der drei vorhin erwähnten Definitionen scheint Ihnen eher relevant zu sein?

~ Auch zur Klärung dieser Frage eignet sich natürlich die 2-Punkte-Methode! Geben Sie sich eine Welle mit der Absicht, diesbezüglich Klarheit zu gewinnen, und bitten Sie Ihre innere Stimme, Ihnen zu vermitteln, was sie sich für Sie und von Ihnen wünscht!

Möchte ich viel Geld und andere Werte in meinem Eigentum wissen?

Geht es mir vor allem um Besitz, um das Haben?

Oder geht es mir eher um Fülle in Bewegung, um große Umsätze und ein ständiges Fließen durch mich und mein Leben hindurch?

Aber vielleicht reicht es mir tatsächlich – und dies ohne jegliche Resignation und Einschränkung! –, stets das zur Verfügung zu haben, was ich in meinem Hier und Jetzt für die freie Entfaltung meines aktuellen Potenzials brauche?

Lassen Sie sich Zeit für diese Klärung, denn ich glaube, sie ist entscheidend für Ihre *finanzielle* Zukunft.

~ Und integrieren Sie das Ergebnis Ihrer Selbstbefragung mit einer Welle in Ihrem System.

Unabhängigkeit / *finanzielle* Freiheit

Dostojewski sagte: „Geld ist geprägte Freiheit" - nun, wie sieht es mit Ihrer Freiheit aus?

~ Vielleicht wollen Sie sich mit einer Welle auf folgende Fragen einstimmen:

Wie wichtig ist mir meine Unabhängigkeit?

Was würde ich tun, wenn ich finanziell ganz und gar unabhängig wäre?

Wohin würde ich gehen und mit wem?

Was würde ich tun und mit wem?

Was würde ich kaufen – für mich und für andere?

Was täte ich, stünden mir aus finanzieller Sicht alle Möglichkeiten offen?

Wie viel Geld würde es kosten, all das zu tun?

Könnte ich es mir leisten, irgendetwas davon jetzt schon zu tun?

Wenn ja, warum habe ich es nicht schon längst getan?

Ist tatsächlich für all das Geld erforderlich?

Gibt es vielleicht kreative Lösungen, für die ich weniger Geld bräuchte als angenommen – oder teilweise sogar gar keines?

Würde mir dies Freude bereiten?

Würde es mich sogar begeistern, mir vor Augen zu führen, welche erstaunlichen Möglichkeiten mir auch ohne Geld offen stehen?

Was mache ich mit Geld (oder was vermeide ich, mit Geld zu tun), um mich in meiner Freiheit, Autonomie, Unabhängigkeit oder meinem Erwachsensein zu sabotieren?

Was bedeutet wahre Freiheit, wahre Unabhängigkeit, wahre Autonomie, wahres Erwachsensein überhaupt für mich?

Was könnte ich in nächster Zeit tun, um meine persönliche Freiheit, Unabhängigkeit, Autonomie zu erweitern und erwachsener zu werden?

Inwiefern hat diese Antwort irgendetwas mit Geld zu tun?

~ Und wieder empfehle ich Ihnen, die durch diese Fragen in Gang gekommenen inneren (und vielleicht auch schon bemerkbaren äußeren) Prozesse mit einem Two-Pointing in Ihrem Feld zu verankern!

Ich glaube, dieses Buch kann durchaus mehrmals gelesen werden – einfach weil das erste Lesen Sie verändern wird. Und wenn Sie in dieser anderen Gestimmtheit und einer neuen Einstellung die Lektüre wiederholen, werden Sie sich immer wieder wundern! Ich mache diese Erfahrung bei jenen Büchern, die ich gern wieder lese und frage mich zuweilen, ob ich diese Worte beim ersten Mal überlesen habe. Aber in Wahrheit geht es darum, dass sich unsere selektive Wahrnehmung verändert, wenn etwas uns berührt und bewegt. Und im neuen Fokus sieht das, was wir bereits gesehen haben, meist anders aus!

Daher scheint es mir besonders bei diesen Fragen interessant zu sein, sie nach einiger Zeit wieder zu bespielen …

Die Macht Ihrer Vorstellungskraft!

In dem nun folgenden Spiel spreche ich Ihre Phantasie an. Ich vermute, dass Sie, wie fast alle Menschen, die ich kenne, Ihre Fähigkeit, Visionen zu kreieren, noch viel zu wenig nützen!

Ich habe es bereits erwähnt: Hirnphysiologen können heute mithilfe neuer Bild gebender Verfahren nachweisen, dass unser Gehirn nicht unterscheiden kann, ob wir uns etwas „nur vorstellen", es „tatsächlich erleben" oder auch bei anderen „empathisch miterleben"! Diese Fähigkeit verdanken wir unseren Spiegelneuronen. Nur leider setzt der Großteil von uns diese phantastische Ressource, die

Sportler weltweit für ihre Erfolge nützen, nicht oder viel zu wenig ein!

Gerade in der Öffnung für *Fülle* und *Wohlstand* ist Ihre Vorstellungskraft ein nicht zu *unterschätzender, unbezahlbarer* Wegbereiter und Wegbegleiter! Vor allem dann, wenn Sie sich möglichst intensiv und unter Miteinbeziehung aller Sinne in das, was Sie sich wünschen, hineinversetzen und es als bereits manifestierte Realität fühlen – ohne sich jedoch unbedingt nur darauf zu fixieren! Und dieser Punkt ist sehr wichtig – so fügen kluge Menschen immer: *„Das oder etwas Besseres möge geschehen!"* ihren Wünschen hinzu.

Gestalten Sie die Idealvision Ihres *finanziellen Wohlstandes*, was auch immer das für Sie persönlich bedeutet! Lassen Sie Ihrer Phantasie dabei freien Lauf und beschneiden Sie sich möglichst nicht mit all den einschränkenden Überzeugungen wie: „Das, was ich mir wünsche, kann es gar nicht geben!" oder „Das ist zu viel des Guten!" oder „Das habe ich gar nicht verdient!" oder „Das ist eine Nummer zu groß für mich!" – ich hoffe, diese Überzeugungen haben Sie längst mithilfe der hier angebotenen Techniken entsorgt! Und sollte dieser Unfug doch noch einmal Auferstehung feiern, dann wissen Sie sich ja hoffentlich zu helfen!

Wie erwähnt, können Sie sich auch die Quantenwelle „bloß" in Ihrer Vorstellung geben! Wenn ich mich beispielsweise gerade zur Stoßzeit in der U-Bahn befinde oder im Wartezimmer einer Arztpraxis, gebe ich mir die Welle nicht mit weit ausholender Gestik ☺ – das würde wohl zu seltsamen Reaktionen führen! Aber da mein Gehirn nicht unterscheidet, kann mich niemand davon abhalten, mich auch in exponierteren Situationen mit einer vorgestellten Welle zu verwöhnen! Dann falle ich natürlich auch nicht um, was ich normalerweise ganz gut kann.

Was ich damit sagen möchte: es gibt kaum eine Situation, in der auch Sie die Welle nicht anwenden können; und es gibt meiner Erfahrung nach kein Thema, bei dem dieses Spiel nicht *wertvoll* ist!

Vielleicht kennen Sie den Gedanken:

„Ziele nach dem Mond – selbst wenn du ihn verfehlst, landest du zwischen den Sternen!"

Also gestalten Sie in Ihrer Vorstellung Ihren idealen *Wohlstand* auf allen Ebenen und fühlen Sie sich so in diesen Zustand hinein, als wäre er bereits aktuell – das entsprechende Fühlen ist um vieles wesentlicher als das Denken! Vielleicht erreichen Sie nicht genau das, was Sie visualisieren; aber Ihre Vorstellungskraft wird Sie auf Ihrem Weg in den erwünschten *Wohlstand* garantiert vorwärts tragen!

Wenn Sie mithilfe all der Fragen in den entsprechenden Kapiteln Ihre ideale *Finanzlage* heraus kristallisiert haben, gilt es nun, aus all diesen Details Ihre ideale *Geldzukunft* zu modellieren. Und dann möglichst oft und intensiv und unter Miteinbeziehung möglichst aller Sinne in der Vergegenwärtigung dieser Vision zu schwelgen!

Warum mir das wichtig erscheint? Nun, lassen Sie es mich wiederholen: das, was Sie erleben – ob tatsächlich oder in Ihrer Vorstellung – programmiert vor allem in seiner Wiederholung nicht nur Ihre Hirnbahnen; sondern die entsprechende Gefühlslage erfüllt auch Ihr Herzfeld! Sie strahlen das, was Sie fühlen, empfinden und glauben, nach außen hin aus. Und je intensiver Ihnen dieses Einfühlen gelingt, umso intensiver und weiter reichend strahlt das elektromagnetische Feld um Ihr Herz nach allen Richtungen. Und diese Ausstrahlung zieht (wie im Kapitel über die Herzintelligenz bereits erwähnt) nach dem Resonanzgesetz wie ein Magnet das Erwünschte an!

Ihre *Füllegefühl*-Angebotswellen treten mit den entsprechenden *Füllezustands*-Echowellen aus Ihrer Zukunft in Resonanz und erzeugen eine *Fülle*-Ereigniswahrscheinlichkeit.

Ihre *Reichtumsgefühl*-Angebotswellen treten mit den entsprechenden *Reichtumszustands*-Echowellen aus Ihrer Zukunft in Resonanz und erzeugen eine *Reichtums*-Ereigniswahrscheinlichkeit.

Ihre *Wohlstandsgefühl*-Angebotswellen treten mit den entsprechenden *Wohlstandszustands*-Echowellen aus Ihrer Zukunft in Resonanz und erzeugen eine *Wohlstands*-Ereigniswahrscheinlichkeit.

Wir lernen durch Wiederholung ☺!

Und dieses Spiel können Sie auf alles anwenden!

So treten auch Ihre *Liebesgefühl*-Angebotswellen mit den entsprechenden *Liebeszustands*-Echowellen aus Ihrer Zukunft in Resonanz und erzeugen eine *Liebes*-Ereigniswahrscheinlichkeit.

Aber ebenso sind bisher wohl Ihre *Armutsgefühl*-Angebotswellen mit den entsprechenden *Armutszustands*-Echowellen aus Ihrer Zukunft in Resonanz getreten und haben eine *Armuts*-Ereigniswahrscheinlichkeit erzeugt. Oder würden Sie sonst dieses Buch lesen? Und das ist der Grund, warum Sie in Armut gelebt oder immer wieder Phasen *finanzieller* Enge erlebt haben! Und glauben Sie mir, ich weiß, wovon ich spreche, denn ich war eine Spezialistin auf diesem Gebiet! Zumindest so lange, bis ich die Wurzel dieses Übels - den Verlust meines Zwillings - erkannt und das Ur-Trauma geheilt hatte!

Die Transaktion dieser beiden Wellen ähnelt übrigens der Kombination zweier Faxgeräte: ehe ein solches Daten übersendet, nimmt es Kontakt mit dem Empfangsgerät auf. Der Datenaustausch kann erfolgen, sobald sich die beiden Geräte auf einen Übertragungsstandard geeinigt haben.

Analog dazu können wir uns vorstellen, dass die beiden Zeitwellen aus Vergangenheit und Zukunft miteinander in Kontakt treten und quasi auf halber Strecke ein konkretes Ereignis hoher Wahrscheinlichkeit, also erlebbare Realität in der Gegenwart erschaffen: einen neuen Job, eine Gehaltserhöhung, die Zusage für einen neuen Auftrag, den Verkauf eines Ihrer Bilder, eine Subvention, den Vertrag für Ihr nächstes Buch, eine Förderung, ein Stipendium, einen Lottogewinn, eine Prämie, eine kleine Erbschaft, die unerwartete Rückzahlung eines Darlehens, ein *Geldgeschenk* oder längst vergessenes *Geld*, das Sie in einer Hosentasche finden …

Nach John Cramers Deutung der Quantentheorie würde also nicht nur die Vergangenheit die Zukunft beeinflussen, sondern ebenso auch die Zukunft Einfluss haben auf die Vergangenheit! Quantenphysiker gehen ja davon aus, dass die Zukunft ebenso real ist wie die Vergangenheit - und bereits „irgendwo" existiert. Sonst könnte sie ja auch keine Wellen (eben das, was als Echowellen bezeichnet wird) aus Ihrer Zukunft in Ihre Vergangenheit senden.

Näheres dazu finden Sie in dem Buch „Die Entstehung der Realität" von Jörg Starkmuth, sollte ich diesbezüglich Ihr Interesse geweckt haben.

Abgesehen von Ihrer Realitätsgestaltung – die aus meiner Sicht eigentlich eher eine Realitätsauswahl ist –, geht es Ihnen in der Zeit, in der Sie in Ihrem idealen Zukunftsvisionen schwelgen, besser als in jenen, wo Sie im Opfermodus oder im Neid oder im Zweifel oder in der Verzweiflung oder in Worst-Case-Szenarien oder in irgendwelchen Ängsten schwingen!

So lange Sie in diesen negativen Emotionen gefangen sind, werden Sie kaum den *Wohlstand* anziehen, den Sie sich wünschen. Sondern genau das Pendant zu Ihrer Gestimmtheit: Verluste, Strafmandate, andere Menschen, die viel mehr haben als Sie, außerordentliche Zahlungen, finanzielle Außenstände, die nicht bedient werden, Diebstahl, Einbruch, Betrug, zweifelhafte *Geldgeschichten*, beängstigende Entwicklungen ...

Und weil ich annehme, dass all das nicht unbedingt nach Ihrem Geschmack ist, empfehle ich Ihnen, die sehr persönliche Vision Ihres Lebens in *Fülle* und *Wohlstand* auf allen Ebenen zu gestalten und diese dann auch möglichst regelmäßig zu genießen – und damit Ihr Herzfeld zu erfüllen und Ihre Ausstrahlung zu färben ...

~ Auch hier empfehle ich Ihnen, sich zuvor mit einer Quantenwelle auf diesen kreativen Akt einzustimmen!

Und das ist es tatsächlich, denn Sie kreieren mithilfe Ihrer Vorstellungskraft Ihr ideales *Geldleben*, Ihren idealen *Wohlstand*, Ihre *finanzielle Fülle* in allen Lebensbereichen – sei es im Haben oder sei es im Durchfließen, je nach Ihrer persönlichen Definition für *finanziellen* Erfolg!

Und Sie kreieren in Ihrer Vorstellung zugleich auch eine neue Version von sich selbst, indem Sie sich als sich selbst *wertschätzenden reichen* Menschen sehen und fühlen, der offen ist für die eins zu eins Spiegelung seines enormen inneren *Reichtums* im Außen!

~ Und wenn Sie dann immer wieder in Ihrer Idealversion schwelgen, wenn Sie ganz und gar von dem Gefüüüühl erfüllt sind, das diese Vision in Ihnen erzeugt, dann verankern Sie dieses jeweils mit einem Two-Pointing in Ihrem System!

Vision von *Fülle* und *Wohlstand* auf allen Ebenen

Ohne in Ihre eigene, sehr persönliche Vision einzugreifen, möchte ich Ihnen hier eine Bild anbieten, das sich für mich sehr angenehm und erfrischend anfühlt - vielleicht möchten Sie dieses so oder in Ihrer persönlichen Abwandlung übernehmen und damit spielen. Lesen Sie sich den folgenden Text durch und spüren Sie, ob meine Worte in Ihnen Resonanz erzeugen! Wenn dies der Fall ist, dann können Sie diese Meditation entweder auf Band sprechen und sich immer wieder anhören. Oder aber Sie bitten eine andere Person, Ihnen diese Worte vorzulesen und Sie so durch dieses Vorstellungsspiel zu begleiten. Achten Sie dabei bitte immer wieder auf die Pausen, die ich jeweils mit den drei Punkten anrege, um die angeregten Bilder sich vor Ihrem geistigen Auge entwickeln zu lassen!

~ Stimmen Sie sich wieder mit einem Two-Pointing auf diese Vision ein und nehmen Sie sich ausreichend Zeit dafür! Setzen Sie die Absicht, all die Wahrnehmungen in dieser Meditation deutlich zu erleben – optisch aber vor allem gefühlsmäßig unter Miteinbeziehung möglichst aller Sinne!

Goldregen-Meditation

Während ich in einer bequemen Position sitze oder liege, nehme ich meinen Körper bewusst wahr … ich löse mich und werde ganz still … und ich fühle mich wohl … eine Weile achte ich auf meinen Atem … spür die Luft an meinen Nasenflügeln vorbei streichen, ganz leicht und kühl … während ich einatme, erfüllt sich mein Körper mit frischer Energie und mit Lebenskraft … und während des Ausatmens wird meine Entspannung tiefer und immer tiefer … tiefe Stille erfüllt mich, während mein Körper in seiner Mitte ruht …
Und während die Entspannung sich weiter in mir ausbreitet, begebe ich mich an meinen Ort der Kraft – mein Refugium … ja, hier bin ich ganz ich selbst, hier fühle ich mich sicher und glücklich und rundum wohl … die Sonne scheint, alles ist angenehm ruhig und in Harmo-

nie … aber plötzlich höre ich aus der Ferne Donnergrollen … erst nur leise, fast unmerklich, dann aber immer lauter und deutlicher … ein mächtiges Gewitter kommt näher … die Luft ist spannungsgeladen … nun wird es dunkel, eine riesige Wolke schiebt sich vor die Sonne … und Regen beginnt herunter zu prasseln … einer inneren Stimme folgend versuche ich nicht, diesem unerwarteten Gewitter auszuweichen, sondern ich bleibe, wo ich bin und gebe mich ganz dem Regen hin … ein Gefühl von Apokalypse ist da, das ich eine Weile sogar genießen kann … und dann, ebenso plötzlich wie sich die Wolke vor die Sonne geschoben hat, taucht diese nun wieder hervor und strahlt auf mich herab … und nun erst kann ich erkennen, dass dieser Regen, der nach wie vor auf mich herabstürzt, aus Gold besteht … ja, ein Goldregen ist das … aber so als hätte ich einen golddichten Mantel an, perlt all das Gold an mir ab … es gleitet über mich hinweg und zu Boden … so stehe ich nun inmitten dieses Goldregens, der weiter auf mich niederfällt, mich aber nicht wirklich berühren kann, im strahlenden Licht der Sonne, die diese seltsame Szene in glühendes Licht taucht … und etwas wie Trauer ist da … warum kann mich dieser Goldregen nicht berühren? Noch nicht vielleicht? Sehnsucht ist da auch, Sehnsucht tief in meinem Herzen … da steigt aus meinen Tiefen eine Einsicht auf: dieser Mantel schützt mich nicht wirklich, er hält all den Reichtum von mir ab, der mich umgibt und für mich bestimmt ist … so gebe ich dem Wunsch nach, diesen Mantel, der in Wahrheit wie ein Panzer wirkt, auszuziehen … mich davon zu befreien … und einer inneren Eingebung folgend bitte ich den Goldregen und die Sonne, mir dabei zu helfen … und tatsächlich … dieses starre Material, das mich einhüllt, beginnt sich langsam zu lösen … ich breite meine Arme weit aus und öffne mich dem unendlichen Reichtum, der auf mich zu warten scheint … der sich mir schenken möchte … und endlich fällt der letzte Rest dieses Panzers von mir ab … ich fühle mich befreit, erkenne aber augenblicklich, dass unter diesem äußeren Panzer noch ein weiterer sich um mich schließt … dieser ist nicht ganz so starr wie der erste, aber ich möchte mich auch von ihm befreien … wieder helfen der Goldregen und die Sonne mir dabei … diesmal geht es rascher, und bald fällt auch dieser Panzer von mir ab … aber immer noch bin ich nicht nackt, immer noch nicht ganz frei … da ist etwas, das wie eine zweite Haut aussieht, aber auch diese brauche ich nicht mehr, dessen bin ich mir nun ganz sicher … ich will frei sein! Frei, um all den Reichtum anzunehmen, der für mich bereit ist … diese Hülle, das erkenne ich nun ganz klar, muss ich selbst mit meiner Liebe auflösen … so richte ich aus meinem Herzen einen kräftigen Strahl bedingungsloser Liebe auf diese zweite Haut … und langsam beginnt sie zu schmelzen … löst sich von mir … zurück bleibt ein nackter Körper, vollkommen in seiner Schönheit … so schön habe ich mich noch nie gesehen … und auch noch nie gefühlt … herrlich diese Freiheit, diese Offenheit, diese Hingabe und Empfänglichkeit … nun beginnt der glitzernde Goldregen, der immer noch auf mich herab fällt und nun auch tatsächlich an mich herankommt, mich einzuhüllen … eine neue Hülle um mich herum zu bilden, die mich nun aber nicht mehr einengt und von all dem Guten abschirmt, sondern wie eine echte Haut, die mich mit der mich umgebenden Fülle verbindet … und wie als Antwort darauf, breitet sich nun aus meinem Inneren ein goldenes Glühen aus … es ist mein innerer Reichtum, der sich nun erst manifestieren kann … wie wach geküsst … endlich befreit … und so beginnt in mir und um mich herum wie eine magische Hochzeit zwischen dem Reichtum in mir und dem Reichtum, der von außen auf mich zukommt, um meinen inneren Reichtum in vollkommener Weise zu spiegeln … ja, ich bin unendlich reich und lasse es nun zu, dass dieser Reichtum sich nun auch in meinem Äußeren manifestiert und so auch andere mit einbezieht und bereichert … ich gebe und empfange Reichtum und lasse es zu, dass meine potenzielle Vollkommenheit sich auch auf der materiellen Realitätsebene verwirklicht … die dunklen Wolken haben sich längst verzogen, geblieben ist ein tiefblauer Himmel mit einer liebevoll strahlenden Sonne im Zenit … immer noch regnet es Gold, das Gold der Liebe und des Lichtes … liebevolles Licht … hell strahlende Liebe … bedingungslos … diese Liebe ist heimgekehrt in mein Herz und ich bin es auch … heimgekehrt in meine Liebe und meinen eigenen Reichtum, den ich nun auch bereit bin, in meinem äußeren Leben anzunehmen! Tiefe Dankbarkeit erfüllt mich … und ich sage „ja" zum Leben, „ja" zur Liebe, „ja" zu meinem wohlverdienten Wohlstand!

Nachdem ich dieses neue und doch tief in mir vertraute Gefühl eine Weile genossen habe, bin ich langsam wieder bereit, in meinen Alltag zurück zu kehren. Ich nehme behutsam meinen tief entspannten Körper wieder in

Besitz, öffne langsam die Augen, strecke mich und bin wieder ganz wach. Fühle mich herrlich erfrischt und zutiefst dankbar in der Gewissheit, mich für die Spiegelung meines inneren Reichtums im Außen geöffnet zu haben!

~ *Und natürlich empfehle ich Ihnen, all das, was Sie in Ihrer Vision erlebt und wahrgenommen haben, mit einer Quantenwelle in Ihrer Matrix zu integrieren!*

All das wird Ihnen wie ein Nordstern dienen, der Sie zu Ihrer neuen *Fülle* führen wird!

Geld und Persönlichkeitsentwicklung

„Geld stinkt nicht – es lässt allenfalls stinken … "

Diesen Gedanken habe ich einmal gelesen und finde ihn recht klug!

Oder glauben Sie, dass es wirklich das *Geld* ist, das uns korrumpiert?

Gibt es nicht bloß einer latenten Korruptheit, die möglicherweise in uns schlummert, die Gelegenheit, ans Tageslicht zu kommen?

Wovor manche vielleicht berechtigte Angst haben; oft auch unbewusst?

Dieter Hildebrandt soll gesagt haben:

„Geld macht nicht korrupt – kein Geld schon eher."

Heißt *Reichsein* nicht eigentlich *reich* Sein im Sinne von Erfüllung unseres ungemein *reichen* Potenzials und freie Selbstverwirklichung?

Ist irgendein anderes Medium ein ähnlich idealer Prüfstein für die persönliche Entwicklung wie das so viel gehasste und oft allzu sehr geliebte *Geld*?

Ich denke, dass wir im bewussten Umgang und in der bewussten Erfahrung mit *Geld* unser Selbstbewusstsein täglich aufs Neue erweitern können. Und mit Selbstbewusstsein spreche ich hier vor allem unsere Selbstbewusstheit an, also die volle Bewusstheit unseres Selbst.

Der Begriff „selbstbewusst" wird ja zumeist falsch verwendet; nämlich im Sinne von überhöhtem *Selbstwertgefühl*. Wenn man jemandem viel Selbstbewusstsein zuschreibt, meint man damit üblicherweise, dass er sich seines *Wertes* durchaus (manchmal allzu sehr als Reaktion auf ein im Grunde viel zu Wenig) bewusst ist. Das sagt in meinen Augen absolut nichts darüber aus, wie bewusst sich dieser Mensch seiner selbst tatsächlich ist! Oft sind gerade jene Menschen, denen man großes Selbstbewusstsein zuschreibt, zwar sehr von sich überzeugt - oft als Überkompensation für ein in Wahrheit mangelndes *Selbstwertgefühl* -; dabei aber ganz und gar nicht bereit, über sich selbst zu reflektieren. Dies ist für mich jedoch die Grundvoraussetzung für gelungene Persönlichkeitsentwicklung in Richtung allgemeiner Bewusstheit - die sich dann auch auf uns selbst erstreckt. Und das ist es, was ich unter Selbstbewusstsein verstehe; oder besser noch als Selbstbewusstheit!

Genau für diese bietet sich uns *Geld* als ungemein *wertvoller* Spiegel an. Als Spiegel, in dem wir unser Verhalten sehr deutlich sehen und deuten können!

Erinnern Sie sich an unser Spiel mit „The Work" und „Ho'oponopono", in dem wir *Geld* nach seiner Spiegelung hinterfragt haben.

Aber hier habe ich noch weitere prozessorientierte Fragen für Sie.

~ Vergessen Sie die Einstimmung mit der Quantenwelle nicht:

Was genau bedeutet Geld für mich?

Was denke ich über Geld?

Welche Gefühle erweckt Geld in mir?

Welche Beziehung habe ich zu Geld?

Wie wende ich Geld an?

Wie gebe ich es aus?

Wie nehme ich es an?

Wie bewahre ich es auf?

Welche Bedürfnisse stillt Geld in meinem Leben?

Wie verhalte ich mich, um Geld zu bekommen?

Wie blockiere ich mich, um weniger Geld zu bekommen, als ich mir wünsche?

Aus welchem emotionalen Kontext treffe ich meine finanziellen Entscheidungen!

Einige dieser Fragen mögen bisherigen ähneln – aber Wiederholung ist für unser Gehirn nun einmal wichtig! Und die Antworten auf all diese Fragen sind Türen zu größerer Selbstbewusstheit. Und können uns zu mehr innerer Freiheit verhelfen!

Ich selbst zu sein und täglich noch mehr ich selbst zu werden, empfinde ich als wundervolles Abenteuer – geht es Ihnen ähnlich? Das verstehe ich unter Potenzialentfaltung; und ich glaube, dass wir genau dazu auf dieser Welt sind: um die zu werden, als die wir angelegt sind!

Wie wäre es, wenn Sie sich als eine Art *wertvollen* Edelstein sehen würden, der auf einzigartige Weise strahlen und funkeln wird, wenn er dereinst in idealer Weise geschliffen ist! Damit wäre Ihr ganzes – bewusstes! – Leben ein Prozess des Feinschliffes. Dabei zeigt Ihr Edelstein jedoch schon am Weg zur Idealform manch zauberhafte und durchaus *wertzuschätzende* Facette!

Sie können sich aber auch als Blume sehen und *wertschätzen*, die sich auf ihre einzigartige Weise entfaltet und in ihrer ganz individuellen Schönheit aufblüht. Und so wie ich auch bei meiner alljährlich mich erfreuenden Amaryllis die verschiedenen Stadien des Wachstums der Knospe und dann des langsamen Aufblühens bis zur vollen Entfaltung interessant finde; so empfehle ich auch Ihnen, sich selbst in den verschiedenen Stadien des Werdens anzunehmen und *wertzuschätzen*.

Dabei sollten wir jedoch in keinem Stadium unserer Entwicklung stehen bleiben; sondern stets weiter wachsen, aufblühen und mehr und mehr unser Potenzial entfalten! Erlauben wir unserem Leben daher, all unsere Ecken und Kanten abzuschleifen und heißen wir alles, was uns dazu dient, willkommen!

Dazu fällt mir ein schöner Gedanke der Sterbeforscherin Dr. Elisabeth Kübler-Ross ein:

„Würde man die Canyons vor den Stürmen schützen, könnte man die Schönheit ihrer Schluchten niemals erblicken. Es gab Augenblicke, in denen Schönheit nicht zu finden ist. Aber in solchen Momenten kann man entweder in seiner negativen Haltung verharren und nach Sündenböcken suchen; oder sich dafür entscheiden, zu genesen und weiter zu lieben!"

Welche Schönheit haben die Stürme Ihres Lebens freigelegt?

Als was sehen Sie sich, *werte* Leserin, *werter* Leser?

Welche Metapher wählen Sie für sich inmitten Ihrer Entwicklung?

Geld kann aus meiner Sicht jedenfalls ein ganz *wertvoller* Katalysator für Ihre Persönlichkeitsentwicklung sein! Ich persönlich nütze es tagtäglich in dieser Funktion. Und da Sie dieses Buch in Händen halten und lesen, freue ich mich, wenn Sie mich ein Stück auf dieser Reise begleiten.

Unseren Einstellungen und Überzeugungen zum *Geld* prägen aber nicht nur unser Herzfeld, sondern zugleich auch unser Selbstbild und damit unseren gesellschaftlichen Status und unseren Berufsweg! Auch unsere Einstellung zu Erfolg, unsere Gefühle in Bezug auf Macht und unsere Muster in engen Beziehungen sind intensiv mit unserem Zugang zu und unserem Umgang mit *Geld* verknüpft!

Und da all das stark vom frühen Verlust eines Zwillings geprägt wird, liegt es mir so sehr am Herzen, jenen unter Ihnen, die sich damit identifizieren können, meine Anregungen anzubieten!

Wenn wir uns unserer Überzeugungen über *Geld* und unserer Einstellungen zu *Geld* – und vor allem deren meist tief im Unbewussten vergrabenen Ursprung! – bewusst werden, ist das schon der erste Schritt in Richtung einer heilsamen Veränderung! Wenn wir die Schuldgefühle und das daraus resultierende mangelnde *Selbstwertgefühl* als Folge eines Irrtums (dem Irrtum, wir trügen Schuld am Tod unseres Zwillings) erkennen, kann es uns nach und nach auch gelingen, destruktive Glaubenssätze durch zuträglichere zu ersetzen. Es ist ähnlich wie bei der Entfernung von Unkraut, von dem wir uns erst dann nachhaltig befreien können, wenn wir es mitsamt seiner Wurzeln entfernen!

Unser *Geldwert* ist eine Projektion unserer innerseelischen Zustände, unserer Einstellung zum Leben, vor allem aber uns selbst gegenüber. Daher setze ich die Gleichung *Geldwert = Selbstwert*! So sind *finanzielle* Enge und *Geldsorgen* Ausdruck eines mangelnden *Selbstwertgefühls* und einer tief liegenden inneren Angst vor existenzieller Bedrohung. Sie spiegeln die Angst vor dem Verlust von Zuwendung und Geborgenheit, die zumeist auf dem frühen Verlust des Zwillings beruht.

Dazu fällt mir gerade ein hübscher Gedanke ein, mit dem ein lieber Freund mich einmal getröstet hat:

„Dass die Vögel der Sorge und des Kummers über deinem Haupte fliegen, kannst du nicht ändern. Aber dass sie Nester in deinem Haar bauen, das kannst du verbieten!“

Allerdings weiß ich aus eigener Erfahrung, dass sich das oft leichter sagt, als es sich letztlich lebt! So lange wir unser Ur-Trauma – und bei Menschen mit mangelndem *Selbstwertgefühl* ist es sehr häufig der frühe Verlust eines Mehrlings! – noch nicht geheilt haben, wird unser Kopfhaar allzu empfänglich sein für Nester der Sorgenvögel!

Kennen Sie übrigens den Ausspruch:

„Mit voller Brieftasche weint es sich leichter!“?

Das hat schon etwas für sich, nicht wahr?

Dennoch kann *Geld* bei all seiner Wichtigkeit in unserem Leben nicht alle Probleme lösen. Und weil die meisten *Geldprobleme* meist auf eine psychische Problematik zurückzuführen sind, bringt plötzlicher *Geldsegen* auch nicht immer die Rettung. Denken wir nur an all die Lottomillionäre, die binnen kurzer Zeit nach ihrem Gewinn wieder auf ihrem vorherigen finanziellen Niveau angekommen sind; oft auch weit darunter.

Einfach weil *Geld* nicht unseren persönlichen Beitrag zur Entwicklung unserer Persönlichkeit ersetzen kann. Aber es kann als *wertvoller* Katalysator sehr hilfreich sein! Und als *wertvolles* Indiz oft auch …

Dennoch sollten wir - bei aller Freundschaft mit *Geld* - seinen *Wert* nicht als objektiv sehen. Besonders dann, wenn wir uns von unseren Schulden überwältigt fühlen und allzu viel Respekt vor „großen Summen" haben, mag es hilfreich sein, uns immer wieder vor Augen zu führen, dass der *Geldwert* im Grunde eine Fiktion ist - das entspannt!Erinnern wir uns daran, dass es kaum ein Land auf der Erde gibt, das keine Schulden hat - und diese Schulden belaufen sich auf Summen, die für die meisten von uns unvorstellbare Ausmaße annehmen! Aus meiner Sicht führt diese Tatsache vieles ad absurdum.

Sagte ich vorhin „Freundschaft mit *Geld*"? Nun, wenn wir *Geld* als Hilfsmittel für die Entwicklung unserer Persönlichkeit nützen wollen, dann meine ich, dass wir zumindest freundlich, ja freundschaftlich, wenn nicht gar liebevoll dankbar und vor allem *wertschätzend* damit umgehen sollten.

Auch dazu werde ich Ihnen etwas später eine Art Freundschaftsspiel anbieten, das Ihrem inneren Kind hoffentlich ebenso viel Freude bereiten wird wie meiner Kleinen ☺!

Eine Pflanze ist nur *erfolgreich*, wenn sie blüht und gedeiht. Und das kann sie nur, wenn sie alles bekommt, was sie braucht! So kann meiner Ansicht nach Mangel auch nicht unser Lebenszweck sein! Vielleicht ist es zuweilen *wertvoll*, Perioden *finanzieller* Enge zu erleben, um dann die *Fülle* noch mehr *wertschätzen* zu können. Aber als Dauerzustand scheinen mir Mangel und Armut nicht sehr förderlich zu sein für unsere Entwicklung!

Dennoch glaube ich, kann es interessant sein, einiges in diesem Zusammenhang zu hinterfragen.

~ Stimmen Sie sich wieder mit einer Welle ein und fragen Sie sich:

Was brauche ich tatsächlich an finanziellen Mitteln, um mein Potenzial zu entfalten?

Was davon benötigt wirklich Geld?

Was nicht?

Wie kann Geld mir helfen, meine Lebensaufgabe zu meistern?

Worin sehe ich überhaupt meine Lebensaufgabe?

Welche andere Form von Energie kann mir dabei helfen?

Was von dem Guten, Schönen, Erfreulichen, Beglückenden, Wertvollen, mein Wachstum Fördernden … bekomme ich gratis?

Wir werden darauf zurückkommen!

~ Vergessen Sie nicht, Ihre Antworten wieder mit der Quantenwelle in Ihrer Matrix zu integrieren!

Auch hier habe ich wieder eine Geschichte für Sie, die manche von Ihnen kennen werden, weil sie immer wieder im Netz kursiert. Aber für einige mag sie neu sein. Abgesehen davon führe ich sie mir auch immer wieder gern zu Gemüte, wenn die Tretmühle meines Alltags mich wieder in ihre Fänge zu bekommen droht. Und vielleicht geht es Ihnen ähnlich.

Die Geschichte vom Sinn des Lebens

Ein Investmentbanker stand in einem kleinen mexikanischen Fischerdorf am Pier und beobachtete, wie ein kleines Fischerboot mit einem Fischer an Bord anlegte. Er hatte einige riesige Thunfische geladen.
Der Banker gratulierte dem Mexikaner zu seinem prächtigen Fang und fragte, wie lange er dazu gebraucht hatte. Der Mexikaner antwortete:
„Ein paar Stunden nur. Nicht lange."
Daraufhin fragte der Banker, warum er denn nicht länger auf See geblieben wäre, um noch mehr zu fangen.
Der Mexikaner sagte, diese Fische würden ihm reichen, um seine Familie die nächsten Tage zu versorgen.
Der Banker wiederum fragte:
„Aber was tun Sie denn mit dem Rest des Tages"
Der mexikanische Fischer erklärte:
„Ich schlafe morgens aus, gehe ein wenig fischen; spiele mit meinen Kindern, mache mit meiner Frau Maria nach dem Mittagessen eine Siesta,

gehe im Dorf spazieren, trinke dort ein Gläschen Wein und spiele Gitarre mit meinen Freunden. Sie sehen, ich habe ein ausgefülltes Leben."
Der Banker erklärte:
„Ich bin ein Harvard-Absolvent und könnte Ihnen helfen. Sie sollten mehr Zeit mit Fischen verbringen und von dem Erlös ein größeres Boot kaufen. Mit dem Erlös hiervon wiederum könnten Sie mehrere Boote kaufen, bis Sie eine ganze Flotte haben. Statt den Fang an einen Händler zu verkaufen, könnten Sie direkt an eine Fischfabrik verkaufen und schließlich eine eigene Fischverarbeitungsfabrik eröffnen. Sie könnten Produktion, Verarbeitung und Vertrieb selbst kontrollieren. Sie könnten dann dieses kleine Fischerdorf verlassen und nach Mexiko City oder Los Angeles und vielleicht sogar New York City umziehen, von wo aus Sie dann Ihr florierendes Unternehmen leiten."
Der Mexikaner fragte:
„Und wie lange wird dies alles dauern?"
Der Banker antwortete:
„So etwa fünfzehn bis zwanzig Jahre."
Der Mexikaner fragte:
„Und was dann?"
Der Banker lachte und sagte:
„Dann kommt das Beste. Wenn die Zeit reif ist, könnten Sie mit Ihrem Unternehmen an die Börse gehen, Ihre Unternehmensteile verkaufen und sehr reich werden. Sie könnten Millionen verdienen."
Der Mexikaner meinte nachdenklich:
„Millionen. Und dann?"
Der Banker sagte:
„Dann könnten Sie aufhören zu arbeiten. Sie könnten in ein kleines Fischerdorf an der Küste ziehen, morgens lange ausschlafen, ein bisschen fischen gehen, mit ihren Kindern spielen, eine Siesta mit ihrer Frau machen, in das Dorf spazieren, am Abend ein Gläschen Wein genießen und mit ihren Freunden Gitarre spielen."

Macht nachdenklich, nicht wahr?

Letzte Blockaden lösen ...

Im Kapitel über die 2-Punkte-Methode habe ich Ihnen eine allgemeine Einstimmung mit der Quantenwelle vorgestellt, mit der die Quantenwelle Ihnen helfen sollten, Ihre Basiswünsche auf ein gesundes Maß zu reduzieren; destruktive Glaubenssätze weitgehend aus Ihren Hirnwindungen zu löschen und durch neue, konstruktive, liebevolle und lebensbejahende Überzeugungen zu ersetzen. Und die Welle sollte Ihnen auch helfen, Ihre Biographie bis zu einem gewissen Grad von stressigen Nachwirkungen schmerzhafter Erlebnisse zu klären; und Ihnen darüber hinaus *wertvolle* Ressourcen zur Verfügung stellen.

Wenn Sie diese Spiele zelebriert haben, und Ihr Leben nach dieser allgemeinen Umpolung bereits eine neue Wendung genommen hat; wenn Sie also schon die ersten erfreulichen Effekte in Ihrer *Brieftasche* und auf Ihrem *Konto* sehen können – dann gratuliere ich Ihnen! Und empfehle Ihnen, dankbar zu sein dafür! *Schätzen* Sie die Tatsache, dass es vielleicht sogar relativ leicht gegangen ist, wirklich *wert*!

Wenn Sie hingegen zwar die eine oder andere kleine Änderung in Ihrem *Geldverhalten* und Ihren *Finanzen* wahrnehmen, aber noch keinen wirklich signifikanten Durchbruch erkennen können, dann begleiten Sie mich weiter durch die verschiedenen Anregungen, die ich hier für Sie gesammelt habe, um spezifischere Blockaden zu lösen!

~ Vielleicht wollen Sie sich mit einer Quantenwelle auf folgende Fragen einstimmen:

Was schränkt immer noch meinen finanziellen Energiefluss ein?

Was sind die typischen Merkmale von Situationen, die mich blockieren?

Welche Fakten in meinem Leben blockieren nach wie vor die Fülle in mir?

Welche Menschen hindern mich immer noch an der Entfaltung meines Potenzials – und damit an der Erreichung von Wohlstand und Fülle?

Welche meiner Fähigkeiten oder Anlagen geraten immer wieder in einen Stau?

Was wiederholt sich hartnäckig in meinem Leben (vor allem im Zusammenhang mit meinen Finanzen), obwohl ich es nicht will?

Was in meinem Leben nimmt meine Gefühle und Gedanken nach wie vor in Beschlag, obwohl ich das nicht möchte?

Worauf beruhen all diese Blockaden?

Bin ich bereit, sie loszulassen?

Was habe ich davon, wenn ich blockiert bleibe?

Auch das sind prozessorientierte Fragen, bei denen es, wie Sie wissen, zwar auch um die verbalen Antworten geht; aber noch *wertvoller* sind die Prozesse, die sie tief in Ihnen auslösen werden! Und diese kommen oft ganz von selbst in Gang …

~ Machen Sie sich mit einer Welle für diese Prozesse bereit, die in den nächsten Tagen und Wochen in Ihnen ablaufen werden.

Wenn Sie sich in meiner Beschreibung Alleingeborener wieder gefunden haben und den Eindruck haben, auch Sie hätten Ihren Zwilling (oder mehrere Mehrlinge) verloren, dann werden diese Fragen Sie vermutlich stark berührt und bewegt haben! Wie erwähnt, neigen Halbzwillinge meist ganz besonders dazu, sich selbst im Weg zu stehen (oder anderen zu erlauben, sich ihnen in den Weg zu stellen) und den eigenen Erfolg zu sabotieren, weil sie sich dessen aufgrund der tief sitzenden Schuldgefühle einfach nicht *wert* sind.

Andererseits sind sie besonders vielseitig in ihren Anlagen und Begabungen und oft auch noch hochbegabt - ich nehme an, es liegt daran, dass sie stets danach trachten, das Leben ihrer verlorenen zweiten Hälfte quasi in deren Vertretung mitzuleben! Ähnlich einer Kerze, die an beiden Enden brennt …

Der wichtigste Schritt im Heilungsprozess dieses Verlusttraumas ist, zu erkennen, dass die praktisch das ganze Leben prägenden Schuldgefühle auf einem Irrtum beruhen! Alleingeborene Zwillinge tragen nicht die Schuld für den Verlust ihres Geschwisters, auch wenn es unbewusste Stimmen gibt, die ihnen dies immer wieder einflüstern wollen! Und es lag auch nicht daran, dass sie „so *wertlos* waren", dass ihr Geliebtestes sie lieber verlassen hat, als bei ihnen zu bleiben - eine Vermutung, die ich von einer betroffenen Klientin gehört habe; und die mir das Herz zugeschnürt hat!

Wenn es ihnen gelungen ist, den großen Irrtum an der Basis ihrer Schuldgefühle zu erkennen, sind sie imstande, diese nach und nach aus ihrem Leben zu verbannen! Schuldgefühle sind absolut *wertlos* - sie helfen niemandem; sind aber fatale Energieräuber, die konsequent den *Selbstwert* untergraben und damit das ganze Leben vergiften!

Wenn Sie von diesem Phänomen betroffen sind, mag es eine Weile dauern, ehe Sie sich ganz und gar von diesem Irrtum befreit haben; vor allem wohl weil er so tief in unbewussten Schichten vergraben ist und daher nicht leicht zugänglich ist! Aber Sie werden sehen: eines Tages wird es Ihnen gelingen, aufkommende Schuldgefühle bereits im Frühstadium als solche zu erkennen und als überholtes Muster zu eliminieren!

Ich kann Ihnen das aus eigener Erfahrung - bestätigt durch viele Erzählungen von Menschen, die ich auf ihrem Heilungsweg begleiten durfte - versichern! Dann haben Sie in unserer Analogie „die Handbremse gelöst" und sind auf einem wirksamen Heilungsweg! Dann können Sie auch den Druck reduzieren, unter den Sie sich selbst setzen, also „den Fuß vom Gaspedal nehmen"; und dann die langsame aber sichere, organische und gesunde Entfaltung Ihres Potenzials genießen!

~ Dazu empfehle ich Ihnen – wieder nach einer Einstimmung mit der Quantenwelle –, sich folgende Fragen zu stellen:

Welche inneren Schätze warten in mir noch auf Bergung?

Welchen inneren Reichtum gilt es zu entwickeln?

Welches Potential wartet noch auf Entfaltung?

Was an mir ist besonders einzigartig und originell?

Was habe ich schon als Kind gern gemacht?

Was liebt mein inneres Kind heute noch?

Was macht mir besondere Freude?

Wobei lacht mein Herz?

Bei welcher Tätigkeit vergesse ich die Uhrzeit?

Wobei habe ich das Gefühl, mich außerhalb von Zeit und Raum zu befinden?

Wobei gehe ich ganz und gar in mir auf?

Wobei bin ich glücklich, zufrieden?

Was begeistert mich?

Wobei fällt es mir nicht schwer, in meiner Konzentration zu bleiben?

Wann habe ich diesen Zustand zum letzten Mal erlebt?

Was spricht dagegen, ihn mir zukünftig öfter zu gönnen?

~ Auch all das hier Entdeckte empfehle ich Ihnen mit einer Welle in Ihrer Matrix zu verankern!

Und es sich dann natürlich auch tatsächlich zu gönnen!

Auch mit destruktiven Überzeugungen haben wir uns schon ganz allgemein befasst. Wenn Sie den Eindruck haben, damit alles gelöscht zu haben, womit Sie sich selbst im Weg gestanden sind, dann seien Sie dankbar dafür und *schätzen* Sie diese Tatsache *wert*!

Aber vielleicht wollen Sie in der neuen Klarheit als möglicherweise alleingeborener Halbzwilling noch einmal einen kleinen Rundumblick wagen und sehen, mit welchen speziellen Glaubenssätzen Sie sich selbst das Leben schwer machen. Ich habe hier einige vor allem unter Alleingeborenen weit verbreitete Denkmuster zusammengefasst, deren Sie einige aus Ihrem eigenen Denken wieder erkennen mögen. Wenn dies der Fall ist, dann seien Sie sich deshalb nicht böse, sondern ganz im Gegenteil: freuen Sie sich über die neue Klarheit!

~ Freuen Sie sich und bewellen Sie die neue Klarheit mit der Absicht, all den alten Gedankenschrott ein für alle Mal zu entsorgen!

Ich zähle nicht …

Was ich möchte, ist nicht wichtig …

Was meine Umgebung (mein Du, meine Kinder, meine Kollegenschaft) will, ist wichtiger …

Die Gefühle anderer sind generell wichtiger als meine eigenen …

Ich darf andere nicht enttäuschen …

Ich kann mit dem Schmerz der Ablehnung nicht umgehen …

Wenn andere sich von mir enttäuscht fühlen, ist das meine Schuld – dann bin ich gescheitert und habe mich zu wenig bemüht …

Aber es ist auch meine Schuld, wenn ich selbst enttäuscht bin – dann habe ich wohl zu viel erwartet …

Ich muss etwas tun, leisten, schaffen, um liebenswert zu sein …

Ich stimme lieber zu, als Ärger oder Unruhe zu stiften …

Ich verliere mich selbst, um andere nicht zu verlieren …

Ich mache lieber, was von mir erwartet wird, als eigenen Wünschen nachzugehen …

Erst muss ich andere glücklich machen, ehe ich an der Reihe bin …

Ich darf mich nicht gehen lassen, um andere nicht zu belasten …

Geben ist seliger denn nehmen, daher gebe ich lieber mehr als ich annehme …

Mich selbst zu lieben ist unmoralisch, pervers, absurd, gehört sich nicht …

Für mich zu sorgen ist egoistisch und daher falsch …

Ich habe es nicht verdient, glücklich zu sein …

Zufrieden zu sein, heißt: stagnieren …

Nur hart Erarbeitetes ist etwas wert …

Ich muss mir meine Lebensberechtigung erst verdienen …

~ Eine Welle wird Ihnen helfen, all das, womit Sie sich hier identifizieren konnten – auch und gerade dann, wenn Sie diese Gedanken als Unsinn erkennen! – möglichst nachhaltig loszulassen!

All diese Überzeugungen beruhen letztlich auf einem mangelnden *Selbstwertgefühl* und dem Gefühl, den eigenen *Überlebenswert* tagtäglich aufs Neue beweisen zu müssen! Und all diese Überzeugungen sind letztlich ein Ausdruck für das Nein zu sich selbst – in Form von Selbstablehnung, Selbsterniedrigung, Selbstgroll, Selbstvorwürfen, Selbstverrat, Selbstbestrafung, ja oft sogar Selbsthass.

Ich meine, dass es für alle Menschen mit einem mangelnden *Selbstwertgefühl wertvoll* sein wird, jedes einzelne dieser Neins zu sich selbst zu erkennen und in ein liebevolles Ja umzuwandeln! Aber ganz besonders für Halbzwillinge scheint mir das geradezu notwendig zu sein!

Um dieses „Nein zu mir" noch etwas mehr auszuloten, habe ich hier noch ein paar prozessorientierte Fragen für Sie.

~ Eine Quantenwelle mag Sie darauf einstimmen:

Wann, wo und wie sage ich „Ja" zu anderen und „Nein" zu mir selbst?

Was versage ich mir, obwohl es möglich wäre?

Was mag ich alles nicht an mir?

Worüber ärgere ich mich?

Was werfe ich mir vor – was kann ich mir nicht und nicht verzeihen?

Gibt es etwas an mir, das ich sogar verachte?

Was gefällt mir nicht an meinem Aussehen?

Was von meinen Leistungen nehme ich als selbstverständlich, obwohl es das eigentlich nicht ist?

Für welche Überwindungen, Siege und Triumphe versage ich mir Anerkennung, Lob oder Bestätigung?

Womit bin ich unzufrieden – an mir, meinen Handlungen, Reaktionen und Leistungen?

Welche meiner Charakterzüge lehne ich ab?

~ Und nun wandeln Sie all das mithilfe der Quantenwelle in ein Ja um!

Dann fragen Sie sich:

In welchem Zusammenhang und wem gegenüber könnte ich auch einmal ein Nein versuchen, um mir selbst ein Ja zu geben?

Was von dem, was ich mir bisher versagt habe, könnte ich mir heute gönnen?

Was an mir könnte ich mögen, wenn ich es an einer anderen Person wahrnehmen würde?

Welchen Ärger über mich selbst könnte ich mit Humor auflösen?

Was möchte ich mir heute vergeben – in welchem Zusammenhang möchte ich mich mit mir selbst aussöhnen?

Welche Selbstverachtung könnte ich in Mitgefühl umwandeln?

Was könnte ich an meinem Aussehen schätzen lernen?

Welche meiner Leistungen könnte ich mit einer liebevollen Einstellung wertschätzen?

Welchen Überwindungen, Siegen und Triumphen schenke ich heute Anerkennung und Bestätigung?

Wofür lobe ich mein inneres Kind heute – und warum eigentlich nicht täglich?

Mit welcher Handlung oder Reaktion könnte ich heute zufrieden sein?

Welchen meiner Charakterzüge kann ich wertschätzen?

~ Und verankern Sie die Antworten unbedingt in Ihrer Matrix!

Wenn es Ihnen bei manchen dieser Punkte nicht leicht fällt, das tatsächlich umzusetzen, dann tun Sie so, als könnten Sie es! Wie Sie bereits wissen, kann Ihr Gehirn „tatsächlich Erlebtes" nicht von „bloß Vorgestelltem" unterscheiden – nützen Sie daher Ihre Vorstellungskraft!

Und noch etwas: wenn es Ihnen schwer fällt, sich selbst in der erwachsenen Form Gutes zukommen zu lassen, dann tun Sie das für Ihr inneres Kind – das wird Ihnen vermutlich leichter fallen! Das Kind in Ihnen ist dankbar für jede Zuwendung, für jedes Lob und jede Anerkennung! Es wünscht sich nichts mehr, als Ihre Liebe!

Machen Sie sich bereit, Ihre Eigenermächtigung in Anspruch zu nehmen und Ihr inneres Kind liebevoll *wertschätzend* in die Heilung zu begleiten!

Heilung des inneren Kindes

Wir alle haben, auch wenn wir psychisch vollkommen gesund sind, verschiedene Persönlichkeitsanteile in uns, die uns in ihrer Gesamtheit erst zu der Person machen, die wir sind. Manche von ihnen wirken eher motivierend und Vertrauen fördernd; andere fühlen sich eher strenger und unseren Elan bremsend an. Einige wirken eher in Richtung Begeisterung und damit Expansion; andere verlangen Konzentration, einen strengen Fokus sowie Konsolidierung. Die einen treiben uns an; andere wiederum wirken bremsend und beruhigend. Da gibt es vielleicht neben einem ehrgeizigen Teil in uns auch einen, der sich eher ein gemütliches Leben in Muße wünscht.

Und im Zusammenhang mit unserem Thema kann einer unserer Anteile sich viel *Geld* und ein Schwelgen in *Fülle* und *Wohlstand* wünschen; ein anderer jedoch Angst haben, durch zu viel *Geld* und Erfolg korrumpiert zu werden. Einer kann der Ansicht sein, wir hätten *Wohlstand* und *Fülle* allemal verdient; während ein anderer bezweifelt, ob wir auch tatsächlich dessen *wert* sind. Einer freut sich auf das Teilen seines *Wohlstandes;* ein anderer fürchtet sich vor dem Neid jener, die weniger *Geld* haben. Einer kann *Geld* lieben; während ein anderer es hasst. Einer bewundert Menschen, die im *Reichtum* leben; ein anderer verurteilt und verachtet diese und fürchtet, auch so böse zu werden!

Je bewusster wir uns all dieser Teilpersönlichkeiten sind und je *wertschätzender* wir mit ihnen umgehen, umso besser werden wir als Ganze gedeihen und unser Potenzial verwirklichen!

Ein ganz besonders *wertvoller* Persönlichkeitsanteil ist aus meiner Sicht unser inneres Kind; dies generell für unsere ganze Lebensgestaltung, vor allem aber in Bezug auf unser Thema *Geldwert = Selbstwert*! Es ist jener Teil in uns, der uns Urvertrauen, Begeisterung und Lebensfreude schenkt; über den wir Zugang zu unserer Kreativität gewinnen; der stets neugierig und prinzipiell offen ist für das Neue, Unbekannte; der ganz und gar im Hier und Jetzt lebt und sich am Leben freut - sobald er geheilt ist. Und ich bin überzeugt davon, dass wir alle diese Funktionen und Fähigkeiten für ein *erfülltes* und *erfüllendes* Leben in *Fülle* brauchen!

Es gibt eine Menge Bücher mit durchaus hilfreichen Übungen zum Thema „inneres Kind", denen ich mich über Jahre auch intensiv gewidmet; und die ich auch in zahlreichen Seminaren weitergegeben habe. Allerdings habe ich dann im Spiel mit der Quantenwelle das für mich wirksamste Spiel gefunden, um unser inneres Kind rasch, leicht und vor allem ohne allzu viel in alten Wunden bohren zu müssen, heilen zu können! Offenbar weil dieser Persönlichkeitsanteil ähnlich phantastische Selbstheilungskräfte entwickelt wie unser Körper, sobald die Blockaden, die der Heilung entgegenstehen, gelöst sind! Und wohl auch, weil unsere inneren Kinder – wie bereits erwähnt – die Quantenwelle lieben!

Unseren Körper unterstützen wir am besten mit Liebe und *Wertschätzung* für all die großartigen Wunder, die er tagtäglich für uns vollbringt, in der Selbstheilung. Und ganz ähnlich wird auch unser inneres Kind meiner Ansicht nach ganz von selbst heilen, wenn wir ihm jene bedingungslose Liebe und *Wertschätzung* schenken, die es aller Wahrscheinlichkeit nach in unserer Kindheit nicht – zumindest nicht ausreichend! – bekommen hat.

Als Erwachsene können und sollen wir die volle Verantwortung für uns selbst übernehmen – und damit zugleich auch für unser inneres Kind! Wir wissen genau wie kein anderer, was unser inneres Kind braucht und sich wünscht! So können wir uns selbst nun all das geben, was unsere Eltern uns nicht geben konnten; nicht weil sie (zumindest in den allermeisten Fällen) böse oder schlecht waren; sondern einfach weil niemand mehr geben kann, als er hat! Wahrscheinlich haben bereits unsere Eltern zu wenig *Wertschätzung* und Liebe empfangen, weil auch deren Eltern schon nicht damit aufgewachsen sind …

Was unser inneres Kind sich vor allem wünscht, ist Liebe – Liebe in all ihren Formen: vor allem in Form von Anerkennung, Ermutigung, Achtung, Lob, Fürsorge, Bewunderung, Bestätigung und *Wertschätzung* – und diese möglichst bedingungslos!

Ob Sie nun als kleines Menschlein in diesem Leben willkommen waren oder nicht; ob Ihre Familie sich über Ihre Ankunft gefreut hat oder nicht; ob Sie mit all der Liebe und *Wertschätzung* empfangen wurden, die ein Kind nicht nur zweifellos verdient hat; sondern auch braucht, um mit einem gesunden *Selbstwertgefühl* aufzuwachsen oder nicht; ob Sie alleine zur Welt gekommen sind, wiewohl Sie ursprünglich zu zweit waren und dieses Ur-Trauma nie ganz verwunden haben – wie auch immer Ihre Kindheit ausgesehen haben mag, die folgende Meditation wird Ihnen garantiert wohl tun!

Vielleicht wollen Sie zuerst eine Weile in Ihren alten Fotos stöbern, um Bilder aus Ihrer frühen Kindheit zu finden. Betrachten Sie sich in Ihrer früheren Version, nehmen Sie Kontakt auf mit dem kleinen Menschenkind, das Sie einst waren, öffnen Sie Ihr Herz in *wertschätzender* Liebe zu diesem kleinen Wesen, erwärmen Sie sich dafür, schenken Sie ihm ihre ganze *Wertschätzung* und möglichst bedingungslose Liebe ...

~ Setzen Sie zuvor noch eine Quantenwelle mit der Absicht, einen guten Kontakt zu Ihrem inneren Kind zu finden – und dann gönnen Sie sich diese oder eine ähnliche Meditation!

Meinem inneren Kind Liebe und Wertschätzung schenken

Sitzen Sie bequem, entspannen Sie Körper, Geist und Seele und achten Sie einige Augenblicke auf Ihre Atmung ... vertiefen Sie diese etwas und legen Sie dabei Ihren Fokus vor allem auf die Ausatmung ... atmen Sie etwas rascher und kürzer ein und dann langsamer und länger aus ... nehmen Sie dabei für eine Weile bewusst Ihren Herzschlag wahr – spüren Sie, wie Ihr Herzschlag beim Einatmen rascher wird und sich beim Ausatmen wieder verlangsamt ... nehmen Sie sehr bewusst das vertraute Pochen in Ihrer Brust wahr und sagen Sie Ihrem Herzen „danke" dafür, dass es tagein und tagaus dafür sorgt, dass Ihr ganzer Körper mit frischem Blut versorgt wird.

Und dann holen Sie Ihr inneres Kind vor Ihr geistiges Auge: vergegenwärtigen Sie sich ein Bild aus Ihrer Kindheit – möglichst ein lachendes, wenn es ein solches gibt! – und betrachten Sie es eine Weile interessiert ... nehmen Sie dabei sehr bewusst Verbindung zu diesem Teil Ihres Selbst auf ...

Nun vergegenwärtigen Sie sich wieder Ihre Herzblume – und so wie diese Blume sich Blütenblatt für Blütenblatt aus der Knospe zur Blüte öffnet, so öffnet sich nun auch Ihr Herz für Ihr inneres Kind. Und so wie eine Blume ihren Duft verströmt, so strömen aus Ihrem Herzen Liebe und Wertschätzung zu diesem kleinen Wesen, das Sie einmal waren: spüren Sie Ihre liebevolle Wertschätzung fließen ... lassen Sie sie dabei ganz stark werden, ganz intensiv und innig!

Vielleicht können Sie wahrnehmen, wie Ihr inneres Kind Ihnen entgegen lächelt und damit zeigt, dass es Ihre Liebe und Wertschätzung annimmt und sogar erwidert. Nehmen Sie diese Liebe und Wertschätzung aus Ihrer eigenen Tiefe an … spüren Sie, wie wohlig und heilsam sich das anfühlt! Spüren Sie beide Phasen Ihrer wertschätzenden Liebe: die Phase des Ausströmens im Liebe und Wertschätzung Schenken und die Phase des Einströmens im Liebe und Wertschätzung Annehmen … genießen Sie eine Weile dieses aus und ein Strömen Ihrer Liebe und Wertschätzung … betrachten Sie das liebe Kleinkind, das Sie einst waren … dieses liebe kleine Gesicht mit den wachen Augen, dem schön geformten Mund, der kleinen Nase und den lieben Ohren … lassen Sie Liebe und Wertschätzung fließen und genießen Sie das mit all Ihren Sinnen … Dann lösen Sie sich behutsam aus Ihrer Verzauberung und kehren langsam wieder ins Hier und Jetzt zurück … wenn Tränen kommen, dann erlauben Sie sich, diese fließen zu lassen! Wenn Sie das Bedürfnis haben, zu lachen, dann tun Sie das! Und vielleicht wollen Sie sogar tanzen …

~ Und dann verankern Sie diese umfassend heilsame Erfahrung mit einer liebevollen Quantenwelle in Ihrem Energiefeld!

Übrigens spricht nichts dagegen, sich diese kleine Meditation – in meiner hier angebotenen oder in Ihrer eigenen Fassung – immer wieder einmal zu gönnen!

Erlauben Sie mir, an dieser Stelle einen für mein Gefühl sehr klugen und stimmigen tibetischen Text einzufügen:

Wenn ein Kind kritisiert wird, lernt es, zu verurteilen.

Wenn ein Kind angefeindet wird, lernt es, zu kämpfen.

Wenn ein Kind verspottet wird, lernt es, schüchtern zu sein.

Wenn ein Kind beschämt wird, lernt es, sich schuldig zu fühlen.

Wenn ein Kind verstanden und toleriert wird, lernt es, geduldig zu sein.

Wenn ein Kind ermutigt wird, lernt es, sich selbst zu vertrauen.

Wenn ein Kind gelobt wird, lernt es, sich selbst zu schätzen.

Wenn ein Kind gerecht behandelt wird, lernt es, gerecht zu sein.

Wenn ein Kind geborgen lebt, lernt es, zu vertrauen.

Wenn ein Kind anerkannt wird, lernt es, sich selbst zu mögen.

Wenn ein Kind in Freundschaft angenommen wird, lernt es, in der Welt Liebe zu finden.

Wenn wir all das Positive nicht in unserer Kindheit gelernt haben, können wir es nachholen – ich glaube, dafür ist es nie zu spät! In der Heilung unseres inneren Kindes können wir uns selbst all das lehren.

Und zum Abschluss dieses Kapitels habe ich hier noch einen kleinen Endorphin-Ausschütter für Sie:

Liebe aus kindlicher Sicht

Eine Gruppe von Experten befragte Kinder im Alter von vier bis acht Jahren, was aus ihrer Sicht Liebe bedeutet. Die Antworten waren tiefgründiger, als alle erwartet hatten. Und bewegen mich immer wieder tief, wenn ich sie wieder lese! Aber eine Antwort hat mich ganz besonders berührt – sie stammt von einer Achtjährigen:
„Man sollte: ‚Ich liebe dich' wirklich nur sagen, wenn man es auch wirklich meint. Aber wenn man es wirklich meint, sollte man es ganz oft sagen; Leute sind vergesslich!"

Und ob Ihr inneres Kind nun tatsächlich auch so vergesslich ist oder nicht, glauben Sie mir: Es freut sich garantiert über die Wiederholung solcher ehrlichen Zusicherungen!

Wertgeschätzte Leserin, *wertgeschätzter* Leser, erlauben Sie sich für einige Augenblicke, auch meine ehrliche *Wertschätzung* zu fühlen – dafür, dass Sie dieses Buch bis hierher gelesen und zumindest einen Teil des hier Angebotenen mitgespielt haben! Ich nehme an, dass es Ihnen nun besser geht als zuvor, weil Sie eine Menge Endorphine ausgeschüttet und damit auch Ihrem Körper etwas Gutes getan haben!

Darüber hinaus glaube ich, dass Sie damit einen großen Schritt in Richtung des erwünschten *Wohlstandes* geschafft haben – und gratuliere Ihnen dazu!

Dennoch kann es sein, dass es da und dort noch den einen oder anderen kleinen Stein im Getriebe gibt, dem wir uns nun gemeinsam widmen werden. Dazu werfen wir noch einen kleinen Blick in unsere Vergangenheit.

Altlasten aus der Vergangenheit?

Ich habe bereits die in jungen Jahren übernommenen Überzeugungen angesprochen, mit denen wir uns oft selbst im Weg stehen und uns (meist unbewusst) gegen die *Fülle* wehren, die wir uns zwar wünschen; derer wir uns aber nicht wirklich als *wert* erachten.

Die Frage, ob Sie sich wohltuender *Fülle wert* sind, haben Sie – hoffentlich! – geklärt! Ich hoffe wirklich, Sie in Ihrem *Selbstwertgefühl* mittlerweile so bestärkt zu haben, dass dieses kein Hindernis mehr ist!

Die Umprogrammierung unserer destruktiven Überzeugungen kann quasi in einem Aufwaschen gelingen – wie im Kapitel zur Einstimmung mit der Quantenwelle bereits beschrieben! Dies gelingt oft sogar, ohne dass Sie diese Überzeugungen genau kennen oder ihren Ursprung nachvollziehen müssen! Daher konnten Sie, wenn Sie meiner Empfehlung gefolgt sind, vermutlich schon einiges an Selbstsabotage verabschieden!

Manchmal braucht es jedoch noch ein etwas intensiveres und spezifischeres Eingehen darauf, um die Ihren *Wohlstand* sabotierenden Glaubenssätze nachhaltig aus Ihrem System zu löschen!

Spielen Sie daher zuerst erst einmal mit dem anfangs geschilderten „Schnellwaschgang" – wenn dieser jedoch noch nicht den erwünschten Erfolg bringt, dann tauchen Sie weiter in die Tiefe – dann sind vielleicht „Vor- und Hauptwäsche" nötig.

Die meisten unserer Überzeugungen haben wir von anderen übernommen: von unseren Eltern, Erziehungsberechtigten, den Medien, unserer Umgebung. Viele haben wir uns auch selbst aus bisherigen

Erfahrungen zusammengebastelt; sei es aus eigenen oder aus zweiter Hand miterlebten. Dies vor allem aus negativen, abschreckenden, unerwünschten, weil unser Überlebenszentrum ja stets den Fokus auf all dem hält, was nicht in Ordnung ist und daher dringend verändert werden soll.

Ein großer Teil unserer Gedankenmuster in Bezug auf *Geld* resultiert auch daraus, wie wir die Beziehung unserer Eltern zu deren *Finanzen* erlebt haben. Also nicht nur aus dem, was man uns gesagt hat, sondern aus dem, wie andere agiert haben; also aus den Vorbildern, an denen wir uns orientieren. Bei den folgenden prozessorientierten Fragen möchte ich Sie für genau diese Ursachen Ihrer *Geldprobleme* sensibilisieren: wann, vom wem und wie haben Sie etwas über *Geld* gelernt?

Dabei geht es nicht darum, sich oder andere zu beurteilen - weder positiv noch negativ –, sondern sich bloß all das bewusst zu machen, was Sie geprägt hat! Suchen Sie in Ihrer Erinnerung und orten Sie jene Überzeugungen, mit denen Sie groß geworden sind.

~ Stimmen Sie sich mit einer Quantenwelle ein:

„Mit Geld kann man nicht Glück oder Liebe kaufen",

„Alles hat seinen Preis",

„Geld ist die Wurzel allen Übels",

„Geld ist das Wichtigste auf der Welt",

„Nette Menschen reden nie über Geld",

„Geld wächst nicht auf Bäumen",

„Viel Geld zu haben, ist ein Grund, stolz zu sein",

„Geld verdirbt den Charakter",

„Für Geld muss man hart arbeiten",

„Geld haben immer nur die anderen",

„Unser Geld reicht nie",

„Zeit ist Geld",

„Geld macht frei",

„Geld ist gar nicht so wichtig",

„Es braucht Geld, um gesund zu werden (bleiben)",

„Geld ist ein Grund für Schuldgefühle",

„Schulden sind ein Grund für Schuldgefühle",

„Geld gibt Sicherheit",

„Geld liegt nicht auf der Straße",

„Geld ist schmutzig",

„Alle Reichen sind Verbrecher",

„Mit Geld weint es sich leichter",

„Geld stinkt" …

Woran erinnern Sie sich ganz allgemein im Zusammenhang mit *Geld* in Ihrer Kindheit?

Wie auch immer Sie das *Geldverhalten* Ihrer Eltern erlebt haben - ich meine, es ist sinnvoll, sich die entsprechenden Erfahrungen noch einmal in Erinnerung zu bringen, die daraus resultierenden Überzeugungen zu durchleuchten und nach ihrer Sinnhaftigkeit für Ihre eigene Zukunft zu hinterfragen!

Blicken Sie zurück und fragen Sie sich:

Gingen meine Eltern eher großzügig mit Geld um?

Oder eher sparsam, ja geizig?

War Geld ein Tabu, an das man nicht rühren durfte?

Wusste keiner vom anderen, was dieser an Geld verdient und hat?

War das Thema Armut in meiner Familie immer wieder präsent?

Oder gab es entspannte Fülle und Wohlstand?

Haben meine Eltern – oder ein Elternteil – sich ständig Sorgen um Geld gemacht und diese auch ausgesprochen?

Oder war Geld in meiner Kindheit und Jugend gar kein Thema – und wenn ja, dann durchwegs ein als positiv empfundenes?

Habe ich miterlebt, wie meine Eltern viel um das Thema Geld gestritten und dabei einander angeschrien oder sogar tätlich angegriffen haben?

Wie ging es mir dabei?

Oder gingen sie liebevoll miteinander um und verwöhnten einander und mich mit Geld und anderen Zeichen für Wertschätzung?

Wie ging es mir dabei?

Habe ich erlebt, dass sie einander wegen finanzieller Divergenzen angeschwiegen und Geld als Tabuthema behandelt haben?

Wie ging es mir dabei?

Oder wurde offen und entspannt über die Finanzen gesprochen?

Wie hat sich das angefühlt?

Wollte ich wie sie sein oder habe ich mir gelobt, anders zu werden?

Wie setzten meine Eltern Geld in ihrer Beziehung zu mir ein?

Bekam ich Taschengeld?

Und wenn ja, musste ich dafür arbeiten oder Rechenschaft ablegen?

Wurde Taschengeldentzug als Bestrafungsmittel eingesetzt?

Wurde ich mit Geld belohnt?

Wurden meine Geschwister in Bezug auf Geld anders behandelt als ich?

Wenn ja, inwiefern?

Gab es zwischen uns Zwietracht deshalb?

Gibt es diese immer noch?

Vielleicht im Zusammenhang mit einer Erbschaft?

Und wie sah es außerhalb Ihrer Familie aus – vielleicht gab es da auch Prägungen?

Hat das Verhalten Gleichaltriger meine Einstellung zu Geld beeinflusst?

Verhielt ich mich ähnlich wie sie oder bewusst anders?

Hatte ich denselben wirtschaftlichen Status wie meine Mitschüler und Freunde – oder nicht?

Stand ich unter dem Druck, bestimmte Dinge tragen und besitzen oder Geld in bestimmter Weise ausgeben zu müssen?

Empfand ich Neid, Ärger, Überlegenheit, Schuld oder Scham?

Waren andere mir um etwas neidig?

Haben andere mich verachtet?

Habe ich versucht, die Wertschätzung anderer zu „kaufen"?

Wurde ich von anderen „gekauft"?

Hat meine religiöse Erziehung meine Einstellung zu Geld beeinflusst?

Wenn ja, inwiefern?

Gab es andere Ereignisse oder Bereiche in Ihrer Kindheit, die Ihre Einstellung zu *Geld* und Ihr diesbezügliches Verhalten beeinflusst haben?

Gab es in meiner Familie Erbschaften?

Haben wir Bankrott erlebt?

Hat es eine Pfändung gegeben?

Mussten wir von der Sozialhilfe leben?

Haben wir plötzlich über viel Geld verfügt?

Oder haben wir Geld verloren?

Wurde uns in einer finanziell prekären Lage geholfen?

Haben wir anderen geholfen?

~ Und wieder integrieren Sie all die Aha-Erlebnisse und anderen Einsichten aus diesen Fragen mit einer Welle in Ihrem Feld – mit der Bitte an Ihre Seele, Sie von allen daraus resultierenden destruktiven Überzeugungen und Verhaltensmustern zu befreien!

Bitten Sie sie aber auch, die konstruktiven – und auch solche mag es geben! – zu festigen!

Auch das kann quasi in einem Aufwaschen funktionieren; zuweilen braucht es aber auch noch die eine oder andere Zusatzwelle. Und wenn dem so ist, möchte ich Ihnen diese Befreiung dank der Quantenwelle wirklich ans Herz legen; denn so lange Sie die Ursachen für Ihre *finanzielle* Selbstsabotage nicht geklärt und gelöst haben, schleppen Sie all das als hinderlichen Ballast mit sich herum – oft unbewusst wie einen Rucksack, der längst zum kaum von Ihnen zu trennenden Buckel wurde!

Und dann erleben Sie infolge des Resonanzgesetzes immer wieder genau die *finanziellen* Situationen, die Sie in Ihren Überzeugungen bestätigen – und wiederholen in mehr oder weniger abgewandelter Form das *Geldverhalten* Ihrer Eltern wieder und wieder.

Wenn dieses gut und *wiederholenswert* war – wunderbar!

Dann erlauben Sie sich, diese Tatsache sehr bewusst *wertzuschätzen,* denn sie ist in meinen Augen alles andere als selbstverständlich!

~ Und integrieren Sie Ihre Wertschätzung im Spiel mit der Welle in Ihrer Matrix!

Wenn nicht, dann besteht meiner Ansicht nach wirklich Handlungsbedarf – und die Tatsache, dass Sie dieses Buch lesen, zeigt mir, dass Sie dazu bereit sind!

Ich habe jedoch auch Menschen in bitterer Armut kennen gelernt, die behaupteten, gar keine *Fülle* zu wollen. Sie waren zu der Überzeugung gelangt, dass sie *Geld* nicht bräuchten, weil dieses nichts zu ihrem Glück beitragen würde.

Natürlich kann man das so sehen, und es gibt tatsächlich viel *Wertvolles,* auch ohne *Geld* dafür ausgeben zu müssen – auch darauf werde ich noch näher eingehen. Mein Eindruck ist jedoch, dass zumindest viele dieser Menschen in ihrem legitimen Wunsch nach mehr einfach resigniert haben! Und da *Geld* für sie eher ein Übel zu sein schien, strahlten sie genau diese Ablehnung über ihr Herzfeld aus und zogen geradezu magnetisch genau die Erfahrungen an; die diese Überzeugung dann immer wieder weiter bestätigten!

Wenn jemand so gestimmt ist, kommt unweigerlich ein Teufelskreis in Gang – und auch das weiß ich aus eigener Erfahrung! Aus diesem herauszukommen ist jedoch durchaus möglich. Wenn die Ursachen für unsere Selbstsabotage erkannt sind, gelingt es im Spiel mit all den hier geschilderten Techniken und in bewusst gelebter Bewusstheit tatsächlich, solche destruktiven Glaubenssätze zu transformieren und aus der Abwärtsspirale auszusteigen! Auch das kann ich Ihnen aus eigener Erfahrung versichern!

Neben all dem sabotierenden Ballast, sollten Sie sich aber wirklich auch fragen, was gut und *wertvoll* war in Ihrem Bisher: sowohl in Ihrer eigenen *finanziellen* Situation als auch in der Ihrer Eltern und anderer wesentlicher Menschen Ihrer Umgebung! Wir haben ja meist die Tendenz, vor allem auf das Negative zu sehen. Das ist die Funktion unseres Überlebenszentrums – und weil wir meist unter seiner

Kontrolle stehen, ist das auch unser Fokus. Aber niemand hindert uns daran, uns auch das Positive bewusst zu machen – ja, auch das in unserer Vergangenheit erlebte!

Fragen Sie sich daher auch, welche konstruktiven und für Ihre Zukunft in *Fülle* und *Wohlstand wertvollen* Überzeugungen Ihnen aus Ihrer Entwicklung geblieben sind! All das wird Ihnen als *wertvolle* Ressource dienen, die Sie für kontinuierliche Expansion nützen können – wenn Sie erst einmal alle Blockaden gelöst haben! Und je bewusster Sie sich all dessen sind, umso eher werden Sie zukünftig auch genau die *Fülle* und den *Wohlstand* auf allen Ebenen anziehen, die Sie sich wünschen!

Wie immer empfehle ich Ihnen, all das *Wertvolle*, dessen Sie sich im Spiel mit diesen Fragen bewusst geworden sind, schriftlich festzuhalten – zum Nachlesen in Zeiten eines eventuellen Zwischentiefs. Wenn Sie das nie mehr brauchen, umso besser! Aber ich denke, Sie haben ja auch diverse Versicherungen abgeschlossen, nicht wahr? Ich persönlich habe diese an den Wunsch gekoppelt, sie nie wirklich zu brauchen! Sehen Sie das ähnlich?

~ *Und schenken Sie sich dazu eine wertschätzende Quantenwelle!*

Welcher Gedanke fühlt sich besser an?

Wenn Sie dieses Buch lesen, nehme ich an, dass Sie neben manch *Wertvollem* aus Ihrer Vergangenheit auch die eine oder andere Überzeugung entdeckt haben, die alles andere als sinnvoll ist und Ihnen auf Ihrem Weg in den wohlverdienten *Wohlstand* im Weg steht!

Seien Sie es sich *wert*, diese mit den hier angebotenen Werkzeugen umzuwandeln – Sie werden sehen, wie erleichternd sich dies anfühlt!

Die kleine Auswahl an Beispielen, die ich hier für Sie zusammengestellt habe, mag Ihnen als Inspiration dienen. Es sind Glaubenssätze, die mir in meiner jahrelangen Beratungstätigkeit immer wieder untergekommen sind. Und der eine oder andere hat auch mich teilweise über Jahre gequält und in der *finanziellen* Enge gehalten! Jedenfalls sind die meisten dieser Überzeugungen recht weit verbreitet; und es würde mich nicht wundern, wenn auch Sie sich mit einigen identifizieren könnten!

Bei all dem ist es meiner Ansicht nach wesentlich, es zuerst einmal als derzeit gegeben anzunehmen! Uns gegen etwas zu wehren, was jetzt so ist, wie es ist, hält genau das in unserem Leben fest! Einfach weil Energie der Aufmerksamkeit folgt und das energetisch nährt und damit verstärkt, worauf wir unseren Fokus richten!

Akzeptieren Sie also Ihren Ist-Zustand mit Nachsicht, so wird es Ihnen eher gelingen, ihn zum Besseren zu ändern! Dann fragen Sie sich jeweils:

Welcher Gedanke fühlt sich besser an?

~ *Stimmen Sie sich mit einem Two-Pointing ein und notieren Sie – ehe Sie sich meine Beispiele zu Gemüte führen – Ihre eigenen einschränkenden Glaubensmuster zum Thema Geld, derer Sie sich auf Anhieb bewusst sind.*

~ *Dann fragen Sie sich jeweils, welcher Gedanke sich jeweils besser anfühlen würde – und dennoch wahr ist! Und verankern Sie dieses konstruktive Pendant jeweils mit einer Quantenwelle in Ihrer Matrix; und damit zugleich auch in Ihren Hirnbahnen!*

Danach können Sie in folgenden Beispielen schmökern – bei denen Ihnen auffallen wird, dass ich die neue Version jeweils in Frageform setze. Im Kapitel über die „Affragen" habe ich erklärt, warum mir das wirksamer erscheint als die klassische Affirmation in Form einer Behauptung von etwas, an das ich nicht wirklich glauben kann. Die neue Form ist jeweils eine prozessorientierte Frage, die *Wertvolles* in uns in Gang setzt …

^ Ich kann all das bisher Erkannte ja wieder nicht umsetzen …

=> *Wäre es nicht schön, wenn ich all das, was ich im Spiel mit dem hier Angebotenen erkannt habe, mit Leichtigkeit umsetzen um mich für jene Fülle öffnen könnte, die ich mir wünsche, derer ich mir wert bin und die ich wirklich verdient habe?*

~ *Eine Quantenwelle wird diese Zuversicht in Ihrer Matrix verankern!*

^ Ich habe immer noch zu wenig *Selbstwertgefühl …*

=> *Wie fühlt es sich an, wenn mein Selbstwertgefühl immer stabiler wird und ich mehr und mehr in Resonanz mit Wohlstand auf allen Ebene schwingen?*

~ *Fühlen Sie die Heilung Ihres Selbstwertgefühls (oder tun Sie so, als könnten Sie das fühlen!) und verankern Sie dieses Gefühl mit einer Quantenwelle in Ihrem System!*

^ Die Armut oder finanzielle Enge meiner Vergangenheit wird mich immer wieder einholen …

=> *Warum verliert meine Vergangenheit nun mehr und mehr ihren Einfluss auf mein Leben?*

~ *Eine entsprechende Welle mag Ihnen helfen, diesen Teufelskreis zu durchbrechen, wenn eine solche Überzeugung in Ihnen wirksam ist!*

^ Spiritualität und Wohlstand gehen nicht parallel …

=> *Wie kann mein neuer Wohlstand mich in meiner spirituellen Entwicklung fördern? Und umgekehrt: wie fördert meine spirituelle Entwicklung meinen neuen Wohlstand?*

~ *Eine Quantenwelle mit der neuen Version fördert eine harmonische Kombination von Wohlstand und einer spirituellen Lebenseinstellung!*

^ Ich habe Fülle und Wohlstand nicht verdient!

=> *Was spricht alles dafür, mir die äußere Spiegelung meines enormen inneren Reichtums zu erlauben und dankbar annehmen zu können?*

~ *Eine Quantenwelle mit der Absicht, diese Überzeugung umzupolen, wird Ihnen wohl tun und Sie aus Ihrer gebückten Haltung aufrichten; wenn auch Sie in diesem klein machenden morphogenetischen Gedankenfeld mitschwingen!*

^ Meine Schuldgefühle, dass ich anderen etwas wegnehme, werden mich quälen …

=> *Wer weiß, vielleicht habe ich dank all der Erkenntnisse dieses Buches einen Großteil meiner Schuldgefühle aufgelöst? Wäre es nicht schön, wenn ich nun wirklich frei wäre, meinen Wohlstand in allen Lebensbereichen entspannt anzunehmen und mich daran zu erfreuen?*

~ *Fühlen Sie sich in Ihre neue Freiheit hinein und bewellen Sie die entsprechende Zuversicht, um sie in Ihrem System zu verankern; wenn dies ein Thema ist, das Sie zwickt!*

^ Viele meiner Freunde werden verloren gehen, wenn ich reich bin …
=> *Warum mögen meine echten Freunde sich ebenso über meinen Reichtum freuen wie ich selbst?*

~ *Wieder wird eine Welle diese neue Überzeugung in Ihnen festigen!*

Mit welchen dieser Glaubenssätze in Bezug auf *Geld* und *Reichtum* können Sie sich identifizieren? Und haben Sie dank dieser Liste vielleicht sogar noch weitere eigene gefunden, die Ihnen zuvor noch gar nicht bewusst waren? Ihr Gehirn arbeitet assoziativ; das heißt, je eingehender Sie sich mit einem Thema befassen, umso mehr wird Ihnen dazu einfallen!

Nehmen Sie daher meine Beispiele als Vorbild und wandeln Sie all die einschränkenden Gedankenmuster, die in Ihnen wirken, in das jeweils konstruktive, liebevolle und lebensbejahende Pendant um. Sie brauchen die alten nicht mehr, weil sie Ihnen weh tun; weil sie Sie kleiner machen, als Sie in Wahrheit sind; weil sie Sie immer wieder in Ihrem *Füllebewusstsein* sabotieren; weil sie Sie in der *finanziellen* Enge festhalten; weil sie Sie oft gar verzweifeln lassen! Und vergessen Sie dabei nicht, für die neuen Wendungen die Frageform zu wählen!

Geld und Macht

Ein wichtiges Thema im Zusammenhang mit Geld ist Macht – auch dazu möchte ich Ihnen hier einige Denkanstöße anbieten!

~ *Auch auf die folgende geistige Auseinandersetzung fände ich es wertvoll, sich mit einer Welle einzustimmen.*

Dann denken Sie an eine Person, die große persönliche Macht aber wenig oder kein Geld besitzt.

Und dann an eine, die viel Geld aber wenig persönliche Macht hat.

Als nächstes vergegenwärtigen Sie sich eine Person, der Sie sowohl Geld und Macht zuschreiben.

Und zuletzt denken Sie an jemand, der keines von beidem hat.

Dann lassen Sie folgende Fragen in sich wirken:

Worin unterscheiden sich diese Menschen?

Wem fühle ich mich zugehörig?

War das schon immer so?

Und zu welcher dieser Personen fühle ich mich hingezogen?

Fühle ich mich mächtig oder eher ohnmächtig?

Was möchte ich (würde ich gerne) mit Macht in meinem Leben erreichen?

Was von all dem könnte ich nur mit Geld erreichen?

Wie viele verschiedene Aktivitäten gibt es, die mir Freude bereiten, mich glücklich und zufrieden machen – und mir eine starke Ausstrahlung, also Charisma schenken –, ohne dass ich dafür Geld brauche?

Sich all dessen bewusst zu werden, mag ein Weilchen dauern. Aber glauben Sie mir, dieses Weilchen ist gut investierte Zeit; denn alleine in der Vergegenwärtigung all dessen werden Sie weithin ausstrahlen und damit Ihre Macht, Ihr Charisma verstärken!

~ Und dieses mit einer Welle in sich zu verankern, empfehle ich Ihnen dringend!

Das Stichwort „Weilchen" erinnert mich gerade an einen netten Dialog:

„Ach lieber Gott, wie viel sind für dich eine Million Jahre?"
„Ein Minütchen, mein Kind!"
„Und wie viel sind für dich eine Million Euro?"
„Ein Cent."
„Ach lieber Gott, dann schenke mir doch einen Cent!"
„Warte ein Minütchen!"

Erbe / Geschenke / Gewinne

„Was du ererbt von deinen Vätern hast, erwirb es, um es zu besitzen."

Dieses Zitat aus Goethes Faust, das wohl jeder kennt, hat meiner Ansicht nach um einiges mehr Tiefe, als beim ersten Hinsehen meist erkannt wird. Meiner Ansicht nach meint es, dass wir alles, was wir nicht selbst durch den Einsatz unserer Energie (körperlicher, mentaler, emotionaler, materieller, kreativer ...) erworben haben, erst dann fruchtbar für unsere Persönlichkeitsentwicklung nützen können, wenn wir ein tiefes Verständnis seines *Wertes* entwickelt haben.

Dazu gehören Achtung, Respekt, *Wertschätzung* und Liebe. Es gilt, ererbte, geschenkte oder gewonnene Güter - also all das, was nicht als direktes Ergebnis unserer Leistung zu uns gekommen, uns also zugekommen ist -, in ihrer besonderen Qualität schätzen zu können und sehr bewusst für die *Bereicherung* unseres Lebens zu nützen. Erst dann wird all das zu unserem Wachstum und zur Entfaltung unseres Potenzials beitragen - so glaube ich. Ansonsten wird es zum Ballast.

So tragen die größten Chancen gleichzeitig immer ein gleich großes Risiko in sich - und umgekehrt!

~ Fragen Sie sich nach einer Einstimmung mit der Welle:

Habe ich schon einmal Geld gewonnen?

Habe ich schon einmal eine größere Geldsumme geerbt?

Nach dem Tod dieser Person oder noch zu deren Lebzeiten – also „mit warmer Hand"?

Habe ich schon einmal Geld geschenkt bekommen?

Eine kleine Summe oder eine größere?

Wenn ja – habe ich dieses Geld zu schätzen gewusst?

Habe ich die Person, von der das Geld kam, zu schätzen gewusst?

Habe ich mich dessen als wert erachtet?

Habe ich den Eindruck, mich dessen als wert erwiesen zu haben?

Wie bewusst habe ich dieses besondere Geld ausgegeben?

Habe ich es für mein Wachstum genützt?

Habe ich es genützt, um die Welt zu einem besseren Ort zu machen?

Habe ich schon einmal eine größere Geldsumme gefunden?

Wenn ja – habe ich dieses Geld zu schätzen gewusst?

Habe ich mich dessen als wert erachtet?

Wofür habe ich es eingesetzt?

~ Auch dieses Ergebnis können Sie bewellen!

Ist Besitz nicht erst dann wirklich *wertvoll*, wenn er uns hilft, uns zu entwickeln? Wenn ja, dann ist es doch sinnvoll, auf seine Botschaften zu hören, nicht wahr? So können wir neu hinzugekommene Güter nach ihrer Funktion in unserem Lebensplan befragen; erst dann werden wir sie wirklich annehmen können, erst dann gehören sie uns an.

Wenn es andererseits gilt, Besitz abzugeben, sollten wir erkennen, welcher Entwicklungsschritt nun für uns beendet ist. Oder auch wo wir uns bisher so standhaft gewehrt haben, zu lernen und zu wachsen, dass diese Möglichkeit nun zu anderen umgelenkt werden soll, die bereit sind, mehr daraus zu machen.

Ist das eine Sichtweise, die Sie als Anregung annehmen können?

Für mich sind beide Phasen jeweils Enden eines Lernkreises; und ich denke, wir sollten beides bewusst zelebrieren: das bewusste Willkommenheißen neuen Besitzes und das bewusste Verabschieden alten, überholten Besitzes! Wachstum ist ein spiralförmiger Prozess, bei dem wir immer wieder zum Ausgangspunkt (aber auf einer höheren Ebene!) zurückkehren, neu *bewerten* und neu ordnen. Es eröffnen sich immer wieder dieselben Aussichten, jedoch aus verschiedenen Höhen.

Zum Thema Gewinnen fällt mir gerade noch eine Geschichte ein, die manche von Ihnen kennen mögen und die uns, wenn ich sie in meinen Seminaren vorlese, immer wieder Tränen in die Augen treibt:

Gewinnen …

Vor einiger Zeit in Seattle standen neun Athleten am Start zum hundert Meter Lauf. Sie alle waren körperlich oder geistig behindert. Mit dem Startschuss begann der Lauf; und nicht alle liefen Bestzeit, aber alle wollten dabei sein und gewinnen.
Als sie etwa ein Drittel der Strecke hinter sich hatten, stolperte einer von ihnen, überschlug sich und fiel hin. Er begann zu weinen. Die anderen Acht hörten ihn, hielten inne und schauten sich um. Dann gingen sie alle zu ihm hin! Eine junge Frau mit Down Syndrom kniete neben ihm nieder, nahm ihn in die Arme und fragte: „Geht es dir jetzt besser?“ Dann gingen alle Neun zusammen über die Zielgerade, Schulter an Schulter. Das Publikum erhob sich von den Plätzen und applaudierte. Dieser Beifall währte sehr lange, und alle jene, die das erlebt haben, werden es nicht vergessen!

Warum eigentlich?

Warum berührt diese Geschichte wahrscheinlich auch Sie beim Lesen?

Vielleicht weil wir alle tief in uns wissen, dass es oft Wichtigeres im Leben gibt, als zu gewinnen. Ist es nicht zuweilen *wertvoller*, anderen zum Sieg zu verhelfen? Auch wenn das manchmal bedeutet, den eigenen Lauf zu verlangsamen oder die Richtung zu ändern?

~ Vielleicht wollen Sie diese Geschichte zum Anlass nehmen, um sich nach einer Welleneinstimmung folgende Fragen durch den Sinn gehen zu lassen:

Wie oft in meinem Leben habe auch ich anderen zum Sieg verholfen – und dafür meinen Lauf verlangsamt oder gar die Richtung geändert?

Und wer hat mir zum Sieg verholfen – und dafür vielleicht seinen Lauf verlangsamt oder gar die Richtung seines Lebensweges geändert?

Wie heißt es so schön? Eine Kerze vergibt sich nichts, wenn sich eine andere an ihr entzündet …

Erinnern Sie sich an das indianische Ritual des Potlatch?

~ Vielleicht wollen Sie an dieser Stelle nach einer Welleneinstimmung das Thema Schenken noch einmal aufgreifen?

Wie sieht es in meinem Leben mit dem Thema Schenken aus?

Schenke ich gerne?

Und wenn ich schenke – wie schenke ich?

Schenke ich mit großem Pomp?

Oder auch einmal anonym?

Mit welcher Motivation schenke ich?

Wie geht es mir mit der Freude anderer über meine Geschenke?

Lasse ich mich gerne beschenken?

Kann ich mich über ein Geschenk freuen wie ein Kind?

Oder habe ich das Gefühl, mich revanchieren zu müssen?

Ist das von Person zu Person unterschiedlich?

An welche Geschenke erinnere ich mich?

Warum gerade an die?

Welche dieser Erinnerungen fühlt sich gut an?

Welche bereitet mir heute noch Unbehagen?

Warum?

Wenn eine Fee käme mit den Auftrag, ich sollte irgendeiner Person mit einem Geschenk eine ganz besondere Freude bereiten – wer fiele mir da spontan ein?

Was spricht dagegen, diese Idee umzusetzen?

Wie geht es mir, wenn ich mich selbst verwöhne und beschenke?

Kann ich meine eigenen Geschenke annehmen?

Oder habe ich ein schlechtes Gewissen und den Eindruck, ich hätte das gar nicht verdient?

~ All das, was Ihnen dank dieser prozessorientierten Fragen in den Sinn gekommen ist, können Sie mit einer Welle in Ihrem System integrieren.

Gratis und kostenlos

Geschenke bringen uns zum bereits angekündigten Thema „gratis und kostenlos". Sie erinnern sich: wir haben uns schon kurz gefragt, was wir von all dem, was wir für die Verwirklichung unseres Potenzials brauchen, alles ohne *Geld* bekommen.

So sehr ich es als wesentlich empfinde, uns für jene finanzielle *Fülle* zu öffnen, die uns ein Leben in entspannter Persönlichkeitsentfaltung erlaubt; so finde ich es auch als höchst *wertvoll*, uns all das vor Augen zu führen, wofür wir kein *Geld* brauchen, was wir also gratis bekommen – und uns dessen *wert* zu sein!

~ Vielleicht wollen Sie sich wieder mit einer Welle einstimmen, ehe Sie sich fragen:

Was von all dem, was mir Freude bereitet, was mich beglückt, was mich dankbar macht, was ich wertschätze, was ich bewundere, was mich ergötzt, was mich erheitert, was mich aufrichtet, was mich selig macht, was mir ein Lächeln schenkt, was mein Herz erwärmt, was mich aufbaut, was mein inneres Kind tanzen lässt, was mir ein großes Ja schenkt, was mich ermutigt, was mich entzückt … was von all dem bekomme ich gratis?

Nehmen Sie genügend Zeit für diesen rundum Blick – bleiben Sie zumindest so lange dabei, bis Sie hundert Dinge gefunden haben ☺ – Sie werden sehen, es lohnt sich! Vor allem wenn Sie Ihre Vorstellungskraft nützen und sich all das unter Miteinbeziehung möglichst aller Sinne vergegenwärtigen – wenn Sie all das fühlen und demzufolge Endorphine ausschütten! Sie wissen ja, wie heilsam Ihre Glückshormone sind!

~ Und verankern Sie all Ihre beglückenden Einsichten in Ihrem System!

Oskar Lafontaine soll gesagt haben:
„Wenn wir kein Geld haben, dann brauchen wir wenigstens gute Ideen."
Wie wäre es, wenn wir uns für beides öffnen würden und unsere Errungenschaften ebenso bewusst wahrnehmen würden wie die Geschenke des Lebens?

Den strahlenden Regenbogen inmitten dunkler
Gewitterwolken …
Den Duft von frisch geschnittenem Gras …
Das abendliche Grillenzirpen …
Den neuen Trieb meiner Aloe Vera …
Das Schnurren meiner Katze …
Die Musik, die in der Luft liegt …
Den Schmetterling vor meinem Fenster …
Die Wolke, die wie ein Herz aussieht …
Den noch etwas verschlafenen Sonnenaufgang …
Das Lachen eines Kindes …
Den Gesang der Amsel …

Den netten Anruf meiner Schwester …
Das duftende Schaumbad …
Frischen Sauerstoff …
Den prallen Vollmond …
Den Duft der Freesien …
All die erfreulichen Erinnerungen meines Lebens …
Das Lächeln der Kassiererin …
Das Prasseln des Regens …
Den regelmäßigen Schlag meines Herzens …
Das einwandfreie Funktionieren meines PC …
Den Duft der Linde vor meinem Fenster …
Das *wertschätzende* Feedback eines Lesers …
Den herzerfrischenden Film im Fernsehen …
Die Aufmerksamkeit meiner Tochter …
Den prächtigen Sonnenuntergang …
Vergangene Erlebnisse, die mich schmunzeln lassen …
Den Klang der Mittagsglocken …
Meine derzeitige Schmerzfreiheit …
…
Sie sehen, es ist gar nicht so schwer!
Und was fällt Ihnen alles dazu ein?

Armutsbewusstsein => *Füllebewusstheit*

In diesem Begriff schwingt aus meiner Sicht nicht nur Armut an *Geld* mit; denn der Begriff „mittellos" kann neben dem Mangel an materiellen *Werten* ebenso auch geistige Armut ansprechen (Sie kennen vielleicht den Ausdruck „minder bemittelt"); er kann Mangel an *Erfahrungsreichtum* ebenso meinen wie das, was ich als emotionale Anorexie bezeichne; er kann für Armut an Mut und für fehlendes Selbstvertrauen stehen; er kann Armut an Freunden und anderen sozialen Kontakten ebenso bedeuten wie fehlende Lebensfreude, Unfähigkeit zur Begeisterung sowie ein Manko an Visionen; aber natürlich auch den Mangel an *Selbstwertgefühl*.

Wenn wir glauben, nichts *wert* zu sein, finden wir in vielem entsprechende Bestätigung von außen: in Form von Zurückweisungen, Misserfolgen, Rückschlägen, Diskriminierung, übermäßiger Kritik …

Oft greift dann Resignation um sich, und jegliche Initiative erlahmt, bevor sie noch in Gang gekommen ist, aus Bequemlichkeit, Ängstlichkeit, Risikoscheu und – was mir im Beobachten am meisten weh tut – aus der Unfähigkeit, das eigene Potenzial zu erkennen und ausnützen zu wollen.

Unser aller Potenzial ist weit umfassender, als wir es uns zutrauen, daher sollten wir tunlichst den Satz: „Ich kann nicht" durch ein: „Ich kann noch nicht" ersetzen.

Ich halte es da mit Hermann Hesse, der davon überzeugt war, dass es unsere menschliche Pflicht sei, glücklich zu sein!

Glücklichsein

Es gibt keine Pflicht des Lebens,
es gibt nur eine Pflicht des Glücklichseins.
Dazu allein sind wir auf der Welt,
und mit aller Moral
und allen Geboten
macht man einander selten glücklich,
weil man sich selbst damit nicht glücklich macht.
Wenn der Mensch gut sein kann,
kann er es nur,
wenn er Harmonie in sich hat,
also wenn er liebt.
Dies war die Lehre,
die einzige Lehre in der Welt;
dies sagte Jesus,
dies sagte Buddha,
dies sagte Hegel …

Und ich bin fest davon überzeugt, dass wir nur dann wahrhaft glücklich sind, wenn wir unser Potenzial möglichst weitgehend ausschöpfen und verwirklichen! Dazu braucht es nicht nur - aber auch! - *Geld*: *Geld* für Ausbildungen, *Geld* für Horizont erweiternde Reisen, *Geld* für anregende Begegnungen, *Geld* für Farben, Leinwand und Pinsel für den Maler, *Geld* für Papier und ein Schreibgerät oder einen Computer (oder eine Schreibmaschine) für die Schriftstellerin, *Geld* für technische Ausrüstungen für die Erfinderin, *Geld* für Stoff für den Modeschöpfer, *Geld* für Holz für die Tischlerin, *Geld* für Werkzeug für den Bastler …

Halten Sie kurz im Lesen inne und spielen Sie mit folgenden Fragen,

~ vielleicht nach einer kleinen Einstimmung mit der Welle:

Welches Potenzial wartet in mir auf Entfaltung?
Und was brauche ich dafür, wozu ich Geld benötige?
Fühle ich mich dessen schon wert, oder gibt es noch das eine oder andere Hindernis?

Sie erinnern sich, Dostojewski meinte: *„Geld ist geprägte Freiheit!“* - und tatsächlich versklavt *Geld* nicht, auch wenn manche das behaupten! Sondern es macht uns frei, unser Potenzial zu entfalten, zu lernen und uns weiterzubilden, zu reisen und unseren Horizont zu erweitern … und nicht zuletzt auch um andere in ihrer Entfaltung zu unterstützen! Denn erst aus der gefühlten *Fülle* heraus können wir wirkungsvoll helfen, anstatt uns selbstgefällig in tatenlosem Mitleid zu erschöpfen - wie es allzu oft der Fall ist! Tatsächlich helfen wir niemandem, wenn wir arm bleiben!

Sie kennen sicher die Sprichwörter: „Das *Geld* wächst nicht auf Bäumen.“ oder „Das *Geld* liegt nicht auf der Straße.“ - klassische Sätze aus dem Armutsbewusstsein!

Nun, abgesehen davon, dass das nicht generell stimmt, denn ich habe schon oft *Geld* auf der Straße gefunden! Einmal sogar einen größeren Betrag, der mir sehr gelegen kam, weil er mir eine dringend nötige Investition in meine Gesundheit ermöglichte, mit der ich mir sonst schwer getan hätte.

Darüber hinaus finde ich immer wieder Münzen und freue mich auch dann darüber, wenn es eine kleine Münze ist. Oft sogar in einer fremden Währung, die ich hier gar nicht nützen kann! Mit einem Wunsch in einen Brunnen werfen kann ich sie allemal; und das muss gar nicht unbedingt der Trevi-Brunnen in Rom sein ☺!

Und es soll Menschen geben, die mit Früchten, die tatsächlich auf Bäumen wachsen, ihr *Geld* verdienen.

Übrigens fällt mir hier ein Ereignis ein, bei dem auf einmal in einem Wiener Außenbezirk aus einem Fenster eine große Menge *Geldscheine* auf die Straße flatterte und dann tatsächlich auf der Straße lag. Angeblich wurde nie geklärt, was dahinter steckte. Ich denke aber, dass dies für die Finder dieses *Geldes* nicht allzu relevant war …

Und Ende 2015 schwammen mehr als hunderttausend Euro in der Donau, die so manchen ehrlichen Finder ins Wasser springen ließen …

Eine interessante Studie gab es zu diesem Thema in einer deutschen Großstadt: Da haben Psychologen in der Fußgängerzone einfach so und ohne Bedingungen *Geld* (zwanzig Mark Scheine) an die Passanten verteilt. Das Erstaunliche war, dass die weit überwiegende Mehrzahl der Menschen das *Geld* ablehnten; die Forscher teilweise sogar anpöbelten. Nur Kinder hatten keine Skrupel, das *Geld* zu nehmen und sich sofort etwas davon zu kaufen.

Die vordergründige Erklärung dafür, dass wir uns schwer tun, solche Geschenke von Fremden anzunehmen, lautet, dass wir argwöhnen, die Sache müsse irgend einen Haken haben. Warum soll uns jemand „einfach so" *Geld* schenken? Warum ist jemand so freundlich zu uns? Warum kommt uns jemand „so nett"?

Ein solches Verhalten scheint derart abnormal, dass es uns extrem befremdet und verblüfft; und unsere erste instinktive Reaktion die vermeintlich schützende Abwehr ist. Die Erfahrung lehrt nun einmal, dass dergleichen meist mit unguten Bedingungen verknüpft ist.

Würden Sie auch so reagieren?

Dann könnten Sie Ihren Umgang mit *Geld* vielleicht auch überdenken …

Ich glaube, es ist unser anerzogenes und viel gehätscheltes Armutsbewusstsein, das es uns für unmöglich halten lässt, jemand könne uns einfach nur deshalb etwas Gutes tun wollen, weil er vielleicht gerade guter Laune ist. Oder aber weil diese Person gerade dabei ist, ihr *Geldbewusstsein* zu trainieren ☺?

Brauchen wir wirklich immer erst einen Vorwand, um uns selbst etwas Gutes zu gönnen - oder uns zu erlauben, etwas Gutes anzunehmen? Müssen wir uns vorher tatsächlich immer sagen - halb im Spaß, halb im ernst: „Das habe ich mir jetzt aber wirklich verdient!"

Wenn dem so ist, dann gilt es in meinen Augen, weiter zu spielen mit unserem *Geldbewusstsein* und noch etwas an unserer Selbstliebe und *Selbstwertschätzung* zu feilen! Sie erinnern sich an den Edelstein, an dessen Feinschliff wir spielen ...

Wenn wir uns prinzipiell beleidigt fühlen, weil ein netter Mensch uns *Geld* geben will, dann sollte uns dies zu denken geben! Natürlich gibt es Situationen, in denen ein ungutes Gefühl berechtigt ist - aber das gilt es eben, genau zu differenzieren!

Manchmal ist Armut ja auch eine Form der Selbstbestrafung - wofür auch immer. Dies kann auf eine Kindheit zurückzuführen sein, in der Fehlverhalten mit Liebes- und *Geldentzug* geahndet wurde. Dann wird genau diese Reaktion übernommen und zum Abdienen von Schuldgefühlen eingesetzt. Was natürlich nicht funktionieren kann, denn diese lassen sich nicht abdienen, die sind enorm widerstandsfähig!

Und viel öfter, als angenommen, beruht Armut auf dem frühen Verlust eines Geschwisters, für den der Alleingeborene sich irrtümlich schuldig fühlt!

Und das Fatale ist: der Entzug von *Wohlstand* steigert die Schuldgefühle nur noch weiter, indem er sie bestätigt - oft auch in Form tatsächlicher Schulden. Was letztlich in einem Teufelskreis mündet, aus dem nur mit klarer Bewusstheit der Ursache und bedingungsloser Selbstannahme, Selbstliebe und *Selbstwertschätzung* herauszufinden ist.

Aber der Einsatz lohnt sich, so glaube ich - und die diversen Spiele in diesem Buch wollen Ihnen dabei helfen!

Vielleicht kennen Sie dieses Zitat von Christopher Logue, das auch Gregg Braden in seinem wundervollen Buch „Im Einklang mit der göttlichen Matrix" bringt:

Tretet an die Kante!

Wir könnten fallen …
Tretet an die Kante!
Sie ist zu hoch …
TRETET AN DIE KANTE!
Und sie traten vor,
und er gab ihnen einen Stoss,
und sie flogen!

Spüren Sie auch die ungemein mitreißende Aufbruchsstimmung, die diese Worte uns vermitteln?

Und wieder ist mir – in einer schönen Synchronizität – eine nachdenklich machende Geschichte zum Thema Armut in die Hände gefallen, die ich hier mit Ihnen teilen möchte. Mittlerweile wissen Sie ja, wie sehr ich Geschichten *wertschätze*!

Armut …

Ein reicher Vater schickt seinen Sohn für eine Woche zu einer armen Bauernfamilie, um ihm zu zeigen, was es bedeutet, arm zu sein.
Als dieser wieder in die Stadt heimgekehrt ist und sein Vater ihn fragt: „Und was sagst du zu dieser Erfahrung?", reagiert er zurückhaltend: „Gut … ".
Da möchte der Vater wissen:
„Hast du etwas daraus gelernt?"
Der Sohn aber antwortet:
„Wir haben einen Hund, diese Menschen haben vier Hunde. Wir haben ein Schwimmbad mit behandeltem Wasser, das bis zur Mitte unseres Grundes reicht, sie haben einen ganzen Bach mit kristallklarem Wasser und Fischen darin. Wir haben elektrischen Strom im Garten, sie haben die Sterne und den Mond als Lichtspender. Unser Garten reicht bis zum Zaun, ihrer bis zum Horizont. Wir kaufen das Essen, sie kochen es selbst. Wir benutzen die Mikrowelle, aber das, was sie essen, hat Geschmack. Wir hören CDs, sie hören den Gesang der Vögel und Grillen. Um uns zu schützen, leben wir von Mauern umgeben, sie leben mit offenen Türen und von Freunden umgeben. Wir sind mit Handy, PC

und TV verbunden, sie sind mit dem Leben verbunden, dem Himmel, der Sonne, dem Wasser, den grünen Wiesen und den Tieren – und mit ihrer Familie."
Der Vater schweigt erstaunt über die Aussagen seines Sohnes, da fügt dieser hinzu:
„Vielen Dank, Vater, dass du mir gezeigt hast, wie arm wir sind!"

Was denken Sie über diese Geschichte?

Ist Armut nicht weniger ein Zustand als eine geistige Gestimmtheit?

Aristoteles Onassis soll gesagt haben:

„Ein reicher Mann ist oft nur ein armer Mann mit sehr viel Geld."

Vielleicht kennen Sie die weltweite Studie, bei der herauskam, dass nicht die *reichsten* Menschen in der so genannten zivilisierten Welt die glücklicheren sind, sondern weit überwiegend jene, die arm sind, und deren Heimat wir als Entwicklungsländer bezeichnen …

Im Grunde ist es doch immer unsere Einstellung zum Leben, die darüber entscheidet, wie es uns mit dem, was es uns bietet, geht. Es gibt Menschen, die von außen gesehen in bitterer Armut leben und dennoch glücklich sind; während andere so ziemlich alles haben, was man sich nur wünschen kann, und todunglücklich sind und sich arm vorkommen!

An dieser Stelle darf ich Sie an die im Kapitel über „EFT" empfohlene Klopfsequenz mit dem Titel „Armutsbewusstsein" erinnern.

Vergebung => Versöhnung – mit mir selbst!

Lassen Sie uns das bereits mehrmals angesprochene Thema der Schulden aus Schuldgefühlen hier noch einmal aufgreifen!

Schulden sind nicht selten auf nagende Schuldgefühle zurückzuführen und eine Art von Selbstbestrafungsmechanismus. Ein Mensch, der sich für den Verlust seiner zweiten Hälfte schuldig fühlt, wird sich als Erwachsener ebenso wenig *finanziell* souverän verhalten, wie jemand, der als ungewolltes und ungeliebtes Kind aufgewachsen ist und glaubt, sich ständig für seine Existenz entschuldigen zu müssen. Allerdings bleibt dieses zugrunde liegende Gefühl der Unzulänglichkeit meist unbewusst und erscheint aus logischen Gesichtspunkten völlig irrational und grundlos. Dennoch wird das Unterbewusstsein dafür sorgen, dass dieser Mangel an *Selbstwertgefühl* nach außen projiziert wird und sich oft auch als finanzielle Verschuldung manifestiert. Diese erscheint wiederum dem Bewusstsein als begründbare Erklärung für das innere Unbehagen; denn damit lassen sich die Schuldgefühle rationalisieren.

Wir können Schulden also als veräußerlichte Schuldgefühle sehen, in denen sich unsere innere Gestimmtheit objektiv im Außen spiegelt. Und ich werde Ihnen bei den *Geldspielen* einige an hoffentlich auch für Sie *wertvollen* Gedanken zur Befreiung aus Ihren Schuldgefühlen anbieten – so Sie davon betroffen sind.

In engem Zusammenhang mit diesen fatalen Energieräubern steht für mich die Unfähigkeit, uns selbst zu vergeben, uns mit uns selbst zu versöhnen! Die Bereitschaft sowie die Fähigkeit zur Vergebung – speziell in Bezug auf uns selbst! – ist meiner Ansicht nach vor allem deshalb so wesentlich, weil sie uns frei macht! Frei nicht zuletzt auch, um jenen *Wohlstand* zu empfangen, den wir uns wünschen, der uns zusteht und den wir teilweise brauchen, um unser Potenzial frei zu entfalten!

Allerdings spreche ich persönlich lieber von Versöhnung! In dem Begriff Vergebung schwingt immer mit, dass etwas nicht richtig gelaufen ist; dass ich selbst oder eine andere Person etwas schlecht, böse oder falsch gemacht, einen Fehler begangen hat. Aber ein Fehler, aus dem wir gelernt haben, ist aus meiner Sicht kein Fehler mehr, sondern eine Erfahrung!

Ein Gescheiterter ist ein Gescheiterer – Sie erinnern sich?

Und tun wir nicht alle in jedem Augenblick unseres Lebens das uns Bestmögliche?

Wieder fällt mir eine Geschichte ein, die immer große Heiterkeit auslöst, wenn ich sie in meinen Seminaren vorlese:

Man tut, was man kann

Es war einmal ein berühmter Samurai, der über all die Jahre für seinen Herrn schon viele Kämpfe in unzähligen Kriegen gewonnen hatte. Aber es kam der Tag, an dem er erstmals einen Kampf verlor.

Gedemütigt und voller Zorn gegen sich selbst und gegen den Rest der Welt, wollte er seinem nun scheinbar unwürdigen Leben ein Ende bereiten.

Er ritt die staubige Landstraße entlang und dachte darüber nach, wie er sich am grausamsten und auffälligsten umbringen könnte.

Plötzlich sah er vor sich auf dem Weg etwas liegen. Er hielt an und erkannte, dass es ein kleiner Spatz war. Dieser lag auf dem Rücken und streckte seine winzigen Füßchen zum Himmel.

Der Samurai, der wegen des Vogels aus seinen Gedanken gerissen war, schrie den Spatz an:

„Geh mir aus dem Weg, du nichtsnutziges Federvieh!"

Der Spatz aber antwortete:

„Nein, lieber Samurai, das werde ich nicht tun. Ich habe eine große Aufgabe zu verrichten."

Der Samurai war überrascht und erstaunt über die selbstbewusste Antwort des Vogels. Er stieg von seinem Pferd, beugte sich zu dem Spatzen hinunter und fragte:

„Verrate mir, was so wichtig ist, dass du mir den Weg nicht freimachen willst?"

„Oh", sagte der Spatz, „man hat mir gesagt, dass heute der Himmel auf die Erde fallen wird. Und deshalb liege ich nun hier. Ich werde ihn mit meinen Füßen auffangen."

Als der Samurai dies hörte, fing er an zu lachen. Er konnte sich kaum beruhigen, so schüttelte es ihn. Prustend rief er:

„Was? Du kleines Federknäuelchen willst mit deinen dürren Beinchen den Himmel auffangen?"

Der kleine Spatz erwiderte ruhig und ernst:

„Tja, man tut, was man kann!"

Haben Sie nicht auch immer das getan, was Sie konnten?

Haben Sie je absichtlich einen Fehler oder irgendetwas falsch gemacht?

Also braucht es genau genommen doch gar keine Vergebung, sondern viel eher Versöhnung – vor allem in der Beziehung mit uns selbst! So lange wir uns selbst etwas nachtragen, leiden wir unter Schuldgefühlen. Und diese sind wohl die schlimmsten Energieräuber, die es gibt: sie machen uns krank, unproduktiv und unglücklich! Und sie ziehen Erfahrungen an, die neuerlich Schuldgefühle in uns erwecken!

Und sie halten uns in Schulden fest, oder zumindest im Mangel.

Besonders wichtig scheint es mir, uns selbst all das nachzusehen, was wir uns selbst angetan haben; und was wir anderen erlaubt haben, uns anzutun! Aber auch all das, was wir uns selbst bisher an *Fülle* und *Wohlstand* versagt haben. Denn nicht genug, dass wir uns damals schlecht behandelt haben! Wenn wir uns dies heute noch nachtragen, verlängern wir die fatale Wirkung dieser Eigenmisshandlung!

Warum uns über unseren Ärger ärgern?
Warum uns vor unserer Angst fürchten?
Warum uns für unseren Hass hassen?
Warum zornig sein über unseren Zorn?
Warum uns unser Nicht-vergeben-können nachtragen?

Sehen wir uns all das nach und versöhnen wir uns mit uns selbst!

Wenn diese Empfehlung für Sie nicht allzu anspruchsvoll klingt, rate ich Ihnen, sich vor einen Spiegel zu stellen und sich die folgenden oder ähnlichen Worte zu versichern, während Sie Augenkontakt halten!

~ Auch hier empfiehlt sich eine Blockaden lösende Einstimmung mithilfe der 2-Punkte-Methode!

Mir alles nachsehen

„Ich sehe mir nach, dass ich mich selbst bisher oft nicht wichtig genommen habe!
Ich sehe mir nach, dass ich mir viel zu wenig Wertschätzung entgegen gebracht habe!

Ich sehe mir nach, dass ich mich selbst wenig oder gar nicht geliebt und angenommen habe!
Ich sehe mir nach, dass ich andere immer vorgelassen habe!
Ich sehe mir nach, dass ich mich immer wieder zugunsten anderer zurückgenommen habe!
Ich sehe mir nach, dass ich zu wenig auf mich gehört habe!
Ich sehe mir nach, dass ich oft achtlos mit mir umgegangen bin!
Ich sehe mir nach, dass ich mir die Fürsorge, die ich anderen sehr wohl zukommen ließ, versagt habe!
Ich sehe mir nach, dass ich immer weitaus mehr gegeben als angenommen habe!
Ich sehe mir nach, dass ich mich immer wieder verleugnet habe, um es anderen Recht zu machen!
Ich sehe mir nach, dass ich mich viel zu wenig um mich selbst gekümmert habe!
Ich sehe mir nach, dass ich mir viel zu wenig gegönnt habe!
Ich sehe mir nach, dass ich mich viel zu wenig selbst verwöhnt habe!
Ich sehe mir nach, dass ich meine eigenen Ansprüche viel zu oft zurückgestellt habe!
Ich sehe mir nach, dass ich mein inneres Kind vernachlässigt habe …"

Fügen Sie hier noch all das hinzu, was Ihnen noch alles an Selbstmisshandlung einfällt – und spüren Sie Ihre Nachsicht!

> ~ *Und verankern Sie auch diese Nachsicht mit sich selbst mit einer Quantenwelle in Ihrer Matrix!*

Auch ein „Ho'oponopono" dazu wird Ihnen wohl tun!

Es mag sein, dass Ihnen dies – vor allem angesichts Ihres Spiegelbildes – zu Beginn sehr eigenartig vorkommt; und vielleicht fühlen Sie sich sogar lächerlich! Aber lassen Sie es zu, dass Sie sich jedes Mal etwas mehr für sich erwärmen! Und haben Sie bitte Geduld mit sich selbst – ich weiß, dass das nicht immer leicht ist!

Und dann beobachten Sie aufmerksam, was sich durch dieses Ritual in Ihrem Leben verändert …

Gerade die Beziehung zu uns selbst braucht viel Zeit, Geduld und Aufmerksamkeit! Schenken Sie sich daher selbst alle Zeit, die Ihnen möglich ist, und verwöhnen Sie sich mit Geschenken! Befürsorgen Sie sich selbst! Seien Sie sich gut! Belohnen Sie sich! Schenken Sie sich viel Aufmerksamkeit! Tun Sie sich viel Gutes! Und loben Sie sich! Damit dokumentieren Sie Ihre *Selbstwertschätzung*!

Wie meinen Sie? Sie haben nicht genug Zeit für „solche Spielchen"?

~ Nun dann dürfen Sie sich gleich eine Quantenwelle geben mit der Absicht, sich auch und gerade in Phasen zeitlicher Enge ausreichend Zeit für sich selbst zu gönnen! Seien Sie sich dessen *wert*!

Verhalten Sie sich auch im Zusammenhang mit Ihren zeitlichen Ressourcen kontrazyklisch: schenken Sie sich umso mehr Zeit, je weniger Zeit Sie zu haben glauben!

In einem meiner Seminare hat eine Teilnehmerin erzählt, dass sie sich selbst jede Woche zumindest sechs Stunden schenkt, wiewohl sie voll berufstätig ist, einen Haushalt und eine anspruchsvolle Familie zu betreuen hat. Wir anderen waren recht erstaunt, wie ihr das möglich wäre. Die meisten waren der Ansicht, das wäre für sie absolut unmöglich! Aber unsere weise Frau versicherte uns, dass sie ihre Fixzeiten in ihrem Kalender notiert hätte und auch tatsächlich einhalten würde. Und wenn ihr einmal etwas Gravierendes dazwischen käme, das sie von ihrer Qualitytime abhielte, dann - so hat sie sich und ihrem inneren Kind hoch und heilig versprochen - würde sie diese Fehlzeiten nachholen! Und sie hat uns stolz und zufrieden versichert, dass sie dies nun seit über einem dreiviertel Jahr konsequent durchgehalten hätte.

Wie heißt es so schön? „Zeit hat man nicht, Zeit nimmt man sich!"

Vorsicht! Reagieren Sie jetzt bitte nicht mit einem Veto: „Nein, das wäre bei mir unmöglich!". Denn wenn das wirklich Ihre Überzeugung ist, dann hindern Sie sich von vorne herein selbst daran, es zumindest einmal zu versuchen!

~ Setzen Sie eine Quantenwelle mit der Bitte an Ihre Seele, Ihnen zu helfen, solche kostbaren Zeitnischen für sich einzuhalten! Damit setzen Sie wertvolle Zeichen Ihrer Wertschätzung für sich selbst! Es

müssen ja nicht gleich sechs Stunden wöchentlich sein – fangen Sie mit etwas weniger an, wenn Ihnen das einfacher und machbarer vorkommt! Wie wäre es für den Anfang mit einem halben Stündchen pro Woche?

Beim Konzept der Versöhnung geht es also - anders als bei der Vergebung - nicht um Wertungen oder Verurteilungen.

Wer weiß schon objektiv, was richtig oder falsch ist?

Wann wissen wir je die ganze Wahrheit?

Daher empfinde ich es eben als sinnvoller, von Versöhnung zu sprechen - dieser Begriff fühlt sich für mich mehr nach Augenhöhe an, während Vergebung immer die Tendenz hat, von oben herab zu wirken und zu werten.

Kennen Sie folgende Geschichte?

Wer weiß, ob gut oder schlecht?

Ein Bauer kommt zu einem weisen Mann, um sich zu beklagen, dass ihm sein Pferd davongelaufen sei. Dieser meint lächelnd:
„Wer weiß, ob gut oder schlecht?"
Aber genau das sagt er auch, als nach einigen Tagen der Bauer freudestrahlend wiederkommt, um zu berichten, dass sein Pferd wieder zurückgekommen sei und sogar ein zweites mitgebracht hätte. Aber auch als sich der Bauer bei seinem dritten Besuch beschwert, weil sein Sohn von diesem neu hinzugekommenen Pferd gefallen sei und sich das Bein gebrochen hätte, bekommt er dieselbe Antwort:
„Wer weiß, ob gut oder schlecht?"
Und genau das hört er wieder, als er bei seinem nächsten Besuch dem weisen Mann überglücklich berichtet, dass das gebrochene Bein seinen Sohn davor bewahrt hätte, als Soldat eingezogen zu werden …

Wenn Sie gerne mit geleiteten Meditationen spielen, dann habe ich hier wieder ein Angebot für Sie. Denken Sie bitte wieder daran, Pausen einzuhalten, wenn drei Punkte in den Text eingefügt sind. Und da Liebe meinem Gefühl nach ohnehin die stärkste Macht ist, können Sie sich für den Bereich, in dem Sie sich noch etwas nachtragen, folgenden Text vorlesen lassen (oder selbst auf Band sprechen) – so mein Konzept Sie anspricht; oder Ihren eigenen Text kreieren!

~ *Stimmen Sie sich mit einer Welle ein.*

Aussöhnungsmeditation

Denken Sie an das, was Sie „verbrochen" haben, was Sie sich nicht vergeben können, womit Sie andere verletzt und ihnen wehgetan haben. Aber auch an das, was Sie sich selbst angetan haben. Denken Sie an den Verlust Ihres Zwillings, so dies für Sie relevant ist, vergegenwärtigen Sie sich Ihre damit verbundenen Schuldgefühle und identifizieren Sie das damit verbundene Gefühl in symbolischer Form in Ihrem Körper: wo können Sie dieses Bedauern, diese Schuldgefühle, diesen Selbstekel, diesen Groll, diese Gewissensbisse oder auch die Mischung aus verschiedenen Emotionen wahrnehmen? Wie fühlt sich all das an? Und können Sie ein Bild dazu assoziieren? Wie sieht dieses Nicht-vergeben-können aus? Und vermittelt es Ihnen einen Geruch und/oder einen Geschmack? Dann stellen Sie sich vor, wie in der Mitte Ihrer Brust Ihre Herzblume aufblüht … Blütenblatt für Blütenblatt öffnet sie sich aus der Knospe zur weit geöffneten Blüte … und so wie diese Blume ihren Duft verströmt, so strömt aus Ihrem Herzen Liebe – Liebe zu einer Person, die zu lieben Ihnen ganz leicht fällt, und die nun vor Ihrem geistigen Auge erscheint …

Und dann lassen Sie Ihre weit aufgeblühte Herzblume sich auch für Ihr nicht vergeben Können öffnen … sehen Sie vor Ihrem geistigen Auge, wie die Liebe, die aus Ihrem Herzen fließt, das Symbol für Ihre Schuldgefühle einhüllt … auf diese Art schließen Sie diese Emotion in Ihr Herz und nehmen sie liebevoll an … ja, diese Schuldgefühle dürfen jetzt noch da sein – Sie dürfen Groll empfinden oder Ekel oder Bedauern, wenn Sie das Gefühl haben, Sie trügen Schuld und hätten etwas Böses oder anderen weh getan, sie verwundet … nehmen Sie diese Emotion und sich selbst in dieser Emotion liebevoll an …

Dann machen Sie den nächsten Schritt: sehen Sie sich all das nach … und erlauben Ihren Schuldgefühlen liebevoll, sich im Licht Ihrer Liebe aufzulösen … sich sanft umzuwandeln in Versöhnlichkeit … lassen Sie sich so viel Zeit, wie Sie für diese Wandlung brauchen! Im Grunde geht es dabei gar nicht so sehr darum, etwas zu machen, sondern sich bereit zu machen! Die Liebe, die aus Ihrem Herzen fließt, wird ganz von selbst Ihre Schuldgefühle in liebevolle Nachsicht umwandeln! Beobachten Sie bitte sehr genau, wie sich das anfühlt … und wie es Ihnen dabei geht … wie fühlt es sich an, wenn Ihre Schuldgefühle sich langsam umwandeln?

Achten Sie bitte sehr aufmerksam darauf, was in dieser liebevollen Umwandlung des Symbols, das Sie vorhin für Ihre Schuldgefühle gefunden haben, geschieht – löst es sich tatsächlich auf, wird es leichter, milder, heller? Fühlen Sie in sich hinein: Was ist aus Ihrem Schuldgefühl geworden? Wie fühlt es sich jetzt an?

~ *Und dann verankern Sie diese Wahrnehmungen in Ihrer Matrix!*

Es mag sein, dass diese Heilungsmeditation beim ersten Mal bereits Wirkung zeigt – dann freuen Sie sich und wissen Sie dies zu *schätzen*!

Aber vielleicht wünscht sich Ihr inneres Kind auch einige Wiederholungen, damit auch tatsächlich jegliches Gefühl der Schuld gelöst ist! Glauben Sie mir: ohne Schuld lebt es sich leichter!

Wobei ich ohnehin lieber von „Verantwortung“ spreche als von „Schuld“! Wenn ich es genau betrachte, fühle ich mich nicht schuldig, sehr wohl aber verantwortlich – verantwortlich für manches, das nicht nach meinen Idealvorstellungen gelaufen ist; für manches, mit dem ich meinen hohen Ansprüchen an meine Integrität nicht zu hundert Prozent nachkommen konnte. Ich denke, jeder ehrliche Mensch wird mir das bestätigen können.

Aber für den frühen Heimgang unserer Geschwister sind wir garantiert nicht verantwortlich!

Heilung einer „erkrankten“ *Geldbeziehung*

An sich gefällt mir der Begriff „krank“ hier nicht so sehr, daher setze ich ihn auch bewusst unter Anführungszeichen! Aber aus meiner Sicht kann tatsächlich auch unsere Beziehung zu *Geld* ungesund sein.

Und ähnlich wie bei einer körperlichen Erkrankung scheint mir die damit verbundene „Symptomatik“ ein *wertvolles* Signal zu sein. Ein Zeichen unserer Seele, mit dem sie uns signalisieren möchte, dass wir aus der Harmonie gefallen und uns auf unserem Lebensweg verirrt haben. Und dass es an der Zeit ist, innezuhalten, umzukehren und eine neue Richtung einzuschlagen.

Übrigens kann tatsächlich auch ein körperliches Symptom, eine Funktionsstörung oder eine Krankheit ein Hinweis darauf sein, dass wir unser *Geldverhalten* und unsere Beziehung zu *Geld* überdenken sollten!

Es würde mich wirklich interessieren, wie viele Krankheiten auf *finanzielle* Enge oder gar Not, auf Armut und Mangel – teilweise sogar am Nötigsten –, auf Schulden und andere Problemen im Zusammenhang mit *Geld* zurückzuführen sind? Fünfzig Prozent? Oder mehr?

Als ehemalige Medizinerin bin ich natürlich der Ansicht, dass auch im Fall einer auf finanzielle Probleme zurückzuführenden Krankheit ärztliche Hilfe angezeigt ist und unbedingt gesucht werden soll – das sehe ich als selbstverständlich! Allerdings wird diese nicht ausreichen, um ein gesundes *Selbstwertgefühl* aufzubauen und damit letztlich die Ursache des Mangels zu beheben!

Wenn Sie den Eindruck haben, *Geld* oder auch dessen Mangel würde Sie krank machen, dann empfehle ich Ihnen, spätestens nach der körperlichen Sanierung – besser aber schon während der Heilungsphase – die zutage getretenen Themen sehr bewusst und aufmerksam zu bespielen!

Auch hier eignet sich die Quantenwelle hervorragend, um die Botschaft zu erkennen, die Ihre Seele Ihnen mit der aktuellen Krankheit vermitteln möchte! Darüber hinaus wird die 2-Punkte-Methode Sie sehr effizient durch den manchmal auch etwas längeren Heilungsprozess begleiten!

~ Beginnen Sie damit, sich eine Welle zu geben und sich dann folgende prozessorientierte Fragen durch den Kopf – und vor allem durch das Herz! – gehen zu lassen:

Wie sieht meine Beziehung zu Geld aus?

Ist nicht die beste Voraussetzung für jegliche gute Beziehung, selbst der Partner / die Partnerin zu sein, den man sich wünscht?

Wie wäre es also, wenn Sie sich in Ihr *Geld* hineinversetzen und Sie sich aus dessen Perspektive fragen würden:

Würde ich – wäre ich mein Geld – so, wie ich jetzt bin und mich Geld gegenüber verhalte, gern eine Beziehung mit mir eingehen?

Oder würde ich das gar nicht wollen?

Warum?

Könnte ich mir als Geld vorstellen, den Rest meines Lebens mit mir zu teilen?

Würde ich gern frei kommen und gehen dürfen?

Und vielleicht sogar Freunde mitbringen, weil ich hier so wertschätzend empfangen werde?

Oder würde ich lieber auf und davon gehen und das Weite suchen?

Würde ich am liebsten einen weiten Umweg um mich machen?

Würde ich mich als Geld in meinem Besitz gar nicht wohl fühlen?

Oder fühlte ich mich in der Rolle meines Geldes bei mir willkommen?

Würde ich – wäre ich mein Geld – gerne eine Freundschaft mit mir eingehen?

Was macht mich als Geldempfänger zum Lotto Sechser für mein Geld?

Ich denke, wir sind uns einig, dass es jedenfalls hilfreich wäre, liebevoll und *wertschätzend* mit unserem *Geld* umzugehen; so wie wir es uns ja auch für uns selbst wünschen, nicht wahr? Wir werden etwas später diese „Freundschaft mit *Geld*" noch einmal aufgreifen …

Irgendwo habe ich mal gelesen:

„Geld ist ein fröhlicher Gesell, der sich bei lachenden Freunden weit wohler fühlt als bei griesgrämigen Geizkrägen."

Können Sie das auch gut nachvollziehen, wenn Sie sich in Ihr *Geld* hinein versetzen? Alleine dieser Gedanke lässt mich schmunzeln …

Fragen Sie sich also:

Was macht meinen Wert als Geldfreund oder Geldfreundin aus?

~ Auch die Gedanken, die Ihnen als Antworten auf diese Fragen in den Sinn gekommen sind, können Sie mit einer Quantenwelle in Ihrem Feld verankern!

Wenn Sie mithilfe der Prozesse, die diese Fragen in Ihnen ausgelöst haben, erkennen, dass in Ihrer Beziehung zu *Geld* „etwas faul ist" (um mit Shakespeare zu sprechen), dann werden Ihnen die verschiedenen hier geschilderten Techniken und Spiele sicher weiterhelfen: im Lösen von Blockaden, in der Mobilisierung von Ressourcen und im Finden *wertvoller* Antworten auf wichtige Fragen!

Haben Sie den Eindruck gewonnen, Sie könnten nach wie vor etwas mehr *Fülle* und *Wohlstand* vertragen?

Dann nehmen Sie Ihr inneres Kind an der Hand und spielen Sie mit den verschiedenen Werkzeugen, die ich Ihnen hier anbiete.

Schließen Sie Freundschaft mit Ihrem *Geld*, gehen Sie *wertschätzend* damit um, machen Sie sich gemeinsam eine schöne Zeit; und dann lassen Sie es wieder ziehen – in dem festen Vertrauen, dass wieder mehr als nötig zu Ihnen kommt! Und das wird es auch tatsächlich tun, wenn Sie all Ihre Blockaden gelöst und Ihre Ressourcen mobilisiert haben, wenn Sie bereit sind, Ihr umfassendes Potenzial zu verwirklichen, und tatsächlich offen sind für die *Fülle*, die Sie sich wünschen.

Aber bei aller Freundschaft sollten Sie niemals zulassen, dass *Geld* Ihnen die Laune verdirbt ☺!

Geldenergie bewusst einsetzen

Je bewusster Sie *Geld* wahrnehmen und damit umgehen – sowohl im Einnehmen als auch im Ausgeben – und je *wertschätzender* auch, umso mehr schärfen Sie Ihren Blick für die zahllosen Möglichkeiten,

Geld anzuziehen und zu *Geld* zu kommen. Aber auch für die Chancen, es sinnvoll und Wachstum fördernd auszugeben! Wenn Sie Ihre selektive Wahrnehmung auf *Geld* richten – und dabei nicht gerade im Mangelmodus schwingen –, ziehen Sie es automatisch an!

Und wenn *Geld* tatsächlich, wie ich glaube, eine Form von Energie ist, dann können wir diese sehr bewusst einsetzen. Hier geht es mir nicht darum, Recht zu haben und Ihnen meine Sichtweise aufzuoktroyieren! Ich meine einfach, dass die Beschäftigung mit diesen Fragen auch für Sie *wertvoll* sein kann …

~ Fühlen Sie sich – nach einer Welleneinstimmung – in folgende Fragen ein und achten Sie darauf, ob Sie Resonanz zu diesen Gedanken in sich wahrnehmen können!

Kann ich mich der Sichtweise öffnen, Geld als Energiespeicher sowie als Transportmittel für Energie zu sehen, das durch meine Einstellung dazu energetisch aufgeladen wird?

Dass ich es also neben der Wertschwingung auch mit meiner persönlichen Energiesignatur imprägnieren und diese in die Welt tragen lassen kann?

Erkenne ich im Geben und Nehmen von Geld ein Spiel mit Energien?

Nehme und gebe ich Geld bewusst mit dem Wunsch, damit liebevolle und wertschätzende Energie zu verbreiten?

Will ich damit auch anderen die Möglichkeit geben, in Harmonie zu wachsen, ihre Talente zu entdecken und auszudrücken?

Sehe ich das Ausgeben von Geld als Chance, all jenen positive und liebevolle Schwingungen zu übermitteln, die (direkt oder indirekt) mit mir in Kontakt kommen?

Habe ich schon einmal bewusst Geld mit Liebe und Freude aufgeladen, ehe ich es ausgegeben habe, um diese Energie zu verbreiten?

Habe ich schon einmal bewusst Geld mit einem Lächeln ausgegeben oder angenommen?

Was spricht dagegen, diese Gelegenheiten bewusst zu nützen?

Was spricht dafür?

~ Auch hier empfehle ich Ihnen eine Quantenwelle zur Integration. Ob Sie nun meine Ansichten teilen oder nicht, ich nehme schon an, dass diese Fragen etwas in Ihnen berührt haben.

Geld mögen

Geld kann uns nur dann ein bestimmtes Gefühl vermitteln, wenn wir entsprechende Dinge darüber glauben! Unser Verhältnis zu *Geld* liegt in uns selbst; und es liegt an uns, uns dieser Gefühle stärker bewusst zu werden - erst dann können wir die für uns *wertlosen* aufgeben und nur die behalten, die uns weiter bringen.

Wenn wir eine neue Sichtweise gewonnen haben, scheint es oft, als hätte sich die Welt verändert. In Wahrheit sind wir selbst aber anders geworden und haben daher eine andere selektive Wahrnehmung, einen anderen Blick auf die Welt gewonnen.

So liegt auch wahrer *Wohlstand* nicht „da draußen", sondern in uns - in unserem Gefühl, innerlich *reich* zu sein!

Als Menschen haben wir die Tendenz, Dinge unseres Alltags, unbelebte Materie also, durch Projektion zu beleben: wir verfluchen unseren PC, wenn er gerade abgestürzt ist, während wir ein wichtiges, noch nicht gespeichertes Dokument bearbeitet haben. Wir schimpfen auf unser Auto, wenn es nicht anspringt. Wir sind böse auf das Messer, mit dem wir uns in den Finger geschnitten haben. Wir ärgern uns über die Zange, mit der wir uns eingezwickt haben oder den Hammer, mit dem wir uns auf den Daumen geklopft haben.

Dieser Mechanismus beruht auf einem weiteren Missverständnis zwischen unserer entwicklungsgeschichtlich jungen Großhirnrinde und unserem viel älteren emotionalen Gehirn. Im Kapitel über das „Abheben und darüber Stehen", habe ich Ihnen bereits ein solches Missverständnis bewusst gemacht - dass unser emotionales Gehirn das, was unsere Hirnrinde als „nicht glücklich" interpretiert, als „gefährlich" deutet.

Wenn wir auf der Ebene unserer Großhirnrinde etwas mögen oder nicht mögen, dann macht unser emotionales Gehirn - unser limbisches System also - dies zu einem Lebewesen. Das liegt daran, dass aus seiner Sicht das Mögen ein Zuneigungsgefühl ist, das in die Kategorie der entwicklungsgeschichtlich sehr wesentlichen Zusammengehörigkeit gehört. Solche Gefühle ordnet unser emotionales Gehirn nur Lebewesen - im Wesentlichen vor allem Artgenossen - zu. Also macht es aus all dem, was wir mögen (oder auch nicht mögen), kurzerhand ein Lebewesen, personifiziert es also!

Eine solche Personifizierung werden wir übrigens in einem speziellen *Geldspiel* auch noch bewusst einsetzen!

Und je nach der Beurteilung unserer Großhirnrinde möchte unser emotionales Gehirn dieses „andere Lebewesen" bekämpfen oder davor fliehen; in positiver Stimmung versucht es hingegen, eine gute Beziehung dazu aufzubauen und diese zu pflegen. Daher gibt es Menschen, die ihrem Auto einen Namen geben oder ihren Computer mit einem Vornamen ansprechen.

Dieses „Missverständnis" zwischen unseren jungen und alten Hirnteilen können wir nützen, um möglichst oft in den Zuneigungsmodus zu kommen! Einerseits können wir unseren Aufmerksamkeitsfokus vor allem auf das richten, was wir mögen, *wertschätzen* und lieben (das sind alles Gefühle aus der Kategorie der Zusammengehörigkeit). Andererseits können wir lernen, auch scheinbar banales Alltägliches zu mögen - auch mögen ist eine Facette von *Wertschätzung*!

Diese Empfehlung gilt aus meiner Sicht ganz allgemein, insbesondere aber im Umgang mit *Geld*! Wie wäre es also, wenn wir lernen würden, nicht nur *Geld* zu mögen, sondern auch alle Prozesse, die damit im Zusammenhang stehen? Wenn wir beispielsweise, anstatt Stress zu haben, wenn wir einen Zahlschein bekommen, uns darüber freuen, dass wir wieder *Geld* in Umlauf bringen dürfen? Ist das zu hoch gegriffen? Warten Sie ab, vielleicht gelingt es mir, Sie sogar für diese radikale Sichtweise zu öffnen …

Ganz allgemein gibt es unendlich vieles, das wir bewusst mögen, *wertschätzen* und lieben können; das uns also in eine sehr positive

Stimmung und damit Schwingung bringt! Und im Speziellen auch was unsere *Finanzen* betrifft – nur denken wir meist nicht daran, weil wir der Tendenz unseres Überlebenszentrums unseren Fokus vor allem auf dem haben, was nicht in Ordnung ist.

~ Vielleicht wollen Sie kurz innehalten und – nach einer Welleneinstimmung – sich (und vielleicht Ihre linke Hand) fragen:

Was in meinem Leben könnte ich bewusst mögen und wertschätzen, um augenblicklich meine Schwingung zu erhöhen?
Was in meinem Geldleben könnte ich bewusst mögen und wertschätzen?

~ Vergessen Sie nicht die Integration Ihrer Entdeckungen mit den zwei Punkten!

Und natürlich können Sie dieses Mögen und *Wertschätzen* dann auch auf sich selbst ausdehnen! Denn wenn Sie Gemeinsamkeiten mit sich selbst suchen und finden ☺, wird Ihnen das sehr wohl tun – immerhin sind Sie der einzige Mensch, mit dem Sie Ihr gesamtes Leben verbringen! Oder, wie jemand mir einmal versichert hat: „Natürlich rede ich mit mir selbst! Wir mögen uns! Wir sind zusammen aufgewachsen!" – oder so ähnlich: „Natürlich spreche ich mit mir selbst – manchmal brauche ich eben kompetente Beratung!"

~ Was natürlich auch eine Wellenintegration verlangt!

Andererseits können wir ein Nichtmögen in ein Mögen umwandeln. Es ist ja immer unsere Beurteilung, die bestimmt, ob wir im Kampf-, im Flucht- oder im Zuneigungsmodus schwingen; und es liegt durchaus in unserer Macht, unsere Einstellung zu verändern!

~ Fragen Sie sich also – nach einer Welleneinstimmung:

Was mag ich alles nicht in Bezug auf Geld?

Und dann fühlen Sie in sich hinein, ob es Ihnen gelingt, Ihre Einstellung zu diesem nicht Gemochten umzupolen.

Wie könnte ich all das anders sehen?
Welcher Gedanke fühlt sich besser an?

Wenn Ihnen dies gelingt, wunderbar!

~ Integrieren Sie Ihre neue Einstellung mit einem Two-Pointing in Ihrer Matrix!

Wenn es Ihnen noch nicht gelingt, Sie also das Nichtmögen nicht in ein Mögen umwandeln können, dann ändern Sie Ihren Fokus und fragen sich:

Was mag ich stattdessen in Bezug auf Geld?

So lenken Sie Ihre Aufmerksamkeit weg von dem, was Sie nicht mögen, in eine neue, positive Richtung!

Anstatt also das Negative zu bekämpfen, erschaffen und verstärken Sie etwas Positives - und sei dies auch „bloß" in Ihrer Vorstellung! Das wirkt sich unweigerlich konstruktiv und förderlich auf Ihr ganzes Leben aus!

Manchmal mag der Überlebensmodus Ihres Stammhirns jedoch so dominant sein, dass es zuerst gilt, zu klären, ob Sie tatsächlich nicht in Lebensgefahr schweben. Was Ihr Überlebenszentrum ja prinzipiell annimmt, wenn Sie etwas oder jemand nicht mögen, sich vor etwas oder jemand fürchten, sich über etwas oder jemand ärgern, wenn Sie eifersüchtig oder neidig sind, wenn Sie wütend sind oder grollen …

Wenn Sie also aktuell nicht in Lebensgefahr schweben - was tatsächlich kaum je der Fall sein wird, während Sie dieses Buch lesen –, finden Sie einfach das Pendant zu Ihrer Ablehnung.

~ Auch hier empfiehlt sich eine Einstimmung mit der Quantenwelle.

~ Und danach integrieren Sie Ihren Fund!

Vielleicht wird diese Erklärung plastischer, wenn ich Ihnen ein Beispiel vorspiele:

In Ihrem Postkasten finden Sie einen Umschlag von einem Amt - selten Grund zu spontaner Freude ☺ - und entdecken darin einen Zahlschein mit einer durchaus ernstzunehmenden Summe. Ihre Großhirnrinde ist nicht gerade amüsiert, woraufhin Ihr Überlebenszentrum sofort in Panik gerät. Sie spüren augenblicklich die Beschleunigung Ihrer Pulsrate, nehmen vielleicht wahr, wie Ihre Hände zittern, möglicherweise haben Sie einen Schweißausbruch und Ihre Brust fühlt sich auf einmal so eng an … nun haben Sie zwei Möglichkeiten!

Entweder Sie geben sich der Panikreaktion Ihres Stammhirns hin und schwelgen in allerlei absurden Worst-Case-Szenarien; oder aber Sie entscheiden sich für die Reaktion eines Homo sapiens sapiens.

~ *Also fragen Sie sich nach einer Einstimmung mit der Welle:*

Ist hier tatsächlich mein Leben in Gefahr?

Oder ist das nur eine Fehldeutung meines emotionalen Gehirns, während es im Grunde nur um etwas geht, was ich auf der Ebene meines Großhirns ganz und gar nicht mag?

In diesem Fall geht es wohl kaum um echte Lebensgefahr. Sie sind, wie wir alle, ständig mit Zahlungen konfrontiert und leben immer noch. Also offenbar haben Sie es bisher immer wieder geschafft, diese bedienen zu können; auch wenn Sie keine besondere Lust dazu hatten!

Also ist der nächste Schritt:

Kann ich meine Einstellung zu dieser fälligen Zahlung ändern?

Nun, ich denke, das müsste Ihnen bei gutem Willen möglich sein. Je nachdem, wofür diese Zahlung gedacht ist, können Sie beispielsweise das, was Sie dafür bekommen haben oder werden, *wertschätzen*!

Vermittelt Ihnen dies nicht augenblicklich ein besseres Gefühl?

Wenn ich meine Umsatzsteuer bezahle, führe ich mir vor Augen, was meine Stadtverwaltung alles für mich tut: ich bekomme frisches Hochquellwasser ins Haus geliefert ☺, mein Müll wird beseitigt ☺, Straßen werden gebaut und wo nötig saniert ☺, die Pflanzen in den öffentlichen Parks werden gepflegt, sodass das frische Grün mein Auge erfreut ☺, in der öffentlichen Bibliothek steht mir eine Unmenge an Büchern zur Verfügung ☺, es gibt interessante Kultur in dieser Stadt ☺, ich bin an das Elektrizitätsnetz ebenso angeschlossen wie an Telefon und Internet ☺ …

Eine andere Möglichkeit wäre, sich zu freuen, dass Sie als Selbständiger ja nur dann Umsatzsteuer bezahlen müssen, wenn Sie zuvor *Geld* verdient haben. Also können Sie sich, statt sich über die Verpflichtung zu ärgern, Steuer bezahlen zu müssen, über den damit verbundenen Verdienst freuen!

Und das fühlt sich unweigerlich besser an, als wenn Sie über die hohen Abgaben und die Korruptheit der Politiker und wer weiß, was noch alles klagen! Oder als wenn Sie sich der Angst vor dem finanziellen Ruin und anderen Worst-Case-Szenarien hingeben – und damit unweigerlich in den Überlebensmodus abstürzen; der ja alles andere als förderlich ist!

Es gibt aber tatsächlich Situationen, in denen Ihnen die Veränderung Ihrer Einstellung nicht ganz so leicht fallen wird. Dann wird allerdings kaum jemand Sie daran hindern, Ihren Fokus umzulenken!

Im Kapitel „Abheben und darüber Stehen" habe ich dieses Beispiel bereits erwähnt und Ihnen noch eine hilfreiche Strategie gezeigt!

Die Tatsache dieses Missverständnisses zwischen unserer Großhirnrinde und unserem limbischen System können Sie im Umgang mit Ihren *Finanzen* übrigens auch nützen, indem Sie *Geld* bewusst personifizieren und sich ein gutes, freundschaftliches Verhältnis dazu aneignen. Auf diese Art befreien Sie sich einerseits aus der verbissenen und ungesunden Jagd nach *Geld*, andererseits aus dem zwanghaften *Geld* Ausgeben. Dann gehen Sie unverkrampft und humorvoll um mit Ihren *Werten* und müssen sich nicht mehr um Großzügigkeit bemühen; sondern Sie erkennen, dass diese Ihr größter Gewinn ist!

Wenn Sie *Geld* als spezielle Form der Energie *wertschätzen* und bewusst ausgeben, dann fühlt es sich nicht so schmerzhaft an, wie wenn Sie sich von etwas trennen müssen. Sondern vielmehr speisen Sie bewusst etwas in den *Geldkreislauf* ein. Das macht einen großen Unterschied, denn damit fühlen Sie sich nicht als passives Opfer, das etwas ausgeben muss, sondern als aktiv Handelnder, der etwas bewirkt!

Und je mehr Sie über das, was Sie für das ausgegebene *Geld* bekommen, freuen, je dankbarer Sie dafür sind und je mehr Sie es *wertschätzen* können, umso mehr erhalten Sie auch für Ihr *Geld*! Der

Gegenwert ist ungleich höher als im unbewussten oder gar unglücklichen, engen, geizigen Bezahlen – und zwar ist dieser *Gegenwert* zuerst „bloß" subjektiv höher, wird sich dann aber auch auf der objektiven Ebene steigern!

Parallel dazu empfehle ich Ihnen, auch niemals über Verluste zu jammern, sondern sich vielmehr zu fragen, welche *wertvollen* Erfahrungen, Erkenntnisse, Einsichten, Aha- oder auch Ahja-Erlebnisse Sie als *Gegenwert* dafür bekommen, ja gewonnen haben.

So wie für mich ein Fehler, aus dem ich gelernt habe, eigentlich kein Fehler mehr ist, sondern eine Erfahrung, kann eine Erfahrung, die mich mehr oder weniger *Geld* gekostet hat, enorm *wertvoll* sein für mich. Und zwar nicht nur, weil ich diesen Weg nie mehr einschlagen muss; weil ich ja nun weiß, dass er sich nicht bewährt hat ☺!

Wenn ich beispielsweise *Geld*, das ich etwas zu naiv verborgt habe, nicht mehr zurückbekomme, habe ich zwei Möglichkeiten: ich kann mich über meine Blauäugigkeit ärgern und für meine Dummheit geißeln. Oder aber ich stelle mir vor, dass ich eine bestimmte Summe in den großen *Geldkreislauf* eingespeist habe, die zwar nicht direkt zu mir zurückkommen wird, wohl aber über Umwege. Und mit dieser Einstellung zu etwas, was ich offenbar nicht ändern kann, geht es mir ungleich besser!

Wenn ich einen Strafzettel bekommen habe, weil ich falsch geparkt habe, kann ich mich ärgern, dass ich erwischt wurde. Viel klüger finde ich es in einem solchen Moment jedoch, froh zu sein über all die Situationen, in denen ich nicht ertappt wurde – und wenn ich all das zusammenlege, dann ist die bezahlte Summe gar nicht mehr so hoch ☺!

Als mir meine Brieftasche gestohlen wurde, habe ich mich besonnen und mich darauf fokussiert, froh zu sein über all die Ausweise, die mit gestohlen wurden, die ich dann aber wiederbekommen habe. Weit weniger klug wäre es doch gewesen, mich über das verlorene *Geld* zu grämen oder mich über meine Unvorsichtigkeit zu ärgern ☺!

Nicht ganz so leicht fiel es mir, als nach etwas über einem Jahr das Studio, in dem ich mein Fitnesstraining absolvierte, spurlos und ohne Vorwarnung von der Bildfläche verschwand. Ich hatte einen – weil günstigen – Vertrag für fünf Jahre abgeschlossen und bis zu diesem jähen Ende nur zu einem Fünftel genützt. Da habe ich eine Weile gebraucht, um wieder in meinen Frohmut heimzufinden.

Wie ich das geschafft habe, fragen Sie sich? Nun, im Umlegen des Betrags, der für fünf Jahre Mitgliedschaft durchaus günstig gewesen wäre, auf nur ein Jahr kam ich auf eine ziemlich luxuriöse Summe! Und es gelang mir tatsächlich, mich selbst davon zu überzeugen, dass es eigentlich eine tolle Sache war, dass ich mir diesen wahren Luxus gegönnt und mir damit große *Wertschätzung* entgegen gebracht hätte ☺. Was ich natürlich niemals gemacht hätte, wäre dieser hohe Preis von vorne herein für ein Jahr fixiert gewesen.

Sie sehen an diesen Beispielen: manchmal ist es nicht ganz leicht. Aber wenn wir es wirklich wollen, können wir unsere Einstellung in Bezug auf so gut wie alles in eine konstruktivere und damit stressfreiere Richtung ändern! Das kann sogar so weit gehen, dass wir eine solche Herausforderung *wertschätzen*, weil sie uns eine willkommene Gelegenheit gibt, unsere Fähigkeit zur Einstellungskorrektur zu erproben!

Eine *wertschätzende* Einstellung schont nicht nur unser Nervenkostüm, sondern sie sorgt auch dafür, dass wir bewusster mit unseren positiven Erfahrungen umgehen und sie mehr zu *schätzen* wissen! Wann immer wir das, was wir im Austausch für unser *Geld* bekommen, wirklich *schätzen* können, sorgen wir dafür, dass wir wieder ein Stück weiter in uns selbst – in unsere wahre Größe – hinein wachsen; einfach weil wir uns damit selbst *Wertschätzung* schenken, die wie eine Art Dünger wirkt!

Und spricht ein ungutes Gefühl beim *Geld* ausgeben nicht für mangelndes Vertrauen in unsere Fähigkeit, wieder zu *Geld* zu kommen?

Was spricht dagegen, es so zu sehen?

ALLERLEI *GELDSPIELE*

Wie schon der Titel dieses Kapitels verrät, habe ich am Ende dieses Buches noch einige Spiele für Sie zusammengestellt, die mir im Laufe meiner langjährigen Beschäftigung mit dem Thema *Geldwert = Selbstwert* zugekommen sind.

Wie so oft gibt es für die meisten davon verschiedene Quellen, die Ihre Urheberschaft anmelden. Und ich finde es eigentlich auch gar nicht so wichtig, wer jetzt genau ein Spiel erstmals beschrieben hat. Oft haben ja auch tatsächlich zwei oder mehrere Menschen gleichzeitig im morphogenetischen Feld gefischt und parallel zueinander dasselbe oder ein sehr ähnliches Spiel gefunden.

Dennoch möchte ich an dieser Stelle von Herzen all jenen danken, die mich inspiriert haben, und von denen ich lernen durfte - in Bezug auf *Geld* und in jedem anderen Zusammenhang! Wir alle sind zugleich Lehrende und Lernende - und unsere inneren Kinder wünschen sich bei all dem einen spielerischen Umgang; auch und vor allem mit unseren Blockaden!

Daher sage ich besonders „danke" für die lustigen Spiele, die meinem inneren Kind Freude bereiten und mich schmunzeln, lächeln oder gar lachen lassen! Und hoffe, dass der Funke meiner Begeisterung auch auf Sie überspringt!

Haben Sie schon einmal einen bis in die letzten Winkel voll geräumten Keller ausgeräumt? Für mich ist das keine besonders verlockende Tätigkeit; aber ich werde nie vergessen, wie ich das einmal gemeinsam mit meiner Schwester zelebriert habe. Wir haben dabei so viel geblödelt und gelacht, dass unsere Bauchmuskeln weit mehr beansprucht wurden als unsere Armmuskeln; die Stunden sind im Nu verflogen und wir haben eine bisher nie gekannte Produktivität erreicht!

Und ich bin überzeugt, dass der Umgang mit *finanziellen* Themen - ja, auch und gerade mit Sorgen! –, mit Humor nicht nur erträglicher ist als im bitteren Ernst; sondern dass wir in dieser Gestimmtheit weit mehr bewegen können und produktiver sind, als wenn „uns das Lachen vergangen ist". Zugegeben: es gibt Momente, in denen unser Lachen etwas flüchtiger scheint; aber liegt es nicht in unserer Entscheidung, wie rasch wir es wieder einholen?

Geld als Freund

„Mit Geld kann man sich viele Freunde kaufen. Aber selten ist einer seinen Preis wert." – meinte Josephine Baker. Und das scheint mir eine Erfahrung zu sein, die manch einer macht, der viel Geld gewonnen hat und dann auf einmal viel mehr Freunde hat als zuvor.

Aber die Korrelation von Geld und Freundschaft können wir auch anders sehen: wie wäre es, wenn wir für eine Weile *Geld* als guten Freund sehen und es entsprechend behandeln würden?

Geschriebenes von Hans Kruppa *wertschätze* ich generell, aber ganz besonders mag ich folgenden Gedanken:

„Ich bin dafür verantwortlich, was ich dir erlaube, mit mir zu tun!"!

Dieses Zitat aus seinen „Zaubersprüchen" gilt meiner Ansicht nach sowohl im Zwischenmenschlichen – übrigens auch in der Beziehung mit mir selbst! –, als auch im Umgang mit *Geld*. Im übertragenen Sinn heißt das, dass wir verantwortlich sind für das, was wir dem *Geld* erlauben, mit uns zu tun!

Scheint Ihnen dies ein schräger Gedanke zu sein?

Nun, wir haben schon einmal die Personifizierung von *Geld* ins Auge gefasst und uns im „Dialog der Hände" mit diesem Gesprächspartner ausgetauscht. Und ich hoffe sehr, Sie haben dabei ebenso interessante und erhellende Antworten bekommen wie viele andere, die bereits mit dieser Methode gespielt haben.

Wenn das Personifikationsspiel im Zusammenhang mit *Geld* Ihnen als interessante Option erscheint (was mir aus hirnphysiologischer Sicht durchaus sinnvoll erscheint, wie ich im Kapitel *„Geld mögen"* bereits ausgeführt habe), ist Ihnen sicher auch klar, dass Sie freundlich – ja warum nicht liebevoll – mit der „Wesenheit" *Geld* umgehen sollten. So wie Sie Ihren guten Freunden ja auch nicht Ablehnung, ja gar Verachtung entgegenbringen, sondern sie aufmerksam und liebevoll behandeln.

Ein irisches Sprichwort sagt: *„Geld schwor einst einen Eid: niemand, der es nicht liebte, soll es haben!"*

Ich denke, unsere Liebe zu *Geld* sollte weitgehend bedingungslos und nicht mit Hintergedanken kontaminiert sein. Also nicht in dem Sinn: „Ich tu jetzt mal so, als würde ich Geld mögen, damit es mir mehr zugeht". So wird das nicht funktionieren!

Denn erst dann, wenn wir sowohl *Geld* als auch uns selbst ehrlich *wertschätzen*, wird es uns dies in regem Zufluss spiegeln! Auch in dieser Beziehung mag es Schwankungen und Krisen geben – wie in jeder langen Freundschaft –, dennoch wird *Geld* uns letztlich die Treue halten und uns verlässlich unsere wachsende *Selbstwertschätzung* spiegeln.

Aber es wird uns gegebenenfalls auch darauf aufmerksam machen, dass unser *Selbstwertgefühl* ins Wanken gekommen ist und wir wieder einmal in die Selbstsabotage verfallen sind, wenn dem so ist – und sich für eine Weile rarmachen. Und das ist während des Heilungsprozesses alleingeborener Zwillinge durchaus nicht selten der Fall!

Wenn Ihre Vernunft sich von diesem Spiel überfordert fühlt, dann gehen Sie einfach zum nächsten Kapitel. Aber glauben Sie mir: Ihrem inneren Kind wird es garantiert Freude bereiten! Und meiner Erfahrung nach wirkt es sich sehr förderlich auf unser *Reichtumsbewusstsein* aus!

~ Vielleicht wollen Sie sich mit einer Welle auf dieses Vorhaben einschwingen.

Dann gehen Sie eine Weile bewusst so mit *Geld* um, als wäre es ein lebendiges Wesen – ähnlich wie in einer menschlichen Freundschaft.

Freuen Sie sich, wenn es in Ihr Leben kommt, unterhalten Sie sich damit und fragen Sie es, was es sich von Ihnen wünscht; aber ebenso was es sich für Sie wünscht. Fragen Sie es, was es Ihnen sagen und mitteilen, ja was es Ihnen erzählen möchte. Nehmen Sie einen

Geldschein als Symbol für Ihr *Geld* und schwelgen Sie gemeinsam in Erinnerungen an gute Zeiten und gemeinsam erlebte Abenteuer, vertrauen Sie ihm Ihre Probleme an und fragen Sie es, wie Sie ihm bei seinen Problemen helfen können - seien Sie einfach für Ihr *Geld* da. Und erlauben Sie ihm, für Sie da zu sein, so wie Sie das in guten Freundschaften vermutlich ganz selbstverständlich tun. Und wenn dieser gute Freund sich wieder verabschieden möchte, klammern Sie sich nicht an ihn, sondern verabschieden Sie ihn freundlich. Begleiten Sie ihn - bildlich gesprochen - zur Tür und wünschen Sie ihm alles Gute. Laden Sie ihn ein, bald wiederzukommen und vielleicht weitere Freunde mitzubringen!

Und so wie Sie einem Sie besuchenden Freund oder einer Freundin einen besonderen Platz anbieten, so können Sie auch für Ihr *Geld* einen besonderen Platz wählen und - warum nicht? - liebevoll gestalten.

Das kann ein besondere Schatulle sein, ein schönes Kästchen, eine hübsche Sparkasse; Sie können einen Lederbeutel wählen oder auch eine edle Dose; Sie können Ihr *Geld* auch einem Ihrer Lieblingsbücher anvertrauen und zwischen dessen Seiten legen; Sie können sich für einen Safe entscheiden und Ihr *Geld* darin auf Samt oder Seide betten, oder auch - wie ich es bei Freunden gesehen habe - einen *Geldschein* deutlich sichtbar an eine Pinnwand im Empfangsbereich Ihrer Wohnung heften.

Ein Feng Shui Berater hat mir einmal empfohlen, eine *Ein-Dollar-Note* in meiner *Geldecke* anzubringen, weil die darauf abgebildete Pyramide Glück bringen soll.

Lassen Sie Ihrer Phantasie freien Lauf und verlassen Sie sich auf Ihre Intuition! Wiewohl Sie natürlich *wertvolle* Empfehlungen anderer umsetzen können, wird Ihre eigene Kreativität doch am authentischsten und damit am wirkungsvollsten sein! Fragen Sie sich also, welche Ideen Ihnen in den Sinn kommen, um das mit Ihnen befreundete *Geld* freundschaftlich zu behandeln?

~ Und bewellen Sie das Gelingen Ihres Vorhabens!

Beobachten Sie sich übrigens aufmerksam, wie Sie auf diese Empfehlung reagieren: achten Sie auf alle das, was Sie in sich wahrnehmen können, während Sie diese Beschreibung lesen. Und wundern Sie sich nicht, wenn das recht ambivalente Reaktionen sind!

Bäumt Ihre Vernunft sich dagegen auf und vermittelt Ihnen, diese Idee sei völlig absurd und unsinnig?

Aber können Sie zur gleichen Zeit auch einen Teil in sich wahrnehmen, der sich von meinem Impuls durchaus angeregt fühlt und neugierig und offen ist für dieses Spiel?

Gibt es eine Stimme, die Ihnen einflüstert: „Warum nicht einmal probieren?"?

All das darf sein - Hauptsache ist aus meiner Sicht, Sie werden sich all der inneren Ambivalenzen bewusst und nehmen sich auch darin an!

„Ad Absurdum" - Humor in *Geldangelegenheiten*

Wenn ich mir hier etwas von Ihnen wünschen darf, dann ist das ein lachender oder zumindest lächelnder oder schmunzelnder Zugang zu meinen Angeboten.

Wenn wir unseren Humor zugänglich haben, dann heißt das, dass wir im Homo sapiens sapiens-Modus schwingen und unsere höheren mentalen Fähigkeiten zur Verfügung haben. Und es gibt in unserem Leben kaum eine Situation, in der das nicht sinnvoll wäre! Unser Vorfahre, der Höhlenmensch, kam ganz gut mit seinem Stammhirn aus, um die Herausforderungen seines Alltags zu meistern - der brauchte wohl auch noch keinen Humor. Aber das gilt für uns nicht mehr!

Wenn Sie möchten, können Sie ja im Kapitel über die Hirnphysiologie noch einmal nachlesen, was uns immer wieder aus dem Homo sapiens sapiens-Modus heraus katapultiert, und wie wir rasch wieder zurückfinden. Humor ist einer der Wege, die ich besonders schätze! Und sei es auch bloß, dass er sich in einem kleinen Schmunzeln äußert …

Wie beispielsweise im Folgenden eher provokanten *Geldspiel*, das ich Ihnen ans Herz legen möchte, und in dem es darum geht, Ihren *Geldmangel* ad absurdum zu führen – jedoch nur dann, wenn Sie gerade Zugang zu Ihrer Hirnrinde haben oder sich im Homo sapiens sapiens-Modus befinden!

Schalten Sie also Ihr Stirnhirn ein – die Techniken dazu haben Sie bereits an früherer Stelle dieses Buches kennen gelernt!

~ Und stimmen Sie sich mit einer Welle darauf ein.

Wenn Ihr *Geldmangel* Ihnen wieder einmal so richtig auf die Nerven geht, wenn Ihre Existenzängste Sie so in die Enge treiben, dass Ihr Humor Ihnen (fast) abhandenkommt, dann versuchen Sie einmal, sich wie ein guter Karateka oder Judoka zu verhalten. Stemmen Sie sich nicht gegen den Gegner und versuchen Sie nicht, seinen Angriff durch Mauern abprallen zu lassen! Sondern nutzen Sie seine eigene Energie, um ihn zu Fall zu bringen.

Spielen Sie Ihre allerschlimmsten Angstvorstellungen durch und steigern Sie sich dabei ganz bewusst in sie hinein. Führen Sie die Geschichte fort und malen Sie sich in allen Einzelheiten aus, wie Sie am Hungertuch nagen – wie sieht Ihr Hungertuch aus? Besteht es aus Marzipan, Salat oder Oblaten? Oder aus Schinken? Wie schmeckt es? Wie fühlt es sich zwischen Ihren Zähnen an?

Kratzen Sie dabei möglichst rasch die Kurve in die Absurdität und lassen Sie Ihrem theatralischen Talent freien Lauf. Stellen Sie sich vor, Sie säßen mit einem Hut an der Straßenkreuzung und würden die Passanten kläglich um ein paar *Cent* anschnorren. Aber das ist noch nicht alles! Der Hut, den Sie in der Hand haben, ist vielleicht ein Zylinder; und Sie sitzen da nicht in abgetragenen Kleidern, wie es sich für einen Bettler gehört, sondern in einem knallbunten Clownsgewand! Natürlich sind Sie geschminkt und tragen Ihre rote Nase mitten im Gesicht; die übrigens laut quietscht, wenn jemand sie zusammen drückt – was Sie eventuell jedes Mal mit weit aufgerissenen Augen machen, wenn jemand *Geld* in Ihren Hut wirft!

Und neben Ihnen sitzt nicht wie so oft bei Bettlern ein räudiger Hund, sondern ein … das überlasse ich jetzt Ihrer Phantasie! Ein Jaguar wäre elegant, was meinen Sie? Oder entscheiden Sie sich für ein hübsches kleines Krokodil mit einem roten Flohhalsband, das wild um sich schnappt? Oder für ein süßes - vielleicht rosarotes - Elefantenbaby, das mit seinem kleinen Rüssel immer dann, wenn jemand Ihnen *Geld* schenkt, in piepsiger Stimme trompetet? Oder für einen Pfau, der jedes Mal mit einem eindringlichen Schrei (haben Sie schon einmal einen Pfauenschrei gehört?) ein Rad schlägt, wenn eine *Münze* in Ihren Hut fällt?

Sie sehen, es kann gar nicht absurd genug sein - und wenn Sie es tatsächlich schaffen, auch in einer stressigen Lebenssituation Ihren Humor einzuschalten und „Ad Absurdum" zu spielen, dann wird Ihnen dies garantiert Spaß machen! Und sie werden vermutlich feststellen, dass Ihre Ängste sich nach einer Weile beleidigt zurückziehen; denn immerhin leben sie ja davon, dass man sie ernst nimmt!

Ängste sind völlig humorlos, weil sie aus einem uralten Hirnanteil kommen, der Humor noch nicht kennt! Humor ist eine Errungenschaft des Homo sapiens sapiens und sitzt in der Rinde unseres Stirnhirns - nützen Sie diese, sie ist so ungemein *wertvoll*!

Übrigens werden sich nicht nur Ihre Ängste beleidigt zurückziehen; sondern in der neuen Entspanntheit, die sich ganz natürlich aus Ihrem Lachen ergibt, werden Sie garantiert eher in der Lage sein, eine schwierige *finanzielle* Situation zu meistern - einfach weil Sie im Vollbesitz Ihrer mentalen Fähigkeiten sind und vollkommen neue Ideen zur Meisterung Ihrer Situation kreieren!

Ich glaube, es lohnt sich tatsächlich, unseren *finanziellen* Grundängsten ein für alle Mal und mit allen Mitteln den Wind aus den Segeln zu nehmen! Denn so lange uns dies nicht gelingt, schlagen sie immer wieder aus dem Hinterhalt zu und machen unsere Projekte, Ideen, Visionen durch irrationale Zweifel, durch Verwirrung, durch Versagensängste, durch Entscheidungsunsicherheit, ja sogar durch psychosomatische Erkrankungen zunichte!

~ Und natürlich sollten Sie diesen lachenden Zugang zu Ihren Geldsorgen mit einer Welle verankern!

Es würde mich übrigens nicht wundern, wenn einigen von Ihnen bei den nächsten aufkommenden *Geldsorgen* mein Bild vom Clown in Krokodilbegleitung in den Sinn kommt! Aber auch immer dann, wenn Sie einen Bettler auf der Straße sehen; oder im Zirkus einen Clown; oder aber wenn Sie irgendwo ein Krokodil sehen oder davon hören - auch wenn es gerade kein Flohhalsband trägt ☺. So funktioniert unser Gehirn: es vernetzt zugleich Erlebtes, Erfahrenes, Gelesenes und präsentiert uns in einer entsprechenden Situation die gesamte Fassung der Erinnerung.

Finanzieller Problemunterricht

Auch für das folgende *Geldspiel* werden Sie Humor brauchen; zugleich wird es Ihnen helfen, Ihren Humor zu trainieren!

Stellen Sie sich vor, Sie müssten irgendeiner Person beibringen, wie Sie es geschafft haben, sich so *erfolgreich*, ja geradezu hochprofessionell und elegant in die Erfolglosigkeit und *Geldenge* zu manövrieren ☺!

Wenn Sie das Buch „Mary" von Ella Kensington noch nicht kennen, dann darf ich es Ihnen an dieser Stelle ans Herz legen. Aus meiner Sicht ist es nicht unbedingt eine literarische Glanzleistung; aber wenn Sie es mit der nötigen Ehrlichkeit und Selbstironie lesen, werden Sie sich oft in dem teils absurden Verhalten der handelnden Personen wieder erkennen.

Dieses Buch schildert im Grunde das, was ich Ihnen hier als Problemunterricht anbiete: Mary ist eine Art Engelwesen, das auf die Erde kommt, weil es lernen möchte, wie man sich selbst Probleme macht - Engel können das scheinbar nicht. So trifft sie Michael, der das genauso gut kann wie wir (zumindest ich habe mich immer wieder in seinen Reaktionen wieder erkannt); und der sie die Kunst des Probleme Erschaffens lehren soll ...

~ Stimmen Sie sich mit einer Quantenwelle ein.

Und dann überlegen Sie sich all die „Strategien", die Sie gebraucht haben und nach wie vor brauchen, um all die *Fülle*, die für Sie bereit wäre, von sich fern zu halten ☺. Vergessen Sie dabei auch nicht all die destruktiven Glaubenssätze und Überzeugungen, mit denen es Ihnen bisher so gut gelungen ist, dem auf Sie zukommenden *Geld* gekonnt davonzulaufen und auszuweichen. Ihre Erziehung können Sie leider nicht so leicht weitergeben, aber vielleicht hatte ja auch Ihr Schüler, Ihre Schülerin das Glück, in einem absolut *geldfeindlichen* Umfeld aufzuwachsen - das würde Ihren Problemunterricht schon um einiges erleichtern. Nicht vergessen sollten Sie die negativen inneren Dialoge, mit denen Sie sich konsequent niedermachen und Ihr *Selbstwertgefühl* untergraben - das ist ein ganz wichtiges Tool in der Selbstsabotage ...

So haben nicht nur Sie es *erfolgreich* geschafft, ständig zu wenig *Geld* zur Verfügung zu haben, so können Sie nun auch Ihr gegenüber gekonnt in dieser Kunst unterweisen.

~ Und bewellen Sie auch diesen humorvollen Umgang mit Ihrer finanziellen Enge!

Prioritäten setzen

Vielleicht haben Sie Lust, auch das folgende Spiel zu probieren, bei dem Ihnen Ihr Humor gute Dienste erweisen mag:

~ Stimmen Sie sich mit einer Welle ein und stellen Sie dann die Reihenfolge Ihrer Prioritäten auf:

Wäre ich lieber arm und unglücklich?

Arm und glücklich?

Reich und unglücklich?

Oder reich und glücklich?

Finden Sie bitte Ihre ganz persönliche Reihenfolge:

Was würden Sie am wenigsten wollen?

Was wäre Ihnen am liebsten?

Klingt das für Sie nach einer rhetorischen Frage?

Nun, so klar sehe ich das nicht, denn ich habe tatsächlich schon verschiedene Vorliebenslisten gesehen! Nicht jeder möchte *reich* und glücklich sein, zumindest nicht eindeutig und einhellig! Denn es nützt ja wenig, wenn etwa mein inneres Kind sich das natürlich wünschen würde; andere Persönlichkeitsanteile dies jedoch nicht zulassen.

Daher empfehle ich Ihnen tatsächlich, sich die Reihenfolge Ihrer Prioritäten zu überlegen UND dabei tief in sich hinein zu horchen und zu spüren, welche Antworten auf die folgenden Fragen aufkommen:

Herrscht diesbezüglich Harmonie in meinem Inneren?

Sind alle Anteile meiner Persönlichkeit tatsächlich mit dem einverstanden, was mir beim ersten Hinsehen vollkommen klar erscheint?

Wenn es keine Gegenstimmen mehr in Ihnen gibt, dann gratuliere ich Ihnen! Denn dann haben Sie tatsächlich einen großen Schritt in Richtung Ihrer *finanziellen* Freiheit geschafft – dann sind Sie in sich kongruent!

Aber vielleicht empfinden Sie ein mehr oder weniger starkes Unbehagen, während Sie diese vier Varianten in eine für Sie stimmige Reihung bringen. Vielleicht schieben Sie die vier Varianten mehrmals hin und her, ohne wirklich mit der neuen Reihung zufrieden zu sein. Dann würde ich mir an Ihrer Stelle noch einmal die eine oder andere der bisher geschilderten Techniken zur Selbstbefreiung zu Gemüte führen – oder eines der folgenden Spiele!

Sie können auch in der Art der Gestalttherapie eine Art innerer Generalversammlung veranstalten: dazu versammeln Sie in Ihrer Vorstellung alle Ihre Persönlichkeitsanteile und diskutieren gemeinsam aus, wie es weitergehen soll in Ihren *Finanzen*. Achten Sie darauf, möglichst Einigkeit in Ihrem Inneren herzustellen, damit weitgehend alle Teile Ihrer Persönlichkeit zufrieden sind – dies allerdings in Ihrer Definition von *Fülle* und *Wohlstand*!

Ist dies nach Ihrer inneren Generalversammlung noch immer nicht der Fall, dann sehen Sie sich bitte nicht als gescheitert und als hoffnungslosen Fall – im Gegenteil! Seien Sie froh, dass Sie diese inneren Widerstände erkannt haben! Unser Selbstbefreiungsprozess läuft meiner Erfahrung nach in Schichten ab: wir tragen Schicht für Schicht unserer Blockaden ab und jede Zwiebelschale, die wir abgetragen haben, ist und bleibt weg! Sie bleibt auch dann weg, wenn es einen anderen Anschein erweckt!

Das, was darunter zutage tritt, ist eine neue, tiefere Schicht – mit möglicherweise einer neuen Blockade! Aber das Gute ist doch, dass Sie nun einiges an wirksamen Werkzeugen zur Verfügung haben, mit denen Sie auch die nächste Schicht angehen können – möglichst bitte mit Begeisterung, Freude und Humor!

Im Grunde geht es doch eigentlich bloß darum, uns dafür zu öffnen, dass sich unser enormer innerer *Reichtum* eins zu eins im Außen spiegelt! Daher lag es mir in diesem Buch ja auch so sehr am Herzen, Ihnen all Ihre inneren Schätze, alle Ihre vielleicht teilweise noch brach liegenden Ressourcen, all das, was Sie zu einem kostbaren Geschenk für die Welt macht, bewusst zu machen – und sich all das sogar mithilfe von „EFT“ in Ihr Energiesystem zu klopfen!

Je mehr Sie sich des enormen *Reichtums* in sich gewahr werden, umso leichter wird es Ihnen auch fallen, diesen nach außen zu tragen und seine Spiegelung im Außen zuzulassen – nachdem Sie nach und nach alle Blockaden gelöst haben! Und das mag zuweilen etwas Zeit brauchen, aber genießen Sie bitte auch den Prozess der Befreiung. Wenn es stimmt, dass der Weg das Ziel ist, können wir doch auch den Heilungsweg bereits als *wertvolles* Ziel sehen!

Ich hoffe sehr, dass wir zumindest einen großen Teil Ihrer Blockaden auf unserem gemeinsamen Weg entsorgt haben! Nun widmen wir uns spielerisch dem Feinschliff des kostbaren Edelsteins, der Sie sind!

Ich sehe es so, dass dann, wenn wir möglichst bewusst leben, – weitest gehend in dem Bewusstseinszustand, den ich als Bewusstheit bezeichne – jeder Augenblick, jede Herausforderung, jede Begegnung so ist, als strichen wir leicht mit feinem Schleifpapier über ein wunderschönes, aber noch ungeglättetes Stück Holz. Die Kanten und unebenen Stellen verschwinden langsam, und allmählich kommt die innere Schönheit der feinen Maserung zum Vorschein.

Diesem Feinschliff kann auch das eine oder andere höchst vergnügliche *Geldspiel* dienen!

Wenn Sie, *wertgeschätzter* Leser, *wertgeschätzte* Leserin, nicht so sehr der spielerische Typ Mensch sind, dann würde ich mir an Ihrer Stelle schleunigst eine Quantenwelle geben - mit der Absicht, meine spielerische Seite aus dem Dornröschenschlaf zu wecken und zu reaktivieren! Denn irgendwo tief in Ihnen ist diese nach wie vor da, wurde nur durch den „Ernst des Lebens" verschüttet ...

Aber ich möchte Sie natürlich nicht zwangsweise beglücken; daher kann ich nur versuchen, Ihnen diese Spiele wie auf einem großen Buffet möglichst so aufzubereiten, dass Sie Appetit bekommen und zumindest einmal davon kosten ...

Wenn der spielerisch humorvolle Zugang zu *Geld* Ihnen nicht so liegt, dann hoffe ich, dass Sie zumindest einiges anderes *Wertvolles* in diesem Buch für sich entdeckt haben! Dennoch hoffe ich, dass Sie den humorvollen Zugang zumindest einmal versucht haben - wir wissen doch erst dann genau, ob uns etwas mundet oder nicht, wenn wir es versucht haben. Und wer weiß, vielleicht entdecken Sie hier Ihr längst verschüttetes Lachen oder zumindest Lächeln und Schmunzeln wieder.

Immer wieder bestätigen mir Menschen, dass sie früher viel mehr gelacht haben als aktuell - ist das nicht eigentlich traurig?

Geld erfühlen

Eine gute Übung, um Ihre *Geldbewusstheit* zu schärfen, ist es auch, Sich in einer stillen Stunde zu entspannen, einige Augenblicke bewusst tief und regelmäßig durch Ihr Herz zu atmen (siehe die Herzatmung in der Selbstliebesmeditation) und dann Ihre Wahrnehmung für all die *Geldströme* um sich herum zu öffnen, so als würden Sie Ihre *Geldfühler* ausstrecken.

Dabei können Sie fühlen, wie allgegenwärtig *Geld* ist und wie es letztlich alles durchtränkt. Fast jeder Mensch, der unterwegs ist, trägt *Geld* bei sich - auch in Zeiten weit verbreiteter *Bargeldlosigkeit.*

Geld findet sich in jedem Geschäft, in jedem Verkehrsmittel, in jedem Haushalt; und ja, oft liegt es sogar auf der Straße …

Nachdem Sie dies eine Weile wahrgenommen haben, können Sie sich vorstellen, dass Sie sich während des Einatmens für diesen *Geldstrom* öffnen und *Geld* wie ein Magnet anziehen. Dabei empfehle ich Ihnen, mit einem Symbol für *Geld* zu spielen, das nun auf Sie zufließt oder Ihnen - je nach Symbol - in anderer Form zukommt.

Während des Ausatmens senden Sie dann den *reichen Geldsegen*, den Sie angezogen haben, wieder in Form Ihres Symbols liebevoll und möglichst mit *Wertschätzung* allen und allem gegenüber in die Welt hinaus.

Das mag Sie auch an die entsprechende Klopfsequenz „Ich bin ein Magnet für Geld" erinnern.

In diesem Spiel geht es also darum, sich in Ihrer Vorstellung an den allgegenwärtigen *Geldstrom* anzuschließen, ihn teilweise auch etwas mehr zu sich umzulenken und so mehr auch in und durch Ihr Leben fließen zu lassen.

Im Grunde speisen Sie ja mit Ihren Ausgaben den *Geldkreislauf*, aus dem das *Geld* ursprünglich zu Ihnen gekommen ist, und aus dem es wieder zu Ihnen zurückkehren wird! Und diesen Prozess können Sie erfühlen, wenn dieses Spiel Sie anspricht.

Sinnlicher Zugang zu *Geld*

Wenn wir uns schon für die Personifizierung des *Geldes* öffnen, dann warum nicht es auch wieder bewusster mit unseren Sinnen wahrnehmen?

Ist es nicht schade, dass wir das verlernt haben?

Einerseits wird dem *Geld* immer noch das Prädikat „schmutzig" zugeteilt - so waschen sich manche prompt die Hände, wenn Sie *Geld* in der Hand hatten! Andererseits ist immer weniger *Bargeld* im Umlauf. Oft geht es so weit, dass im Supermarkt eine lange Schlange bei der Kassa steht, weil eine Kundin ihre 2,99 *Euro* nicht bar bezahlt, sondern mit der Kreditkarte. Und Sie werden lachen, am Tag nachdem ich das hier geschrieben habe, ist mir genau das passiert, allerdings war es ein männlicher Kunde.

Aber wenn wir lernen wollen, eine *wertschätzende* Beziehung zu *Geld* aufzubauen und es – warum nicht? – als guten Freund zu sehen, dann wäre es meiner Ansicht nach auch sinnvoll, es im doppelten Sinn zu (be)greifen, es bewusst anzufassen und zu spüren, wie es sich anfühlt. Wir können es – warum eigentlich nicht? – riechen; so wie wir einen guten Freund doch hoffentlich auch gut riechen können. Wir können es bewusst betrachten und uns all das bewusst machen, was wir darauf abgebildet finden.

Ist Ihnen beispielsweise schon einmal bewusst aufgefallen, dass jeder einzelne *Euroschein* auf der Rückseite eine Brücke zeigt? Und dass auf allen Vorderseiten jeweils ein Fenster oder eine Türe zu finden ist?

Mir wurde übrigens empfohlen, *Geldscheine* immer mit der Brücke nach oben auszugeben, damit es wieder zu mir zurückkehrt. Dabei sollte ich den *Geldschein* möglichst so halten, dass ich nicht die Brücke zwischen meinen Fingern habe; weil ich sonst den Energiefluss abklemme ☺. „Wenn wir *Geld* mit der Oberseite – also mit der Seite mit dem Hologramm, die immer ein Fenster oder eine Türe zeigt – ausgeben", so hieß es da: „werfen wir es bei der Türe oder zum Fenster hinaus".

Manche von Ihnen mögen diese Geschichte schon kennen – und wenn Sie genau darauf achten, wird Ihnen vielleicht auffallen, dass ein großer Teil der Bankomaten so gefüllt ist, dass das *Geld* mit der Brücke – also der üblicherweise als Rückseite bezeichneten – nach oben herauskommt.

Geld in Bewusstheit ausgeben

Kant meinte: *„Geld ist eine Sache, deren Gebrauch nur dadurch möglich ist, dass man sie veräußert."*

Das Sinnvollste, das wir mit *Geld* also machen können, ist, es zu empfangen und dann wieder weiterzugeben; um dann wieder bereit zu sein, neues zu empfangen, das wir wieder weitergeben können – *Geld* sollte also, so wie Wasser, im Fluss bleiben!

Würden Sie sich mit einer solchen Einstellung nicht leichter tun, *Geld* auszugeben? Wenn Sie es nicht so sehen, dass Sie sich dabei von etwas *Wertvollem* trennen, sondern vielmehr etwas *Wertvolles* in den *Geldkreislauf* einspeisen? Würde diese Sichtweise Sie nicht aus der gespannten Opferrolle befreien und Sie zum entspannten und dennoch aktiv Handelnden machen!

Und wie bereits erwähnt, scheint mir gerade in Zeiten finanzieller Enge kontrazyklisches und großzügiges Verhalten angezeigt! Denn wenn Sie in finanziellen Engpässen allzu sehr auf die Bremse treten, besteht die Gefahr, dass sich Ihr Armutsbewusstsein aufs Neue verkeilt und alte Verhaltensmuster und Ängste wieder aufbrechen. Und dann könnte es Ihnen sehr schwer fallen, aus dem neuerlichen Teufelskreis auszubrechen. Gerade dadurch, dass Sie nicht geizen – natürlich mit vernünftigem Augenmaß! –, setzen Sie den Kreislauf wieder in Bewegung und profitieren davon. Gönnen Sie sich in solchen Engpässen Kleinigkeiten, aber gönnen Sie sich etwas! Denn damit bestätigen Sie sich Ihren *Wert* und die Tatsache, dass Sie sich dessen bewusst sind!

Was spricht dagegen, anzunehmen, dass *Geld* durch seinen Gebrauch – einfach weil es das freie Strömen liebt – wieder zu uns kommt?

Vielleicht möchten Sie gemeinsam mit mir die Atemluft als Analogie zum *Geldfluss* sehen: bildet diese nicht in einem schnellen Rhythmus das nach, was *Geld* viel langsamer tut? Ist es nicht so, dass Luft sich uns zur Verfügung stellt, damit unser Stoffwechsel funktioniert; damit wir Energie umsetzen und bestimmte Gifte ausscheiden können? Und wird sie dabei verbraucht? Nein, sie wird bloß gebraucht, indem sie Beziehungen mit anderen Stoffen in uns eingeht. Dann beendet sie diese wieder und verlässt uns, um anderen Wesen zu dienen. Denn sogar das Kohlendioxid, das wir ausatmen, dient Pflanzen als *wertvoller* Stoff, den diese wiederum in für uns *wertvollen* Sauerstoff umwandeln.

Wir brauchen unsere Atemluft also – genau wie das *Geld* – um unsere Körperlichkeit zu bewahren und unsere Fähigkeiten zu entfalten.

~ Vielleicht wollen Sie sich an dieser Stelle nach einer Wellen-Einstimmung fragen:

Wie geht es mir, wenn ich Geld ausgebe?

Mache ich das aus einer Füllebewusstheit heraus?

Oder fühle ich dabei immer so etwas wie einen Trennungsschmerz?

Wie auch immer Ihre Antworten lauten, nehmen Sie sich zuerst in genau dieser Einstellung an. Erst dann können Sie sich fragen, ob Sie sich zukünftig nicht gerne in die Analogie der Atemluft einschwingen möchten.

Wie geht es mir, wenn ich unter diesem Gesichtspunkt bewusst atme?

Wie geht es mir, wenn ich bewusst und tief einatme?

Wie, wenn ich bewusst und tief ausatme?

Wie geht es mir, wenn ich bewusst Geld einnehme?

Wie geht es mir, wenn ich bewusst unter diesem neuen Gesichtspunkt Geld ausgebe?

~ Und dann bitten Sie Ihre Seele, Sie mit einer Quantenwelle in dieser neuen Einstellung zu unterstützen!

Vielleicht möchten Sie in Zukunft tatsächlich das Ausgeben von *Geld* mit Ihrer Ausatmung verbinden; die ja unerlässlich ist, damit Sie wieder einatmen können! Und wenn Sie *Geld* bekommen, verbinden Sie es mit einem tiefen Einatmen! Nach dem, das wird Ihnen rasch klar, Sie in absehbarer Zeit unweigerlich wieder ausatmen müssen! Ebenso wie Sie nach der Ausatmung bald wieder einatmen müssen …

Und vergessen Sie nicht, Ihre *Euroscheine* immer mit der Brücke nach oben auszugeben ☺!

Virtuell einkaufen gehen

Auch diese Empfehlung heften sich mehrere auf ihre Fahnen - sehen wir sie einfach als Geschenk aus dem morphogenetischen Feld. Sie ist durchaus ergötzlich für unser inneres Kind; und wenn Sie sich davon angesprochen fühlen, dann spielen Sie wirklich einmal damit!

Geben Sie einen größeren *Geldschein* in Ihre Brieftasche und gehen Sie damit - wohlgemerkt virtuell! - einkaufen. Wenn Sie beispielsweise einen hundert Euroschein eingesteckt haben, dann gehen Sie durch eine belebte Einkaufsstraße. Bleiben Sie bei jedem Schaufenster, das interessante Ware für Sie anbietet, stehen und entscheiden Sie sich für all das, was Sie gerne hätten. Und dann sagen Sie sich jeweils: „Das und das und das … könnte ich mir alles um meine hundert Euro leisten!".

Wenn Sie das im Laufe Ihres Stadtbummels mehrmals - wohlgemerkt spielerisch und mit Humor - machen, wird Ihr Unterbewusstsein den Eindruck gewinnen, Sie seien wirklich sehr *reich*!

Sagen wir einmal, Sie haben Ihre hundert Euro an diesem Einkaufsnachmittag hundert Mal ausgegeben, dann dürften Sie nun zusammenrechnen, was Sie in diesen wenigen Stunden alles „ausgegeben" haben. Und niemand hindert Sie daran, diesen Einkaufsbummel jederzeit zu wiederholen!

Spricht eine so großzügige Ausgabe nicht deutlich für Ihren geradezu unermesslichen *Reichtum* ☺?

Spiel mit Schulden/Befreiung von Schuldgefühlen

Neben den bisher zum Thema Schulden und Schuldgefühlen Angebotenem habe ich hier noch ein Spiel für Sie - bei dem der nötige Humor nicht verkehrt ist. Aber im Grunde ist es gar nicht so unernst!

Heißt Schulden zu haben nicht, etwas *wert* sein?

Zumindest so viel, wie die Schulden ausmachen?

Wenn Sie fünfzig Euro Schulden haben, bezeichnet man Sie vielleicht als Schnorrer. Haben Sie fünfzig Tausend Euro Schulden, hält man Sie für geschäftstüchtig. Wenn Sie fünfzig Millionen Euro Schulden haben, kann es sein, dass man Sie als Finanzgenie bewundert. Fünfzig Milliarden Euro und mehr Schulden kann sich nur ein Staat leisten.

Wenn Sie gerade Schulden haben, hat doch immerhin jemand (eine Privatperson oder eine Bank) Sie für *wert* erachtet, Ihnen so viel *Geld* zu borgen, nicht wahr?

Wenn Ihre Schulden Sie nach wie vor plagen, obwohl Sie die damit verbundenen Schuldgefühle vielleicht schon mit „EFT" beklopft haben; oder wenn Sie einfach davon genervt sind, dann können Sie folgendes Spiel ins Auge fassen.

~ Stimmen Sie sich mit einer Welle darauf ein.

Dann nützen Sie eine ruhige Stunde, um die Summe Ihrer Schulden groß und vielleicht in bunten Farben verziert auf ein Stück Papier zu malen. Und machen Sie sich klar, dass Sie zumindest so viel *wert* sind!

Meditieren Sie darüber, dass es gilt, das Minuszeichen, das vor dieser Zahl steht, in ein Plus umzuwandeln.

Dazu machen Sie sich klar, dass Sie dieses *Geld* erhalten haben, dass es also zumindest im metaphysischen Sinn Ihr *Geld* ist, weil erstens jemand Sie dessen als *wert* erachtet hat und Sie zweitens ja darüber verfügen können oder zu gegebener Zeit konnten.

Nachdem Sie sich das eine Weile vor Augen geführt haben, atmen Sie tief ein und fragen sich dann laut:

„Warum bin ich mindestens … Euro wert?"

~ Und dann stimmen Sie sich mit einer Welle ein und wiederholen Sie diese Frage mehrmals – und achten Sie aufmerksam darauf, welche Prozesse sie in Ihnen in Gang setzt:

„Warum bin ich mindestens … Euro wert?"

Wie Sie im Kapitel zu den „Affragen" nachlesen konnten, ist die Frageform deshalb sinnvoller, weil Sie damit Ihr Überlebenszentrum nicht mit einer Unwahrheit in Panik versetzen; sondern ganz im Gegenteil Ihr Homo sapiens sapiens-Gehirn anregen, „Frantworten" zu suchen!

Wiederholen Sie diesen Vorgang mehrmals – je öfter, desto besser! Gleichzeitig spüren Sie diesen *Reichtum* in Ihrem ganzen Körper!

Was glauben Sie, wie dankbar Ihr Unterbewusstsein auf diese Streicheleinheiten reagieren wird; selbst wenn Ihr Verstand sich anfangs dagegen sträuben und Sie (und dann auch gleich mich ☺) für verrückt erklären mag.

Dann machen Sie eine Liste von all den „Frantworten", die Ihnen auf die „Affrage", warum Sie mindestens … *Euro wert* sind, in den Sinn gekommen sind. Etwa:

„Vielleicht weil ich das, was ich mit diesem Geld verwirklicht habe, eindeutig verdient habe?"

„Vielleicht weil ich damit mein Wohnambiente und damit die Welt verschönert habe?"

„Vielleicht weil auch andere Menschen von dieser Investition profitiert haben?"

„Vielleicht weil ich damit meine Persönlichkeit weiter entwickelt habe?"

In Wahrheit ist die Summe Ihres *Wertes* natürlich sehr viel größer, weil ja Ihr ganzer *Reichtum* (den Sie im nächsten Kapitel summieren werden) noch hinzukommt! Aber fokussieren Sie sich ein Weilchen bloß auf die Summe Ihrer Schulden – Sie werden sehen, dass Sie rasch darüber hinauskommen!

Wie Sie gesehen haben, können die Antworten, die Ihnen da in den Sinn kommen, sachliche Gründe sein. Etwa dass Sie sehr viel von Ihrem Geschäft verstehen; dass Sie sehr viel aus Ihren bisherigen Lebenserfahrungen gelernt haben; dass Sie sich zu einem Organisationstalent entwickelt haben; dass Sie viel Kompetenz erlangt haben; dass Sie über weite Strecken mit sehr wenig Geld ausgekommen sind …

Aber vielleicht bieten Ihnen Ihre kreativen Anteile auch psychologische Gründe (etwa Soft Skills) an, wie beispielsweise dass Sie einfach ein liebenswürdiger und *wertvoller* Mensch sind; dass Sie sehr empathisch und aufmerksam sind und gut mit Menschen umgehen können; dass Sie sehr diszipliniert, verantwortungsbewusst und verlässlich sind; dass Sie Humor haben und mit Ihrem Lachen die Welt erhellen …

Wie immer empfehle ich Ihnen, auch Ihre linke Hand zu konsultieren!

Am Ende legen Sie Ihre Liste beiseite und belohnen sich mit etwas, das Ihnen große Freude bereitet! Und während Sie diese Übung für eine Woche oder länger vergessen, kann sich ihre Wirkung unbehelligt von Ihrem zweifelnden Verstand in Ihrem Unterbewusstsein entfalten!

~ Bewellen Sie dieses Spiel mit der Absicht, Ihrem Unterbewusstsein die Umprogrammierung zu überlassen!

Und beobachten Sie, was sich in Ihrem Leben verändert!

Wann immer Ihnen Ihre Schulden wieder einfallen und Sie vielleicht stressen, holen Sie Ihre Liste mit den „Frantworten" hervor und lesen sich diese möglichst laut - vielleicht sogar angesichts eines Spiegels - vor, um Ihr Unterbewusstsein in der Umprogrammierung zu unterstützen!

Bevor Sie übrigens daran denken, was Sie anderen schuldig sind, sollten Sie auch einmal daran denken, was Sie sich selbst schulden!

~ Auch dabei wird eine Einstimmungswelle hilfreich sein!

Fragen Sie sich:

Was schulde ich mir?

Was schulde ich vor allem meinem inneren Kind?

Was nehme ich mir schon so lange vor und mache es dann doch nicht?

Welche Versprechen an mich selbst habe ich bisher nicht gehalten?

Wie viel Fürsorge schulde ich mir?

Wie viel Wertschätzung schulde ich mir?

Wie viel Konsequenz schulde ich mir?

Wie viel Unterstützung schulde ich mir?

Wie viel Zeit für mich schulde ich mir?

Wie viel Liebe schulde ich mir?

Wie viel Persönlichkeitsentwicklung schulde ich mir?

Welche Chancen zur Veränderung schulde ich mir?

~ Und vielleicht wollen Sie ein Two-Pointing mit der Absicht aufladen, sich all das in absehbarer Zeit auch tatsächlich zukommen zu lassen.

Bilanz Ihres wahren *Reichtums*

Nur wenn wir innerlich erfüllt sind – und uns auch so fühlen –, wenn wir also buchstäblich aus dem Vollen schöpfen können, werden wir auch im Außen ein erfülltes Leben führen. Sowohl in unseren beruflichen Ambitionen und Erfolgen als auch in unseren Beziehungen. Und erst dann können wir unseren Beitrag zu einer besseren Welt leisten. Das ist zumindest meine Sicht der Dinge.

Man sagt, die erste Million sei die schwierigste, warum also nicht gleich bei der zweiten anfangen? Klingt das absurd in Ihren Ohren? Warten Sie ab, denn hier habe ich ein weiteres Spiel für Sie, mit dem Sie das Gefühl für Ihren *Geldwert* ordentlich aufbauen können!

~ Stimmen Sie sich mit einer Welle darauf ein und fragen Sie sich:

Wie viel Geld habe ich bisher in meinem Leben schon verdient?

Das muss natürlich nicht auf den *Euro* genau stimmen, aber rechnen Sie einmal grob all Ihre bisherigen Einkünfte zusammen. Ich könnte mir vorstellen, dass das Ergebnis Sie ziemlich wundern wird – Ihnen ziemlich wunderbar vorkommen wird!

~ Und bewellen Sie diese wundervolle Summe!

Wenn Sie übrigens noch sehr jung sind, und vielleicht noch nicht (oder noch nicht so lange) im Arbeitsprozess stehen, daher nicht die Gelegenheit hatten, selbst eigenes *Geld* zu verdienen; dann dürfen Sie hier auch all die *Kinderbeihilfe* (oder das *Kindergeld* oder wie auch immer das bei Ihnen heißt) zusammenrechnen, die Ihre Eltern für Sie bekommen haben; und all die *Geldgeschenke*, die Sie bisher bekommen haben; ebenso wie die *Sparbücher* und *Bausparverträge*, die Ihre Verwandten und Ihr Taufpate (so Sie einen hatten) für Sie angelegt haben! All das ist genau genommen auch „Ihr *Geld*", all das sind „Ihre *Werte*" – auch wenn jemand anderer oder der Staat es für Sie ausgegeben oder angelegt hat!

Eine Erweiterung dieses ersten Überblickes erreichen Sie mit einem Inventar Ihres gesamten Besitzes. Dieses Spiel mag eine Weile dauern; aber ich denke, die investierte Zeit legitimiert den Einsatz von Zeit und Energie allemal! Damit konditionieren Sie Ihr Unterbewusstsein darauf, auch den *Wert* „kleiner Dinge" zu achten. Wie heißt es so schön? „Auch Kleinvieh macht Mist". Achten Sie also auch auf all das scheinbar Selbstverständliche!

Nehmen Sie sich – wenn Sie dieses Spiel tatsächlich mitspielen möchten – ein Wochenende Zeit und machen Sie ein Inventar Ihres gesamten Besitzes, indem Sie jeden einzelnen Gegenstand in etwa *bewerten*.

Auf diese Liste kommt alles, was Ihnen gehört und was Sie zur Verfügung haben. Hinzufügen können Sie die vorher errechnete Summe all des *Geldes*, das Sie in Ihrem bisherigen Leben verdient haben; oder das, was für Sie ausgegeben und angelegt wurde; aber auch all das, was Ihnen je geborgt oder auch geschenkt wurde – denn immerhin hat irgendjemand (eine Privatperson oder eine Bank) Sie dessen als *wert* empfunden!

Wenn Sie alle diese *Werte* summieren, erwächst daraus – wahrscheinlich zu Ihrem großen Erstaunen – eine neue Bewusstheit Ihres wahren *Reichtums*, der enormen *Fülle* in Ihrem Leben und Ihres bereits erreichten *Wohlstandes*. Und dies wie auch immer Ihre *finanzielle* Situation sich derzeit gestalten mag!

Und wenn Sie sich diesem *Reichtumsgefühl* wirklich aus tiefstem Herzen hingeben – und es damit über Ihr Herzfeld ausstrahlen –, ziehen Sie dem Gesetz der Resonanz folgend unweigerlich weitere *Fülle*, weiteren *Wohlstand* an; und zwar nicht nur in Form von *Geld*! Sowohl faktisch in Form von mehr Zufluss von *Werten*; als auch deshalb, weil Sie Ihre selektive Wahrnehmung von nun an mehr auf all die *Fülle* in Ihrem Leben gerichtet haben, Sie also weit mehr von all dem wahrnehmen, was Sie bisher als allzu selbstverständlich übersehen haben!

Abgesehen davon fühlt sich diese *Reichtumsbewusstheit* auch sehr gut an, weil Sie Ihnen hilft, Ihren Fokus immer wieder auf all das zu richten, was gut ist in Ihrem Leben, erfreulich, aufbauend, *wertzuschätzen*, beglückend, ergötzlich, *dankenswert* …

~ Daher empfehle ich Ihnen, auch diese mit einem Two-Pointing in Ihrer Matrix zu integrieren!

Wortspiele

Wortspiele sind sicher nicht jedermanns Sache, aber wenn Sie Lust darauf haben, dann habe ich hier zwei Varianten für Sie, die Ihnen *wertvolle* – und nicht selten neue! – Einsichten schenken können.

Abgesehen davon können sie eine Menge Spaß machen, wenn Wortspiele Ihnen liegen; und als Zugewinn erweitern Sie Ihren Wortschatz.

Und last but not least wird sowohl das „Oxymoron" als auch das „Akrostichon" jeweils Ihre beiden Gehirnhälften ansprechen und damit auch Ihre Kreativität aktivieren!

Wortspiele bieten Ihnen also mehrfachen Gewinn. Voraussetzung ist allerdings, dass Sie sich im Homo sapiens sapiens-Modus damit befassen. Schalten Sie also Ihre Gehirnrinde – vor allem Ihr Stirnhirn – ein und schreiben Sie all das, was Ihnen dazu einfällt, auch nieder! Wenn der „Dialog der Hände" Ihnen liegt, empfiehlt es sich natürlich, jeweils beide Hände nach Ihren Angeboten zu fragen. Und Sie werden sehen: Sie werden sich immer wieder selbst erstaunen …

Spiel mit dem „Oxymoron“

Kennen Sie den Begriff „Oxymoron“? Er beschreibt ein Ding oder eine Person, das / die durch scheinbar widersprüchliche Eigenschaften gekennzeichnet ist; also quasi einen Widerspruch in sich.

Und tatsächlich vereinen wir alle mehr oder weniger starke Gegensätze in uns – und je komplexer eine Persönlichkeit ist, umso interessanter ist sie in meinen Augen!

Schon Hesse meinte:

„Jedes Leben wird ja erst durch Spaltung und Widerspruch reich und blühend!“

Gerade im Zusammenhang mit unserem *Geldverhalten* können diese inneren Widersprüche aber auch durchaus hinderlich sein auf unserem Weg in entspannte *Fülle* und blühenden *Wohlstand*. Daher empfinde ich es als *wertvoll*, uns unsere inneren Ambivalenzen näher anzusehen; denn je besser wir sie kennen, umso eher können wir die daraus resultierende Vielseitigkeit auch in einem fruchtbaren Miteinander umsetzen, anstatt uns in ihrem Gegeneinander selbst zu lähmen!

Das kreative Spiel mit den Begriffspaaren eines „Oxymoron“ hilft uns, diese teilweise widersprüchlichen Anlagen und Fähigkeiten besser zu verstehen, anzuerkennen und damit in ein heilsames Gleichgewicht zu bringen! Damit öffnen wir uns auch für jene äußeren Umstände, in denen wir jeden dieser Gegensätze am besten nützen können – speziell auch in unserem *Geldverhalten*!

~ Stimmen Sie sich mit einer Quantenwelle auch auf dieses Spiel ein!

Und dann erstellen Sie zunächst eine Liste all Ihrer ausgeprägten persönlichen Eigenschaften, von denen Sie den Eindruck haben, dass sie mit Ihrem *Geldverhalten* im Zusammenhang stehen. Und zwar sowohl jener, die Sie als positiv empfinden, als auch jener, die Sie lieber unter den Teppich kehren würden. All das sind Sie. Und Sie sind gut, richtig und *wertvoll* genauso, wie Sie sind!

Wenn Sie den Eindruck haben, es fiele Ihnen dazu nicht genug ein, dann fragen Sie bitte andere, die Sie gut kennen, nach Ihren typischen Charakterzügen! Fragen Sie möglichst mehrere Personen und sammeln Sie so Ihre wesentlichen Attribute!

Da unsere Resonanzfähigkeit über unsere selektive Wahrnehmung entscheidet, wird jede einzelne Person, die Sie befragen, andere Eigenschaften an Ihnen erkennen. Daher wird Ihre Sammlung umso umfassender sein, je mehr Menschen Sie für die Zusammenstellung Ihrer Charakterisierung zu Rate ziehen. Natürlich wird es Überschneidungen und Gemeinsamkeiten geben, aber eben auch teils erstaunliche Unterschiede!

Befragen Sie einmal Geschwister nach ihren Eltern – Sie werden sich wundern, wie es oft den Anschein macht, als würden diese aufgrund ihrer unterschiedlichen selektiven Wahrnehmung jeweils völlig andere Personen beschreiben!

Wenn Sie dann Ihre Liste beisammen haben, finden Sie zu jeder einzelnen Eigenschaft den entsprechenden Gegensatz – oder auch mehrere gegensätzliche Begriffe – und notieren Sie diese jeweils neben der primären Eigenschaft.

Wenn die ursprüngliche Eigenschaft oder auch der Gegensatz eher negativ und *abwertend* ist, finden Sie bitte eine ebenso passende, jedoch positive Umschreibung – allerdings sollte diese schon auch stimmig sein!

> ~ *Auch hierbei wird Ihnen die 2-Punkte-Methode helfen, Ihre Kreativität zugänglich zu haben: setzen Sie daher im Vorfeld eine Welle mit der Absicht, sich selbst möglichst umfassend zu erkennen und dann auch in Ihrer Vielschichtigkeit annehmen zu können – genau das ist ehrlich empfundene Wertschätzung!*

Und dann überlegen Sie, ob einige der neuen Begriffe nicht vielleicht Ihre verleugneten oder (noch) wenig entwickelten Teilpersönlichkeiten beschreiben. Wer weiß, welch faszinierende Entdeckungen Sie in Ihren verborgenen Tiefen machen, während Sie mit Ihren „Oxymorons“ spielen. Und welch spannende neuen Lebensräume sich Ihnen auf diese Art und Weise erschließen! Glauben Sie mir, das wird Ihrer *Selbstwertschätzung* sehr, sehr gut tun!

Dann können Sie überlegen, welchen Vorteil es haben könnte, wenn Sie diese neu entdeckten gegenteiligen Eigenschaften weiterentwickeln.

Es kann übrigens auch sein, dass Ihnen bereits in der Spalte Ihrer primären Eigenschaften gegensätzliche Begriffe aufgefallen sind, wenn Sie genau darauf geachtet haben. Auch diese deuten auf mögliche innere Ambivalenzen hin, die Ihnen bisher möglicherweise noch gar nicht bewusst waren.

Und auch diese zu erkennen und die beiden gegensätzlichen Seiten dann auch bewusst für sich zu nützen und jeweils dort einzusetzen, wo sie *wertvoll* sein könnten, ist wichtig, um ein authentisches Leben zu führen und Ihr umfassendes Potenzial zu erfüllen! Zugleich aber auch wesentlich, um sich für die Spiegelung Ihres enormen inneren *Reichtums* im Außen zu öffnen!

Dazu ist es nicht nötig, solche inneren Polaritäten zu beseitigen oder zu versuchen, sie gleich zu perfekter Harmonie zu führen! Es geht vielmehr darum, sich bewusst zu werden, was in Ihnen auch an Widersprüchlichem abläuft; und dann beide Seiten als integrierende Bestandteile Ihrer Persönlichkeit anzunehmen und zu beobachten, wie sie jeweils Ihr Leben beeinflussen – und vor allem wie sie sich auf Ihr *Geldverhalten* auswirken!

> *~ Daher geben Sie sich eine Quantenwelle mit der Absicht, diese inneren Gegensätze nicht nur zu erkennen, sondern auch anzuerkennen und sich mitsamt dieser inneren Ambivalenz liebevoll wertschätzend anzunehmen!*

> *~ Und dann verankern Sie diese neue und umfassendere Selbstannahme mit der 2-Punkte-Methode fest in Ihrem Energiefeld!*

Erlauben Sie mir, Ihnen hier einige Beispiele zur Inspiration anzubieten, die sich mehr oder weniger direkt auf das *Geldverhalten* der betroffenen Person auswirken:

Primäreigenschaft: „fleißig" => „faul" – aber dieser Begriff ist eher negativ! Ebenso passend, aber positiver klingen doch „gemütlich" oder „gemächlich". Wenn ich mir ein Bild dazu hole, sehe ich sofort Balu, den Bären aus dem Dschungelbuch vor mir ☺!

Primäreigenschaft: „ehrgeizig" => „ambitionslos" – klingt gar nicht gut!

Ebenso passend, aber positiver klingen doch „zufrieden" oder „gelassen".

Primäreigenschaft: „großzügig" => „geizig" - klingt alles andere als gut! Ebenso passend, aber positiver klingen doch „preisbewusst" oder „sparsam".

Primäreigenschaft: „flexibel" => „starr" - nein, klingt nicht gut! Ebenso passend, aber positiver klingen doch „standhaft" oder „konsequent".

Primäreigenschaft: „altruistisch" => „egoistisch" - fühlt sich nicht gut an! Ebenso passend aber positiver klingt „selbstbezogen" oder „selbstliebend".

Primäreigenschaft: „vielseitig interessiert" => „einseitig" - das klingt nicht gut! Ebenso passend, aber positiver klingen doch „stark fokussiert" oder „spezialisiert".

Primäreigenschaft: „vertrauensvoll" => „misstrauisch" - klingt nicht gut! Ebenso passend, aber positiver klingt doch „hinterfragend" oder „vorsichtig".

Primäreigenschaft: „mutig" => „ängstlich" - klingt nicht gut! Ebenso passend, aber positiver klingen doch „abwägend" oder „vorsichtig".

Sie sehen, ein positives Synonym kann in Ihrer Aufzählung auch mehrfach vorkommen!

~ Und natürlich verankern Sie all das, was Sie in sich an wertvollen Eigenschaften gefunden haben, mit einem annehmenden Two-Pointing in Ihrer Matrix!

„Akrostichons" zu den Themen *Geld/Selbstwert/Finanzen*

Ähnlich wie das „Oxymoron" bietet Ihnen das „Akrostichon" eine sehr elegante Methode, um tiefer in ein Thema einzutauchen, Ihnen neue Einsichten zu offenbaren und Ihre kreativen Anteile anzuregen. Wenn Sie ähnlich wie ich das Spiel mit Worten lieben, könnte ich mir vorstellen, dass Sie auch an diesem Freude haben!

Bei einem „Akrostichon" werden aus den einzelnen Buchstaben eines bestimmten Begriffes, mit dem man sich intensiver befassen möchte, jeweils neue Wörter gebildet, die im Zusammenhang mit dem entsprechenden Thema stehen.

Wenn Sie beispielsweise einen Menschen (vielleicht sogar auch sich selbst) besser erfassen und damit näher kennen lernen möchten, machen Sie aus dem jeweiligen Namen ein „Akrostichon". Finden Sie zu der Person, die Sie durchleuchten möchten, passende Eigenschaften, die jeweils mit einem der Buchstaben in ihrem Namen beginnen!

Besonders interessant und ergiebig wird dieses Spiel sein, wenn Sie verschiedene Menschen mit demselben Namen kennen, die sich jedoch in ihrer Persönlichkeit unterscheiden – lassen Sie mich hier ein Beispiel bringen.

Der eine KLAUS ist vielleicht:
K – kleinlich, klaustrophob, kritisch …
L – leidend, lieblos, lästernd …
A – andächtig, auf Benimm bedacht, anspruchsvoll …
U – unflexibel, ungesellig, unterwürfig …
S – stur, steril, sorgenvoll …

Der andere KLAUS kann ganz andere Attribute haben:
K – kraftvoll, kindlich, komisch …
L – liebevoll, lüstern, leichtlebig …
A – aufbrausend, anschmiegsam, anhänglich …
U – unterhaltsame Ulknudel, unkonventionell …
S – selbständig, strahlend, sonniges Gemüt …

Haben Sie nicht auch sofort ein Bild zu jedem Klaus?

Ich habe diese beiden extremen Typen dargestellt, um Ihnen einen exemplarischen Einblick in dieses Spiel mit Worten zu zeigen! Diese beiden Beschreibungen zu ein und demselben Namen charakterisieren die jeweilige Person doch recht prägnant, nicht wahr?

Wenn Sie den ganzen Namen (alle Vornamen und den Familiennamen - eventuell auch noch den Mädchennamen bei Frauen) auf diese Weise durchleuchten, wird Ihnen dies durchaus das eine oder andere Aha-Erlebnis bescheren!

Im Zusammenhang mit unserer Thematik können wir mit folgenden Begriffen spielen: *Geld, Selbstwert, Finanzen*. Ich lege Ihnen allerdings ans Herz, zuerst Ihre eigenen „Akrostichons“ zu gestalten, ehe Sie sich von meinen inspirieren lassen. Diese Empfehlung gebe ich Ihnen, weil die Begriffe, die Ihnen jeweils in den Sinn kommen, teils recht verräterisch sein und Ihnen einiges über Ihre Beziehung zu *Geld* und Ihrem *Selbstwert* offenbaren werden ☺!

~ Und Sie wissen: die Welle wird Ihre Kreativität fördern!

G E L D:

G – Gewissen, Gelingen, Garantie, großspurig, günstig, Geduld, Gnade, Gerechtigkeit, Gönner, Gabe, groß denken, Gedanken an Geld, Gefühl fürs Geld, Glaube an die eigenen Fähigkeiten, Gleichgewicht zwischen Geben und Nehmen, Glück, Großzügigkeit, Geschenk, Geldnot, Geringschätzung, Gewohnheit, Glaubenssätze, Gesichtsverlust, Gelübde …

E – Entwicklung / Entfaltung, Einstellung, Erbe, Ehrlichkeit, Ebenbürtigkeit, Erhaltung, erfreulich, Erfüllung, Erneuerung, Erwartung, Erweiterung, Edelmut, Entdeckung …

L – Leichtigkeit, Lohn, Lebensstellung, Liebe zu Geld, Lebemann, Lachen, Lebendigkeit, Lauf der Dinge, Lob, List, lügen, lahm, Laune des Schicksals, Lohn, Luftikus, liederlich, Leistung, liberal, Leibrente, Lektüre, Liquidation, Lösung von Blockaden, Löwenanteil, Los …

D – Dankbarkeit, Druck, Durchblick, Details, Differenz, dienen, Durststrecke, Debatten um Geld, Dilemma, Daumenschraube, denkwürdig, Dokument, Doppelleben, dreist, Durchsetzung, dürftiges Einkommen, durchschlagender Erfolg, Delikt, Dreistufenplan, Drohung …

S E L B S T W E R T:

S – spielerisch, Selbstwertschätzung, schaffen, Schadensbegrenzung, Scham, Schatz, Selbstliebe, Schuldgefühle, Schlüssel, straff, steiler Aufstieg, Schmerz, stehlen …

E – Einigung, Erfahrung, ehrlich, einhellig, Errungenschaft, Erfindung, Eid, Einsicht, Erlebnis, Ehrgeiz, Erkenntnis, Ehevertrag, Erbschaft, effizient, Ehrabschneider, Eigentum, Erwerb, Eingriff, …

L – lächelnd, lohnend, leicht, liebevoll, List, leidenschaftlich, Lauterkeit, legal, Leumund, lockerer Umgang mit Geld, Luftschloss, lohnenswert, labil, Labyrinth der Gefühle, leistungsstark, langfristig, lichtvoll, Lorbeeren, lasch, lebensnahe, Leidensdruck …

B – bleibender Wert, Belohnung, Bündnis, Beachtung, Bargeld, Beurteilung, bodenständig, Bravour, brauchen, Bedingungen, bitter verdientes Geld, Brieflos, Broterwerb, Bruch mit alten Regeln, Brieftasche …

S – Sicherheit, Standfestigkeit, Suche nach besten Lösung, Sinnfindung, schmerzhaft, Selbständigkeit, Sachwerte, Selbstachtung, Strafe, stimmig, Steuer in die Hand nehmen, Stress, Sprung in neue Zukunft, Sorgen, Sinnlosigkeit, Schuld, Stütze, strahlend, Strategie, Segen, Scheck …

T – Tatmensch, Traum vom Geld, Torheit, tadelhaft, trösten, teilen, Trick, Tapferkeit, teamfähig, Tretmühle, Taxe, Taschendieb, tausend, Testament, Tilgung, Tombola, Totalverlust, tragisch, Taufgeschenk, Tropfen auf dem heißen Stein, Treue …

W – wertvoll, Wertigkeit, Weitergabe, Wechsel, Weitsicht, Wichtigkeit, wesentlich, Weisheit, Weggabelung, Weisung, Wertvorstellung, Wandlung, Wertpapiere, weitreichend, Werbung, Wette, windige Geschäfte, Weltwirtschaft, willensstark …

E – Einsicht, Edelmut, Erfolg, Entschlossenheit, Ende mit Schrecken, Einsamkeit, Emotionen, Ebbe, Ehre, Eile, Entfremdung, Erschwernis, Enthusiasmus, Exekution, Erpressung, Erziehung, Ersatzbefriedigung …

R – Richtungswechsel, Recht, reden (miteinander), Ruder herum drehen, Rückendeckung, Rücksicht, richtig, Reue, Ruf, Reflexion, richtige Richtung, Rat, Regel, Rüge, Respekt, Raum schaffen für neues, Regie, Rückzahlung, …

T – täglich, Tatkraft, Ton angebend, Team, treibende Kraft, tauglich, Teil, tragfähig, Transaktionen, Trumpf, tugendhaft, Tauschgeld …

F I N A N Z E N:

F – Falschgeld, Fehlbetrag, Frohsinn, Freude, Feldstudie, Fernziel, Freiheit, Familienregel, falsche Überzeugungen, Fest des Schenkens (Potlatch), Funktion des Geldes …

I – Integrität, imponieren, Information, Inventur, Inkonsequenz, Irrtum, Interessenskonflikt, Intrige, Idealisierung, Ichbezogenheit, Initiative ergreifen, interessant, Innenschau, instinktsicher, Ideen, Impulse aufgreifen, Insolvenz …

N – Nachteile / Vorteile, neue Wege einschlagen, Notlösung, nützlich, Neid, Niederlage, Nachhaltigkeit, Nutzen, Notlage überwinden, Notsignal, Nahziel, Narben heilen, Notbremse ziehen, neue Sichtweise, Nächstenliebe …

A – aufmerksam, anpreisen, Aberglaube, Alimente, Achtung, Arbeit, Angebot, Ablass, Aktien, Aktivität, aufrichtig, anständig, Ankauf, Aufstieg, anmaßend, Angeber, Allianz, Abschluss, Abgabetermin, Abfertigung …

N – Nachruf, Nachfolger, Nichtachtung, Nutzen, Notar, (nur) nehmen, negative Erwartungen, Neugier, Neigung, Nebel lichten sich, Nachsicht, Neubeginn in neuer Form, Nachholbedarf …

Z – Zeit ist Geld, Zwangslage, zuhören, zügig, Zweitberuf, Zunahme, Zahlung, Zuschlag, Zoll, Zitterpartie, Zubrot, Zufallsgewinn, Zweck heiligt Mittel, Zuspitzung der finanziellen Lage, Zuversicht, Zinseszinsen …

E – Ehrgeiz, Einblick, Empathie, Einigung, Ermutigung, Einkehr, einseitig, Einmischung, Erlösung, Empfindungen, erfolglos, Erbe, Erschöpfung, Erweiterung, Einflussnahme, eigenständig, Einfall, erzwingen, Elan, erstarken, einsichtig, Ernst, entlasten …

N – Nebenverdienst, Niedertracht, Neider, Nacht- und Nebelaktion, Notgroschen, Nichtachtung, nagende Gewissensbisse, nobel, Nagelprobe, Nachzahlung …

Welche Begriffe sind Ihnen bei diesem Spiel in den Sinn gekommen?

Welche Begriffe hat Ihnen Ihr Unterbewusstsein vor allem auch über Ihre linke Hand angeboten?

Sind es vorwiegend solche, die sich gut anfühlen?

Oder tritt plötzlich Gedankenmüll zutage?

Wenn dies der Fall ist, dann bitte geißeln Sie sich nicht! Sondern freuen Sie sich ganz im Gegenteil, dass Sie wieder etwas entdeckt haben, womit Sie all die hier angebotenen Techniken zur Selbstbefreiung anwenden können!

Natürlich wird dieses Spiel umso ergiebiger sein, je umfassender Ihr Wortschatz ist! Aber hier wie überall macht Übung den Meister! Und je öfter Sie mit „Akrostichons“ spielen, umso mehr Worte werden Ihnen zu den einzelnen Buchstaben einfallen – genauso wie im wiederholten „Stadt, Land … “ oder auch „Scrabble“ Spielen.

Für den Beginn ist es aber auch keine Schande, ein Wörterbuch zur Hand zu nehmen und beim jeweiligen Buchstaben nachzulesen, um sich inspirieren zu lassen, was noch alles zu dem Grundwort passen könnte – ich mache das auch immer wieder gerne! Dies hat dann auch noch den erfreulichen Nebengewinn, dass Ihr Wortschatz sich auf spielerische und zugleich Nutzen bringende Art erweitert, was gerade in Zeiten von SMS und WhatsApp kein Fehler sein dürfte ☺ …

Übrigens sollten Sie auch hier Ihrer Kreativität gewisse Freiheiten erlauben. Wir haben hier kein X, Y oder Q dabei; aber sollte ein solcher Buchstabe in Ihrem Wort vorkommen, dann lassen Sie Ihrer rechten Gehirnhälfte freien Lauf – vielleicht auch in Form einer Zeichnung. Sie dürfen sogar einen Begriff, der Ihnen eingefallen ist und wesentlich erscheint, auch dann miteinbeziehen, wenn er nicht mit einem vorkommenden Buchstaben beginnt – aber diesen vielleicht irgendwo in der Mitte oder am Ende des Wortes hat. Oder auch gar nicht. Die Regeln sind hier nicht sklavisch zu befolgen – Kreativität ist hier ebenso gefragt wie Humor!

Und natürlich können Sie auch andere Sprachen mit einbeziehen oder auch Bilder zu Hilfe nehmen …

Geld aus dem Anfängerbewusstsein erleben

Wie an früherer Stelle bereits erwähnt, möchte ich Ihnen hier noch einmal ans Herz legen, sich in Bezug auf *Geld* immer wieder in Ihr Anfängerbewusstsein zu versetzen. Das sichert Ihnen einen spielerischen Umgang!

Nehmen Sie einen *Geldschein* zur Hand und betrachten Sie ihn eingehend und aufmerksam. Vielleicht wundert Sie, was Sie alles auf diesem Stück Papier, das unzählige Male durch Ihre Hände gegangen ist, entdecken können und Ihnen bisher gar nicht aufgefallen ist …

Tun Sie wirklich so, als würden Sie diesen *Geldschein* erstmals in Ihrem Leben sehen und betrachten Sie ihn mit kindlichem Staunen. Spüren Sie seine Energie und lassen Sie Bilder vor Ihrem geistigen Auge erscheinen! Dabei geht es natürlich nicht um objektive Wahrheiten, sondern darum, Ihre Phantasie zu trainieren und sich für Ihre Intuition zu öffnen, während Sie lauschen, als wäre er Ihr persönlicher Märchenerzähler. Machen Sie das vielleicht zuerst mit einem *Euroschein*, dann aber mit einer *Dollarnote*, die vielleicht noch etwas weit gereister ist. Und je älter und abgegriffener diese *Banknote* ist, umso mehr wird sie vielleicht zu berichten haben …

~ Setzen Sie eine Welle zur Einstimmung auf dieses Spiel und lassen Sie sich dann folgende Fragen durch den Kopf gehen:

Was hat dieser Geldschein mir alles zu erzählen?

Was hat er alles erlebt, seit er gedruckt wurde und in Umlauf kam?

Welche Länder hat er bereist?

Wie oft ist er wohl um die Welt gereist?

Wie viele Menschen haben ihn in der Hand gehalten?

Welchen Nationalitäten haben diese angehört?

Welche Gefühle und Gedanken haben sie damit verbunden?

Waren es vor allem Reiche oder Arme?

Waren es großzügige oder geizige Menschen?

Wofür wurde dieser Geldschein ausgegeben?

Wofür wurde er verdient?

Hat er als Schwarzgeld gedient?

Wurde er vielleicht sogar einmal gestohlen?

Und vielleicht zurückgegeben?

Wurde er verloren?

Und dann wieder von dieser Person gefunden?

Oder einer anderen?

Was hat diese damit gemacht?

Wurde er verschenkt?

Allein oder gemeinsam mit anderen Geldscheinen?

Wurde er als Almosen gegeben?

Wie ist es dem Empfänger damit gegangen?

Oder wurde er gewonnen?

Einzeln oder als Teil eines großen Gewinns?

Was hat der Gewinner damit gemacht?

Hat er der Förderung eines interessanten Projektes gedient?

War er eine Weile versteckt?

Im Garten vergraben?

Oder in einer Matratze eingenäht?

Wer hat ihn dann gefunden – der Verstecker oder jemand anderer?

In welchen Verkehrsmitteln ist er gereist?

In welchen Brieftaschen hat er sich ausgeruht?

In welchem Sparschwein hat er einen Dornröschenschlaf gehalten?

Hat dieser Geldschein irgendwelche besonderen Abenteuer erlebt?

Wenn ja welche?

Wurde er wertgeschätzt?

Oder wurde er zurückgewiesen?

Öffnen Sie sich für Ihre Intuition und lauschen Sie all dem, was dieser *Geldschein* Ihnen in der Art eines orientalischen Geschichtenerzählers vermitteln möchte! Dabei geht es natürlich nicht um objektive Wahrheiten, sondern darum, Ihre Phantasie anzuregen; auch dadurch finden Sie einen neuen, sinnlichen Zugang zu *Geld*.

Glauben Sie mir, auch wenn Sie meinen, *Geld* zur Genüge zu kennen, weil Sie ja tagtäglich damit zu tun haben – mit der entsprechenden selektiven Wahrnehmung werden Sie immer noch Neues daran entdecken!

Vielleicht ist das in Ihren Augen ein absurder Zugang zum Thema *Geld*; aber glauben Sie nicht auch, dass uns gerade im Umgang mit unseren *Finanzen* etwas mehr spielerische Leichtigkeit und Humor gut täte? Für mich gilt das generell: ich trachte danach, in möglichst allem in meinem Leben die humorvolle Seite zu finden – gerade bei den allzu schweren Themen. Und gerade in Bezug auf *Geld* mache ich immer wieder die Erfahrung, dass Humor das Leben enorm erleichtert!

Erinnern Sie sich an den Film „Das Leben ist schön" …

Lösung überholter Gelübde, Eide und Schwüre

Dieses Kapitel mag manchen von Ihnen besonders schräg vorkommen; andere mag es stark ansprechen. Wenn das Konzept der Reinkarnation für Sie eine Option ist – und das ist es weltweit bei einem großen Teil der Menschheit –, dann warum nicht diesen Gedanken mit einbeziehen?

Vielleicht wirken ja tatsächlich uralte Armutsgelübde und ähnliche Eide und Schwüre aus anderen Realitätsebenen nach wie vor in unser Leben hinein? Ich weiß es nicht, kann es aber auch nicht ausschließen!

Ich habe jedenfalls mehrfach erlebt, dass die spielerische Auflösung „alter Verpflichtungen" erstaunliche Effekte gezeigt hat; also warum nicht auch diese mögliche Blockade ins Auge fassen, wenn all die anderen Spiele noch nicht zu hundert Prozent die erwünschte Wirkung bringen?

Oder auch bloß, weil dieses Spiel einfach Spaß macht?

Schaden kann Ihnen das sicher nicht, aber wer weiß, vielleicht beseitigt es tatsächlich jene Hindernisse auf Ihrem Weg in den allumfassenden *Wohlstand*, die bisher hartnäckig allen anderen Lösungsversuchen getrotzt haben? Meiner Ansicht nach hat der oder das Recht, der oder das uns hilft! Wenn Ihnen dieser Gedanke absurd vorkommt, dann blättern Sie bitte weiter!

Jenen unter Ihnen, die sich diesem Gedanken öffnen können, empfehle ich, dieses Beispiel als Inspiration zu nützen, um Ihre eigenen Text zu finden. Ich bin überzeugt, dass es sinnvoller ist, Ihren sehr persönlichen Text zu gestalten und damit zu spielen!

Und gehen Sie auch dieses Spiel mit einer gewissen Selbstironie an, vor allem aber mit der nötigen Leichtigkeit – hier geht es nicht um so etwas wie Exorzismus, sondern um mögliche Altlasten, die Sie immer noch mit sich herumschleppen, obwohl Sie diese längst nicht mehr brauchen!

~ Wie immer empfehle ich Ihnen auch hier, sich mithilfe der 2-Punkte-Methode auf dieses Spiel einzustimmen!

Und dann sagen Sie sich – vielleicht angesichts Ihres Spiegelbildes – etwas wie:

„Hiermit löse ich mich aus allen alten und längst überholten Eiden, Gelübden und Schwüren, die mich am meinem wohlverdienten Wohlstand hindern! Ich entbinde mich aus all den Versprechen, die ich in diesem Leben oder auf anderen Realitätsebenen geleistet habe! Ich befreie mich aus allen Bindungen an Personen oder Organisationen, die mich in meinem Hier und

Jetzt in der Entfaltung meines Potenzials blockieren! Und ich bin jetzt frei! Ich bin frei, meinen enormen inneren Reichtum auch im Außen gespiegelt zu sehen! Ich segne mich selbst und alle anderen, die bei der Leistung dieser Schwüre, Eide und Gelübde beteiligt waren! So sei es, so sei es, so sei es!"

~ *Und verankern Sie auch diese Befreiung mit einer Welle in Ihrer Matrix!*

Zum Abschluss

Langsam kommen wir zum Ende unserer gemeinsamen Reise.

Ich hoffe, *wertgeschätzte* Leserin, *wertgeschätzter* Leser, dass dieses Buch Ihnen einerseits möglichst viel Vergnügen bereitet hat. Andererseits wünsche ich mir, dass Sie möglichst vieles von meinem Buffet gekostet haben; und dass Sie es als hilfreich, bewusstseinserweiternd und wachstumsfördernd und damit als *wertvoll* für Ihr *Wohlstandsbewusstsein* erkennen, annehmen und umsetzen konnten!

Weiters wünsche ich mir, Sie auch in diesem Buch vom großen *Wert* der 2-Punkte-Methode überzeugt zu haben! Je öfter Sie damit spielen, umso wirksamer wird sie sein, weil Sie sie bei entsprechender Regelmäßigkeit immer fester auch in Ihren Hirnbahnen einprägen. Es wäre schön, wenn das Spiel mit der Quantenwelle Ihnen so selbstverständlich würde, wie viele andere Dinge, die Sie tagtäglich praktizieren, ohne lange darüber nachzudenken!

Dasselbe gilt auch für die anderen Techniken wie „The Work", „Ho'oponopono", den „Dialog der Hände", „EFT", die „Affragen" und das „Abheben und darüber Stehen". Je öfter Sie damit spielen, umso leichter werden Ihnen diese hoch wirksamen Werkzeuge zur Selbstbefreiung zugänglich sein – bis sie eines Tages zur Selbstverständlichkeit geworden sind!

Wenn Sie sich in meinen Hinweisen als alleingeborener Zwilling wiedererkannt haben, dann wünsche ich Ihnen, dass Sie diese Offenbarung nicht nur erkennen, sondern auch anerkennen und sich für die Heilung Ihres Urtraumas öffnen können! Ihr Leben bekommt in dieser Heilung eine neue Leuchtkraft, wird erfüllender, vollständiger, glücklicher!

Ihnen allen wünsche ich die freie Entfaltung jenes *Wohlstandes,* den Sie sich immer schon für alle Bereiche Ihres Lebens wünschen. Wobei ich auch nichts dagegen hätte, wenn Ihre Wünsche sich im Lesen dieses Buches erweitert hätten! All das in spielerischer Leichtigkeit und entspannter Freude, in kindlicher Begeisterung und stets wacher Neugier auf all das, was Ihr Leben Ihnen an Zeichen und Hinweisen und Synchronizitäten noch bieten wird - jetzt wo Sie es mit noch mehr Bewusstheit zelebrieren werden!

Ja, ich halte es mit John Lennons „*Imagine …* " und stelle mir all das für Sie vor ☺…

Mein Dankeschön ...

... gilt all jenen Menschen, die mich auf meinem Weg in die Heilung meines *Selbstwertgefühls* begleitet haben. Jenen, von denen ich lernen durfte; jenen, die ich auf ihrem Weg in die Selbstheilung begleiten durfte, und jenen, die mir einen *wertvollen* Spiegel vor Augen gehalten haben! Manches, was sie mir gezeigt und klar gemacht haben, begleitet mich auch heute noch; während anderes nur für eine Weile hilfreich war. Aber auch dafür sage ich danke, weil ich es als wesentliche Stufen auf meinem Heilungsweg erkenne und anerkenne!

Jedes meiner bisher rund zwanzig Bücher ist mir während seiner Entstehung ein wichtiger Wegbegleiter gewesen, in den auch neues Wissen einfließen durfte; und der im Rückblick die gerade aktuellen Wandlungsprozesse in mir wiedergespiegelt hat. In diesem Fall war es vor allem die Offenbarung meines Daseins als alleingeborener Halbzwilling, die mir während des Schreibens dieses Buches zukam, und die manches von dem, was mir davor noch wesentlich erschienen ist, überholt hat. Mir andererseits aber ungemein *wertvolle* neue Impulse geschenkt hat, die ich hier mit aufnehmen und Ihnen als Hilfe zur Selbsthilfe anbieten konnte!

So gilt mein besonderer Dank jenen, die mir im doch recht fortgeschrittenen Alter die Augen geöffnet haben für dieses Phänomen, das in der extrem starken Beeinträchtigung unseres *Selbstwertgefühls* unser ganzes Leben prägt – vor allem aber unser *finanzielles*.

Wenn wir uns in einer ruhigen Stunde die Zeit für einen kleinen Rückblick auf unser Leben nehmen, können wir meist einen mehr oder weniger klaren roten Faden erkennen, der uns begleitet und leitet! Im Nachhinein fällt es uns meist leicht, die Vorboten für eine wesentliche Offenbarung zu erkennen, die uns zum aktuellen Zeitpunkt oft nicht klar waren! Auch für all diese Ankündigungen – so sehe ich das heute – bin ich zutiefst dankbar!

Dankbar bin ich vor allem meiner Auraheilerin, die mich als erste auf die Verletzungen meiner Aura aufmerksam gemacht und diese geheilt hat.

Danke sage ich all jenen Weggefährten, die mir in ihrer teils schwer verdaulichen Spiegelung vor Augen geführt haben, wie lieblos und wenig *wertschätzend* ich mit mir selbst umgegangen bin. Vieles von all dem habe ich erst in der Rückschau erkannt; was nichts an meiner Dankbarkeit für diese Spiegelungen ändert!

Ein großes Dankeschön gilt auch all jenen Alleingeborenen, die mich seit meiner großen Offenbarung dem Resonanzgesetz folgend gefunden haben und bereit waren, meine Anregungen anzunehmen und umzusetzen! Aber mein Dank richtet sich auch an jene, die meine Heilungsempfehlungen (noch?) nicht annehmen konnten; denn auch darin kann ich eine Botschaft erkennen!

Ein wesentlicher Teil meiner Lebensaufgabe liegt sicher darin, anderen von diesem Phänomen betroffenen Menschen Klarheit über ihren speziellen Start ins Leben zu schenken und sie - wenn gewünscht - auf ihrem Heilungsweg zu begleiten. Ihnen allen (den bisher mich gefunden habenden, Ihnen, die Sie dieses Buch gelesen haben, und jenen, die mich zukünftig noch finden werden) danke für ihr Vertrauen und die Gelegenheit, ihnen *wertvolle* Hilfe für ihren Heilungsprozess anzubieten!

Danke vor allem meinem Vater, der - alleingeborener Halbzwilling wie ich - mir trotz meines eigenen Mangels so unendlich viel *Wertschätzung* geschenkt hat! Auch wenn diese damals nicht ausgereicht hat, um mein schwer krankes *Selbstwertgefühl* zu heilen! Aber ich habe das Gefühl, dass ich heute - in der neuen Klarheit über die Ursache dieses Mangels - vieles von seiner *Wertschätzung* annehmen und noch nachträglich für meine Heilung nützen kann! Zeit, so sagen die Quantenphysiker, ist ja nicht linear; also können wir auch aus der Zukunft in die Vergangenheit wirken - und umgekehrt! So als würde ich mit großer Verspätung eine „Poste Restante Sendung" abholen und die darin auf mich wartenden Schätze nun heben …

Auch dir, meiner wunderbaren Tochter sei an dieser Stelle wieder von Herzen gedankt. Einerseits hast du mir auch bei der Gestaltung dieses Buches in vielem geholfen; andererseits hast auch du mir immer wieder einen Spiegel vor Augen gehalten. Auch du bist nicht alleine inkarniert, aber alleine zur Welt gekommen. Daher konnte meine ehrliche *Wertschätzung* für dich leider ebenso wenig bei dir Wurzeln fassen, wie die meines Vaters bei mir – und bei dir, seiner geliebten Prinzessin! Und das mitzuerleben hat mir eine Mischung aus Trauer und dann doch auch Erleichterung vermittelt! Einerseits habe ich es als ziemlich belastend empfunden, dir nicht das geben zu können, was mir so wichtig gewesen wäre. Andererseits ist auch dein Heilungsprozess in der Mitarbeit an diesem und dem anderen Alleingeborenenbuch in Gang gekommen – und das macht mich sehr dankbar!

Danke natürlich auch meinem Verlag, dass er es möglich gemacht hat, dieses Buch in relativ kurzer Zeit herauszubringen, um möglichst bald möglichst vielen Menschen Hilfe zur Selbsthilfe anzubieten! Und danke meiner Lektorin Anna Coordes für all ihre Mühe im Zähmen meiner zuweilen überbordenden Wortflut …

Die Autorin

www.michellehaintz.at

Als ursprünglich ausgebildete Ärztin ist die Autorin heute vorwiegend als Schriftstellerin und bildende Künstlerin tätig: Sie schreibt Romane, Sachbücher und Gedichte; im Frühjahr 2014 erschien ihr erstes Kartendeck mit 44 Abbildungen ihrer Orakelbilder und AFFRAGEN.

Seit 1986 gestaltet sie Reliefbilder und Wandobjekte in der von ihr aus der Arbeit mit Masken entwickelten Laminage-Technik.

Weiterhin ist sie Trainerin in der Persönlichkeitsbildung: in Seminaren, Gruppen und in der Einzelberatung. Schwerpunkt in ihrer Arbeit ist für sie immer die freudige und lustvolle Entfaltung des in uns allen angelegten menschlichen Potenzials auf allen Ebenen unseres Seins!

Wichtigstes Credo ist ihr: „Wir brauchen nicht über uns selbst hinaus zu wachsen, wir sind groß genug – wenn wir damit aufhören, uns selbst kleiner zu machen, als wir sind; aber auch Anderen nicht mehr erlauben, uns klein zu machen! Es gilt also letztlich, in uns hinein zu wachsen und damit unsere wahre Größe einzunehmen!"

Weitere Titel im acabus Verlag

Michelle Haintz

Quanten-Bewusstheit. Selbst-Befreiung durch die Kraft der Welle

ISBN: 978-3-86282-035-1
192 Seiten
Paperback

Meist wissen wir genau, was gut für uns wäre – aber wir tun es nicht. Ob es um körperliche Betätigungen geht, deren Wert wir für unsere Gesundheit erkannt haben, ob wir uns gefährlichen Süchten (wie Rauchen, Alkohol oder einer qualvolle Beziehung) ausgeliefert fühlen oder immer wieder in als destruktiv erkannte Verhaltensmuster verfallen – verantwortlich dafür ist stets unser Innerer Saboteur! Viel zu oft geben wir unserer Selbstsabotage die Macht, unser Weiterkommen und unsere Entwicklung zu behindern. Um unser gesamtes Potential zu verwirklichen, gilt es, jene Teile in uns zu identifizieren und unschädlich zu machen, die stets gegen den Strom schwimmen , unsere Ambitionen zunichte machen und uns immer dann im Wege stehen, wenn es gilt, frei und unbeschwert voranzugehen! Dieses Buch hilft, die Tendenz, sich selbst kleiner zu machen als man ist, auch dort zu erkennen, wo sie eher im Verborgenen wirkt. Darüber hinaus zeigt es Wege auf, die sehr wirksame 2-Punkte-Methode einzusetzen, um sich aus der eigenen Selbstsabotage zu befreien.

Michelle Haintz

Quanten-Bewusstheit. Ganzheitliche Entscheidungen und kreative Problemlösungen mit der 2-Punkte-Methode

ISBN: 978-3-86282-031-3
252 Seiten
Paperback

Dieses Buch ist der zweite Band in einer Serie, die sich unter dem Titel Quanten-Bewusstheit mit verschiedenen alltagstauglichen Anwendungsmöglichkeiten der 2-Punkte-Methode befasst. Es stellt eine Ergänzung zum ersten Buch, *Quanten-Bewusstheit – Selbstbefreiung durch die Kraft der Welle*, dar und beinhaltet einige neue Anwendungsgebiete der 2-Punkte-Methode, die es ermöglichen, Entscheidungen sicherer zu treffen, Probleme leichter zu lösen und die eigenen Ziele präziser, wirksamer und effizienter zu erreichen. Das Ziel der Autorin ist es dabei, zum Spiel mit der Quanten-Welle anzuregen und an die zahlreichen Einsatzmöglichkeiten des Two-Pointings zu erinnern, um die Leser in ihrer Persönlichkeits-Entwicklung zu fördern und diese freudvoller zu gestalten. Das Buch stellt eine Reise durch das faszinierende Gehirn des Menschen dar und zeigt wirksame und dennoch leicht anwendbare Methoden zur Potenzial-Entfaltung auf. Ein Muss für jeden, der die hinderliche Selbstsabotage überwinden und SICH SELBST LEBEN möchte!

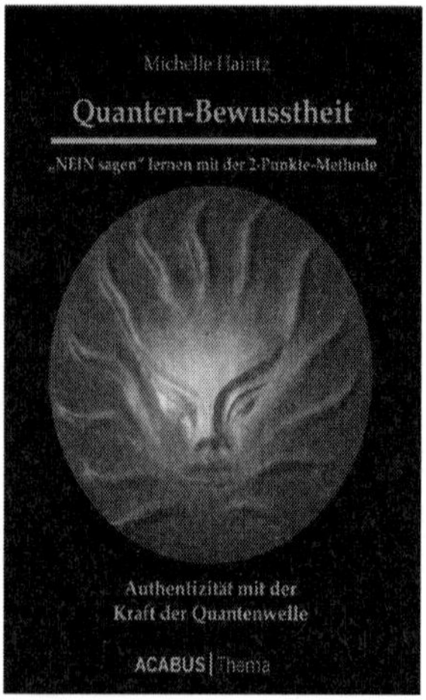

Michelle Haintz

Quanten-Bewusstheit.
„NEIN sagen“ lernen mit der
2-Punkte-Methode

ISBN: 978-3-86282-240-9
240 Seiten
Paperback

Der dritte Band der Reihe *Quanten-Bewusstheit* ist ein Wegweiser in Richtung mehr Authentizität. Er zeigt Menschen, die unter dem „Sprachfehler“ nicht Nein sagen zu können leiden, wie sie sich mithilfe der 2-Punkte-Methode besser abgrenzen und dort, wo es angemessen ist, anderen ein Nein geben können - ohne sich danach egoistisch zu fühlen!
Ein kleiner Exkurs in die Vergangenheit lässt die Entstehung dieser Tendenz zur Selbstsabotage erkennen, und nach einer eingehenden Standortbestimmung geht es auf zu neuen Ufern, zu einer neuen, konstruktiven Lebenseinstellung und bewusst gewählter selektiver Wahrnehmung auf all das, was unser Selbstwertgefühl stärkt.
Diese Buch bietet neben zahlreichen Anwendungsmöglichkeiten des Two-Pointings eine Reihe von prozeßorientierten Fragen, bei denen es weniger um die Antworten selbst geht, als um die Prozesse, die sie in unserem Inneren in Gang setzen.

Michelle Haintz

Quanten-Bewusstheit. Beziehungen heilen mit der Quanten-Welle. Quanten-Liebe mit der 2-Punkte-Methode

ISBN: 978-3-86282-2-614
224 Seiten
Paperback

Es gibt kaum ein Thema in unserem Leben, das unser Wohlbefinden, unsere Produktivität und die Entfaltung unserer Persönlichkeit so stark beeinflusst wie unsere Beziehungen - jene mit anderen (in unserer Lebenspartnerschaft, im familiären Bereich, im Freundeskreis, in unserem Arbeitsumfeld ...) ebenso wie die mit uns selbst!
Das dichte, teilweise interaktive Beziehungsnetzwerk, in das wir eingewoben sind, wirkt sich heilsam und fördernd aus, wenn wir unsere Beziehungen als befriedigend, harmonisch und erfüllend empfinden - oder aber destruktiv und krank machend, wenn wir unglücklich sind, weil unsere Wünsche unerfüllt bleiben und wir kein beglückendes Miteinander erleben, sondern ein zermürbendes Gegeneinander!
Dieses Buch zeigt Ihnen verschiedene Wege, Ihre Beziehungen befriedigender, beglückender zu gestalten - wobei es zuerst darum geht, Ihre eigene Beziehung zu sich selbst zu heilen!

Michelle Haintz

MASKEN - unsere wahren Gesichter?
Masken-Spiele zur Persönlichkeits-Entwicklung

ISBN: 978-3-86282-386-4
216 Seiten
Paperback

In einer anregenden Entdeckungsreise durch die faszinierende Welt der Masken wendet sich dieses Buch an all jene, die sich für die inspirierenden Erfahrungen öffnen wollen, die uns die bewusste und bewusstseinserweiternde Begegnung mit Masken schenkt.
Wenn Sie immer schon Ihre eigene Maske bauen wollten, finden Sie hier eine einfache Anleitung, wie Sie das am besten im Alleingang angehen können, um die unbändige Freude zu genießen, mit der die „Geburt Ihrer Maske" Sie erfüllen wird.
Ein buntes Mosaik an Eindrücken, Gedanken und Berichten wird ergänzt durch eine Reihe von Anregungen, wie Sie Masken für Ihre Persönlichkeitsentwicklung nützen können!
Mögen die Masken das Beste in Ihnen zum Vorschein bringen, Sie in der Entfaltung Ihres Potenzials fördern, Ihr Leben in möglichst vielen Bereichen harmonischer gestalten, bereichern und Sie - warum nicht? - glücklicher machen!

Michelle Haintz

Körper-Briefe
Im Dialog mit unserem Körper mit der Methode des Links-Schreibens

ISBN: 978-3-941404-66-3
180 Seiten
Paperback

Dieses Buch ist ein Ratgeber, der seine Leser/innen in eine sehr wirksame Methode einführt, mittels derer Krankheiten auf ihre Bedeutung hinterfragt werden können.
Die Autorin stellt eine neu von ihr erarbeitete Technik vor: Das Links-Schreiben erlaubt es uns, erkrankte oder in ihrer Funktion gestörte Organe nach ihrer Botschaft zu fragen und so den Sinn hinter unseren Krankheiten oder Unpässlichkeiten zu erkennen!
Anhand von 23 Beispielen verschiedener gängiger Krankheiten setzen wir uns mit archetypischen Sinn-Zusammenhängen auseinander.
Dies soll interessierte Leser dazu anregen, auch eigene Erkrankungen und Funktionsstörungen nach deren Botschaft zu hinterfragen.
Aber diese Technik eignet sich auch hervorragend dafür, verschiedene andere Inhalte aus unserer subdominanten rechten Gehirnhälfte zutage zu fördern...

Michelle Haintz

Lebensfreude als Produktivitätsfaktor

ISBN: 978-3-941404-22-9
260 Seiten
Paperback

Lebensfreude ist eine für alle Ebenen unseres Seins sehr wertvolle Emotion, die wir allerdings viel zu selten nutzen!
Wenn wir in unserer Lebensfreude schwingen, haben wir unser gesamtes menschliches Potenzial zur Verfügung: auf mentaler Ebene werden wir zum Homo Sapiens Sapiens, als der wir ursprünglich angelegt sind, auf körperlicher Ebene sind wir entspannt und zugleich voller Vitalität und auf emotionaler Ebene werden uns Zufriedenheit, Wertschätzung, Dankbarkeit und natürlich Liebe zugänglich.
Auf diese Weise wird auch unsere Produktivität entfesselt, die unter dem Einfluss unserer Stresshormone auf ein Minimum reduziert ist.
Dieses Buch zeigt leicht praktikable und gut in den Alltag integrierbare Wege auf, wie wir unsere Lebensfreude wiedergewinnen und mehr und mehr unser Leben davon bestimmen lassen können.

Michelle Haintz

Kreative Stress-Lösung

ISBN: 978-3-941404-06-9
192 Seiten
Paperback

Stress - in seinen verschiedenen Formen - ist in unserer Zeit der weitaus häufigste Krankheitsauslöser. Darüber hinaus raubt er uns die Lebensfreude, lässt uns rascher altern und beeinträchtigt unsere Produktivität signifikant: Folgen, die einander noch weiter potenzieren und uns so in einem verheerenden Teufelskreis gefangen halten! Aber wir sind unseren Stressoren nicht hilflos ausgeliefert, wenn wir uns der Mechanismen bewusst werden, die unter Stress auf körperlicher, mentaler und emotionaler Ebene in uns ablaufen.
Dieses Buch enthält Strategien und Techniken um mit Stress richtig umzugehen.